民盟中央社会服务部 编

关注民生
服务社会

蒋树声

群言出版社
Qunyan Press

图书在版编目(CIP)数据

关注民生 服务社会/民盟中央社会服务部编.
—北京:群言出版社,2013.3
ISBN 978-7-80256-424-4
Ⅰ.①关… Ⅱ.①民… Ⅲ.①中国民主同盟—社会服务—工作概况—2002~2012 Ⅳ.①D665.2

中国版本图书馆 CIP 数据核字(2013)第 034069 号

出版人 范 芳
责任编辑 陈 佳
助理编辑 孙平平 侯 莹
装帧设计 群言艺术设计中心
出版发行 群言出版社(Qunyan Press)
地 址 北京东城区东厂胡同北巷1号
邮政编码 100006
网 站 **www.qypublish.com**
电子信箱 qunyancbs@126.com
总编办 010-65265404 65138815
编辑部 010-65276609 65262436
发行部 010-65263345 65220236
经 销 全国新华书店
读者服务 010-65220236 65265404 65263345
法律顾问 北京市国联律师事务所
印 刷 北京画中画印刷有限公司
版 次 2013年4月第1版 2013年4月第1次印刷
开 本 787×1092mm 1/16
印 张 30.5 彩插10
字 数 490千字
书 号 ISBN 978-7-80256-424-4
定 价 89.00元

2012 年 12 月，中共中央总书记习近平走访民盟中央。现任全国人大常委会副委员长、民盟中央主席张宝文，全国政协副主席、民盟中央常务副主席陈晓光向习近平总书记介绍“烛光行动”有关情况。总书记认为，“烛光行动”意义深远，对推动“两基”工作作出了重要贡献，树立了民盟良好的社会形象

二十世纪八十年代初期，民盟与内蒙古、甘肃、新疆、云南、贵州、吉林、宁夏、黑龙江、辽宁9个边疆地区达成“智力支边”协议，包括专家讲学、举办中学和幼儿教育讲座、培训中学师资、传授种植茶叶与茶叶加工技术等内容，对支援少数民族地区开发智力资源、发展经济、增强民族团结和巩固国防作出了贡献。图为费孝通（右三）、钱伟长（右二）率民盟中央智力支边小组在呼和浩特草原考察

扶贫工作一直是民盟社会服务的一项重要工作。图为 1994 年，全国政协副主席、民盟中央副主席钱伟长（左三）、秘书长俞泽猷（右一）在贵州毕节何官屯镇考察扶贫工作情况

民盟中央加大对定西的帮扶力度。2005 年 4 月，全国人大常委会副委员长、民盟中央主席丁石孙（右三），全国政协副主席、民盟中央常务副主席张梅颖（右二），副主席李重庵（左一）等赴甘肃定西进行扶贫考察，帮助争取到国家农业综合开发等重大项目和资金

2008 年 5 月 9 日至 11 日，全国人大常委会副委员长、民盟中央主席蒋树声赴四川遂宁考察。图为蒋树声主席（左四）、吴正德副主席（左一）与蓬溪县回水乡慧林村村民亲切交谈

2009 年 10 月 13 日，全国政协副主席、民盟中央第一副主席张梅颖（图中）在安徽省凤台县考察立体生态综合种养示范园

2008 年 7 月，时任农业部副部长、民盟中央常务副主席张宝文（右二）在江西省视察水稻机插秧作业

2011 年，时任民盟中央副主席陈晓光出席“烛光行动”骨干英语教师新东方进修班开班仪式

2010 年 11 月，民盟中央副主席李重庵来到民盟中央协调资金援建的江西省安福县“烛光学校”，向当地领导详细询问“农村教师队伍建设”情况

2011 年 5 月 4 日，民盟中央副主席索丽生（左五）、郑惠强（左四）出席张家界光汇烛光学校落成典礼并讲话

目录

第三篇　各省级盟组织工作总结

序言

社会服务是参政党职能的重要组成部分，也是民盟多年来的优良传统。围绕国家经济、社会发展的中心，广泛动员各级组织、广大盟员及民盟所联系的群众，发挥自身特点和优势，积极服务发展、服务民生、服务社会，是中国民主同盟“奔走国是、关注民生”的具体行动，是民盟投身全面建设小康社会的重要渠道，是民盟参与社会管理创新、构建和谐社会的重要平台。正如费老所言，社会服务也是参政议政，而且是参得很深的。

近十年来，民盟各级组织不仅做好智力支边扶贫、支教助学等传统的社会服务工作，还注重在选题和实施中强调政党属性和示范带动效果，积极探索新的工作形式和领域。全盟集中力量进行社会主义新农村建设试点，深入开展农村教育“烛光行动”，扩大协助司法部门的帮教工作，探索开展城市社区服务，在中西部地区推进旨在帮助贫困眼病患者重见光明的“明眸工程”等等。这些都为推进我国经济、政治、文化、社会和生态文明建设作出了积极的、实实在在的贡献；同时也与其它各项盟的工作相辅相成，促进了民盟事业的发展，从而为中共领导的多党合作作出了贡献。

在中国民主同盟第十一次全国代表大会胜利召开前夕，为总结全盟多年来开展社会服务工作的经验，展示广大盟员热忱报国、服务社会、无私奉献的精神风貌和工作成绩，民盟中央社会服务部的同志们编印本书，汇总了有关民盟社会服务工作的一些重要文件，包括费孝通、丁石孙、蒋树声等民盟中央领导的重要论述，各地的工作总结、经典案例等等，我认为是一项非常及时、必要的基础性工作。希望本书对各地民盟组织参与社会服务的同志，能够起到文献汇编、工作参考和经验交流的作用；也希望本书可以向社会各界宣传介绍民盟的社会服务工作，争取更多的合作和支持。

在全国上下为2020年全面建成小康社会的奋斗中，相信民盟的社会服务工作必将有更新、更大的发展。

全国人大常委、民盟中央副主席 李重庵

二〇一二年十一月于北京

第一篇

民盟中央领导论社会服务工作

费孝通

出主意、想办法，做好事、做实事。

——费孝通

我们的任务有两条。第一条，我们要成为国家安定团结的依靠力量。为什么？因为我们中国不能再折腾了，再折腾就交待不了。可是我们安定团结是有条件的，就是在改革开放之下的安定团结，不是无原则的安定团结。我们要尽一切力量使得在一个安定团结的环境中进行改革开放，提高生产力。第二条，盟内积聚了很多力量，要想尽一切办法使这批智力能发挥出来，发挥到建设社会主义事业上去。这两条要用各种办法，要因地制宜。

（《茶叙答问》，《费孝通文集》第 11 卷，第 427 页）

我们要关心盟务，要心中有盟，要想到通过盟去为人民服务。这是一条路，是我们自己找出来的。每个人都可以想办法，要全心全意地多想一些办法。我要求盟员做实事，做好事。八万多盟员，都来想点办法，做实事，做好事，做有益于人民的事。各人条件不同，事不在大小，职务不在高低，而在于做不做。如果要做的话，人人可做，大家做的事加起来就很大了。

（《做实事，做好事，做有益于人民的事》，《费孝通文集》第 11 卷，第 458 页）

为了进一步发展，要提出全国一盘棋的问题，去年我就讲过这个观点。从全国来看，要看到各个地区不同的地位，不同的特点，发展的路子不是都一样的。要根据各个地方的不同特点，作出自己发展的最优选择。

我一生只有一点想法，就是希望农民赶快富起来。我总结了一条经验，要根据自己的实际办事，提倡多种模式。

（《宝鸡讲话》,《费孝通文集》第 11 卷，第 531 页）

我们民盟的优势是集中了一大批愿为四化服务的中、高级知识分子。民盟的工作就是要把大家组织起来，把大家的积极性调动起来，发挥出来，为社会主义现代化建设和改革开放做些力所能及的事。我们对人民有帮助，人民就会需要我们。通过做好事做实事，我们可以了解到情况。发现问题，知道党和政府的困难,也就真正提出有利于党和政府的切实可行的意见和建议。这样，我们也就真正参加到参政议政中去了。参政议政不是空谈，而是通过我们参加实际的工作，来发表我们的政治见解、意见和建议。

社会主义民主是要靠我们自己去创造出来的。不是靠空想、空谈，而是要靠咱们去解决人民中的问题，满足人民的要求。所以，我认为通过做好事做实事，我们才真正参加到参政议政中去了，才能真正地参政议政。

我感到，我们民盟要更好地、更自觉地为在中共领导下合作中的民主党派找到一条发展自己的道路，所以，我提出过要形成一个以智力为基础的社会服务体系，目的在于来贯彻我们在党的领导下做好事、做实事的主张。这样做，也将能为完善共产党领导的多党合作作出一些贡献。

（《同唱一台戏，和衷渡难关》,《费孝通文集》第 11 卷，第 548 页）

民盟面向社会、为四化服务的工作，是民盟第四次全国代表大会之后开辟的新领域。在中共十一届三中全会精神指引下，民盟四大确定把工作重点转移到为四化服务的轨道上来，天地是十分广阔的。我们通过办学讲学、支边扶贫、项目咨询和地区发展战略的宏观研究等方面的工作，努力为社会主义现代化建设和改革开放做好事、做实事。同时，通过为现代化建设和改革开放服务，也使我们较深入地接触实际、了解国情民情，有利于畅通上通下达的民主渠道，充实了参政议政的内容，也为我们通过社会实践不断加强自身建设提供了重要途径。

（《风雨同舟五十年》,《费孝通文集》第 12 卷，第 132 页）

民盟作为参政党的一个重要任务是参政议政，参政议政的实质是要求我们提出利国利民的意见和建议,这些意见从哪里来呢？只能通过长期的探索，从实践中来，从我们投身到经济建设和改革开放的实践中去寻找。开展智力扶贫工作，既服务于社会主义建设，也帮助我们接触实际，了解国情民情，促进我们提出积极的建设性的意见和建议。因此，扶贫工作不但是我们的一项业务工作，也是一项政治工作。民盟的特点是有一批愿意为社会主义服务的各门学科的高级知识分子，怎么把盟员的力量调动起来，发挥集体优势，投入到经济建设中去，这是我们的工作方向。

（《加强智力扶贫》,《费孝通文集》第 12 卷，第 258 页）

我们民盟提出做好事、做实事，就是主张盟员同志们脚踏实地地去做，帮助农民想办法，出主意，帮助他们致富。在这样的实事好事里边，我们的知识都用得上，不是没有用处。知识和农民结合起来，就能变成财富。我总在想，我们民盟能不能搞出来一条知识分子通向农民、通向经济建设各个方面的道路，形成一条畅通的渠道，把我们的知识拿出来，用上去，很快就能见效。

（《发挥每个盟员的作用》,《费孝通文集》第 13 卷，第 177 页）

做扶贫工作心里要有老百姓，要时刻想着帮助他们快些富起来，那么，就会想出办法来。但是有了好的想法，由于我们知识有限，经验不多，要实现这个想法，还得依靠群众，发动群众，大家都动起来，事情就好办了。

（《广宗扶贫》,《费孝通文集》第 13 卷，第 284 页）

丁石孙

在履行盟的职能中，必须根据国家或本地区的工作任务，必须有利于实现两个根本性转变，必须有利于发展社会主义社会的生产力、有利于增强社会主义国家的综合国力、有利于提高人民的生活水平的标准。在工作中要注意从实际出发，加强同有关部门的配合。提出的意见建议必须是积极的建设性的。盟在开展活动中，要紧紧围绕经济建设这一中心，发挥自身优势和特点，为社会主义物质文明和精神文明“出主意、想办法，做好事、做实事”，努力贡献自己的智慧和才能。

《高举爱国主义、社会主义旗帜为实现我国跨世纪的宏伟目标而奋斗》，1997 年 10 月 17 日在中国民主同盟第八次全国代表大会上的报告

民盟是致力于社会主义事业的参政党，一切工作要围绕国家的中心任务，服从服务于国家的大局。这是由盟的性质、地位和作用决定的。……全盟现有 30 个省级组织，各地情况差别很大，从盟员人数到盟员层次以及各省的经济发展水平都不一样，每个省的中共党委和

尽职而不越位，帮忙而不添乱，切实而不表面。

——丁石孙

政府对本地区的工作要求和具体任务也不一样，所以盟中央不能用一个模式去规定各地的工作。各地必须从本地区实际出发，根据盟员状况，因地制宜、因人制宜地发挥作用。各地情况的差异性，决定了各地工作的特殊性。为了做好工作，各地必须深入调查研究，根据省情、市情和盟情，把握好大局，服从和服务于大局，选择好角度，真正做到“尽职而不越位，帮忙而不添乱，切实而不表面”，在尽职、帮忙、切实上下功夫。……

进一步探索和开拓为两个文明建设服务的途径和领域。如何实现四个提高：提高主动性，克服无所作为的认识；提高目的性，认真论证、选准题目、加强计划；提高组织性，更多地发挥组织优势和群体优势，集中广大盟员的智慧；提高有效性，把中共和国家的迫切需要与盟的优势有机结合起来，把各项工作做得扎扎实实，富有成效。

《以邓小平理论为指导，努力把全盟工作推上一个新台阶》，1998 年 11 月 3 日在民盟全国工作会议上的讲话

民盟是中国共产党领导的多党合作和政治协商制度中的一个参政党，目标与共产党是一致的，都是为了建设一个社会主义现代化的中国而努力奋斗。当然，作为参政党，我们民盟的力量有限，但是我们要尽我们的可能，按照费老所强调的去“出主意、想办法，做好事、做实事”。

1999 年 5 月 17 日在面向 21 世纪赣州经济发展高级研讨会上的讲话

科技扶贫是扶贫工作的重要方面，扶贫工作是个系统工程。在扶贫工作中，既要考虑到资源，还要考虑到市场。选择扶贫项目，不仅要考虑经济效益，还要考虑到保护和改善生态环境。在扶贫工作汇总中，应高度认识教育的重要性，改变贫困面貌，就要提高群众的整体科学文化水平，使他们有更开放的观点。我们国家应该把扶贫与扶教结合起来。不搞教育，就不能从根本上解决脱贫问题。解决脱贫问题，外部条件固然重要，而更重要的是培育自己内部的增长点。

1999 年 5 月 22 日至 24 日在联合推动黔西南州“星火计划、科技扶贫”试验区工作研讨会上的讲话

改革开放以来中共中央把全国工作重点转移到社会主义现代化建设上来，提出“三步走”的战略目标。民盟适应国家大局的要求，围绕经济建设这一中心，“出主意、想办法，做好事、做实事”，积极探索，认真实践，发挥优势，扬长避短，作出了积极的贡献，也积累了比较丰富的经验。其中重要的一点是，我们在注意发挥全盟积极作用的同时，强调要因地制宜、因人制宜，注意引导各级盟组织从当地实际出发，从当地盟内智力资源的实际情况出发，切实有效地开展参政议政和为现代化建设服务活动，努力做好各项工作，取得了较好的成效。这是全盟五年工作的一个新特征。我们要充分发扬盟的优势和特点，把自己的工作和作用建立在实事求是的基础上，这样才能更好地为社会主现代化建设贡献力量。

《努力建设适应新世纪要求的参政党，为全面建设小康社会作出新贡献》，2002 年 12 月 13 日在中国民主同盟第九次全国代表大会上的报告

钱伟长

脱贫根本办法是发展教育。教育是生产发展最根本的资源。

——钱伟长

中共中央的领导同志曾多次在各种场合，肯定中国民主同盟除了是接受中国共产党领导的民主党派外，也是一个拥有大量学有专长的专家学者的多学科智力集团。我们应该利用这个条件,以多学科学术讲座的形式，为党中央的开放和改革政策，为祖国的两个文明建设服务，献计献策，对许多综合性的多学科的各种社会、经济、文化、科技、管理问题，进行深入探讨，活跃思想，来体现百家争鸣、百花齐放的社会主义学术领导体制的优越性。

（《多学科学术讲座丛书》（第三辑）序言）

不懂得先让群众富起来的道理，不能调动群众的积极性，影响开发。这是一个思想观念问题。我每到一处都讲“沙洲经验”，意图在于启发、引导这些同志树立两个观念：①富民。藏富于民，富民为本；民富而国强。……兼顾国家、地方和农民利益的合理分配，才能促进生产力的发展。……要想方设法，为民创利、分利，让老百姓先富起来,以蓄滇西开发的后劲。②自力更生、由小到大的发展。因循守旧，等、靠、要上级拨款，搞大项目，不计成本，不顾周转，违背商品经济规律，是走不通的。树立商品经济观念，从市场需要出发，开发独特资源，以积累资金，从小到大，优先劣后地发展，才是滇西发展、腾飞之路。

（《关于滇西地区开发的若干建议》）

一个资源上贫困的地区，经过人们的主观努力，靠人民自己的力量，动脑筋，克服种种困难，可以建设成为一个富裕的地区。结论是，贫困变富裕，完全要靠群众自己；反之，群众如没有动员起来，即使是资源丰富的地区，也不可能脱贫。也就是说，靠别人救济是不可能脱贫致富的。个人是这样，地区是这样，国家也是这样。

（《富裕的贫困和贫困的富裕——滇西地区开发初议》）

为什么民盟四川省委会和遂宁市各级领导能长期合作，而且能取得显著效益呢？最根本的原因是目标一致——把我国建设成为社会主义现代化强国。民盟是一个由中上层知识分子组成的致力于社会主义事业的民主党派。民盟地方组织适时地组织成员参加一个地区或一个方面的智力咨询服务工作，为这些专业科技人员提供了发挥作用的机会。广大农村特别像遂宁这样的贫困地区，科学文化落后，亟需大批这样的专业人员的智力支援。遂宁市的领导同志尊重知识、尊重人才，脚踏实地地走科技兴农的道路，使这些专业人员能够发挥自己的聪明才智，大显身手。

……

民盟四川省委会和遂宁市的合作，也是在探索一条知识分子了解国情、联系实践的道路。许多专家学者把对遂宁的智力支援同自己的教学科研结合起来，有的还在工作中发现了新的研究课题。他们感到，知识分子应该运用自己的专业为工农业生产服务，而不应该抛弃自己的专业去搞表面形式上的结合。这样做，自己的专长有了用武之地，也会使自己的思想境界更高、更开阔。……

中国共产党领导的多党合作制，是一种新型的社会主义政党制度，从根本上区别于西方资本主义国家的两党制或多党制。……中国各民主党派同中国共产党在长期的革命与建设的实践中形成了共同的利益和要求，具有共同的奋斗目标。……民盟四川省委会和遂宁市的长期合作，不仅为遂宁市带来了经济和社会效益，促进了民主施政，同时，也丰富了民盟参政议政的内容，密切了民盟和中国共产党的团结。从这个意义上说，民盟四川省委会和遂宁市的合作，充实了中国共产党领导的多党合作制的内容。

（《重视发挥民主党派在地方经济建设中的作用》）

——“扶贫”工作要和“扶教”紧密结合，“扶贫”、“扶教”一起抓。贫困地区的发展是一个复杂的社会系统工程，建议国务院“扶贫”办公室在“扶贫”工作中加进“扶教”内容，克服只“扶贫”不“扶教”的倾向。将贫困地区（包括经济发达省份内的贫困地区）普及义务教育工作列入国家重点工程，制定中、近期规划，加大扶持力度。……

——大力扶持贫困地区教育的综合改革。……采取措施，切实扭转贫困地区教育脱离实际、脱离当地社会、脱离经济发展的倾向。要大力提倡普教、职教、成教“三教”统筹和农（牧）科教结合，促使教育与当地的社会、经济发展相互促进的良性循环的形成。……

——大力加强贫困地区师资队伍的建设。……

——更广泛地动员全社会关心、支持贫困地区发展教育。……

（《解放思想实事求是，切实解决教育发展中的几个紧迫问题》）

团结是统一战线永恒的主题。……

民盟是致力于社会主义建设事业的参政党，在新的世纪里，在改革开放新的征程中，要充分利用我们的优势，配合执政党做好协调关系、化解矛盾、理顺情绪的工作，把各方面的智慧和力量都凝聚起来，把人民群众的积极性和创造性都发挥出来，形成浩浩荡荡的革命和建设大军。为建设有中国特色的社会主义，实现统一祖国、振兴中华的宏伟目标而努力奋斗。

（《团结就是力量》）

一是人文科学与自然科学的融合。……二是定量分析与定性分析并重。……三是宏观与微观的结合。在研究城市经济、区域经济和流域经济的同时，既要考虑国家的经济社会发展和世界的风云变幻，又要顾及区域的资源、产业和市场发展的态势及优化配置，对区域经济进行深入研究、认真诊断、可能的预测和战略规划。四是强调方法论和注重可视化。

（《长江中游武汉经济区发展战略研究丛书总序》）

毕节生态试验区十年扶贫开发建设的成就是了不起的。怎样使所有农民都能摆脱贫困，真正过上富裕的生活，还要依靠毕节地区干部群众坚决贯彻执行开发扶贫、生态建设的规划。任何地区要富起来，都要根据当地的实际情况，不要单打一的发展……选择致富途径要因地制宜，要重视科技，使农民能接受科学知识，用科技带动农业、林果业和养殖业的发展。同时，还要符合国家产业发展政策和宏观规划要求，有利于环境保护和生态建设……脱贫根本办法是发展教育。教育是生产发展最根本的资源。贫困地区办教育应该结合当地生产实际情况，培养一批有商品意识的人，接受先进农业生产技术的人。只有这样才能实现可持续发展。

1999 年 5 月 17 日至 19 日在贵州省毕节开发扶贫、生态建设试验区十周年总结暨研讨会上的讲话

蒋树声

注重民盟社会服务的政党属性，发挥民盟界别特色和优势。从国家和区域发展长远目标和民盟的使命出发，注重社会服务工作的政治和社会效益。

——蒋树声

希望毕节地区成为深入贯彻落实科学发展观的示范区。毕节地区面临欠发达的实际情况，发展对毕节地区更是第一要务。我们的党委和政府一定要注意到又好又快发展的问题，好字优先，能快则快。特别要注意全面协调，要注意毕节地区的可持续发展，还要特别注重制度创新，在把资源优势变成经济优势的同时，要保护生态，加强生态文明建设，进一步关注民生。

继续坚持中国共产党领导的多党合作制度。在毕节试验区改革与发展的过程中，各个民主党派要有进一步的比较恰当的分工，既有分工又有合作，最后形成合力。……

中国是一个人口大国，中共十七大的精神是坚持把教育放在优先地位,希望把人口大国变为人力资源强国。这个问题同样非常适合毕节试验区的情况，把毕节地区从一个人口大区变成人力资源强区，非常关键的是要优先发展教育。……教育一定要从现在抓起，要加大投入力度，加强基础教育、职业教育和高等教育，全面提高各类教育水平。为毕节试验区的可持续发展培养一批优秀的人才，为新农村建设培养有文化、有技术的新型农民，为当地循环经济、能源、化工产业培养所需的科技人员。对教育和科技的投入不会立竿见影，但我常说一句话，我们干部的任期是有限的，但是毕节地区的发展是无限的，为了可持续发展，一定要把教育放在优先发展的战略地位。

（2008 年 5 月 22 日在贵州省毕节试验区工作汇报会上的讲话）

一是领导要重视并积极做好社会服务工作。希望盟的各级领导要认识社会服务工作的重要意义，以开拓创新的精神开展工作。把社会服务工作放在盟务工作的大局中去部署，根据当地经济社会发展的具体情况去选题，在当地创造社会服务的品牌。在继承中创新，在创新中发展。

二是注重民盟社会服务的政党属性，发挥民盟界别特色和优势。从国家和区域发展长远目标和民盟的使命出发，注重社会服务工作的政治和社会效益。从盟员队伍的人才优势着眼，扬长避短，整合力量，量力而行，有所选择，锲而不舍，希望能在社会上起到示范和推动作用。

三是不断总结经验，提高工作水平，用精品意识做好民盟的社会服务工作。民盟参与社会主义新农村建设，要贯彻中共中央新农村建设“20 字方针”，发挥盟员专家的优势和特长，把提高农村教育质量、促进农民增收，提高农民生活质量，作为努力方向。在民盟多年智力支边、教育扶贫工作基础上，2007 年全盟开展的“农村教育烛光行动”，继承和发扬了民盟的优良传统并有所开拓创新，初步取得了良好的社会效益，得到了胡锦涛总书记的肯定。我们要在认真总结经验的基础上，发动更多盟员参与，长期坚持，注重实效，取得更大的社会影响，成为我们民盟社会服务的一个品牌。帮教工作是教育的延伸，对促进社会和谐稳定有重要意义，要总结推广一些省市盟组织多年来工作的经验，稳步扩大工作面和社会效益，并按照中央司法体制改革进程，探索参与社区矫正工作。在条件具备的城市的盟组织，可以把构建和谐社区作为切入点，借鉴参考部分省市盟组织近年的经验，发挥盟员的专业特长，逐步开展在城市社区的社会服务工作，开辟民盟社会服务工作新领域。

四是把社会服务工作与参政议政、自身建设结合起来。费老曾经说过，“社会服务也是参政议政，而且是参得很深的”。我认为一方面要善于通过社会服务发现参政议政的课题，提出切实可行的建议和提案，这就是“把实事办好”；另一方面要善于通过社会服务体现和落实参政议政的成果，这就是

“把好事办实”。各地有许多社会服务与盟的自身建设相结合的经验，希望今后在盟内能够加强交流。

五是要建立社会服务工作的长效机制。搞好社会服务需要我们建立一整套科学合理的工作机制，造就一支学有专长、乐于奉献的社会服务工作队伍，形成一个以智力为基础的社会服务工作体系，力求使民盟的社会服务工作真正做到长期坚持、特色鲜明、制度规范、成效显著。

（2009 年 11 月 14 日在民盟社会服务工作研讨会（福州）上的讲话）

要加快新农村建设的速度。有时候，帮扶一个县对民盟来讲是比较难一点，能否缩小一点范围，缩小一点范围有这样一些好处，面上的工作，主要依靠我们有关部门、各级政府来做。民盟可以集中力量做试点，来推动面上的工作，起一个推动和示范的作用。比如说，我们刚刚去的民盟援建的五里庄小学。这个小学通过民盟的帮扶搞得非常好，不但硬件上去了，师资队伍素质也比以前提高了，教学质量也提高了。这些小学生就有了受到德、智、体、美全面教育的机会，可以更全面地发展，这对其他的小学就是一个推动，是一个示范的作用。这个小学提高了，高于一般水平，在面上会产生一些不平衡。用哲学眼光看，不平衡是绝对的，平衡是相对的。如果五里庄小学上去以后，党委和政府或者其他的民主党派、或者其他的企业家，想办法去提高其他的学校，让整体达到一个平衡，这就是推动发展。

（2009 年 5 月 19 日在广宗县工作汇报会上的讲话）

我觉得有几个工作必须坚持下去，一是坚持深化“开发扶贫、生态建设、人口控制”三大主题。二是坚持转变发展方式，调整经济结构，促进科学发展。三是坚持以人为本、执政为民的理念，着力保障和改善民生，促进社会和谐稳定。最后一个坚持，我认为十分重要的就是要坚持“干字当头、自强自立、艰苦奋斗”这样一种精神，来提高我们试验区经济发展的活力和造血功能，增强地区经济发展的活力。……

第三个体会是我们要弘扬民盟的优良传统，发挥民盟的优势，加大帮扶力度，为毕节试验区“十二五”期间实现历史性的跨越作出新的贡献。……我们要继承钱老、费老等老一代领导人的优良传统，把毕节试验区的建设和发展作为我们民盟履行参政党职能的一个重要任务；要整合盟内外的各种资源，加大帮扶力度，打造同心品牌。……毕节试验区长远的发展除了自然资源以外，最重要的还是人才。毕节以后长远的发展，特别是脱贫以后怎样全面奔小康最终还是要靠人才，我们希望能够充分发挥民盟在教育方面的优势，特别是“烛光行动”，应该给试验区一点倾斜，让更多在毕节试验区一线从事基础教育的教师受到很好的培训，来提高农村的教育质量。

（2011 年 3 月 30 日在毕节试验区工作情况汇报会上的重要讲话）

第一点是还要继续发扬自强自立、艰苦奋斗的精神，提高广宗经济发展活力和自身的造血功能。在 1996 年民盟广宗扶贫工作座谈会上，费老讲过一段话：“事物总是有两面性的，有好的一面就有坏的一面，同样有坏的一面就有好的一面。我们要想办法把坏的一面转变过来，这就是辩证法。”他举了一个例子说沙可以烧成瓷砖，成为建筑材料，我们要利用好广宗的沙，“沙里淘金”。我们学习先贤，要准确把握这其中的深层内涵，不仅从物质层面上，还要从精神层面上理解贯彻。……现在广宗县经济发展还比较落后，所以更需要继续发扬艰苦奋斗、自强自立的精神，增强紧迫感、责任感、使命感，这是广宗脱贫致富的强大精神动力。

……

在经济发展的同时，要重视教育发展和文化建设，为社会主义新农村建设培养有文化、懂技术、会经营的新型农民。为广宗今后的长远发展考虑，教育一定要放在优先发展的战略地位，不仅要抓好义务教育，同时也要抓好职业教育和转移劳动力的培训工作，提高他们的素质和技能，为脱贫致富打下基础；即将召开的十七届六中全会将着重讨论我国文化大发展、大繁荣的问题，而我国文化事业大发展、大繁荣最薄弱的环节就在于农村。广宗县虽然是一个贫困县，我希望广宗在脱贫致富的过程中也要重视农村文化建设，建立农村文化服务网络，多提供文化方面的公共服务产品。

（2011 年 10 月 12 日在民盟中央帮扶广宗二十周年座谈会上的讲话）

李重庵

我们要始终把社会服务工作放在履行参政党职能的高度来认识和实施，在内容和方法上都要有所选择，要体现政党属性。

——李重庵

我从 2003 年开始介入民盟的社会服务工作，自以为认识不断提高，也在几次会上讲过社会服务工作的重要性：一、社会服务是民盟多年的优良传统，我们须要学习民盟前辈的榜样，继承和发扬这个传统；二、社会服务是我们履行参政党职能的重要组成部分，只有做好社会服务工作，民盟的政治形象和社会形象才是完整的；三、社会服务是提高盟的凝聚力、加强民盟自身队伍建设的重要活动，每个盟员都能以不同形式和方式参与；四、社会服务工作和民盟其他各项工作互相促进；五、随着社会发展、社会建设、社会管理的进步，新阶段新形势对我们的社会服务工作提出了更多更高的要求。

最近学习了著名社会学家、民盟中央原主席费孝通先生关于民盟社会服务工作的论述，感到我的认识与费老的论述在眼界高度和深刻程度上都有很大差距。让我们看看费老是怎么认识民盟社会服务工作的。

费老说："民盟面向社会，为四化服务工作，是民盟四大以后开辟的新领域。"一句话说明了民盟开展社会服务工作的历史背景和社会服务工作的时代特点。

民盟社会服务工作的目的是什么？费老说："我们

民盟要更好地、更自觉地为在中共领导下合作中的民主党派找到一条发展自己的道路。”“社会主义民主是要靠我们自己去创造出来的，不是靠空想、空谈，而是要靠咱们去解决人民中的问题，满足人民的要求。”“通过做好事做实事，才能真正地参政议政。”

既然社会服务工作是为了参政议政，那么作为民主党派的社会服务工作，与一般慈善组织的活动自然有所不同。我们要始终把社会服务工作放在履行参政党职能的高度来认识和实施，在内容和方法上都要有所选择，要体现政党属性。费老说：“通过我们参加实际的工作，来发表我们的政治意见、见解和建议。”这就为我们如何体现民盟社会服务工作的政党属性指出明确方向。

民盟做社会服务工作有哪些意义呢？费老说，通过社会服务工作，“努力为现代化建设和改革开放做好事、做实事，同时使我们较深入地接触实际，了解国情民情，有利于畅通上通下达的民主渠道，充实了参政议政的内容，也为我们通过社会实践不断加强自身建设提供了重要途径”。他从参加发展实践、促进参政议政、提高自身建设三个层面论述了社会服务工作的重要作用。

我们依托什么来做好民盟社会服务工作呢？费老说：“要形成一个以智力为基础的社会服务体系，目的在于贯彻我们在党的领导下做好事、做实事的主张。”这几个关键词很重要：“智力为基础”是民盟社会服务的特点和优势所在；“社会服务体系”是一个党派组织队伍协调行动所必须建立的；“贯彻主张”则是一切社会服务活动的核心价值。

费老还殷切地要求我们“心里要有老百姓，要心中有盟，要想到通过盟为人民服务，我们对人民有帮助，人民就会需要我们”，这就为我们提出了做社会服务工作的宗旨和应该达到的思想境界。

这些论述我们还要在实践中深刻领会，指导工作。比如说怎么理解中国进步不能靠说空话，要通过解决问题，通过做好事做实事来参政议政；我们今天怎么样通过履行参政党职能，同时发展提高自己，做到二者互相结合、互相促进；如何形成以智力为基础的社会服务体系，这是我们民盟社会服务工作离不开的优势和模式，但是这个社会服务体系，它应该是什么结构、有何功能、怎么建立、怎样工作，都需要大家在工作中不断体会和实践。

费老是一位大家，不仅是社会学的大学问家。对于民盟作为一个民主党派，在中国特色社会主义民主政治的大局中，怎样更好地团结盟员，怎样作出更大更实际的贡献，他都做了很深入的思考。他从一个思想家、社会学家到领导民盟的政治家，他怎样给民盟掌舵，靠很高的智慧和远见。我们理解费老的智慧，不要看他当时做的几件事情似乎很具体，而要注意他选择做这些事的大局意识和长远眼光，看这些事情坚持发展下去会在这个领域和相关领域有什么更广泛、更深刻、更久远的影响。我觉得费老是一座金矿，我们需要在工作实践中不断学习费老的思想来提高自己的认识水平、政治智慧和工作能力，按费老所期望的那样，把民盟的社会服务工作做得更好。

（2008 年 11 月 4 日在民盟社会服务工作研讨会（武汉）闭幕式上的讲话）

关于社会服务工作的基本经验

首先，社会服务课题的选择一定要结合三个方面：一是符合人民群众的迫切需要；二是配合党和政府重点难点工作的推进；三是要切合民主党派的优势和特点。

题目选好后，要能够成功实施，还需要有三个结合：一是切合广大盟员的心愿，因而发挥广大盟员的积极性；二是重视和发挥民盟作为参政党的组织优势，能够计划、整合、协调各方面工作；三是我们的工作对象（包括目标方与合作方）要有积极性和热情，动员和吸纳社会资源，取得有关单位的密切配合。

参与社会服务的各级盟组织的干部和盟员要做好工作，也有三个条件：一是我们要有高远的理想，开展社会服务是出于广大盟员的政治热情和知识分子的社会责任感，我们做的事情很具体很实，但我们的最终目标远大，想的是如何推动社会的进步；二是我们怀着对国家民族、对人民、对民盟的深厚感情，费老曾经说过，“我们心里要有老百姓，要心中有盟”；三是要发挥专家的专业优势，因此我们做事总要比较高明一点，扎扎实实，做出品牌。

（2010 年 8 月 31 日在“民盟烛光教育论坛”暨社会服务工作研讨会上的讲话）

关于新农村建设工作

一、如何把握下阶段民盟组织参与新农村建设工作重点

民盟作为参政党如何结合自身优势和特点，在建设社会主义新农村的历史进程中，履行好职能，发挥好作用，是需要我们认真思考和研究的重大课题。我想就民盟在建设社会主义新农村中应该如何发挥作用谈几点意见。

1. 促进人的发展是民盟参与新农村建设的主要方向。多年来，扶贫一直是我们社会服务工作的重点之一。我们的扶贫阵地主要在农村，以后民盟的扶贫工作要结合社会主义新农村建设，按照中共中央提出“生产发展、生活宽裕、乡风文明、村容整洁、管理民主”20字方针的要求，发挥盟员在科技、教育、文化等领域的优势和特长，努力鼓励、引导广大盟员为建设新农村服务。把促进农业增效、农民增收，提高农民生活水平和生活质量，最终促进人的全面发展作为我们参与新农村建设的努力方向。

在参与建设新农村过程中，我们要着力于促进农村经济社会协调发展，将科技、文化带入农村，为农村教育和卫生事业的发展增加活力，促进农业科技进步，加快提高农业综合生产能力，加快发展现代农业。还要在农村宣传绿色、健康的消费观念，倡导文明的生活方式，提高农民的综合素质。

2. 深入开展调查研究，积极为新农村建设建言献策。发展是中国共产党执政兴国的第一要务，也是民主党派参政议政的第一要务。社会主义新农村建设是一项长期、艰巨的任务。其中，有许多课题需要去认真研究，这就为我们的参政议政提供了广阔的舞台。要充分发挥民盟人才荟萃、联系广泛、智力密集的优势，针对新农村建设中具有综合性、全局性、前瞻性以及建设过程中的难点、热点问题，开展调查研究，为党和政府及时准确了解农村的实情、真情、详情，促进决策的针对性、科学性、实效性，积极建言献策，提出好主意、好办法、好建议。

3. 反映民意，协调关系，为新农村建设创造和谐发展的环境。在社会主义新农村建设中，农民是社会主义新农村创造主体与价值主体的统一。我国地域辽阔，经济发展不平衡，农民素质高低不均，生活方式各异，这些因素决定了新农村建设工作是一项复杂的系统工程，不能盲目照抄照搬、同一模式、千篇一律。要充分尊重农民的意愿。在新农村建设中，不可避免会出现

政府意志与农民意愿不一致，以及农民之间意见不一致的情况，各级盟组织和广大盟员要从我做起，通过各种形式，收集农民的意见和要求，及时掌握实情，如实反映农民的愿望和呼声，进而提出切合时宜、切实有效、切实可行的解决之策。一方面要及时地反映社情民意、协调关系；另一方面协助党和政府做好化解矛盾工作，消除不稳定因素，为构建社会主义和谐社会打牢基础。

（2007年7月5日在民盟社会服务暨新农村建设工作研讨会上的讲话）

二、现阶段民盟参与新农村建设的重点是考虑如何确定试点的思路和方案，来达到两方面的目标

第一是“高水平”，做得比较高明，要结合民盟的智力和专家优势，从以人为本、全面发展、科学规律等角度来考虑设计示范点的工作。比如民盟湖南省委在石江村的联系点，在注意生产、生活的同时，就考虑到文化问题、以人为本、民主管理、民主作风的培养等诸多方面；第二是“可持续”，怎样作才能取得长期的效果。

为了解决好设计和定位的问题，要注意以下四个方面：

1. 省级盟组织需要一个固定的联系点或试点。试点不仅要选好，还要坚持，这两条都很关键。点选得不好工作就很费劲，选好点后如果不坚持，遇到困难就换地方，最后我们的工作很可能就没有明显效果，民盟在当地也留不下影响。新农村建设试点，要集中资源，集中精力，坚持数年，不轻易变换。

2. 要有一个全面的考虑。新农村建设20字方针讲了五个方面，虽有轻重缓急，可以一步一步走，但要综合考虑人的发展、生态文明、民主管理等诸多问题。

3. 突出发挥民盟的智力优势，避免重引资、轻智力的倾向。不要让当地政府和群众把希望寄托在我们能跑项目和引资金上，而要更多地强调引进智力，充分发挥第一生产力的作用，招商引资不是我们的长项。

4. 注意农民的主体作用，发挥农民的主动性，主要通过他们的劳动来建设新家乡。怎么建，引进什么项目，树立什么样的目标，最后要由农民民主决策，我们不能越俎代庖。

（2008年11月4日在民盟社会服务工作研讨会（武汉）闭幕式上的讲话）

三、民主党派参与打造“同心品牌”实践应遵循以下四个原则

在打造“同心品牌”的实践过程中，应当注意研究新形势下民主党派社会服务工作的规律和挑战，把握好具体工作的指导原则。

1.“发挥优势，突出重点，量力而行，注重实效，持之以恒”，这二十字方针是统一战线在毕节试验区长期工作实践总结的宝贵经验，今天仍然有着十分重要的指导意义。

2. 把握好角色定位，选择好工作领域和切入点，为试验区党和政府的工作拾遗补缺。

3. 发挥党派的组织优势和整体力量。

4. 实践中注意社会服务工作与参政议政、自身建设等工作紧密结合、相互促进。

（2011 年 3 月 2 日在打造统一战线“同心”品牌研讨会上的发言）

四、为什么要组织沿海地区的民盟组织参与毕节试验区建设

首先，东部发达省市民盟组织参与试验区建设是服务科学发展、构建社会主义和谐社会的要求。毕节试验区建设包含了可持续发展的核心内容，包括了什么是发展，为什么要发展，怎样才能发展，如何评价发展等涉及科学发展观的根本问题。毕节模式是国家实施贫困地区科学发展的试验区，是对科学发展理论的先行探索与实践。民盟组织参与毕节试验区建设实际上是要和毕节的干部群众一起探索毕节试验区如何科学发展、可持续发展这一主题。而且民盟组织在毕节地区通过参与改善民生、助推区域发展的工作，与科学发展观“坚持以人为本，促进经济社会和人的全面发展”，“统筹城乡发展、统筹区域发展、统筹经济社会发展”的要求也不谋而合。

其次，毕节试验区作为多党合作的试验区，参与试验区建设是东部发达省市民盟组织加强自身建设、服务贫困地区经济发展的应有之义。毕节试验区作为中国共产党领导的多党合作、共同推进改革开放和贫困地区实现可持续发展及跨越式发展的成功范例，试验区的发展经验表明，发挥中国共产党领导的多党合作和政治协商政治制度的优势，是推进我国经济社会发展的强大动力。民盟组织参与毕节试验区建设就是以实际行动不断推进多党合作和政治协商在基层的开展，是在帮扶工作中实践多党合作和政治协商的体制机制的创新探索。

第三，参与打造统一战线“同心品牌”的过程是调动东部发达省市民盟组织成员积极性，为社会作贡献的过程；是发现、培养和锻炼人才，增强党派自身凝聚力的过程；是成员学习了解社会、了解国情，提高自身思想政治素质的过程；是深入调查研究，在实践中取得第一手材料，做好参政议政工作的过程；是民主党派对社会作贡献、体现存在价值、取得社会承认，扩大统一战线社会影响的过程。

（2011年3月29日在东部十省市民盟组织参与毕节试验区建设研讨会上的讲话）

五、民盟在广宗的工作始终注意明确帮扶工作思路，并在实践中及时调整，与时俱进

以民盟河北省委和邢台市委为主要力量，民盟在广宗20年帮扶的主要工作是在三个方面坚持展开。随着形势的发展，我们工作的侧重点、目标和方式等，有所调整和变化。

……

在实践中注意不断完善工作机制，主要是合作机制。包括在四个方面的合作。首先是盟内合作，以充分调动盟内的资源；第二是尽量借助利用其他的智力资源；第三是争取国务院有关部委的支持和指导；第四，当然最关键的是与广宗县的党委、政府和干部群众合作，配合县委、县政府，围绕中心工作献计出力。

（2011年10月12日在纪念民盟中央帮扶广宗20周年座谈会上的讲话）

关于烛光行动

一、“烛光行动”在全盟开展三年来，各地盟组织做了大量工作，也有很多成功的经验，主要有以下六个方面：

一是强化领导、认识到位。凡是“烛光行动”开展得比较好的省市，民盟省、市一级主要领导和领导班子都很重视，研究布置和扎实工作，并且对“烛光行动”有较深的思考，认识到位。

二是明确需求、雪中送炭。对于基层农村教师到底最需要什么，通过调

研了解实际状况和需求，然后做一些雪中送炭的事情。

三是突出重点、量力而行。工作面不铺得太大，项目不做得太多，从覆盖面和工作内容上都有选择和重点，量力而行，少而精。

四是建立依托、争取合作。建立基地和试点学校等作为依托单位，同时争取合作伙伴，包括争取当地政府、教育行政部门、学校以及社会力量的合作。

五是培养骨干、广泛动员。每个省都有一批骨干作为依靠力量，同时广泛动员有较多条件的盟员和所联系的知识分子参与“烛光行动”。

六是研究先行、及时总结。“烛光行动”要符合教育科学规律，民盟中央和省级盟组织都有专家顾问组，对“烛光行动”开展专业研究并及时总结经验。

“烛光行动”一方面是民盟多年传统的延续和坚持，另一方面也具有新的特点、新的问题和矛盾，需要我们共同不断研究思考，及时总结各地的成功经验和好的做法。

二、关于对“烛光行动”下一步工作的意见

今后工作的考虑和要求，在《民盟“农村教育烛光行动”工作方案》里都写得很全面具体，我想补充强调四点。

第一，民盟中央和各地盟组织都要进一步总结开展“烛光行动”的经验。各地要充分总结开展“烛光行动”的实践经验；充分挖掘在实践中广大盟员的感人事迹和闪光精神；加大盟内外宣传；对“烛光行动”的先进集体、个人进行表彰。

第二，对“烛光行动”如何更好地实现宗旨、保持特色、发挥参政党职能进行再思考。我们在开展“烛光行动”中既要注意学科教育，更注重育人为核心，注重整个教学活动中对学生人格、品德、理想、养成等方面的培养。我们实施“烛光行动”的过程中也是一个自我教育的过程，通过总结提炼出“烛光行动志愿者”精神，它也应该体现出社会主义核心价值体系的引领作用，向社会宣传这种精神。“烛光行动”是民盟作为参政党，在学习践行社会主义核心价值体系过程中的一个共同实践，对于在其中体现什么精神，实现什么样的社会价值作用，我们要进行再思考，并指导我们的工作实践。

第三，继续探索实践，推动“烛光行动”工作上一个新的台阶。有一些被实践证明是行之有效的做法和措施要继续坚持和推进，同时鼓励各地创新思考和工作探索，特别希望各地盟组织针对当地情况，突出自己的特色，使“烛光行动”不断丰富内涵，不断提高工作水平。“烛光行动”和其它盟务工作也应密切结合、相互促进。“烛光行动”可以选择题目，几省联合，结合开展议政调研，做一些建言献策的工作；做社会服务工作的同志在埋头干活的同时，也要有宣传意识，也要有意识地注意保存历史资料和工作资料；配合盟的组织工作，在开展“烛光行动”过程中，可以考察锻炼培养盟员，发现人才，锤炼干部。

第四，加强研究，增强遵循科学规律的自觉性。对“烛光行动”的效果如何衡量和评价，这是需要我们考虑的问题，建议进一步发挥专家顾问的作用。“烛光行动”一开始就要求省级盟组织都要成立“烛光行动”专家顾问组。专家顾问组的人员组成不一定局限于盟内，盟内外专家都可以。各省专家顾问组之间要加强交流，盟中央专家顾问组将会加强和各省盟专家顾问组的联系,包括信息资源的共享。盟中央加强对各省专家顾问组的支持和服务工作，争取及时收集一些动态、高层专家的研究成果及各地教育教学改革、试点的一些好的经验等提供给专家顾问组。主管领导要多与专家顾问组交流研究，探索和推进工作。

（2010年8月31日在“民盟烛光教育论坛”暨社会服务工作研讨会上的讲话）

关于帮教工作

一、关于帮教工作在民盟工作中的重要性

第一，它是对常规教育的补充和延伸，是国民教育的特殊组成部分，特别是对失足未成年人按照教育、感化和挽救的方针实行的教育补救措施。民盟的界别特色是教育，所以民盟发挥参政党职能，开展帮教工作应该是题中应有之义，也是比较自然的。

第二，开展帮教工作是民盟对构建和谐社会的具体贡献。我们通过这样一些工作，最大限度地减少社会的对立面，最大限度地增加和谐因素。

第三，它是我们对国家司法建设和进步的实际支持。我们开展帮教工作就是配合有关部门贯彻国家关于宽严相济的司法刑事政策，从而可以参与和促进国家司法建设和进步的进程。

第四，帮教工作可以和议政调研、建言献策工作有机结合、互相促进；可以成为我们履行参政党职能、深化社会服务的一个品牌。

二、民盟做帮教工作有四个优势

第一个优势是广大盟员的专业特长。我们的盟员主要是文化教育科技界的优秀知识分子和专家，具有“人类灵魂工程师”的专业素质和能力，所以帮助高墙内的人员开展文化学习、法律宣传和职业教育等等对我们都不是难事，花销成本也不高。

第二个优势是民盟盟员的强烈社会责任感、高涨的政治热情和爱民之心，有参与这项工作的动力。

第三个优势是民盟组织联系面广，渠道畅通。我们可以联系有关的社会力量和部门，来关注、支持、参与帮教工作。

第四个优势是多年来不少地方盟组织与司法行政部门和干警已经建立了良好的合作关系和珍贵的友谊。特别是司法部欢迎和支持我们参与帮教工作，愿意和我们合作，并积极给予我们工作指导。

三、民盟参加帮教工作的准确定位

第一，要在法律、法规和政策之下符合司法行政部门的统筹。第二，发挥民盟组织和盟员的优势。也就是要有所为有所不为，知道我们能力的界限，扬长避短，工作内容和形式要有所选择。第三，配合开展教育和社会活动。我们做的帮教工作，总体来说都是配合的工作，不是另外打出一片天地，不是独立完成一个整体工作。第四，目标是对司法机构的帮教工作起到支持、补充和延伸的作用。我们是在政府司法工作系统基础上，支持相关机构的工作，帮助改善工作条件；对现有工作中的实际需要进行补充；延伸包括向前延伸、向后延伸和横向延伸，向前延伸涉及预防犯罪，向后延伸指回归社会问题，横向延伸包括社区帮教以及关注失足人员的社会联系和家庭。

四、民盟开展帮教工作应当把握四项原则

第一，遵守法律和政策，讲究工作艺术。要了解有关法律法规和政策，

特别要讲究工作方法；各地开展工作的重点，要根据当地的盟组织的力量和经验认真研究、确定，先易后难，工作队伍要精心挑选和组织，在工作中锻炼提高，才能取得好的帮教效果。第二，密切内外合作，服务工作大局。对内合作是指盟内上下左右之间的合作，对外合作包括民盟与（司法）部、厅、局、监狱、劳教场所的合作，还包括与其他社会力量的合作。服务工作大局是指配合国家整个惩治教育改造系统的工作大局。第三，注意扬长避短，坚持常年活动。虽然我们有很多的优势，但我们的力量也是有限的，因此工作不能贪多、贪大，不大包大揽，我们的工作主要起社会示范、带动作用，所以要认真研究，精选工作范围和内容，坚持每年开展活动。第四，追求帮教实效，不搞形式主义。

五、为保障民盟帮教工作的可持续开展，需要建立四方面的机制

第一，组织和领导机制。省一级盟组织要把这项工作纳入社会服务工作议程和年度计划。省级盟组织应有领导专门负责，有专门工作部门牵头，还要有一支能够坚持开展工作的盟员基本队伍。第二，和司法系统的合作机制。我们和司法行政部门以及监狱劳教所等建立长期合作关系，要增进相互理解和友谊，形成默契的配合，关键是找好结合点。第三，活动机制。开展帮教工作最后的落脚点，总要有几个活动要常年坚持，要有相对稳定、可以常年开展的活动作为平台，能够制度化，或者形成习惯。第四，盟内交流协作机制。建议扩大“民盟帮教工作联络网”。

（2007 年 4 月 12 日在民盟部分省市帮教工作座谈会（重庆）上的讲话）

关于明眸工程

一、明眸工程的意义和价值

“明眸工程”不是一项单纯的医疗保健公益活动，而是有更大的社会价值和更深的社会影响。首先，“明眸工程”不仅提高了患者的健康水平，而且体现了“以人为本，一切发展都是为了人的全面自由发展”的理念，而这是科学发展观的核心理念；其次，“明眸工程”符合当今中国社会发展的重要趋势，即扶持、壮大社会力量来参与公共服务和公共管理，形成和完善“党

委领导、政府负责、社会协同、公众参与”的社会管理格局；第三，“明眸工程”在现有社会管理体制下，在实践中探索出一种社会各界力量联合、合作的社会协同模式。

（2012年9月6日在“爱心温州·善行天下·明眸工程走进恩施”启动仪式上的讲话）

二、做好“明眸工程”的四条经验

第一条经验，“明眸工程”要搞得成，要搞得起来，需要三头热。要调动三方面的积极性，一方面是医院（包括合作双方的医院），第二方面是慈善总会、企业、捐款人，第三个方面就是民盟组织。三方里面任何一家不热，这个工程都搞不成。这个“热”指的就是责任感和奉献精神。

第二条经验，“明眸工程”要搞得好，要搞得成功，也需要具备几个条件。一个是要多方资源整合，包括政府的支持，另外，技术上要确保安全成功，今天上午会议介绍了帮扶医院的基本条件和救助流程以及筛查患者的标准、筛查模式和筛查流程，可见我们的明眸工程在技术和流程上都是有保障的。

第三条经验，明眸工程不仅要搞得成，搞得好，还要搞得长，可持续，关键是需要一个稳定的工作机制，要上轨道。这里面就包括筹资的机制，要有一个固定的资金来源，包括一个合作协调的机制，也包括人才队伍建设的机制。

第四条经验，明眸工程还需要延伸。往源头方向延伸就是要预防搞得早一点，在工作涉及面延伸，可以搞得宽一点，延长工作链，横向还要扩展。和其他单纯的医疗行为不同，我们的明眸工程是社会各方面共同参与，民盟作为一个民主党派参加，我们有些资源还没有发挥出来，有些作用还没有起到。比如王勤美院长主编的眼健康科普教育手册《明亮你的双眼》，涉及到了预防的问题，这是往前延伸；关于往后延伸，例如患者术后的追踪问题，我们好不容易给他治好了眼睛，最后为什么没有劳动致富改善生活，对此医生没有责任，但民盟组织可以追踪分析，提供培训等帮助。

三、明眸工程一个最大的特点就是多方社会力量合作（多数是非政府的），怎样能够建立长效机制把这件事情做好

第一，我们是否可以成立一个全国省际间的明眸工程工作协作网，其中

可以有各地方的实施单位,也应该有行业的,比如做这方面器材、材料的同志,更重要的是慈善总会、商会、企业等方面。明确哪些人参加进来,成为协作网的成员以后,协作网要建立一个联系网络,应该定期发简报和通讯。今年做了哪些工作,哪些地方有什么好的经验,有些什么成绩,让所有协作网成员都可以了解。这个协作网是否可以设计并开通一个网站。通讯不一定是纸质的,可以用电子邮件,也可以在这个网站上发布一些信息、进展、经验。

第二,能不能建立一个经常的协调机制,比如说建立一个联席会议制度,全国的协作网需要建立协调人的联席会议制度,在省一级也需要有一个协调人联席会议的机制,除技术实施方面外,还应该包括出资方,就是慈善总会、企业商会、企业代表,也包括民盟组织,还应该吸收有关政府部门参加,还需要媒体的介入,通过他们让社会了解我们的明眸工程。

多方合作长效机制建立以后,还要探索如何让它长期保持效果和影响。一方面需要稳扎稳打,逐步扩大覆盖面,使受益人数能够稳步增加,真正把这件事情做好做实。另外要保持长期效果,我还想建议我们在一个阶段内能够相对地有重点地区。选择重点地区的条件,第一,这个地方需求大,第二这个地方的合作条件比较好,第三这个地方的慈善组织和民盟组织力量比较强,工作上能够给力。把一个地方作为重点,就是要有持续和规模的社会效果,同时也要创造经验。

如何建立和完善多方合作的长效机制,是明眸工程需要持续关注的问题。民盟中央为什么推荐"明眸工程"作为全国的"各民主党派、工商联、无党派人士为全面建设小康社会作贡献社会服务优秀成果"?我们特别看重的就是这样一个社会各方面参与、多方合作的模式,这里面民盟做的工作是有限的,但是社会各个方面的力量形成一个团结的、很好的机制,来共同参与社会管理,这样一个模式我们觉得是需要支持、推广和探索的。既然它是我们的一个特点,恐怕将来也是我们出彩的一个地方,可能将来也是对整个国家社会的进步、壮大社会力量能够起到比较大贡献作用的一个方面,我希望大家都来重视,来思考。

四、我们民盟组织在"明眸工程"中需要多做一些什么工作,多考虑一些什么问题

第一,民盟在这个工程中的作用是什么?温州的同志讲,"民盟中央牵

头”，我们尽量不讲“牵头”，但是，民盟的作用还是不可或缺的，这包括协调（协调关系）、支持（不光是民盟支持，还协调党政有关部门支持）、服务（包括我们智力服务、各方面工作条件的服务等）、保障（保驾护航）等方面。另外，还有个重要作用就是扩充。作为参政党，我们除了单纯的医疗方面影响之外，还可以有更多方面的影响，影响到党和政府的政策，影响到社会的关注，影响到更多社会力量来支持，扩大这个事业的规模效果。明眸工程最后和最大的成功，应该不是在于我们做了多少例手术，更重要的是因为明眸工程带动了社会更多的力量，引起了党委和政府的高度重视，带动了更多的人加入这个事业。

第二，民盟要比别的单位多一个很重要的工作，就是要多思考和研究。关于明眸工程的理念、模式、机制，民盟的同志需要考虑得综合一点、深一点，因为要把它做成一个品牌，对这些基本的问题要认识清楚。这件事情做好，一方面对我们民盟的社会服务工作会有新的启示，另外对我们民盟在国家社会生活中的作用也会是个帮助。中国经济社会发展不断进步，很多格局在不断变化，中国现代社会的发育、社会结构的变化、社会组织的发展，现在已经显现出来会有比较快的变化。在这个变化以后，民盟的社会服务工作怎么做？民盟在这样一个新的社会结构和社会管理模式中如何发挥作用？今天我们的政府、市场、社会，三者中有的畸强，有的畸弱。将来三者都强大、协调了，这个时候民盟起什么作用？如何起作用？这可能都是我们需要早一点考虑、早一点有意识的。

第三,民盟各个省的同志可能要考虑一个当地的品牌和当地的特色问题。每一个地方明眸工程从内容和机制方面可以有自己的特色，可以有自己的创新。由于是各个方面参与，所以我们有一个原则就是双赢或多赢，参加明眸工程的各个方面都要有所得，达到多赢。我们从“爱心温州 · 善行天下 · 明眸工程”这个名字就能看出来，名字的前半部分表明这是温州慈善总会的一项系列慈善行动，明眸工程是它其中的一部分。从民盟的角度说，明眸工程是民盟社会服务的一项工作，一个新的项目，各地要考虑明眸工程怎样与现有的项目相结合。

第四，民盟同志要考虑队伍和人才的支持。因为智力资源是民盟的一个特色和优势，在这方面能够做些什么工作，要考虑得多一点，考虑得远一点。除了对实施手术的专业骨干的培养以外，我们民盟可不可以对地方医院组织技术培训,民盟可否主导每年搞一到两次的技术骨干培训班？如果可以培训，除了温州慈善总会和温州企业以外，我们也还可以寻求红十字会等对培训的支持。另外，明眸工程的组织、管理、协调，也需要一些人才，这可以和民盟的组织建设结合起来。在明眸工程里面，可能需要我们注意在有关的界别里发展盟员。他们参加了民盟以后，对这个工作的认识、责任感、热情就会不一样。

（2012 年 4 月 6 日在“明眸工程”工作交流会闭幕式上的讲话）

关于社区服务工作

一、关于民盟组织开展社区服务工作的必要性

民盟在党委领导和政府总体部署下，参与社区建设，并在城市社区选择开展符合民盟特点的社会服务工作，是民盟履行参政党职能，发挥自身优势，为推动社会进步与和谐作贡献的重要新领域，建议民盟各级领导和有关部门关注城市社区建设和社区统战工作的形势发展，思考相关问题，研究有关政策，在内外条件具备时适时开展工作实践和理论探索。

民盟在城市社区开展社会服务工作是在现阶段履行参政党职能的题中应有之义。中共十六届六中全会以及国务院、中共中央统战部的相关文件中，都提到鼓励和支持包括民主党派在内的社会力量参与社区建设和社区服务。上海等地的实践证明，民主党派开展社区服务工作，对党和政府的工作有帮助，对为群众谋利益有帮助，对建设和谐社会有帮助。

民盟有立盟为公、参政为民的宗旨，有费老为代表的民盟前辈关注和研究社区建设、深入社区开展调研和服务工作的优良传统。中文“社区”一词，即是由费孝通先生翻译引入，沿用至今。当前中国社会发展和城市化进程加快,构建和谐社会的基础性工作在社区。民盟应该关注和参与城市社区建设，并围绕党和国家工作的大局，作出应有的贡献。

二、目前民盟在城市社区开展社会服务工作的主要内容

1. 为满足居民物质需求、文化需求，发挥盟员专业特长，提供具体社区服务，比如扶贫助困，开展社区教育、促进学习型社区建设，在社区开展各

种文化活动，开展教育、心理、医护、法律等方面的专家咨询服务，以及促进社区和谐的工作，如社区矫正等；2. 与参政议政工作相结合，进行调研、沟通、协调、建言献策、反映社情民意等工作；3. 参与社区建设的规划、组织、实施、反馈、评价等过程，通过民主协商等形式，参与民主决策，推进社区基层自治和民主建设进程。

三、民盟参与社区服务工作的职能和角色定位

民盟参与社区服务工作的职能和角色定位既不同于作为保证向居民提供公共服务责任者的各级政府，也不同于接受政府委托、提供社区服务的各种中介机构。民盟从事社区服务工作与一般慈善机构和志愿人员在社区做善事、提供服务，在出发点和目标、目的等方面也有很大区别，我们要充分考虑政治和社会的当前和长远的影响和效果，适应参政党的政治目标要求，起到推进经济、政治、文化、社会建设全面进步的作用。

四、民盟在社区开展社会服务工作的具体形式和方法

民盟社区服务工作的组织方式，既可以鼓励和支持在社区的盟员积极参与，也可以盟组织出面，进行组织协调、开展活动。处理好与当地党委、政府、居委会、居民等各方面关系，是民盟做好城市社区服务工作的前提条件。要积极争取党委和统战部门的领导和支持，得到基层政府的欢迎和配合，争取与街道合作共建，取得居委会和居民的信任和理解，还要注意保持民盟工作的主动性和自主性。同时，要注意社区服务工作与民盟的议政调研、基层组织建设、盟员思想教育、理论研究以及社会服务的其它工作相协调与结合。

各地城市社区发育程度不同，城市社区的体制改革和调整进程也不同步；社区统战工作发展不平衡，各地基层党委、政府、统战部门和街道社区对民主党派参与有关工作的认识、支持程度有差异；各地盟组织内部关于社区服务工作的共识以及从事此项工作所需要的骨干力量和可利用的内外资源不尽相同，当地盟组织的各项工作的安排计划和轻重缓急也各异。因此，各地盟组织何时、以何种方式参与城市社区建设、开展在城市社区的社会服务工作，不宜整齐划一，而应由各级盟组织视条件决定。

（2007 年 10 月 12 日在民盟部分省市城市社区服务工作研讨会（上海）上的讲话）

第二篇

全盟社会服务工作概况

发挥自身优势　体现自身特色
服务地方经济社会建设
——民盟中央社会服务工作概况

社会服务的领域天高海阔，天高任鸟飞，海阔凭鱼跃，我们的工作大有作为。传统要继承，更要发扬光大。

——张梅颖

社会服务是民主党派的一项重要职能，是指民主党派在社会层面发挥作用以为民造福。社会服务工作是民主党派同中国共产党通力合作的生动体现，是民主党派参与全面建设小康社会的重要渠道，是维护社会稳定、促进民族团结、构建和谐社会的基础性工作。

谈到民盟的社会服务工作，就不能不谈到民盟中央原主席费孝通先生。费老一生“志在富民”，皓首不移，尤其是九十二岁高龄时还第十一次去往偏僻的甘肃，第七次去往苦甲天下的定西，关心、支持当地的扶贫开发事业，感动和教育了盟内外的许多同志。贾庆林同志曾经在重要的讲话中，把费老“七下定西”作为民主党派领导人致力于减贫、富民，推动社会进步和公平的典型事例，号召统一战线各方面向他学习。

行行重行行。费老不仅是一个脚踏实地、为了贫困地区脱贫致富身先士卒、亲历亲为的人，也是一个仰望星空、为民主党派社会服务理论作出重大贡献的人。费老在担任民盟中央领导之始就提出在新的历史时期民主党派应该做些什么工作和怎么开展工作的问题。他从实际出发，从发挥民盟智力和渠道优势与服务贫困地区发展相结合的角度入手，提出了“做好事、做实事”与“出主意、想办法”相结合的社会服务工作方针。自此，“出主意、想办法、做好事、做实事”成为民盟社会服务工作一以贯之的指导思想。

进入新世纪新阶段，《中共中央关于进一步加强中国共产党领导的多党合作和政治协商制度建设的意见》《中共中央关于加强人民政协工作的意见》两个重要文件（即两个5号文件）先后颁布，特别是胡锦涛总书记“同心”重要思想的提出，对新形势下民主党派社会服务工作提出了新的要求。民盟中央沿着费老的足迹，带领全盟积极顺应形势变化，坚持以“同心”思想为指针，以更加饱满的热情和干劲投入到打造统一战线“同心”品牌的工作中去。

观往知来。在改革开放初期，民盟中央的社会服务工作没有固定的工作对象，只是概括地提出要发挥智力优势，为四化建设服务，由于民主党派自身力量有限，撒网式的工作方式很难产生持续深入的效果。为解决这一问题，费老等民盟领导同志指出要选择固定的帮扶地区，长期坚持，以点带面，示范带动。民盟的社会服务活动也逐渐完成了由分散、单向、随意、短期向集中、互动、固定、长期转变。20多年间，民盟中央先后与贵州省毕节市、黔西南州，甘肃省定西市，四川省遂宁市，河北省广宗县，广西百色地区，重庆市彭水县建立了对口帮扶关系，在内蒙古武川县建设“民盟北方生态园”，其中在毕节、广宗、定西、遂宁的工作都已经坚持了20年以上。

1988年6月，经国务院批准，毕节试验区正式成立。20多年来，民盟中央在中央统战部的领导下，遵循科学发展理念，紧紧围绕试验区“三大主题”，充分发挥自身智力优势，积极参与毕节试验区建设。丁石孙、蒋树声、张梅颖、张宝文、李重庵等领导同志亲自出面帮助毕节协调了倒天河水库、生猪大县、东桑西移等国家项目，钱伟长、张宝文、厉以宁同志长期担任毕节试验区专家顾问组领导职务。同时民盟中央社会服务部也积极组织专家，到毕节开展农技推广、规划设计、支教助学、人才培训、医疗扶贫、招商引资等系列服务活动，这一系列的工作有力地改善了试验区的发展环境，提高了试验区自我发展能力，推动毕节试验区实现跨越式发展，让群众得到了真正的实惠。自“同心”工程开展以来，民盟中央进一步加大工作力度，帮助毕节引进投资12.5亿元，捐赠款物近千万元，培训各类人才10余万人次，并协调有关部门为毕节试验区“披金挂银”铺平道路。

同时，民盟中央在费老“沙里淘金”思想的指引下，二十多年如一日，坚持参与河北广宗扶贫开发事业，帮助广宗落实项目资金2亿多元，推动广宗农业产业结构调整和工业建设，有效地提升了广宗县域经济实力和人民生活水平；通过联合推动组这一平台，在科技部等有关部门的支持下，在贵州省黔西南州开展实施星火科技扶贫项目；充分发挥民盟组织整体优势，调动基层盟组织积极性参与广西百色地区扶贫开发工作，促进边疆民族地区经济社会发展；完善工作机制建设，充分发挥各级盟组织作用，黑龙凼水库、蓬船武引灌区饱含“盟遂合作”的深情；继承民盟优良传统，持续关注甘肃定西发展，通过多种渠道帮助其改善发展环境；紧抓“生态”主线，依托基地建设和高端论坛，通过小试验破解北方草原生态保护和建设大命题；积极响应“同心”号召，开拓武陵山区“同心”实践新战场——彭水。

除积极参与定点帮扶地区经济社会建设外，民盟中央还充分立足党派特色和优势，开展了“农村教育烛光行动”、“明眸工程”等系列工作。民盟“农村教育烛光行动”是在2007年由民盟中央倡导，在全盟广泛实施的一项旨在提高农村教育水平和教学质量，加强农村教师队伍建设的支教行动。截至2012年12月，在全国30个省（区、市）培训教师13万余人次，协调资金8400余万元，援建学校110所，捐赠图书45万余册，建立志愿者队伍近万人，先后受到中共中央总书记胡锦涛、习近平，以及张高丽、贾庆林、刘延东等中央领导同志的肯定，并荣获国务院“全国‘两基’工作先进单位”、“各民主党派、工商联、无党派人士为全面建设小康社会作贡献社会服务优秀成果奖”、“2011年度中国扶贫创新项目奖”。“明眸工程”由民盟中央牵头协调，采取民主党派、慈善团体、地方政府合作的创新工作模式为贫困的白内障和角膜盲患者提供免费复明手术。自2009年12月启动以来，共募集资金2100多万元，资助贵州、云南、青海、四川、重庆、河南、陕西、新疆、安徽、宁夏、湖南、湖北等12省市的3000多名患者，捐资帮助玉树州人民医院筹建眼科医院，由于成绩突出先后荣获“各民主党派、工商联、无党派人士为全面建设小康社会作贡献社会服务优秀成果奖”和“中华慈善奖·最具影响力项目奖”。

此外，民盟中央还不断探索新的工作领域，与司法部门合作开展帮教工作，积极参与城市社区建设，为促进社会主义和谐社会建设作出了有益探索。

民盟中央在开展社会服务工作的过程中始终坚持以科学发展观和“同心”

思想为指引，秉承“发挥优势，突出重点，量力而行，注重实效，持之以恒”的基本原则，服务党和国家的发展战略与工作大局，从自身的优势和特色出发，扬长避短，坚持有所为、有所不为；加强横向与纵向联系，发挥党派的组织优势和整体力量，团结盟内外一切可以团结的力量，协作互补，形成合力，以求突破缺乏项目经费和专业工作队伍等瓶颈因素，扩大社会服务工作的效果和影响；始终坚持社会服务与参政议政互相结合，相互促进，从更深层次和更广范围内体现社会服务工作的实效性和示范性。与此同时，中国民主同盟也在社会上树立了良好的形象，让地方党委、政府和广大群众更加清楚地认识到中国共产党领导的多党合作和政治协商制度的优越性。

积极参与“同心工程”建设
助推毕节试验区科学发展
——民盟中央参与贵州毕节试验区建设工作纪实

我一生只有一点想法，就是希望农民赶快富起来。我总结了一条经验，要根据自己的实际办事，提倡多种模式。

——费孝通

毕节地区位于贵州省西北部，是典型的岩溶山区。由于历史和自然的原因，毕节的发展曾长期面临经济增长缓慢、生态恶化、人口过速增长等难题。1988 年，时任贵州省委书记的胡锦涛同志审时度势，做出了建立“毕节开发扶贫、生态建设试验区”的战略构想，提出了“开发扶贫、生态建设、人口控制”三大主题，并代表贵州省委、省政府邀请各民主党派中央、全国工商联领导同志在北京进行座谈，介绍建立毕节试验区的设想，得到了积极响应和大力支持。从此，民盟中央与兄弟党派、各界志士仁人一道，开始了在中国共产党领导下，探索岩溶贫困山区全面协调可持续发展和脱贫致富道路的伟大创举，共同揭开了毕节发展史上的新篇章。

民盟是最早参与毕节试验区建设的民主党派之一。二十多年来，在中央智力支边扶贫协调小组的领导下，民盟中央在毕节试验区的智力支边扶贫工作始终坚持“发挥优势、突出重点、量力而行、讲求实效、持之以恒”的工作方针，紧扣试验区的三大主题，在科技扶贫、教育扶贫、推进新农村建设、建言献策、协调项目、做好事做实事以及打造统一战线参与支持毕节试验区建设“同心工程”品牌等方面做了大量工作，谱写了一首“情牵乌蒙，共谋发展”的时代乐章。

一、科技扶贫，授人以渔

引进、推广先进的科学技术是提高贫困地区生产力水平、发展贫困地区经济、解决群众温饱的有效途径。民盟中央深入开展调查研究，帮助贵州毕节引进、改良经济作物品种，加大对农民的科技培训力度，使农民学到致富的技能，增强自我发展能力，使扶贫联系点的农民得到了看得见、摸得着的实惠。

试验区建立之初，民盟中央把毕节县（1994年起改称毕节市，2012年改称七星关区）确定为扶贫联系点。从1989年开始，民盟先后在何官屯镇、水箐镇建立了“农业综合开发试验示范基地”，有效地在试验示范基地开展了多种农业实用技术的示范、推广工作，把当地传统的玉米“窝种双株留苗”方法改为“条播单株留苗法”，使玉米产量平均增长20%以上，玉米倒伏率降到5%以下，并成功地试验出石漠化陡坡地和坡耕地横坡种植法，这项既保水保肥又改变传统粗放模式的农业种植技术，深受农民欢迎，很快得以大面积推广。

1996年，贵州毕节市青场镇党委、政府请求民盟就如何发展后续财源，帮助农民脱贫致富的问题出主意、想办法。民盟中央发挥智力密集优势，委托民盟贵州省委组织农业专家到青场镇实地考察调研，鉴于青场镇典型的“火盆效应”的气候特征和地处云贵川三省交界的市场优势，民盟专家提出了在该镇发展早熟蔬菜，建立早熟商品蔬菜基地的建议。经过进一步的论证，民盟中央、民盟贵州省委在青场镇开展了早熟商品蔬菜栽培的试验示范工作，为该镇建立早熟商品蔬菜基地打下坚实的基础。经过十多年的发展，青场镇的早熟商品蔬菜基地已经初具规模，建成上千亩一年三季早熟蔬菜示范基地，相当多的种菜能手富了起来。2006年，农民每亩蔬菜收入由原来种植粮食作物时的700元增加到3500元，在良好的市场收益面前，许多原本只种粮食的农户纷纷改种反季节蔬菜和早熟蔬菜，基地示范效应显著。民盟多年的工作成绩得到当地群众的认可，青场镇政府专门立碑，介绍民盟中央帮扶情况。《毕节日报》以《万千关爱注乌蒙》为题，用两个整版报道了民盟的扶贫工作。

二、烛光行动，培育人才

民盟中央领导历来重视教育扶贫工作，民盟各级组织运用自身在文教领域的优势，采取多种形式，积极为毕节试验区培养各类人才。

20 多年来，民盟中央以对口联系的毕节市为重点，进行了中小学教师教学、教材、教法培训，农村非英语专业英语教师业务培训，中小学校长教育、管理培训，中小学教师德育教育业务培训，农村农业适用技术培训等各种形式的培训工作，培训人数达十多万人次。

1991 年，经民盟中央牵线搭桥，北京汇文中学与毕节一中结为姊妹学校，优质的教学资源辐射到试验区，数千名骨干教师从中受益。2004 年高考前夕，民盟中央从北京请到 5 位知名教学专家赴试验区讲学，为近千名高中骨干教师和万余名应届高中毕业生举办了“高考总复习冲刺辅导”。2006 年暑期，民盟贵州省委组织 8 位来自贵州大学、贵州师范大学等学校的优秀教师对毕节市 210 名乡镇骨干教师开展英语、电脑、音乐学科的培训，有力促进了试验区教学研究和教育改革。为支持试验区文教事业发展，民盟中央协调香港汉荣书局，总共为毕节地区、毕节市、赫章县和纳雍县图书馆捐赠价值 60 万元的港版图书。

民盟中央还注重发挥自身优势，帮助毕节干部提高整体素质。2004 年 3 月，厉以宁名誉副主席考察毕节试验区，不仅做了《从毕节地区的发展看西部大开发》的专题报告，还对当地经济发展提出建议。在厉先生倡导下，北京大学光华管理学院成功举办了三期“光华—泰达—毕节领导干部培养项目”，使毕节 150 名县处级以上领导干部接受了一次高层次现代经济管理知识的培训。

民盟中央不仅重视培训工作，还发挥联系广泛的优势，积极帮助毕节地区改善办学条件。2004 年 7 月，厉以宁教授把他个人荣获的 300 万日元日本福冈亚洲文化奖金全部捐献给毕节建设一所农村小学。2006 年在厉先生的协调下，北京大学光华管理学院董事长、台湾大学教授尹衍梁先生为毕节试验区的大方、织金、威宁、赫章等四县捐资 120 万元人民币，援建 4 所农村小学，并在毕节学院设立光华奖学金，每年奖励 300 名品学兼优的贫困大学生。在民盟中央协调下，民盟上海市委引资 25 万元兴建了毕节市梨树镇二堡学校。

2007年起，民盟在毕节试验区的中小学师资培训工作正式纳入了旨在通过帮助加强农村教师队伍建设，进而推动中国城乡义务教育均衡发展和城乡教育公平的“民盟农村教育烛光行动”（以下简称“烛光行动”），走上了长期化、制度化的轨道。

除帮助加强当地农村学校硬件建设外，“烛光行动”格外重视学校的软件建设，帮助加强农村教师队伍建设水平，先后引入新东方教育科技集团、北京四中网校、北京汇文中学等优质教学资源，促成毕节试验区多所学校与名校结成结对共建关系，开展多种形式的教师培训活动，帮助当地农村教师开阔视野，更新教学教育理念；协调动员北京师范大学教师教育研究中心、清华大学继续教育学院、北京中关村教育基金会等教育机构和社会组织通过培训经费资助、远程教学等方式积极参与到“烛光行动”中来。

三、整合资源，共建新村

中共中央作出建设社会主义新农村的重大战略部署以来，民盟中央动员全盟力量，整合各类资源，将支持梨树镇上小河村进行社会主义新农村建设作为民盟在毕节试验区开展智力支边扶贫工作的重点，并制定了具体帮扶措施，帮助上小河村制定完善了发展规划，按照中央提出的“生产发展、生活宽裕、乡风文明、村容整洁、管理民主”20字方针，开展社会主义文明村寨建设。短短几年，上小河村面貌焕然一新。

为帮助上小河村调整产业结构，拓宽农民增收的路子，民盟中央、民盟贵州省委在毕节市上小河村开展了莱茵鹅养殖、草莓示范种植、农家乐经营培训等富农项目，示范户纯收入达1万多元。值得一提的是，无论是引进何种项目，民盟各级组织都充分尊重村民的意愿，鼓励村民参与示范户和扶贫项目的筛选，为在毕节市开展参与式扶贫、扩大基层民主进行了有益的尝试。2010年，民盟中央、民盟北京市委和中国农业大学党委统战部开展“党盟合作”，共同为毕节市新农村建设出谋划策，并根据毕节市委、政府的要求，编制了农业发展规划，完善了项目库。

在民盟中央的协调下，许多省市盟组织也积极参与毕节市的新农村建设。民盟深圳市委组织盟员企业家扶贫考察，投入资金7万余元为上小河村文化活动室购置了电脑、电视、广播器材、办公桌椅，丰富了当地村民文化娱乐

2008年5月，全国人大常委会副委员长、民盟中央主席蒋树声考察贵州毕节市上小河村新农村建设

生活；为改善上小河村小学的办学条件，民盟贵州省委协调省体育局为该校无偿提供了一批价值2万元的体育设施和器材，民盟中央捐赠200套课桌椅及教师办公用具，筹资6万元解决了该校的行路难和饮水难问题；民盟贵州省委协调争取到6.6万元资金帮助建立起村卫生室，协调资金62万元帮助44户村民实施白族特色的民居改造，协调交通部门项目资金240万元硬化9公里的进村公路，被村民称为“民盟爱心路”，并立碑纪念。民盟上海市委引资25万元修建了毕节市爱民广场露天舞台，为毕节市民增加了一个休闲健身的文明场所。

民盟在上小河村的工作得到贵州省各级政府的重视，被确定为贵州省统战系统新农村建设示范点。目前上小河村正努力向“贵州白族第一村”的目标迈进，将逐步建设成为一个集生态建设、乡村旅游、休闲观光等为一体的经济发展、生态良好、生活富裕的小康村。“上凉亭，听鸟鸣；游田园，闻稻香；绕绿堤，戏小桥流水；采果实，进森林氧吧；钓肥鱼，住农家”的景象令人期待。

四、建言献策，科学发展

民盟中央高度重视在“毕节试验区”的智力支边扶贫工作，充分发挥自身优势，深入开展调查研究，积极为毕节试验区的科学发展提出建设性的意见和建议。著名科学家、民盟中央名誉主席钱伟长教授亲自担任前三届“毕节试验区专家顾问组”组长，并先后五次到毕节考察，著名经济学家、民盟中央名誉副主席厉以宁教授担任第四、五届专家顾问组组长。厉以宁教授与农业部原副部长、民盟中央常务副主席张宝文同志担任新一届专家顾问组总顾问。费孝通、丁石孙、蒋树声历任主席，张梅颖第一副主席、张宝文常务副主席和李重庵副主席都多次到毕节考察、调研，以不同形式支持指导工作。

1993 年，民盟中央在毕节科技扶贫三年试点的基础上，向中共毕节地委、毕节地区行署提出了《促进粮食再上新台阶以加速生态建设区开发的建议》。1996 年初，民盟中央向中共贵州省委提出《贵州省贫困地区“九·五”实现稳定脱贫应优先发展大农业》的建议。2000 年，民盟中央向中共贵州省委提出了《旱坡耕地梯化建设是贵州农业生态环境保护、建设和可持续发展的基础》的建议，得到了贵州各级政府有关部门的高度重视和充分肯定，贵州省委、省政府以省委办公厅的名义将建议转发各地和有关部门，要求结合实际积极采纳推广。2009 年，根据统一战线参与毕节试验区建设专题调研的分工，民盟中央圆满完成了“毕节试验区农村公路建设研究”调研任务。在民盟陕西省委的大力支持下，依托长安大学的盟员专家，撰写了高质量调研报告，通过参政议政平台，为促进毕节地区农村公路建设的可持续发展建言献策。

2008 年 5 月，全国人大常委会副委员长、民盟中央主席蒋树声同志率领有关部委负责同志到毕节调研，为促进试验区的可持续发展出主意，想办法。蒋树声提出的把毕节试验区建设成为全面贯彻落实科学发展观的示范区，把教育放在优先发展的战略地位等建议，得到了地区领导的高度重视。

五、披金挂银，加速崛起

民盟中央注重发挥联系广泛的优势，紧紧围绕毕节试验区经济社会建设，以支持生态建设为重点，尽可能多做实事、好事。

在倒天河水库及其环境治理项目中，民盟中央邀请水利专家对倒天河水库进行实地考察，制定治理方案，编制项目计划，争取水利部的大力支持，使水库大坝加高工程得以立项实施，投入资金 3326 万元，为毕节市整个城区饮用水安全、防洪抗旱及倒天河上游生态保护打下了坚实的基础。

2007年，在民盟中央领导的积极协调下，总投资2亿元的金沙县胜天水库和织金县大新桥水库先后在水利部和国家发展改革委立项并陆续开工建设。

民盟中央为在毕节市广泛推广农村沼气技术，组织盟员专业技术人员，到全市农村进行调查研究，在青场镇新沟村和朱昌镇花厂村建立两个试验示范点，积极协调农业部为毕节地区安排沼气池建设5.1万口。

2009年民盟中央帮助毕节市协调落实了商务部的“东桑西移”项目和农业部“生猪调出大县”项目。毕节市新增蚕桑种植基地6000亩，蚕农增收800万元。

20余年来，在党中央、国务院的亲切关怀下，在国家有关部委以及包括民盟在内的各民主党派和工商联长期不懈的大力支持下，毕节地区扶贫开发取得了显著成效，试验区主要经济指标增长高于全省、全国平均水平，实现了生态效益、经济效益、社会效益的统一，毕节试验区呈现出一种正在崛起的勃勃生机。同时，毕节试验区经济发展还存在基础设施薄弱、建设资金短缺、中小企业融资困难等一系列瓶颈问题。因此，加快投融资机制改革，改善投融资环境，大力发展支柱产业，实现产业升级和经济结构优化对毕节试验区的可持续发展至关重要。

为帮助毕节试验区突破发展瓶颈，巩固和发展毕节试验区的改革成果，2007年4月，厉以宁教授提出，在毕节这样贫困落后地区，要想实现超常规跨越式发展，必须从改革和完善投融资体制机制入手，建议毕节试验区申请设立产业投资基金和村镇银行。厉先生的建议在毕节试验区引起了巨大反响，被形象地称为“披金挂银”。“披金挂银”无疑会给毕节试验区插上腾飞的翅膀，也同样引起了民盟中央的关注。2008年4月，民盟中央致函贵州省银监局，建议在毕节试验区设立村镇银行。9月，贵州省第一家、总资本5000万元的“毕节发展村镇银行”正式挂牌营业。蒋树声主席欣然为毕节发展村镇银行题写行名并致信祝贺。四年来，毕节发展村镇银行以支持“三农”及中小企业为主线，针对毕节地区特点，专门设计了微小贷款、小额农户贷款等业务品种，产生了积极的社会效益和经济效益。民盟中央蒋树声主席还亲自致函国家发改委张平主任，推动毕节试验区生态产业股权投资企业成立备案，国家发改委已回函表示支持。贵州省委、省政府，毕节地委、行署高度重视厉先生的建议，为在毕节试验区设立产业投资基金做了大量基础工作。

六、同心工程，助力腾飞

2009年以来，民盟中央认真贯彻落实胡锦涛、贾庆林等中央领导同志对毕节试验区建设工作的重要批示精神以及关于同心品牌建设的战略部署，结合自身特点和优势，重点参与助推发展、改善民生、智力支持等同心工程建设，有力推进了试验区新一轮的改革发展。

（一）“同心·助推发展工程”

民盟中央积极响应中央统战部号召，2011年3月，在毕节召开东部十省市民盟组织参与毕节试验区建设研讨会，蒋树声主席出席会议并讲话。会议协商建立了东部十省市民盟组织参与毕节试验区建设工作机制，明确了与会省市民盟组织参与毕节试验区建设工作计划。签署投资协议12.5亿元，捐赠款物700万元。会后民盟中央徐辉、郑惠强副主席先后率浙江、上海两地盟组织赴毕节考察调研。民盟北京、天津、河北、广东等民盟地方组织也围绕“同心·烛光行动”开展了捐资助学、暑期夏令营、教师培训等活动。

此外，民盟中央还积极配合七星关区有关部门在深圳、杭州成功举办两场招商推介会，毕节市在福建的招商活动也得到当地民盟组织的大力支持。

（二）“同心·改善民生工程”

多年来，民盟中央坚持把促进毕节试验区医疗卫生事业发展作为改善民生工程的重点，组织贵阳医学院、贵阳中医学院专家对毕节市及各乡镇采取举办讲座、专家查房、病例分析等方式，开展多层次、多层面的医疗卫生人员培训；协调北京康益德医院，在毕节实施国家卫生部“冬病夏治”项目；协调贵州省卫生厅加大对毕节地区医疗卫生工作的支持力度，并重点支持青场镇卫生院、梨树镇上小河村卫生室的建设。

为帮助提高群众健康水平，提升当地医疗机构诊疗水平，民盟中央积极协调温州医学院附属眼视光医院对口帮扶毕节地区中医院，启动“同心·明眸工程”，以培养白内障手术技术力量为突破口，通过提高定点帮扶医院眼视光诊疗水平，提高全地区人民群众的视觉健康水平。截至2012年9月，已顺利实施白内障复明手术330余例。

2011年3月，“同心·健康心动毕节行”活动顺利启动，筹集善款100万元，将在三年内为毕节地区15位贫困心脏病患者提供免费心脏起搏器及

全国人大常委会副委员长、民盟中央主席蒋树声出席『同心·健康心动毕节行』新闻发布会

手术费用。该项目获得社会各界好评，成功入选“健康中国 2011”系列奖项。

此外，民盟中央还协调倍肯集团捐资 416.2 万元援建 20 个乡镇卫生院整体化验室及中心服务站，促成北京市康益德医院与七星关区朱昌镇中心卫生院结成共建关系，由康益德医院捐赠的 110 万元药品已运抵毕节。

（三）“同心·智力支持工程”

近年来，民盟中央以“同心·烛光行动”为载体，加大推动试验区智力资源开发力度。蒋树声主席亲自协调资金援建七星关区鸭池小学，极大改善了该校办学条件。民盟中央还协调中关村教育基金会捐资 100 万元，用于毕节地区中小学教师培训及资助贫困大学生完成学业；向毕节教育系统捐赠了价值 25 万元的图书及价值 10 万元的示范课光盘和电子图书馆，并为“同心·毕节中小学生演讲比赛”提供了价值 16 万元的奖品。

作为“同心·农村实用技术人才培训”项目组的牵头单位，民盟中央组织专家制订了《2011 年“同心·农村实用技术人才培训”实施方案》，还依托现有培训资金，完成农业技术培训、农民创业培训、农技干部培训 14000 人次。民盟中央还先后组织专家为毕节地区培训眼科医生 70 余人次、农村经纪人 50 余名，并积极牵线搭桥，帮助毕节地区中医院争取到赴北京中医院培训进修的名额，对毕节地区接待系统干部 200 余人进行了礼仪培训。

民盟中央参与毕节试验区建设工作已经走上了长期化、规范化、制度化的轨道。民盟中央、民盟贵州省委和民盟毕节地区工委正在探索三级联动的工作机制,民盟中央社会服务部还与七星关区有关部门建立了联席会议制度。民盟中央主席蒋树声郑重承诺：民盟中央将继承和发扬老一代民盟领导人的优良传统，一如既往地支持毕节试验区的发展，为把毕节试验区建设成为贯彻落实科学发展观的示范区作出更大贡献。

沙里淘金，真情帮扶 20 年
——民盟中央帮扶河北广宗工作汇报

开展智力扶贫工作，既服务于社会主义建设，也帮助我们接触实际，了解国情民情，促进我们提出积极的建设性的意见和建议。

——费孝通

河北省广宗县隶属于邢台市，地处黄河故道黑龙港流域，百里沙带横亘全境，全县沙荒面积达 10 万亩。因为土壤沙化严重，农作物产量低，生活在这片沙土地上的百姓极端贫困。1985 年，全县 37% 的人口年均收入不足 200 元。1991 年 5 月，时任全国人大副委员长、民盟中央主席的费孝通来到广宗，看到农业生产条件落后、农民贫困的状况，当即决定把广宗县作为民盟中央的扶贫联系点，从而拉开了民盟在广宗扶贫工作的帷幕。1994 年经国务院扶贫开发领导小组批准，广宗县正式成为民盟中央定点扶贫县。费老于 1994 年 9 月和 1996 年 4 月又两度视察广宗，为广宗县的扶贫开发工作把脉，提出了“沙里淘金”的发展战略。20 多年来，民盟的历届领导和众多盟员专家沿着费老足迹，充分发挥民盟智力优势，在扶贫开发、科技推广、支教助学等方面做了大量工作，有力地推动了广宗经济社会事业的全面发展。

一、智力帮扶，科学规划认准方向

广宗的持续贫困固然是受到自然条件的限制，但更重要的在于缺乏科学的发展理念，找不到合适的发展路径。因此民盟中央将如何发挥民盟智力优势，帮助广宗寻找到一条立足自身资源、科学可持续的脱贫致富之路作为广宗帮扶工作的首要内容。

1991 年，时任民盟中央主席的费孝通在考察广宗后提出，“既然沙土地制约了广宗县的农业发展，那么，可否利用沙荒地来搞些工业企业，将制约农业的劣势转化为工业发展的优势”，为广宗提出“沙里淘金”的发展思路。1991、1994、1996 年，以费老三次视察广宗为契机，民盟中央召开了三次广宗扶贫工作座谈会，会议邀请多省市民盟组织负责同志及有关专家共同会商，研究探索广宗扶贫开发的新模式，号召全盟在费老“沙里淘金”思想的指引下，充分发挥民盟优势，为广宗扶贫开发事业积极“出主意、想办法，做好事、做实事”。

继费老之后，民盟中央历任领导一直都十分关心广宗的发展。丁石孙、蒋树声、张梅颖、张宝文、李重庵、俞泽猷等民盟中央领导同志先后到广宗考察调研，对广宗发展提出意见建议；在民盟中央领导的支持下，民盟中央社会服务部联合中国农业大学党委统战部开展“党盟合作”，帮助广宗制定农业产业发展规划，明确了以设施蔬菜为主要方向的产业发展思路，并且先后协调资金 30 余万元，从南琵琶张、五里庄村等定点帮扶基地的实际出发，帮助其制定村级发展规划，明晰发展思路，帮助定点村改善基础设施条件，调整农业产业结构，起到了良好的示范带动效果。

二、科技先导，农业产业升级推动稳定脱贫

为帮助广宗广大农民群众稳定脱贫，民盟中央将依靠科技进步突破制约农业资源环境瓶颈、促进农业产业结构调整为主要帮扶方向，先后选择广宗县大东村、东庄村、五里庄村设立示范点，由点及面逐步推广，引导农民改良品种、改善种植技术，逐步改变了广宗农业单纯种植棉花小麦的单一运作模式，把科学技术实实在在地转化为生产力。民盟中央联合民盟河北省委在广宗县大东村建立科技扶贫试验点，帮助该村进行土壤检测，提供小麦、低酚棉等抗旱优良品种。民盟中央先后从北京、保定、石家庄等高校和科研单位引进作物良种 20 多个，在东庄村基地和周边村镇推广种植。目前，该县

麦种基本上得到了提升更换，棉花等农作物良种也得到了大面积推广，农业产业效益有了明显提升。同时，民盟中央还积极引导群众开发当地资源，发展特色农业产业。在民盟中央的支持下，民盟河北省委成立了“河北农村科技扶贫服务中心”，中心以市场为导向，选择了投资少、见效快、农民容易掌握的实用性生产技术——食用菌生产作为主要突破点，派出技术人员在广宗县 7 个乡、17 个村举办食用菌技术培训班，培训人员近千人，提供菌种 3 万余瓶。2007 年，民盟中央社会服务部主动联系湖南农大的盟员专家，在广宗县推广农业部“优势农产品重大技术示范推广项目——135 保健养猪技术”，并赠送了价值 2 万元的猪崽 100 头，联系企业投资 400 万元建成年生产能力 1 万吨的科技饲料加工厂，辐射一个规模化养猪厂和 800 余农户，有效带动了广宗养殖业的发展。

由于广宗全县耕地大部分为沙质土壤，水分渗漏严重，加之缺少地表径流，灌溉问题一直是制约广宗农业发展的瓶颈问题。为突破这一生产难题，探索干旱、沙薄、盐碱地区发展大农业的模式，民盟中央与广宗县联合成立了“干旱、沙薄、盐碱贫困地区农业综合开发治理示范基地”。广宗县政府为基地划拨了 100 亩具有广宗地区典型特征的土地作为试验地，民盟中央组织盟员专家组成课题组提供技术支持，筹措资金 13 万元在基地打深水井一眼并建成一套铝合金全移动喷灌设备，在广宗开展节水灌溉试验示范工作。民盟中央社会服务部在广宗县“百亩示范田”实施节水灌溉取得成功的基础上，在全县 5 个不同类型地区选择 5 个村，推广节水灌溉技术。在县、乡两级政府的积极配合下，5 个村的灌溉工程顺利完工，可扩大喷灌 1000 余亩，对全县实施节水灌溉起到重大的推动作用。为从根本上解决广宗农业生产中灌溉困难的问题，2011 年蒋树声主席赴广宗调研期间，邀请水利部有关负责同志陪同调研，并帮助广宗落实水利部“农田水利基本建设示范县”项目资金 6900 万元，待项目建成后将有效缓解制约广宗农业发展的灌溉问题，为广宗农业产业升级，实现稳定脱贫打下坚实基础。

2009 年 5 月，五里庄村被确定为“民盟新农村建设示范村”。经过实地调研和专家论证，民盟中央帮助该村制订设施蔬菜产业的发展规划。自 2009 年开始，民盟中央连续三年每年出资 10 万元支持该村设施蔬菜产业发展，帮助该村打深水机井一眼并铺设管线，建设育秧棚两座。协调盟员农业专家对该村的水质、土壤情况进行了取样检测，用以指导帮助该村农业发展。

在民盟中央的帮助支持下，该村400亩连片蔬菜大棚建设已经初具规模，共建成占地170亩的大棚64个，并带动了周边村镇相关产业发展。2011年，民盟中央又帮助广宗县协调落实了国务院扶贫办“福利彩票公益基金”项目资金3000万元，用于扶持广宗设施蔬菜产业发展。

三、沙里淘金，工业强县壮大县域经济

广宗民贫县弱，既需做好富民文章，又需解决强县“短板”，发展壮大工业经济。横亘广宗全境的百里沙带不适宜农业耕作、工业企业少而且小是广宗经济和社会发展滞后的主要原因。民盟中央原主席费孝通先生说过“广宗县的发展要沙里淘金”，因地制宜利用沙荒地搞些工业企业。民盟中央依照费老“沙里淘金”的发展思路，帮助广宗县壮大发展工业产业，有效地增强县域经济实力。

广宗县工业基础薄弱，上世纪80年代，全县仅有中成药制药厂和釉面砖厂两家企业，而且技术落后，经营不善，长期亏损。1992年2月，经民盟中央多方联系，牵线搭桥，广宗县中成药制药厂与石家庄国际和平医院达成联营办厂协议，由和平医院派驻科技人员与管理人员参与生产管理，企业生产经营状况明显改善。自1995年开始，民盟开始重点帮扶广宗釉面砖厂技改工程，对釉面砖厂进行了全面的技术改造，重新设计工艺路线，培训技术人员和管理人员。通过帮扶，该厂面貌发生了根本的转变，原料的使用率提高7%，产品一等品率达95%，花色品种由原来的单一品种发展到五个以上，一举扭亏为盈。

2005年6月，民盟中央与广宗县共同规划，由县里制定优惠政策，拿出4000亩沙荒地开发“城东工业园”。民盟中央先后组织北京、山东、浙江、江苏等地的盟员企业家赴广宗考察投资，并组织专家定期为广宗工业园建设出谋划策，帮助制定发展规划，找准产业发展方向。时任中共广宗县委书记毕振水同志对此的评价是：民盟中央在广宗的扶贫工作是“使真劲，真使劲”。2012年3月，蒋树声主席亲自协调河北省有关部门，将广宗“城东工业园”升级为省级工业园区，有效提升了广宗工业园区的建设水平和招商引资工作质量。

截至2011年，在民盟中央与广宗县的共同努力下，广宗“城东工业园”实施县级以上重点项目356个，完成投资79亿元，分别是“十五”时期的1.7

倍和 7.9 倍，一批大的工业项目相继开工生产，工业园已经成为带动当地经济发展的强大引擎。

四、扶贫扶智，教育帮扶夯实未来基础

贫困地区经济落后，其症结在于人才缺乏和观念落后，其根本原因就是教育落后。民盟作为以科技文教界中高级知识分子为主要界别的民主党派，关注教育一直是民盟的传统。在帮扶广宗的 20 多年间，民盟中央一直把提高广宗人口素质，夯实长久发展基础作为帮扶工作一项重要组成部分。1998 年，民盟中央领导费孝通、钱伟长、丁石孙等带头捐资，全国十省市盟员捐款 40 万元建设后魏村实验小学，费老还亲自为学校题写了校名。2002 年，民盟中央出资 10 万元为广宗县中学建设电脑教室，并捐赠价值 4 万余元的电子图书，帮助学校建立远程教育网络，张梅颖副主席出席电教室落成典礼。

2007 年，民盟“农村教育烛光行动”在全国全面铺开，民盟中央在广宗的教育帮扶工作也掀起了新的高潮。蒋树声主席协调深圳光汇石油集团向“烛光行动”捐款 600 万元，并从中拨出 50 万元用于赵寨小学教学楼建设，并亲自协调香港爱国实业家出资 60 万援建五里庄小学；民盟中央、民盟河北省委先后协调资金 320 余万元，用于广宗县中学教学楼建设、白寨乡小学维修校舍、后魏村小学和南琵琶张小学教具更新；民盟中央先后向五里庄小学捐赠电脑 31 台和价值近 30 万元的图书、教具，帮助该校完善电教室和图书室建设，同时在该校设立 10 万元的奖教奖学基金，鼓励农村教师扎根基层，服务农村教育事业发展，激励学生努力成人成才，积极回报社会。

在帮助改善基层学校办学条件的同时，民盟中央更加注重帮助教师的专业发展，提高当地教师队伍建设水平，以提高农村教育水平和教学质量，促进城乡教育均衡发展。民盟中央、民盟河北省委依托广宗县中学、五里庄小学等“烛光行动”基地学校，组织北京、石家庄等地优秀盟员教师开展了示范课程、毕业班教师考前辅导等形式多样的送教讲学活动，累计培训各级教师近万人次。先后为广宗农村中小学引入北京四中、新东方教育等优质教育资源，采取“请进来、送出去”、手拉手结对活动等方式，受助教师专业素质显著提升，学校管理水平和教学质量明显提高。

2009年5月18日，民盟中央主席蒋树声、副主席李重庵一行在民盟中央协调资金捐建的广宗县五里庄小学看望师生

五、以人为本，着力保障改善民生

全国政协主席贾庆林同志曾经说过，“民生问题不仅是重要的经济问题、社会问题，也是重大政治问题”。民盟中央在帮扶广宗的过程中，始终牢牢把握民生改善这一发展的核心目的，在帮助广宗壮大县域经济实力的同时，开展了医疗扶贫、扶危济困、文化建设等多种多样的惠及民生的社会服务活动。

民盟中央按照新农村建设二十字方针，以五里庄村为试点基地，积极推动广宗的新农村建设工作。自2006年开始，每年春节前夕，李重庵副主席等民盟中央领导都会赴广宗县看望慰问困难群众，累计赠送慰问金及生活物资20余万元；民盟中央、民盟河北省委建立教育、农技、文化和卫生等社会服务工作队18支，共组织农技讲座、现场指导30余次，培训农技人员、种养殖大户和农民科技示范户3000余人；动员组织北京、石家庄等地盟员专家参与社会服务工作队，赴广宗开展义诊活动，为1000余名贫困群众解除病痛，培训医务人员800余人次；组织盟员农业专家分别就新农村建设与现代农业发展现状与政策、农村村务和财务管理、农业种养殖技术等方面，对村镇干部及农技人员进行培训，有效提升了基层干部素质和村务管理水平。

为在更深层次上和更广范围内帮助广宗提升新农村建设水平，2009 年 5 月，全国人大常委会副委员长、民盟中央主席蒋树声会同水利部、住房和城乡建设部、国务院扶贫办等有关部委负责同志到广宗县调研扶贫开发和新农村建设工作，帮助广宗落实水利部农村安全饮水项目资金 1840 万元和住房和城乡建设部农村危房改造项目资金 1440 万元，极大改善了广宗县农村群众住房条件和饮水安全。

观往知来。回首二十多年来，在广宗全县人民和全盟上下的共同努力下，广宗县经济社会事业取得了长足进步，这些成绩满载着民盟中央历任领导对广宗的深情厚意和广大盟员的辛劳与汗水，充分印证了费老“沙里淘金”思想的科学性，今后民盟中央将继续遵循“沙里淘金”发展战略的指引，积极开拓创新，不断加大工作力度，把民盟组织服务广宗经济建设的实践不断推向纵深。

七下定西，智慧之光穿透眼前迷雾
志在富民，点点深情夯实脚下之路

“从 1984 年到 2003 年的二十年间，费老先后十一次到甘肃，七次到定西，为改变那里贫穷落后的面貌出谋划策，献计出力……费老的实际行动和高尚情操为统一战线各界人士树立了学习的楷模，还有一些民主党派领导十分关心定西发展，我这里就不一一列举了。事实充分说明，在全面建设小康社会的进程中，统一战线大有可为，大有用武之地。”这段话摘自 2003 年 11 月 7 日全国政协主席贾庆林在学习贯彻“三个代表”重要思想与统一战线专题研究班上的讲话。这段话中的“事实”，指的是民盟帮扶甘肃定西二十年所取得的骄人成果。

我们民盟提出做好事、做实事，就是主张盟员同志们脚踏实地去做，帮助农民想办法，出主意，帮助他们致富。在这样的实事好事里边，我们的知识都用得上，不是没有用处。

——费孝通

一、缘起：费老七下定西“挖穷根”

定西市位于甘肃中部，通称“陇中”。清陕甘总督左宗棠“陇中苦瘠甲于天下”的一道折子，使“苦甲天下”成了定西的代名词。

1983 年，中共中央领导人号召西北干旱地区种草、种树，从改善自然环境做起，来改变西北地区经济发展落后的面貌。这一号召立即得到民盟的响应。民盟中央副主席、著名社会学家费孝通亲率农业专家到甘肃省的干旱地区进行考察。考察时，费老听闻甘肃定西是个干旱贫困、有三分之二的农民没有解决温饱的地方，即于 1984 年 9 月动身来到定西调研。自此，他便与这块黄色热土结下了不解之缘。二十年间，曾任全国人大常委会副委员长、民盟中央主席的费孝通七下定西，为定西的经济社会发展和人民生活的改善提出了顺应自然的科学发展思路，先后撰写了《边区开发——定西篇》、《关于定西地区区域发展的刍议》、《又一次访问定西》等一系列文章。建议当地政府在这个只适宜种草的黄土山区，要“反弹琵琶”，调整产业结构，由农本牧业向牧本农业转化；要重视发展乡镇企业和小城镇建设，培养和支持农民当企业家，靠资源优势和劳力优势挖穷根子，治穷致富……正是在费老的循循善诱下，当地人的观念发生了转变，并在实践中尝到了甜头，硬是在这个被联合国有关机构认定不适合人类居住的地方，逐步走上脱贫的道路。

继费老之后，民盟中央领导人沿着费老的足迹走进定西，加大了对定西的帮扶力度，探索以人为本的综合扶贫开发、促进定西和谐发展的新路子。本着“把好事做实，把实事做好”的宗旨，践行着费老“志在富民”的美好理想，与定西人民携手绘就了定西发展的宏图画卷，与定西人民并肩打赢了一场反贫困的扶贫攻坚战。

二、顶层设计：调整产业结构，加快小城镇建设

1984 年，费老第一次到定西。考察中，费老深切地感受到了“以粮为纲”的传统思想对定西发展思路的禁锢。面对当时定西 78% 的农户生活在贫困线以下的现实，他深刻地指出：“在思想观念里也要反弹琵琶，来一次意识领域的革新。”（《边区开发——定西篇》）第一次提出了调整产业结构的问题。

费老从当地最为基础的农业入手，提出“宜粮则粮，宜草则草”的观点。其时，恰逢国家提倡西部地区退耕还林还草，当地大力推行种草。一些群众对于不能吃不能用的草有着抵触情绪，不愿种植，觉得得不到实惠。针对这一情况，费老深入浅出地解释了自然条件和商品经济规律是决定利用土地的原则。他提出，定西的自然条件适宜种草，但是人们没有在种草上得利，问题就在于草的转化还不具备条件，自然优势受到原有社会经济结构的制约。要发挥优势，就得从改变现有的农业格局入手，拓宽草的用途。顺着这一思路，定西地委、行署提出“坚持念好草木经，全面调整农村产业结构”的思

路，大力发展畜牧业，使无人问津的杂草摇身一变成为农业生产必须的畜草。2007年3月，民盟中央积极协调各方力量，筹集资金30万元，为安定区援助铡草机386台，使安定区的牧草资源优势得到了充分利用，年加工各类农作物秸秆1.6万吨，带动项目区400户小型规模养殖户发展草畜产业，年出栏肉羊10000多只，出栏肉牛172头，有效地加快了草畜转化步伐。同时解决了项目区400多名青壮年劳动力外出务工就业，实实在在增加了农户的收入。看得见摸得着的收益也极大调动了群众种草的积极性，如今，畜草已成为定西市继马铃薯、中药材之后的第三大产业，定西也实现了从农本牧业向牧本农业的转变。

马铃薯产业的兴起，是定西调整农业产业结构，发展特色农业的又一成功案例。支持马铃薯产业发展一直是民盟中央帮扶定西的工作重点之一。定西气候干旱冷凉，昼夜温差大，降水期主要集中在夏秋季，适宜种植马铃薯。但当时，在定西，马铃薯仅仅是灾年的口粮补充，没有发挥出它的优势。费老非常重视这一经济增长点，在历次赴定西调研时均强调了发展该产业的意义，并对当地政府发展马铃薯作为地方农业支柱产业给予了充分的肯定。2007年，民盟中央主席蒋树声亲赴定西考察，当时民盟中央已先后协调国家有关部委落实定西市上报的多个重大项目，得到国家政策性投资7135万元，其中产品现代流通体系马铃薯综合交易中心、金大地公司法式速冻薯制品生产线等项目对定西市马铃薯业发展起到了很大的促进作用。考察期间，蒋树声主席参观了安定区巉口镇马铃薯储藏窖的运营及仓储情况，详细询问了巉口镇马铃薯经销协会的运行情况，听取了该镇马铃薯产业发展情况的介绍，并走访慰问了安定区青岚乡上坪村的部分农户，了解种植马铃薯给农民带来的实实在在的收益。在蒋树声主席的带领下，民盟中央持续关注定西的马铃薯产业发展，一边帮助当地推广马铃薯种植，一边深入挖掘马铃薯的经济价值，引进马铃薯深加工企业，延伸产业链条，逐步把马铃薯培育成了一项大产业，成为当地农民增收的重要支柱。

费老的大农业观从整体上改变了定西农村经济的格局，也切实提高了当地群众的生活水平。至1999年，定西人民终于基本摆脱贫困，实现了温饱。

而产业结构调整并不仅仅反映在农业上，更多的是反映在工业和服务业上。费老终其一生都在研究农村经济，他意识到，“中国农村经济的关键很简单地讲是要工农相辅，不能只靠农业，只靠农业是活不了的”。费老提出

2007年9月28日，全国人大常委会副委员长、民盟中央主席蒋树声（中）考察定西市马铃薯脱毒种薯快繁中心

了“打破经济结构，兴办乡镇工业”的观点。提倡从兴办与畜牧业、种植业有关的企业出发，大力发展乡镇企业。他说：“定西的贫困已很久了，现在还未达到自给状态。今后不要在粮食上死作打算。要打破定西经济结构的现状。种草种树是对的，是第一位的任务，但同时还要转移，要转到工业方面去，转到服务业方面去。”“定西有可能搞三个10万人以上的小城市，这就要求每个县都发展自己的重点企业。一个城市要围绕一个大的企业形成小中心，如服务中心、草粉加工中心。将来，十年后，每三个乡镇搞一个加工服务中心，就是小城镇，以小城镇带动农村。总之要赶快办工厂，不办工业没有出路。”

如今，定西已进入了一个新的发展阶段，正逐渐走上工业引领、特色工业园区带动的路子。2012年2月，民盟中央社会服务部部长郭勇考察了定西市工业和循环产业园区建设发展工作。4月19日，在民盟的牵线搭桥之下，总投资6亿元的高亮度LED照明甘肃生产示范基地建设项目合作协议在定西签约。高科技工业项目的引进提高了定西工业经济品质，改善了当地工业产业结构，同时发挥了工业发展的龙头带动作用，也拓宽了人才就业的渠道。民盟中央正是通过帮扶定西引进这样具体的高新技术产业的投资项目，为当地经济发展添砖加瓦，使定西全市农业和农村经济在结构调整中持续发展，工业经济在深化改革中稳定增长，第三产业在扶持引导中不断壮大。

三、深挖根源：改善生存环境，推行生态富民

水是生命之源，干旱缺水严重制约了定西的发展，也是定西苦甲天下的根源所在。在甘肃，在陇中，在定西，水是头等大事，甚至有“一碗油换不到一碗水”的说法。费老在七下定西考察的过程中，始终将调研内容锁定在“小流域治理”、“种草种树”、“水土保持”和“旱作农业”等问题上。1995 年 9 月，费老第五次到定西考察时说：“大西北主要是生态问题。”

渭河是陕甘宁地区的母亲河，它的源头就在定西。由于自然、社会的原因，渭河源头地区自然灾害频繁，水土流失严重，生态环境和生产条件严酷，经济社会发展也受到严重制约。2009 年 8 月，民盟中央主席蒋树声、副主席索丽生率水利部、国土资源部专家赴定西调研渭河源头生态保护与治理。实地走访之后，有关部门决定今后每年向定西拨款 2000 万元，用于支持渭河源头地区生态保护和水土保持工作。如今，对渭河源头的整治已初见成效，当地一位副市长开心地说，“至少，现在不用每年都开抗旱会了”。

考察团还对定西坡耕地水土流失治理情况进行了专题调研。坡耕地是指分布在山坡上、地面平整度差、跑水跑肥跑土、作物产量低的旱地。坡耕地占耕地总面积的比例大小反映了一个地区水土流失的一般状况。坡耕地耕作比例越大，水土流失越严重，生态环境也就越恶劣。调研组通过现场考察、走访农户，全面了解坡耕地水土流失现状、危害以及前期治理所取得的成效。看到定西坡耕地所占耕地总面积比重较大，蒋树声主席担忧地说：“坡耕地水土流失综合整治，是水土保持的生态建设问题，同时也关乎可耕地红线，关乎国土和粮食的安全。”他指示要高度重视此问题，帮助定西留住希望的土壤。随行的索丽生副主席是水利专家，他还从专业的角度认真地算起了“水”帐，指出“坡改梯”的规模必须与水资源的承载能力结合起来，要因地制宜，不能一刀切。回京后，在蒋树声主席的关心下，民盟中央协调有关部委，认真思考总结，仔细探究设计，最终于 2011 年为定西争取到国家坡耕地改造项目资金 7000 万元。

在民盟中央的持续帮扶下，定西人民成功地走出了以小流域为单元，山、水、田、林、路综合治理的路子。水土流失状况得到有效遏制，生态环境大为改观。探索形成的“山顶植树造林戴帽子，山坡退耕种草披褂子，山腰兴修梯田系带子，山下覆膜建棚围裙子，沟底筑坝蓄水穿靴子”的治理与开发模式，为全国其他水土流失严重地区的治理提供了借鉴。

定西的水土保持和生态环境建设得到了党和国家领导人的充分肯定以及社会各界的高度评价。特别是1999年9月9日，时任中共中央政治局常委、国家副主席的胡锦涛同志看了定西的小流域治理后，用“面貌一新，山河大改”对定西人民几十年如一日改造山河取得的成绩给予了充分肯定。

生存环境改善之后，定西的民众开始向往更加美好的生活。民盟中央及时调整帮扶重点，指出要把农村能源建设作为解决“三农”问题的有效措施和农村经济发展的新的增长点，依托“生态家园富民工程”的实施，加快以沼气为主的农村能源建设步伐。首先在定西市安定区启动帮扶该区巉口镇官兴等干旱少雨的3乡镇9个行政村51个自然村的2001户8698位农民实现生态经济富民工程，帮助他们进行“一池三改”——建沼气池，改厕所、灶具和标准化圈舍，实现“退耕还草—圈舍养殖—沼气能源—优质肥料—绿色农产品”的良性循环模式，实现经济效益、社会效益、生态效益的有机统一。

而这项工程的意义还不仅仅在于新农村建设本身。“一池三改”改变了农村“脏乱差”的旧貌，为实现中共中央对新农村提出的“生产发展、生活宽裕、乡风文明、村容整洁、管理民主”的要求打下了基础，它所起到的移风易俗的作用才是使定西农村由“整体解决温饱”到“构建和谐社会”历史性转变的根本所在。

四、连横合纵：西资东知互补，群策群力帮扶

1987年初，费老就任民盟中央主席，就在这一年，费老通过对定西等地的考察，发现沿海和内地特别是边区发展不平衡已经非常明显。东西差距事关社会主义建设全局，有必要给予充分重视。到了1988年，在费老的积极倡导和呼吁下，“黄河上游多民族经济开发区建设研讨会”在甘肃省兰州市举行，会后，费老与钱伟长分别以民盟中央主席和副主席的名义向中共中央上书建议，希望建立黄河上流多民族经济开发区。这个建议很快得到了中共中央的肯定并被采纳。1989年9月，费老在甘肃省进行了为期20天的调

查，再次呼吁要加强西部地区的发展，以逐步缩小与东部地区的差距。这一年，正好比国家提出西部大开发战略早了10年，可以说，费老以其睿智的眼光和全国一盘棋的视野，为国家西部大开发战略的实施提供了智力支持。

高屋建瓴也需脚踏实地。费老“志在富民”不仅仅体现在大方向上，他还进一步思考了东西合作的可行性。费老说，西部与东部之间的钩能否挂上，还得看采取什么样的原则。西部地区的主要优势在于资源和土地，要互惠互利就得提供部分资源或场地给对方。遵循费老的指示，民盟中央发挥自身优势，群策群力，联手扶贫，帮助定西人民解决实际困难。

2005年4月，全国人大常委会副委员长、民盟中央主席丁石孙，全国政协副主席、民盟中央常务副主席张梅颖，民盟中央副主席李重庵等领导赴甘肃定西进行扶贫考察。此次访问前，张梅颖副主席还亲自给分散在全国各地的部分盟员企业家打电话，请他们赶赴定西参与扶贫工作，帮助当地延伸农产品加工链条，实现蓄草转化等富民工程。盟员企业家接到张梅颖副主席的电话后，有的退掉了出国考察的飞机票，有的辞却了商务协谈会议，有的推开了正在进行的生意，从哈尔滨、珠海、北京……纷纷飞赴定西。

为了尽快落实考察后的有关事宜，在黄土飞扬、蜿蜒颠簸的山道上，随团考察的民盟中央副主席李重庵特意从前车换乘到有企业家和相关部委工作人员乘坐的面包车上，利用考察途中的间隙，与相关人员一项一项地协商、研究定西市的中、长期扶贫计划，叮嘱他们要认真地做好这项工作，切莫半途而废。

连横还需合纵。除了发达地区和欠发达地区的对口帮扶之外，国家自上而下的政策帮扶也是民盟中央为定西争取项目的重点。丁石孙主席此行还特别邀请了国家有关部委的同志参加考察。民盟中央、农业部、国务院扶贫办和科技部均对定西的扶贫项目予以高度关注，从各自的专业领域出主意、想办法，积极为定西谋求项目资金支持。为进一步加强民盟中央和定西市的合作，主管民盟中央社会服务工作的李重庵副主席还特别建议定西市设立或指定专门机构，配备专职人员，专门负责落实合作项目和有关事宜，民盟中央将尽力与中央各有关部门衔接与协调。

2005年11月，定西市安定区的领导干部为了争取将安定区列入国家农业综合开发项目县，请求民盟中央帮助，向有关方面协调和呼吁。张梅颖副主席了解情况后，立即致信中央有关部门，表达民盟中央对将甘肃省定西市安定区列入国家农业综合开发项目县的关注。该项目现已落实，自2006年起，定西市安定区将连续八年每年得到国家1000万元的专项资金支持。

2008年8月，民盟中央张梅颖第一副主席还致信交通运输部部长李盛霖，帮助甘肃定临公路建设项目获得国家交通运输部资金支持，该公路已于2009年正式开工建设，计划投资2.1亿元，建设里程96.1公里。甘肃定临公路作为一项惠及定西的重要基础设施工程，它的施工建设对促进定西经济社会发展和扶贫开发、维护甘南少数民族地区的稳定以及完善区域路网都具有重要意义。

五、面向未来：发挥界别优势，开展教育扶贫

十年树木，百年树人。在民盟中央的帮扶下，定西的草木种植已经初见成效，而当地教育的发展、人才的培养也亟待提上日程。作为以文化教育为主要界别的参政党，关注教育事业、提高教育水平、培养优秀人才、助推地方经济发展是民盟一以贯之的优良传统。民盟中央发挥自身优势，再次调整帮扶重点，深入调研，从学校硬件和师资软件两方面入手，全面帮助定西提高教育教学水平，也通过各种形式的培训，打造定西“人”的全面发展。

硬件方面，2006年9月，由民盟上海市委和民盟甘肃省委联手援建的定西市锦鸡希望学校落成。时隔一年，蒋树声主席协调香港慈善家赵安中先生捐资40万元改扩建了定西市安定区青岚山乡贺家岔学校。2010年，蒋树声主席又协调深圳光汇石油集团股份有限公司通过民盟捐赠50万元，用于援建定西市安定区葛家岔“黑营光汇烛光学校”。

软件方面，应甘肃省定西市人民政府的请求，在民盟中央的协调和组织下，2005年以来，新东方教育科技集团在定西举办了多期暑期英语培训班，为定西市安定区免费培训了数百名中学英语教师和公务员。

地方经济发展，离不开高素质的劳动者和有着远见卓识的领导干部。2006年11月，在民盟中央领导的关怀下，通过甘肃省教育厅争取到“华夏基金会”项目的支持，定西职业中专汽车检测与驾驶实训基地建设完成并启动培训。2007年，在民盟中央李重庵副主席的关心下，经民盟中央社会服务部协调，青岛拓谱信息工程专修学院在甘肃定西招收50名贫困生到该学院学习。

为提高定西领导干部的科学决策水平，进一步促进定西的可持续发展，

2009年3月，在民盟中央的积极协调下，清华大学继续教育学院承办了定西市领导干部经济管理高级研修班。来自定西市的43名主管经济工作的县处级领导干部通过为期十天的学习，接受了一次较为全面、系统的现代经济管理知识的培训。民盟中央副主席李重庵作了开班动员，民盟中央常务副主席张宝文同志亲自为学员们作了有关“三农问题”的专题报告。

六、无他，惟赤诚尔

民盟中央对定西的帮扶，是对费老在定西社会工作的继承和延续。费老在定西的工作，不仅体现了中国知识分子“先天下之忧而忧，后天下之乐而乐”的传统爱国情怀，而且展示了新时期知识分子可以为国为民作实际贡献的广阔空间。把远大的政治抱负结合并落脚在关注草根民生、促进地方发展的躬身实践中，这就是当今中国知识分子为社会进步服务、参政党为国家建设出力的一条有效途径。民主党派的支边扶贫工作尽管缺乏经费，但却具有智力和专家密集的优势，只要我们真正参与到构建和谐社会的实践中去，并根据实践要求进行多层次、多方位、前瞻性、综合性的深入研究，既提供人力帮助，又注重理论动力，我们就能大有所为。

党派的扶贫工作贵在持之以恒。二十年来，费老七下定西，每次去都要走访一两户当地的“老朋友”，从每个农户家庭的发展轨迹来看民盟帮扶的成效，以小见大，贵在坚持。费老的一片赤诚深深感动了定西的干部群众。费老离去之后，民盟中央秉承费老的遗志，薪火相传、矢志不渝地帮助定西。“不积跬步无以至千里”，正是这样一点一滴的赤诚之心，持续近三十年，才凝聚成今天民盟帮扶定西所取得的巨大成就。

继承历史传统　把握时代脉搏
开辟“同心”品牌新战场
——民盟中央在重庆彭水帮扶工作情况

『为天地立心，为生民立命』是民盟创立以来的使命与责任，『奔走国是、关注民生』是民盟先辈留下并传承至今的优良传统。
——张宝文

彭水苗族土家族自治县位于重庆直辖市东南部，境内居住着苗族、土家族、蒙古族、回族等 25 个少数民族，少数民族人口占全县总人口的 61.7%。彭水地处《中国农村扶贫开发纲要 (2011—2020 年)》所列 14 个连片特困地区之一的武陵山区，是全国 592 个扶贫攻坚重点县之一。

重庆作为民盟的发祥地，与民盟组织有不解之缘。1941 年 3 月 19 日，民盟在重庆秘密成立，当时的名称是“中国民主政团同盟”。1944 年 9 月，中国民主政团同盟在重庆召开全国代表会议，决定将名称改为“中国民主同盟”，并对组织进行改组。抗日战争和解放战争时期，民盟与中国共产党亲密合作，并肩战斗，为新中国的建立作出了积极贡献。进入新的历史时期以来，民盟在中国共产党的领导下，充分发挥自身优势，认真履行参政党职能，积极为中国特色社会主义现代化事业作贡献。在此期间，民盟中央始终把重庆作为全盟社会服务工作的重点地区之一，依托民盟重庆市委先后在重庆万州、永川、南岸等区县开展了形式多样的社会服务工作，积极探索民主党派参与地方经济社会建设的新模式，“盟南合作”、“盟桃合作”成果显著。自1985年始，民盟中央支持民盟重庆市委积极开展帮教工作探索，配合司法部门，加强对失足人员的教育改造，帮助他们回归社会。20余年间，累计帮助失足人员达数万人，为创新社会管理体制、促进社会主义和谐社会建设作出了实实在在的贡献。协调清华大学项目在重庆奉节、万州、彭水三个区县建立四个远程扶贫教育教学网站，实现优质教育资源共享，受到所在地党委政府和广大群众的好评。2011年4月，“明眸工程”在重庆市巫山县正式启动，共筹集资金30万元，计划在三年内为400名白内障患者实施免费复明手术。

2011年3月2日，在统一战线“同心”品牌研讨会上，时任中共中央统战部部长杜青林同志提出：“要拓展对口帮扶机制，合理配置帮扶资源，进一步引导沿海地区各民主党派、工商联省级组织与毕节乡镇、武陵山区等建立对口帮扶机制，形成多层次、多领域的帮扶体系。”为贯彻胡锦涛同志“同心”思想重要指示和中央扶贫工作会议、中央统战部“3·2”会议精神，开拓“同心”实践新战场，摸索积累“毕节模式”在西南贫困山区推广的实践经验，并经实地调研和双方协商，2011年10月，民盟中央与重庆市政府签署合作协议，确定彭水为民盟中央的对口帮扶地区。全国人大常委会副委员长、民盟中央主席蒋树声，民盟中央常务副主席张宝文，民盟中央副主席索丽生、陈晓光、温思美及重庆市有关领导出席了签约仪式。

民盟中央在彭水的帮扶工作得到了民盟中央领导的高度重视，张宝文常务副主席，李重庵、温思美副主席以及民盟中央社会服务部负责同志会同有关专家先后赴彭水实地考察调研，详细了解彭水的基本县情和教育、医疗、民生等工作情况，为彭水县经济发展和社会事业建设提出意见建议，民盟中央社会服务部在民盟中央领导的关心支持下，坚持以“同心”思想为指引，充分发挥自身优势，“出主意、想办法，做好事、做实事”，围绕教育、人才培养、农技推广和医疗卫生等重点领域开展工作，推动彭水经济社会事业的全面发展。

民盟作为以科技文教界中高级知识分子为主要界别特色的民主党派，关注教育一直是民盟的传统，民盟“农村教育烛光行动”就是一项旨在提高农村教育水平和教学质量，加强农村教师队伍建设的支教行动。与彭水结缘后，

2012年2月8日，民盟中央赴重庆彭水县清平小学开展帮扶助学捐赠启动仪式

民盟中央依托“烛光行动”这一成功载体，积极动员盟内外力量，在彭水开展了大量支教助学活动。2012年2月，在了解到彭水县许多贫困女大学生因家庭困难面临失学后，蒋树声主席亲自协调广州嘉博文生物科技有限公司总经理陈宝财先生出资80万元资助200名彭水县贫困家庭女生完成大学学业，一次性给每位贫困女大学生发放助学款4000元人民币。民盟中央社会服务部协调北京佳莲万达投资有限公司出资50万元完善彭水县清平小学教学设施，为清平小学建设学生宿舍楼及食堂配套设施。2012年4月，民盟中央协调群言出版社、学苑出版社以及上海盟员向彭水一中捐赠了价值47万元的图书及价值17.5万元的《几何王》教学软件；协调戴尔公司向该校捐赠电脑56台，并向彭水县图书馆捐赠了价值30万港币的港版图书。民盟“烛光行动”在积极帮助彭水改善基层学校办学条件的同时，更加注重帮助教师的专业发展，提高当地教师队伍建设水平，以提高农村教育水平和教学质量，促进城乡教育均衡发

展。民盟中央先后为彭水引入北京四中网校和北京汇文中学等名校资源，北京四中网校将彭水一中作为北京四中远程教育合作学校，并捐赠了价值20多万元的网上学习全套资料；北京汇文中学与彭水一中结成合作共建关系，两校教师定期互访学习，实现了优质教育资源的共享，有效提升了彭水一中教育教学质量和彭水教育事业发展水平。

医疗扶贫活动是民盟中央近年来社会服务工作的一个突出亮点，“明眸工程”、“健康心动毕节行”活动的开展都取得了良好的成效，并先后获得多项表彰。在彭水的帮扶工作中，民盟中央也将医疗扶贫活动作为一项重要工作内容。民盟中央社会服务部部长郭勇在彭水考察期间了解到县结防所条件简陋，诊室分散于几处租用的民房中，患者完成一次诊疗需要反复奔波数次，于是向重庆市政府副市长、民盟重庆市委主委吴刚反映了这一情况，吴刚副市长当即表示关注，并将积极协调相关项目资金，帮助彭水县结防所改善诊疗条件。目前该所已暂时迁入县传染病医院开展业务，以待新所建成。2012年10月，民盟中央协调北京市康益德医院为彭水县卫生系统捐赠了价值50万元的常用药品，由民盟中央发起，康益德医院承办的“同心·健康呼吸万里行”活动也将择期在重庆开展，为符合条件的贫困呼吸病患者提供免费医疗救助。

整合资源　联合推动黔西南科学发展

——民盟中央帮扶贵州黔西南州工作情况

> 民盟作为参政党，我们的责任非常明确，就是要倾全盟之力，建有据之言，献务实之策，为实现国家经济社会平稳较快发展贡献力量。
>
> ——陈晓光

上世纪 80 年代末，各民主党派中央、全国工商联在参与毕节试验区建设工作后，在中央统战部、原国家科委和国家民委等部门牵头组织下，于 1990 年 5 月又选定贵州省黔西南布依族苗族自治州作为“星火计划、科技扶贫”工作试验区，同时组建了各民主党派中央、全国工商联黔西南州“星火计划、科技扶贫”试验区联合推动组（简称联合推动组）。22 年来，民盟中央与兄弟党派一道，在联合推动组的统一部署下，共同为促进黔西南州经济社会发展作出了突出贡献。

“八五”和“九五”期间，联合推动组紧密围绕试验区发展需要，在中央各有关部委和社会各界的关心支持下，结合民主党派自身智力优势，多次组织各界专家到黔西南州调研指导，帮助制定论证发展规划、扶持特色产业发展、积极协调各方面关系、寻求争取合作项目，在资金、技术、人才等项目方面提供支持，特别是实施的反季节蔬菜、优质烤烟、杂交油菜、芭蕉芋中试、无公害有机肥、优质水稻玉米引种、早实薄皮核桃、菌类种植等示范项目，取得很好的综合成效。

进入新世纪以来，联合推动组在实践过程中不断地总结经验、完善机制、调整思路、拓展领域，在过去多年工作的基础上，逐步创新探索走出一条有民主党派自身特色的科技扶贫新路子。

一、发挥自身优势，全面推动黔西南试验区星火科技扶贫

（一）帮助制定和论证中长期规划，为试验区建设发展服务

联合推动组坚持将协助黔西南州制订中长期发展规划作为一项重要工作内容。自 2003 年起，联合推动组多次邀请国家有关部委和院校专家（其中有十余名专家系民盟成员）赴黔西南州就矿产、水利、能源、旅游资源开发以及农产品加工等领域开展咨询服务，帮助指导制定黔西南州“十一五”、“十二五”中长期发展规划。

（二）牵线搭桥，引进合作

联合推动组利用联系广泛优势，帮助黔西南州引进资金、技术合作项目。如专门组织中国农业大学食品学院专家考察黔西南州特色农产品，并促成了双方达成长期合作关系；会同农业部在义兴市举办了全国农产品加工技术对接会；与国务院扶贫办外资中心合作在京举办扶贫协作优势产业推介暨招商引资洽谈活动，邀请晴隆县派员参会并现场进行对接，有力地拓展黔西南州特色农产品市场。

（三）帮助解决试验区建设发展中遇到的突出难点问题

应黔西南州委、政府请求，在中央统战部等部门支持协调下，联合推动组通过全国政协等渠道，向国家烟草专卖局呼吁将兴义烟厂保留并入黄果树集团，最终确保全州近 9% 的财政收入和 1300 多人就业。此外，联合推动组还就珠江上游生态屏障建设与治理、兴义电厂建设项目等问题开展调研，并形成专题报告上报党中央、国务院，得到中央领导的高度重视并亲作批示。

（四）以实际行动支援救灾、表达爱心

针对近两年黔西南州连续遭遇历史罕见的特大干旱和洪涝自然灾害，联合推动组积极协调、筹措资金 150 万元，以八个民主党派中央和全国工商联名义拨付灾区，用于支持抗旱救捞，在当地引起了强烈的社会反响。

二、注重人力资源开发，提高农民致富能力

（一）建立培训基地暨信息服务中心，开展全方位农民技能培训

2003年，联合推动组将近年积累的110万元工作经费投入试验区建设农民培训基地暨信息服务中心，并分别在各县市建立培训分站，从而形成了覆盖全州范围的农民远程教育网络体系。此外，联合推动组向基地无偿捐赠了40台电脑，每年还从科技部支持经费中拨出30万元投入农民科技培训，至今当地已举办生态改良、药业开发、农产品加工、草地畜牧业等星火科技培训班近百期，培训学员逾万人，提高了农村劳动力文化素质，增强了农民增收致富能力，推动当地特色经济产业发展。

（二）组织交流与培训，提高当地行政干部和专业人员管理水平

近年来，联合推动组邀请知名学者和农业部、中国行政管理学会、北京大学、中国科学院专家到黔西南多次举办行政管理干部培训班，内容涉及文化创意产业、新农村建设实践与思考、政府管理创新、县域经济与可持续发展、农产品加工、新农村生态治理、农民专业经合组织建设等方面内容。联合推动组还组织30位黔西南农技人员到北京农林科学院等单位接受系统培训，同时组织7位黔西南畜牧技术人员到山东莱阳农学院学习。

三、结合喀斯特岩溶山区地貌特点，成功探索适应当地经济发展和促进生态建设的科技扶贫新模式

近年来，联合推动组根据黔西南州实际现状，通过长期实践探索，参与打造扶贫开发与石漠化治理有机结合的“晴隆模式”、“坪上模式”、“顶坛模式”、“者楼模式”等可持续发展新模式，对改善当地生态环境，推进产业优化升级，带动农民脱贫致富，促进区域经济、社会、生态全面协调发展产生积极影响。

联合推动组成员单位发挥各自党派的资源优势，积极参与，相互配合，将当地一些传统的、较为单一的、低附加值的种养殖项目，通过引用科技和市场手段，加大推介和宣传力度，打造成为有一定规模、有产品市场、科技含量较高、经济生态效益显著、深受农民欢迎的支柱产业。联系国家林业局投入资金启动了30万亩金银花种植示范基地，并以成功举办现场总结会等形式扩大对外宣传，积极促成了国家药监局同意批准将黔西南州金银花品种纳入药典。与此同时，联合推动组还组织中国农业大学和中国中医药研究院

等科研单位，加紧对金银花深加工系列产品研发工作。金银花种植现已成为黔西南中海拔地区农民生产致富的一个重要途径，被称为“坪上模式”。

联合推动组协助黔西南州在高海拔山坡地区实施天然草场恢复与保护等国家项目，帮助从新西兰等国家引进优良畜种，筛选适宜当地环境的草种，及时提供百万元信贷资金缓解项目推进过程中遇到的资金紧张等难题，同时还邀请农业部和科研院校等单位草畜专家现场技术指导，提高黔西南州草地畜牧产业整体水平。2006 年 6 月，由国务院扶贫办与中央智力支边协调小组共同举办、联合推动组参与承办的科技扶贫（西南地区草地畜牧业）现场会在晴隆县召开。中央统战部、国务院扶贫办、农业部、科技部等部委以及西部 11 个省区职能部门负责同志参加了会议，一致对晴隆发展草地畜牧业这一新型扶贫模式（即称“晴隆模式”）予以高度评价，国务院扶贫办刘坚主任现场部署在西部 11 个省区进行大范围推广。

民盟中央重点参与了“者楼模式”的探索与实践。册亨县岩架镇地处黔西南州者楼河流域，常年日照充足，气温偏高，非常适合无公害甜瓜种植。2004 年，在册亨县政协和岩架镇政府的要求下，经联合推动组考察论证和协调部署，民盟中央出资 3 万元在板弄村进行优质甜瓜种植项目试验，选择 50 户积极性较高的农户进行示范，种植面积为 60 亩，资金主要用于购买种子、肥料、农药、地膜等物资，统一发放给种植农户，民盟中央组织贵州大学的盟员蔬菜专家实地指导。优质甜瓜种植项目试验取得巨大成功。经测算，在项目实施区，当年亩产甜瓜 2617 公斤，总产值 25.12 万元，50 户瓜农户均收入达 5024 元。根据黔西南州植保站对示范点甜瓜样品的检测结果，板弄村生产的 60 亩甜瓜品质达到无公害农产品质量标准。民盟中央帮扶的甜瓜种植试验项目在当地产生了极大的反响，黔西南州八县市政协曾组织到项目区进行实地考察，专门请民盟贵州省委社会服务部的同志介绍帮扶经验。在无公害甜瓜种植项目的示范带动下，当地政府随后在者楼河流域低热河谷地带大力推广绿色蔬菜种植，并采取了调整品种结构，完善基础设施，进一步规范化、科学化种植等系列措施，经过多年努力，逐步发展成为带动农民增收致富的“者楼模式”。

这些立体全方位的科技生态富民工程，对于我国西南广大地区探索实现科学发展具有积极地示范和借鉴作用，并引起海内外的普遍关注。例如新加坡《联合早报》刊登了题为《石漠化荒山种草养羊，可持续治理助贵

全国政协副主席、民盟中央第一副主席张梅颖出席『大山的脊梁——感动贵州的优秀教师们』评选活动

州农民脱贫》的报道。

四、积极参与新农村示范点建设

根据联合推动组分工，民盟中央和九三中央共同牵头，联合民革中央、农工党中央和致公党中央在黔西南州兴仁县巴铃镇绿荫河村开展社会主义新农村建设试点工作。

绿荫河村属暖温冬干型气候，冬无严寒，夏无酷暑，无霜期长，雨热同季。平均海拔 1500 米，常年气温在 15℃—16℃左右，又是乡村旅游发展示范点，离巴铃镇仅 500 米，离兴仁县城仅 18 公里，销售市场大，消费需求旺，非常适合发展特色高产蔬菜种植。通过组织专家实地调研，民盟中央决定从修建钢架暖棚、提供蔬菜种子入手，帮助绿荫河村发展高产蔬菜。2008 年民盟中央委托云南省金牛园艺有限公司为绿荫河村修建 5 个钢架蔬菜大棚，总面积 600 多平方米，并多次邀请贵州大学蔬菜专家实地为种植农户进行技术指导和培训，参与项目的农户收入大幅增加，示范带动效果明显。

民盟中央经调研发现绿荫河村有养猪的传统和基础，但由于养殖方法较落后，经济效益并不高，仅限于自食和乡村旅游接待。民盟中央为绿荫河村引进了由湖南农业大学教授、民盟盟员文利新同志发明的“135 保健养猪技术”，即通过应用系列方法，提高猪本身的抗病能力，让猪少发病甚至不发病，将生猪的饲养期缩短到 135 天，同时改善猪肉的品质。民盟贵州省委甄选了两户养殖示范户，为其购买了 30 只猪崽，帮助改造圈舍，还资助养殖户到湖南农业大学学习“135 保健养猪技术”，带动全村发展养猪产业。

五、促进黔西南文化教育事业蓬勃发展

为使社会更关注农村教师群体，呼吁社会各界关注欠发达地区的教育事业。2008 年，在联合推动组积极倡导下，民盟中央与全国政协教科文卫体委员会、香港新世界集团联合举办了“大山的脊梁——感动贵州的教师们”优秀农村教师评选活动，在全省范围内评选出 26 名优秀的农村教师，由香港新世界集团出资奖励。黔西南州有三名教育工作者获奖，包括贞丰县白层镇姜定普老师、望谟油迈瑶族乡九年制学校韦正雄老师和晴隆县大厂社区代课教师陈桂英。当年教师节前夕，“大山的脊梁——感动贵州的教师们”颁奖典礼在贵阳隆重举行，全国政协副主席、民盟中央第一副主席张梅颖出席颁奖典礼，数十家新闻媒体对获奖教师的事迹进行了宣传报道。

民盟的特点是有一批愿意为社会主义服务的各门学科的高级知识分子，怎么把盟员的力量调动起来，发挥集体优势，投入到经济建设中去，这是我们的工作方向。

——费孝通

为促进革命老区发展 “出主意、想办法，做好事、做实事”

——民盟组织在广西百色地区开展智力支边扶贫工作概况

广西百色市是邓小平同志当年领导百色起义的革命老区，也是广西最贫困的边远山区。从 1986 年开始，民盟中央和民盟广西区委接受中央统战部和国家民委的委托，在革命老区百色开展科技扶贫、智力支边、培训人才为主的工作。在长达二十多年的时间里，民盟广西区委在民盟中央的大力支持下，长期坚持在百色市的平果、田东、那坡等县积极开展科技扶贫工作，取得了明显的成效，为促进革命老区人民脱贫致富作出了应有的贡献。

一、领导重视，科技扶贫的重任代代相传

民盟广西区委的科教扶贫最早可追溯到 1984 年，民盟广西第一任主委莫乃群同志，始终对广西贫困地区的经济发展关心备至。从八十年代初开始，广西民盟科教扶贫、智力支边的接力棒，就在一届届的领导、一代代的盟员中传承下来。

1997年换届后的新一届领导班子，加大了支边扶贫的力度，重新确定了“发挥优势、定点扶贫、扎扎实实、注重实效”的社会服务工作方针。梁超然主委对“三农”问题极为关注，多次在高层协商会上以及课题调研中向有关部门提出意见和建议，并多次率队赴那坡、大化、巴马等贫困地区，具体指导科技扶贫项目的落实和开展，提出了一系列帮助扶贫地区脱贫致富奔小康的思路和建议，始终把关注的重点放在农村，放在扶贫地区。

2007年换届，新上任的刘慕仁主委继承老一辈领导的光荣传统，坚持把智力扶贫、科技扶贫作为社会服务工作的重点。把新时期的科技扶贫和智力支边与党委政府的重点工作做有机的结合，把社会服务工作与社会主义新农村建设作有机结合，建立长效性的常规机制，充分发挥区直盟员的智力优势，以点带面，扎实做好田东基地的社会服务工作。

正是因为民盟区委历届领导的高度重视和身体力行率先垂范，使民盟广西区委的社会服务工作特别是在百色地区的扶贫工作由点到面、由小到大、由浅入深地开展下去。

二、盟员的积极参与，使扶贫工作的热情永不衰退

广西民盟在百色的扶贫工作二十多年来取得的每一份成绩和贡献，都离不开盟员们的积极参与。特别是一大批优秀教授和农业科技专家，不计报酬、任劳任怨地参与科技扶贫工作。这种热情二十年来有增无减，从不衰退。广西大学的劳天源教授，从上世纪九十年代开始，就把自己的科研成果无偿地转化为现实生产力贡献到科技扶贫中。由他刻苦钻研培育出来的田东香米“天源牌田东香”，是一种公认的优质香米，市场效益非常好，他本可以申请专利或以技术参与提成，但为了使更多田东的乡亲们脱贫致富，他主动放弃了申请专利和提成。广西农业职业技术学院的周民雷教授，在退休之后，还率领支部盟员承担了平果县的扶贫帮扶任务。在三年扶贫工作期间，无论是天热地寒还是逢年过节，年逾花甲的周教授每月都坚持下乡六至七天，深入田间，手把手地向农民传授农业技术，为农民解决生产上的实际问题。

在民盟广西科技扶贫、智力支边的事业中，像劳天源、周民雷这种只知耕耘、不求索取、淡泊名利的盟员专家教授比比皆是。

三、推广新技术新品种，科技扶贫取得丰硕成果

多年来，民盟广西区委在扶贫工作中，以提高扶贫的科技含量、智力支边为突破口，通过培育推广新品种、新技术，培训农村科技人才等措施，帮助农民提高经济效益，脱贫奔小康。

（一）积极培育推广水稻优良品种，促进农业增产增收

上世纪九十年代初期，民盟广西区委组织广西农业大学的专家、教授在田东县成功培育并大面积推广种植水稻香米良种“田东香”。这种米煮出的饭色泽油润、香气四溢、甘软可口。经过几年种植和推广，农民尝到了“田东香”优质优价的甜头，收入比同等面积产量的其他杂交水稻品种高得多，种植面积从1996年的几百亩累计发展到2005年的48万亩。“田东香”被定为田东特产“七香”之一，被评为自治区的优良米质品种，成为田东县的名牌拳头产品，市场上供不应求。2008年，针对“田东香”已生产多年，存在品种退化、质量下降等现象，我们与广西农科院水稻研究所合作，对“田东香”开展原种提纯复壮项目并获得成功。

1989年起，民盟广西区委组织广西农业学校（现广西农业职业技术学院）支部连续三年到百色的平果县开展智力扶贫活动。在该县坡造乡建立了以科技兴粮为主的示范点，深入村屯、田头，手把手传授先进适用技术，基本完成扶贫任务。在乡政府建立“民盟科技咨询服务部”，举办农业技术讲座，宣讲科技种养技术、冬种技术和病虫害防治技术，并现场解答生产中遇到的问题。三年来共讲课20余次，受益人数1200人次以上。1991年国家民委和各民主党派中央在百色召开扶贫工作会议，并以平果县民盟扶贫点为考察重点。在贤强村扶贫点的田头，与会代表看到周民雷等盟员专家在给农民讲授技术，并亲自下田操作示范的动人场景，一致认为民盟的扶贫工作深入踏实，成绩显著。为此，民盟广西农业学校（现广西农业职业技术学院）支部荣获了国家民委授予的“全国智力支边扶贫先进集体”称号。

（二）培育水稻育秧新技术——小苗旱育栽培

民盟广西区委组织盟员专家教授在田东县开展杂交水稻小苗旱育栽培技术的试验并获得成功，并在田东县农业局的支持下大面积推广。这种水稻育秧新技术在同等耕作条件下，能有效地防止烂秧，抢上生产季节，能节水、省地、省种子、省薄膜、省人工，容易操作，仅改变栽培方法就可以获得高产，平均每亩增产50公斤，经济效益和社会效益都非常显著。小苗旱育栽

培技术的推广和应用，促进了田东县粮食产量的持续稳定增长。当时的百色地区行署有关领导和自治区农业厅先后在田东召开了早稻育秧现场会议，推广小苗旱育栽培技术。

（三）培训农村科技人才，开展农村教育希望工程

扶贫先扶智。为了提高贫困地区农民的科学知识水平，使他们掌握现代科学技术，我们充分发挥盟员在农业科技、文化教育等方面的优势，大力开展各种科技培训工作，取得了较好成效。二十多年来，先后组织专家、教授共45批、320余人次奔赴百色、平果、田东及那坡等县，多次举办了农业、林业、养殖业、畜牧业等15项栽培技术和病虫害防治技术培训班共118期，培训了各类科技人才7500人次。

1993年，我们在田东县开展教育扶贫活动。选定在作登瑶族乡的大板小学作为资助学校，以大板、陇接两个自然村的50名特困适龄儿童组成一个“希望班”，向区直盟员发出为希望工程捐款、捐书、捐物的倡议书。在广大盟员的热心支持下，这个希望班于1994年9月正式开班。在捐款助学活动持续长达六年的时间中，民盟区委还出资为学校建球场、搞绿化、建果园、办养殖场，派出医疗队给全校师生进行体检。希望班连续六年被评为优秀班级，共有224人次被评为“十佳少年”、“三好学生”、“文明学生”。

四、出谋划策，智力扶贫大有作为

田东县是百色地区的芒果种植基地县。民盟广西区委派盟员芒果专家覃建华实地考察思林镇果园，通过改良品种，改进栽培管理技术，通过二十亩的芒果种植示范园，开办了芒果种植现场学习班，教会农民种芒果的技术，推动了思林镇芒果种植的发展。田东县委书记聘请覃建华同志为该县芒果种植顾问，指导田东县大面积芒果种植，向专业户和农民传授芒果种植技术。

平果县黎明乡盛产木薯，长期以来销售困难。1988年民盟广西区委经过考察和论证，决定帮助当地建一座淀粉加工厂，充分利用当地的木薯资源，提高附加值。该厂从厂房、工艺设计、机器选购、安装试产直到产品推销，均由区盟派出盟员专家负责指导和帮助。黎明淀粉厂的建成投产，调动了周围地区农民种植木薯的积极性，使农民种植的大量木薯有了销路，增加了收入。

五、定点扶贫，那坡县扶贫工作成绩斐然

1999年，民盟广西区委遵照民盟中央的指示，将扶贫工作的重点转向集老、少、边、山、穷于一身的那坡县，将其作为定点帮扶对象。

（一）扶助那坡县坡荷乡发展特色产业

为帮助和引导那坡县坡荷乡农民调整产业结构，增加农民收入，民盟派出人员深入调查了解，针对坡荷乡“七分石三分土”的地质土壤条件以及姜黄、油茶和千金子等的市场需求量较大的情况，在坡荷乡实施“百亩姜黄种植”、“发展万亩茶油林”和中药材千金子发展项目。

通过把特色农产品种植与招商引资结合起来，鼓励能人利用地理优势发展特色产业，既解决了投资问题，又解决了产品的销售问题，同时起到典型的引路作用，辐射带动面上发展，促进产业规模发展，提高了种植特色农产品的效益，农民收入也有了一定程度的提高。

（二）扶助那坡县农民发展养殖事业

民盟扶贫项目坡荷乡养殖场实行滚雪球式的发展模式，采取整村推进的原则，将母猪苗以村为单位发放给农户饲养，一年后向农户回收发放的母猪苗，再扶持其他农户饲养，实行双重繁育和扶持，逐步推广、扩大，促进项目的良性循环发展，使其成为一个滚动发展的扶贫系统工程，带动全乡优质母猪养殖业的总体发展，拓宽农民的致富渠道，促进农民的增产增收。

2012年，根据那坡县产业调整规划，大力发展循环经济，打造绿色食品，通过林下养殖，提高农民收入，在当地党委统战部的大力支持和协助下，经过综合比较最终确定百合乡天清养殖场作为养殖示范点，计划投入资金8万元，用于硬件设施建设，以扩大养殖规模，达到年出栏1.5万羽肉鸡，拟通过该养殖场的示范作用，从而带动周边乃至全县农户发展林下养鸡，共同走上发家致富的道路。

（三）帮助那坡县实施沼气生态建设项目

生态治理和生态建设是民盟广西区委在那坡县开展扶贫工作的切入点。从2002年开始，民盟广西区委就着手扶助那坡县农户修沼气池，向那坡县坡荷乡大村屯捐赠了8000元，扶持10户村民修建沼气池示范点，带动全村群众建沼气池，建生态农业之路。2005年初，经民盟中央协调，国家农业部在《关于广西壮族自治区2005年农村沼气国债项目可行性研究报告的批复》中核定那坡县7个乡20个村的中央投资193万元。

（四）加强边境教育，积极做好文化支边

那坡县与越南接壤的有 4 个乡镇，有初级中学 5 所，中心小学 5 所，村级完小 30 所。由于战争的影响，边境线上的学校校舍毁坏严重，一些中小学被迫合并上课。地处中越海关旁边紧贴国门的平孟初中，唯一一栋教学楼于 1979 年被越方炮弹击毁，成为危房，急需推倒重建。而越南方面近些年来加大了边境教育的投入，在我边境逐步建设了一批教学设施完善、配套齐全、课桌椅标准化、学生免费入学的一流形象学校，与那坡县边境学校形成鲜明的对比。时任盟区委主委梁超然同志了解此事后，亲自赴平孟镇考察。返回后便亲自撰写了《关于请求改善那坡县边防乡镇教育设施条件和扶助贫困学生的报告》分别向民盟中央及广西区人民政府主要领导呈报，引起高度重视。随后自治区拨款 50 万元，在平孟中学建一栋新的教学楼，并由此展开了广西“国门”形象的建设暨边境教育及基础设施等工程的一系列建设。

（五）扶贫先扶智，为边境科技文教事业发展作贡献

1999 年暑假，民盟中央出资 15000 元，组织南宁市优秀小学教师赴那坡县开办小学教师培训班，针对 200 余名教师进行语文、数学、心理学的示范教学、传授课堂教学方法和技巧，并就“如何上好作文课”、“如何当一名称职的班主任”作了专题讲座。还给那坡县教育局赠送了课桌椅 100 套、架床 50 付、脚踏风琴 4 台等一批物品。2000 年 6 月至 9 月分别组织盟内医疗、林业、蔬菜专家和广西群众艺术馆的专家，到那坡县开展送医送药、传授林业病虫害防治知识和大棚蔬菜种植技术，同时还出资 5000 元对县文工团的演员、学校的声乐老师和各乡镇的文化站干部 100 多人进行了声乐、舞蹈、合唱指挥、档案管理等知识的培训。此外，还向边境平孟镇图书馆捐赠图书 2600 册，手风琴 15 台，脚踏风琴 2 台。通过各种形式的技术培训，使贫困地区的群众学到了科学种养技术和文化知识，促进了农业生产的发展，丰富了当地的精神文化生活。

（六）配合实施“希望工程”，积极开展捐资助学活动

1999 年民盟广西区委配合民盟中央在那坡县边境乡镇平孟镇中心小学扶助 50 名特困适龄儿童组成一个“希望班”。由民盟中央机关支部干部捐款资助学费，从小学一年级至六年级毕业为止。费老、钱老、丁石孙主席等盟中央领导心系老少边山穷地区儿童，纷纷带头捐款。2001 年 9 月，时任民盟中央副主席张梅颖，在时任区委主委梁超然的陪同下，来到平孟镇中心小

2008年5月，全国政协副主席、民盟中央第一副主席张梅颖在接受那坡县平孟小学的感谢信后与学生合影

学看望“希望班”的学生们，同时给学校捐赠20台电脑、一批学习用具、一台电子琴、2001年度学费10000元，给全校教师赠送教师节慰问金3800元。

（七）组织医疗队到边境一线送医送药

民盟广西区委曾多次组建医疗扶贫工作队到贫困地区义诊和医疗技术咨询。2000年6月，出资4000元与民盟百色市委组建医疗扶贫队为那坡县边民送医送药，两天时间，共为550余人看病、140人次做心电图、650人次做乙肝抗原和血型测定，还给120名学生体检，免费赠送近千元的药品。

六、在田东建立社会服务实践基地

2008年5月，“民盟广西区委社会实践田东县基地”在田东县挂牌。全国政协副主席、民盟中央第一副主席张梅颖，民盟中央副主席索丽生出席了揭牌仪式。从此，民盟广西区委在继续保持在那坡县开展扶贫帮困、智力支边工作的基础上，开展了以区直盟员参与为主的基地建设。活动开展以来，在民盟中央的大力支持下，我们在田东进行特色种养工作，在区直盟员专家和当地群众的共同努力下，先后进行了田东香米原种筛选及提纯复壮、利亚娜西红柿的试点种植以及蓝孔雀的养殖。这三个项目都取得了可喜的成果，受到群众的好评。其中蓝孔雀的养殖被田东县列为三大特色产业之一并加以大力推广。此外，我们还结合实际，组织区直盟员开展三下乡活动，联系民盟广西兽医所支部前往基地举办动物疫病防治技术培训；组织广西医科大学基层委员会为乡镇社区开展义诊送医下乡。协调广西畜牧研究所支部、广西农垦支部进行特色养殖培训。与此同时，我们继续深入实施“农村教育烛光行动”，将田东县林逢中学确立为“农村教育烛光行动”教师培训基地并开展捐资助学活动，联系北京四中网校南宁分校，建立远程教学培训，进行“一帮一”、“点对点”帮扶。争取广西协力基金资金 10 万元对林逢镇进化小学危旧校舍进行了修缮。在民盟中央协调下，利用深圳光汇石油集团有限公司资金 30 万元援建义圩镇世木光汇烛光小学。

盟遂合作
——多党合作和民主党派服务地方经济建设的一面旗帜

> 民盟在开展活动中，要紧紧围绕经济建设这一中心，发挥自身优势和特点，为社会主义物质文明和精神文明“出主意、想办法，做好事、做实事”，努力贡献自己的智慧和才能。
>
> ——丁石孙

25 年来，遂宁，这片红土地上那连绵起伏的群山，承载着当地人民不断探索丘陵地区发展路径的激情和梦想；25 年来，这片川中厚土上那湍流不息的涪江，见证着民盟将社会服务工作融于地方经济社会发展的点滴进步。

从智力支边到科技兴农，从新农村建设到构建社会主义和谐社会，25 年盟遂合作在探索中创新，在创新中发展，取得了显著的政治、经济和社会效益，成为新时期中国共产党领导的多党合作、共同致力于地方经济建设的成功典范。

一、盟遂合作的提出

社会服务工作是民主党派参政议政的延伸和拓展，也是服务国家经济建设和社会发展的实际行动。改革开放以来，民盟四川省委始终高度重视社会服务工作，紧紧围绕省委省政府的中心工作和阶段重点，积极探索依托民盟智力资源服务地方经济社会发展的有益做法，着力为推进全省经济社会发展贡献力量。从80年代开始，针对四川丘陵地区人口密度大、经济相对落后的实际情况，民盟四川省委开始考虑在全省丘陵地区中选择一个市作为合作对象，在智力扶贫等方面进行长期合作。针对当时遂宁大专院校少、无专业科研机构、缺乏科技人才等问题，遂宁市委、遂宁市政府存求贤若渴之心，纳有识之士所见，努力扩大开放，多方谋求智力支援，多渠道引进人才、技术。1986年，民盟四川省委与中共遂宁市委、市政府正式拉开了合作序幕（简称“盟遂合作”）。1987年中共遂宁市委、市人民政府与民盟四川省委签订了长期合作协议书，共谋遂宁经济振兴之路。

从1986年开始，在民盟中央的大力支持下，民盟四川省委立足自身优势，积极借助盟内外资源，与遂宁市党委、政府一道，携手推进遂宁经济社会发展，取得了实实在在的成效：“盟遂合作”领域不断扩大，由最初的科技兴农，扩展到科技兴工、职业教育、决策咨询、项目争取等；参与合作的队伍不断壮大，由最初的民盟四川省委与遂宁市的合作上升到民盟中央的参与，原民盟中央主席、全国人大常委会副委员长丁石孙专门指出：“盟遂合作，是全盟的事”；合作的层次和水平不断提高，由建基地科技示范的定点合作，发展为以项目为支撑，通过帮助争取中、省项目资金助推当地经济社会加快发展，让遂宁的老百姓得到较大的实惠。

二、盟遂合作的发展及深化

25年来，“盟遂合作”发展主要经历了以下几个阶段：酝酿协商、考察论证、献计献策阶段；签订协议、组织实施，提供技术服务阶段；拓宽合作领域、研究发展战略、提供政策咨询，开展同沿海地区民盟组织和科技人员的横向联系合作阶段；抓能源水利建设，创新合作新形式阶段；关注农村教育、创建西部农村职教基地，探索合作新路子阶段。

（一）制定战略规划，提供智力支持

民盟四川省委始终坚持立足民盟界别特色，着眼遂宁实际情况，紧紧围绕探索丘陵地区经济发展、人民致富这一工作目标，汇聚盟内专家学者，着力开展地区经济社会发展战略的软科学研究，为各级领导部门制订发展规划提供智力支持。

合作之初，民盟四川省委组织参与智力援遂的专家，在通过工作实践了

解遂宁市情的基础上，就遂宁市“2000 年发展规划”提出了一系列战略性论证意见。民盟四川省委经与遂宁市政府进一步商议，决定由民盟专家雷起荃牵头、刘诗白指导，盟遂双方有关人员共同组成“遂宁市经济发展战略研究”课题组，把遂宁市经济发展战略与发展川中丘陵经济区联系起来研究，针对遂宁人口众多与资源紧缺的突出矛盾，提出建立一个依靠科技进步和提高劳动者素质、低度消耗资源的经济发展体系，走“农奠基、工立柱、拓商贸、兴科教、调结构、转机制、重协调、争小康，农工结合，城乡一体发展”的路子。受到时任四川省省委书记杨汝岱、省长张皓若的充分肯定。

（二）助推科技兴农，促进新农村建设

1986 年，民盟四川省委组织专家学者在对遂宁进行考察论证的基础上，提出了从农业领域起步、巩固农业基础和依靠科技振兴农村经济的建议，确定了民盟专家组智力援遂的技术路线应当是“科技投入领先，种植业起步，养殖业脱贫，发展乡镇企业、社会主义商品经济致富，开展职业技术教育奠基础。”1987 年底，民盟四川省委与中共遂宁市委、市政府联合召开了“为遂宁（川中丘陵地区）农业发展献计献策研讨会”，双方签订了长期合作协议书。为了巩固和发展会议取得的积极成果，民盟四川省委和中共遂宁市委、市政府协商建立长期合作的关系。

革命老区大英县是民盟四川省委 2002—2012 年的定点扶贫县，也是“盟遂合作”的重点县。近年来，民盟四川省委立足自身实际积极开展结对帮扶，在农村道路建设、水利建设、医疗卫生、教育等方面给予了大力帮助，取得了一定的成效。大英自然条件优越，交通区位优势明显，发展后劲十足，但由于经济总量小、底子薄、财政实力有限，影响当地经济发展，特别是农村经济工作受到很大的制约。为进一步深化“盟遂合作”，加快推进大英县农村扶贫工作，2010 年 6 月，民盟四川省委协调联系省扶贫移民局将大英县确定为“整村推进连片开发产业化扶贫项目”实施县。在民盟四川省委、遂宁市委和市扶贫办的大力支持下，大英县成功争取到全省仅有 11 个县实施的“整村推进、连片开发、产业化扶贫”项目。

2012 年 7 月 4 日，全省对口定点扶贫暨干部挂职工作总结动员大会在成都金牛宾馆召开，民盟四川省委被评为“全省对口定点扶贫工作先进单位”，并作经验交流发言。此次代表先进单位发言的单位全省仅有 4 个。获此殊荣，是中共四川省委对民盟四川省委定点帮扶大英县工作的充分肯定和表扬。

（三）推进科技兴工，加快经济发展

民盟专家在参与遂宁农业技术综合开发的工作中，也从农副产品的加工方面对一些乡镇企业进行了技术扶持，并从中感受到了科技兴工是科技兴农的发展，也是依靠科技发展地方经济的必然趋势。遂宁市党政领导认为同民盟专家的合作是愉快的、成效是显著的，也产生了进一步拓宽、扩大合作领域的想法。根据遂宁实际，在民盟四川省委组织有关专家与遂宁市多次研究的基础上，确定了科技兴工应着力加强纺织和食品两大支柱工业，有步骤地发展化学工业和建材工业，相应地发展配套工业，积极培育后继产业的工业发展战略思路。协调民盟上海市委科技兴工考察团到遂宁参观考察了纺织、轻化、财贸系统的 26 个工业企业，与各厂领导及工程技术人员进行了广泛接触和座谈交流，对企业存在的某些技术管理问题，提出了一些咨询意见和改进建议。双方签订了为期 5 年的《科技兴工合作协议书》，确定对口支援项目 123 项，内容包括技术咨询、技术转让、产品开发、引进资金、人员培训、聘请顾问、寻求合作伙伴等。民盟上海市委参与同遂宁市的合作，不仅增加了"盟遂合作"科技兴工的项目，而且使原来只是民盟四川省委同遂宁市的合作逐渐延伸至其他省级盟组织。

（四）关注农村教育，开展定点合作

民盟作为主要由文教科技界知识分子组成的参政党，关心支持教育事业是民盟的优良传统和界别特色。近年来，民盟四川省委一直对教育的改革与发展给予了极大的关注，尤其是开展"烛光行动"以来，盟省委对于合理配置教育资源，促进义务教育均衡发展，关注农村留守儿童，改善农村代课教师待遇等问题给予了高度关注，民盟四川省委积极开展"农村教育烛光行动"，培训农村义务教育师资，提高农村教师的教育理念、业务素质和教学水平。2008 年 3 月，民盟省委将大英县纳入民盟中央倡导的"农村教育烛光行动"试点县，进一步提升当地教育水平。经与遂宁市有关方面协商，民盟省委将自 1996 年就开始帮扶的遂宁市大英县玉峰镇小学和安乐小学纳入盟遂合作"推进农村小学素质教育长期联系点学校"。与所联系的学校共同承担的省级科研课题，对"农村小学分段推进素质教育的实践"进行研究与探索。通过捐建学校、捐赠图书、组织教师开展课堂示范教学、选派老师外出学习等方式帮助提高农村初中教学水平。

同时，民盟省委还大力推广农业新技术，开展农民养殖技术培训，促进

2006年9月，全国政协副主席、民盟中央常务副主席张梅颖，民盟中央副主席吴正德、李重庵出席盟遂合作20周年庆典暨黑龙凼水库大坝落成剪彩仪式

农民增收致富。如：通过民盟湖南省委联系到湖南农大教授、农业部重大技术推广项目首席专家、盟员文立新同志，赴大英县开展养猪技术培训，并免费赠送药品、资料，对提高当地农民养猪技术，推进当地农产品龙头企业发展，帮助百姓脱贫致富起到了积极作用。

（五）开展水利建设，提升合作层次

项目既是盟遂双方合作的载体，也是联系双方的纽带，“盟遂合作”之所以得到不断坚持和发展，在于有一批可供合作的项目。项目资金支持，经过民盟中央、民盟省委和省级有关部门以及中共遂宁市委、遂宁市人民政府的共同努力，先后向上争取到了农业部农村小型公益设施沼气建设项目、蓬溪县黑龙凼水库复建工程、白芷GAP种植及综合开发项目、国家星火计划农民科技培训星火学校、打造西部农村职业技术教育培训基地项目等“盟遂合作”新项目。

特别是蓬溪县黑龙凼水库复建工程，堪称造福人民的德政工程。复建黑龙凼水库是发展蓬溪县域经济，帮助革命老区人民脱贫奔小康的一项重要工作，受到遂宁各级政府的高度重视，并多次向上级部门争取资金进行修建。由于工程耗资较大，虽经十年努力，在国家水利部、发改委仍未能得到立项，民盟中央副主席、民盟四川省委主委吴正德带队到遂宁调研时了解到这个情况，当即表示要充分发挥民盟优势，为群众利益鼓与呼，经民盟中央、民盟四川省委多方协调、积极争取、全力帮助下，黑龙凼水库得以成功复建。

有关领导对黑龙凼水库成功复建给予了高度评价，张作哈副省长指出，“盟遂合作”创造了新时期多党合作的典范，成为四川省多党合作和民主党派服务地方经济建设的一面旗帜，黑龙凼水库成功复建，既是“盟遂合作”的结晶，更是新时期多党合作的历史见证。民盟中央李重庵副主席在讲话中指出，“盟遂合作”二十年，造就了为民谋利的一项成功事业，创造了智力扶贫的一个有效模式。在遂宁遭受五十多年不遇的特大旱灾之际，能够站在新落成的黑龙凼水库大坝旁，看到库内的绿水和周围的良田，看到水库在抗旱中发挥了重要作用，更深切领会到已故民盟中央主席费孝通先生提出的民盟要“出主意、想办法，做好事、做实事”的深刻涵义。

蓬溪县黑龙凼水库复建工程，既是“盟遂合作”的结晶，也是新时期多党合作的历史见证，更是加强盟员政治思想教育生动鲜活的教材。2008 年，民盟四川省委和中共遂宁市委商定，在黑龙凼库区利用水库管理局多余的办公室建一个“盟遂合作”陈列室，成为民盟及其他民主党派开展政治交接学习教育活动和遂宁市开展爱国主义教育的重要基地。2008 年 5 月，“盟遂合作”陈列室落成竣工。民盟中央主席、全国人大常委会副委员长蒋树声，民盟中央副主席、省政协副主席吴正德等领导亲临黑龙凼水库大坝为陈列室揭牌并给予高度评价。2011 年 3 月 19 日，“盟遂合作”陈列室改建为陈列馆，并开工建设。目前，主体已竣工，陈列馆正在装饰装修和展区布展。该馆建成后将成为全盟展示定点合作服务地方经济社会发展成果的第一陈列馆，成为四川省民主党派政治交接学教活动教育基地、四川省社会主义学院教学科研基地、遂宁市爱国主义教育基地。

黑龙凼水库胜利竣工后，“盟遂合作”双方又将争取“武引二期”蓬船灌区工程项目列入争取国家立项支持的议事日程，全国政协副主席、民盟中央第一副主席张梅颖就此专门拜会国家水利部、发改委领导，希望得到支持。吴正德主委积极协调省级有关部门，得到了省水利厅、发改委的首肯。2011 年，遂宁市武引蓬船灌区工程规划报告得到水利部正式批复。目前，民盟四川省委正积极帮助协调和争取国家水利部尽快安排审查武都引水工程蓬溪船山灌区项目建议书，推动武引蓬船灌区工程早日立项。

（六）探索合作新途径，拓宽合作新路子

民盟名誉主席钱伟长先生曾在《求是》杂志上发表文章，高度评价“盟遂合作”，指出“盟遂合作使我们强烈感受到中国知识分子报效祖国、无私奉献、科学求实、开拓进取的精神境界。我相信，我们这种真诚的合作，路子会越走越宽”。

随着“盟遂合作”的深化，“盟安合作”已经成为盟遂合作新的切入点。特别是2011年12月，民盟遂宁市委与安居区签订了盟安合作协议，安居区成为民盟遂宁市委在未来十年的定点合作区。由盟员企业家兴办的佳泰牧业、普升农业等企业已成为全市养殖龙头企业，对安居区打造西部重要的有机食品供应基地起到了巨大的推动作用。盟员企业家投资5亿元打造的七彩明珠创4A级景区正有序推进；盟员企业重庆海特集团投资40亿元打造的新能源汽车产业园，建成后，年产值将达80亿元，年创税可达5亿元。为继续深化“盟遂合作”，民盟四川省委将与民盟遂宁市委、中共安居区委共同努力，拓展“盟安合作”领域。

“盟安合作”也得到了民盟中央领导的关心支持，2012年3月31日，民盟中央主席蒋树声在南充指出，在“盟遂合作”中，我们看到，多党合作作用发挥得很充分，盟遂合作受到中共中央的表彰。在民盟四川省委的带领下，锲而不舍、一步一个脚印，把盟遂合作固化在每一个环节。现在，盟遂合作已是民盟中央的示范点，合作成果明显，在推动地方经济社会发展方面的作用越来越大，有必要将“盟遂合作”、“盟安合作”继续做下去，而且要做得领域更宽、规模更大、效果更好。2012年8月，民盟中央社会服务部部长郭勇率领视察组到安居区对推进“盟安合作”的基础条件和规划情况进行了视察。郭勇在视察中表示，在支援安居地方经济发展上将在教育、卫生等六个方面给予帮助。

三、盟遂合作的影响及效果

20多年来，盟遂双方围绕经济社会发展真诚合作，援遂队伍不断壮大，合作领域不断拓展，合作成效越来越显著，树立了民主党派发挥智力优势、服务地方建设的一面旗帜。

（一）促进了科技进步和经济可持续发展

20多年来，先后有叶谦吉、雷万方、刘心恕、黎汉云、张美年、熊凡等400多位盟内专家、学者参与智力援遂工作，提出有价值的可行性建议120多项，撰写论文60余篇，培训农业科技和经营管理人员3万余人次；完成和取得重大进展的科技兴农试验，示范项目80多个，其中40多个获得省市县奖励；引进项目180余个，争取国家部委立项支持项目3个，省级部门立项支持项目18个。一大批适用科技成果在遂宁迅速推广，促进了丘区农业、工业的技术创新和加快发展。推动了遂宁经济社会快速发展，特别是近几年来，遂宁市GDP都是以两位数的速度增长。2010年3月，在民盟四川省委牵线搭桥下，由中共遂宁市委、遂宁市人民政府组织的“遂宁市绿色经济指标体系研究评审会”在民盟中央举行。评审会首次发布科学、全面、系统的遂宁绿色经济指标体系，这成为民盟四川省委深化盟遂合作，推进绿色发展的重要举措。2012年绿色经济遂宁会议召开，全国目光聚焦四川遂宁绿色发展经验。在遂宁推进绿色发展的经验背后，也有着“盟遂合作”的一份力。

（二）改善了农民群众的生活

盟遂合作技术综合开发课题的实施，使“温饱”问题从此不再让遂宁的父老乡亲牵肠挂肚。黑龙凼水库的复建，可解决7个乡镇、5万多人口、4万头牲畜的长期缺水问题，造福了一方老百姓，人民群众得到了实惠。小型公益设施建设农村能源项目的实施，有力促进了沼气池的建设。省委统战部、民盟省委对大英县的定点帮扶和近百万元现金及设备捐赠，对改善农村办学条件、解决农民就医难问题帮助很大。原市中区农业技术综合开发项目、农村沼气池建设、西部农村职业教育基地建设等项目的实施，让遂宁的老百姓得到了更多的实惠。

（三）推动了多党合作服务“第一要务”

“盟遂合作”促进地方经济发展的实践，为共产党领导的多党合作和政治协商制度充实了新的内容，为民主党派参政议政创造了新的形式，为知识分子报效祖国提供了广阔的舞台，成为科技与经济相结合、知识分子与生产实践相结合的一种新形式，丰富了多党合作的深刻内涵。在“盟遂合作”精神的感召下，遂宁其他民主党派也充分发挥人才智力优势，开展了多种形式的社会办学、科技兴农、科技兴工、扶贫济困、捐资助学等社会服务活动，有力地推动了遂宁的经济和社会发展。

（四）提升了民主党派的社会形象

“盟遂合作”取得的显著成就，得到了中央、四川省有关领导的充分肯定。《人民日报》、《求是》杂志、新华社《国内动态清样》、《中国统一战线》、《人民政协报》、《四川政协报》等刊物纷纷刊载盟遂合作文章，扩大了“盟遂合作”在海内外的影响，展示了新时期民主党派的新形象。湖南、湖北、云南、贵州、重庆等省市及四川省许多市州赴遂考察盟遂合作。遂宁市领导曾代表四川在中央党校培训班交流“盟遂合作”经验。实实在在的效果，使民盟及盟遂合作在遂宁家喻户晓。“愚公移山锲而不舍，不达目的誓不罢休”的黑龙凼精神，已成为遂宁各界人士埋头苦干、共谋发展的精神写照。

生态基地、基金、论坛“三位一体”创建社会服务绿色品牌的探索与实践

——民盟中央、民盟内蒙古区委生态文明调研与实践综述

在把资源优势变成经济优势的同时，要保护生态，加强生态文明建设，进一步关注民生。

——蒋树声

中共“十七大”第一次在党的代表大会报告中提出生态文明的概念，并对其主要任务作出部署。“十一五”和“十二五”规划以及党和国家的一系列政策文件，都把包括内蒙古在内的我国西部省（区、市）的发展与生态文明建设紧密联系在一起。2011 年 6 月 29 日《国务院关于进一步促进内蒙古经济社会又好又快发展的若干意见》出台，该意见对内蒙古自治区的战略定位是“我国北方重要的生态安全屏障”。具有忧患意识和人文关怀传统的民盟近年来的工作重心完全契合了这一战略定位。十年来，民盟中央依托民盟内蒙古区委，坚持不懈地开展调查研究、积极建言献策，为促进我国北方生态建设与绿色发展作出了应有的贡献。

一、在社会服务的实践中定位生态议题，举办三届民盟生态论坛，创建绿色品牌

本世纪初北方沙尘暴频发，北方草原生态保护和建

设的形势严峻。董恒宇主委建议联系党派参政议政和社会服务工作的性质与特点，结合内蒙古的实情，深入研究费孝通先生关于“文化自觉”的一系列论述，民盟内蒙古区委利用民盟的人才优势和政治平台，以小力量破解大命题，以“生态问题”研究为抓手，把议政调研和社会服务的重点放在北方生态的保护与建设上，连续多年、坚持不懈、持之以恒创立了既不等同于政府部门扶贫，也不等同于民间慈善的民盟北方生态文明与绿色发展的理论研究和社会实践品牌。

2003 年，由民盟呼和浩特市委倡导，北京、广州、南京民盟市委积极响应，联袂在阴山山麓的武川县大豆铺乡建立了“民盟北方生态园”，时任民盟呼和浩特市委主委的董恒宇同志率队进行了广泛的生态调研，借助民盟的优势协调天然林保护和扶贫资金 1800 多万元，启动了 20 多个建设项目。2005 年 8 月，经民盟中央研究，决定将“民盟北方生态园”正式命名为“中国民主同盟北方生态园”，并由丁石孙主席题写园名。民盟中央、民盟内蒙古区委在呼和浩特共同举办第一届“中国民主同盟北方生态论坛”，论坛的主题是“北方生态保护与绿色发展”。民盟中央副主席李重庵和中国沙尘暴治理促进会主席陈寿朋教授等 10 余位专家学者和来自全国 24 个省、市、自治区一级的民盟领导 80 多人出席会议。会议主要目的在于积极探索生态环境治理与农（牧）民致富及当地经济、社会发展有机结合起来的新方法，开拓新形势下参政党社会服务工作的新途径，实实在在为生态文明建设、经济发展办实事、办好事。

2008 年 9 月，民盟中央、民盟内蒙古区委在鄂尔多斯市召开第二届“中国民主同盟北方生态论坛”。论坛的主题是“中国北方生态的保护与建设”，即以科学发展观为指导，探究经济与人口、资源、环境的协调发展，探讨加快内蒙古乃至北方地区生态环境治理、恢复的新思路，表达民盟对保护、建设北方生态的政治诉求。来自民盟中央和全国 10 个省、自治区、直辖市的民盟组织负责人、专家 80 多人参会，11 位作者宣读了论文。解放军某部高级工程师、钱学森长子钱永刚，国家林业局治沙办副主任王信建作主题报告。

第二届生态论坛是由民盟中央和民盟内蒙古区委发起的又一次专家学者广泛参与、高层与基层互动、理论与实践紧密结合的学术会议。主题鲜明、内容充实、成果丰硕，会前印发了论文集。论坛之后，李重庵副主席召集与会 10 省区市民盟负责人会议，对论坛进行总结，高度肯定了内蒙古区委组

民盟中央副主席李重庵出席第一次北方生态论坛

织的北方生态论，认为内蒙古区委抓住“北方生态”议题，举办论坛、创办基地、建立基金，已经形成了民盟的一个品牌，他动员民盟各省、市、自治区都来支持这项工作，塑造好这个品牌。

2011 年 8 月，中国民主同盟第三届北方生态论坛暨西部十一个省（区、市）盟务工作会议在赤峰市举行，论坛的主题是“新一轮西部大开发中的生态文明建设与发展”。民盟中央副主席李重庵再次出席大会并讲话。出席大会的还有民盟贵州、陕西、云南、宁夏、青海等省级民盟主委，以及来自西部十一个省（区、市）和江西、湖南的 110 余名代表、生态专家，收到论文 30 多篇。与会专家积极发言，不但内容涉及范围有所扩大，而且献策更为具体深入，诸如新疆生态建设方案、大通河流域小水电开发对环境的潜在影响、实施西部大开发和桥头堡战略过程中的生态补偿机制、内蒙古草原生态保护问题及对策、毕节试验区在新一轮石漠化治理中面临的主要问题和解决对策、基于循环经济理念的县域农业发展评价与实证研究、陕西黄河湿地的鸟类栖息环境、呼伦贝尔草原沙带生态碳汇林草基地建设情况、“文化生态”的建构等方面。

内蒙古政协副主席、民盟区委主委董恒宇在总结时指出，会议主题突出、气氛浓厚、成果显著。与会代表怀着对民盟工作的满腔热情、对生态文明与绿色发展事业高度的使命感，对新一轮西部大开发中西部地区生态文明建设和绿色发展提出了很有价值的建议。

二、主动承担绿色责任，倡导生态文明与绿色发展，为祖国北方生态保护与建设建言献策

（一）成立“内蒙古民萌北方生态研究基金会”

2009 年 7 月 25 日，“内蒙古民萌北方生态研究基金会”成立大会在呼和浩特市隆重举行。民盟中央主席蒋树声、副主席索丽生出席会议并讲话。对民盟内蒙古区委几年来在生态文明建设方面的调研与实践给予高度肯定。基金会成立以来做了大量的工作，如：完成对碳汇评估研究院的投资，组建碳汇评估研究院；编制及鉴定兴安盟草业森林评估报告书；参加内蒙古低碳及节能减排展览；承办一系列与生态研究业务相关的会议；在鄂尔多斯建立沙产业基地；在赤峰市种植“民盟碳汇林”；在呼伦贝尔建立草原生态研究基地；2010 年 7 月，召开了“内蒙古民萌北方生态研究基金会”第三次理事会。基金会的成立为民盟自治区委员会更好地参与生态文明建设的调查研究、社会服务工作提供了有力的支持和广阔的舞台。

（二）主办“内蒙古首届碳汇草业研讨会”

2009 年 11 月，“内蒙古首届草业碳汇研讨会”在呼和浩特举行，本次会议由民盟内蒙古自治区委员会倡议，内蒙古政协人口与资源环境委员会、内蒙古农业大学主办，内蒙古民萌生态研究基金会和内蒙古蒙草抗旱绿化有限公司协办。中国草学会理事长云锦凤等 10 多位专家就草业碳汇研究做了主题发言及现场交流。

本次论坛会上还举行了两项有意义的活动：内蒙古碳汇草业研究院启动仪式，董恒宇主委起草的《正视草业碳汇价值，保护人类绿色家园——首届“碳汇草业”研讨会倡议书》及相关讲话和论文在《内蒙古日报》整版发表。这是国内首次举行“草业碳汇”的会议，在学术界产生了很大影响，“草业碳汇”或“草原碳汇”写进了近年内蒙古的政府工作报告和国务院“关于促进内蒙古又好又快发展的意见”的文件。

（三）成立“内蒙古碳汇评估研究院”及相关研究所

2010年3月，“内蒙古碳汇评估研究院”在呼和浩特市成立。董恒宇在成立大会上作了题为《生态文明与绿色发展》的讲演。内蒙古民萌生态研究基金会出资成立的“碳汇评估研究院”旨在摸清内蒙古碳汇家底，为碳汇资源丰富地区发展绿色经济提供决策依据，圆满完成了兴安盟森林及草原的碳汇评估研究课题。研究成果已融入建设兴安盟绿色碳汇基地，为当地绿色发展奠定了科学基础，为自治区碳汇事业发展提供了示范作用。2012年，研究院又承接了对呼伦贝尔天然草原碳汇价值评估项目。

在生态研究基金会的支持下，民盟内蒙古区委先后建立“呼伦贝尔民萌草业碳汇与生态文化产业研究所”和“赤峰民萌生态文明与红山文化产业研究所”。这两个碳汇研究机构的建立进一步完善了“研究基地研究基金生态论坛”三位一体的社会服务运作机制和模式，同时探索生态与文化在产业层面的结合，拓展了参政议政工作的新领域。

（四）举办“低碳经济与金融创新座谈会”

2010年7月10日“低碳经济与金融创新座谈会”在呼和浩特举行。本次会议由民盟内蒙古自治区委员会、西部控股集团主办，内蒙古民萌生态研究基金会和内蒙古碳汇研究院承办。座谈会上，与会专家、学者以及企业代表们分别从如何发展低碳经济、如何将低碳经济与金融创新更好的融合以及实现低碳经济产业化发展等方面进行了探讨。与会专家一致认为，发展低碳经济以及将低碳经济与金融创新相融合，以金融创新促进低碳经济发展对建设资源节约型、环境友好型社会，关注民生、惠农富民，实现经济社会又好又快发展具有长远意义。

（五）进行湿地专题调研，举办“内蒙古湿地生态研讨会”

2010年董恒宇主委率民盟内蒙古区委与自治区政协人资环委在东部四盟市进行了湿地调研，在此基础上，联合召开内蒙古湿地生态研讨会。来自南京大学湿地生态研究所及内蒙古大学的特邀专家教授作了有关“中国湿地保护与恢复”和“内蒙古湿地环境资源与生态保育”等方面的专题报告，自治区部分高校教授和政府相关部门负责人出席了研讨会。

湿地与森林、海洋并称为地球三大生态系统，是重要的自然资源和战略资源，对保护生物多样性、维护生态平衡、保障国家的生态安全，有着不可替代的作用,对人类的生存发展至关重要。因而湿地有“地球之肾”的称谓，内蒙古湿地总面积为 424.5 万公顷，位列全国第三位，具有生物种类多样性的特点。与会专家评估，目前内蒙古湿地普遍缺水，面积萎缩，退化显著，湿地保护形势严峻。会议呼吁，应继续加大对湿地保护的投入，提高全社会对湿地保护重要性的认识，加强湿地保护的科技支撑，完善湿地保护管理机构建设,形成合力,为建设生态文明、社会和谐的内蒙古作出新的更大的贡献。

三、民盟围绕生态建设建言献策，得到社会广泛重视

民盟内蒙古区委充分发挥盟组织集体智慧，深入社会，围绕自治区中心工作，在生态文明方面就草原保护建设、发展沙产业、草产业、湿地保护、环境保护与食品安全、碳汇理论与经济、节能减排、污水处理、产业承接、城乡统筹、农牧生态环境农牧民增收、农牧区环境治理和卫生事业、生态原产地产品保护、生态保护与经济增长相协调等议题进行了广泛调研。先后组织完成了 35 项调研报告，包括 4 项民盟中央调研课题，其中《新能源产业的健康有序发展》等内容被民盟中央采纳并作为集体提案报送政协会议，其他 31 项报送自治区党委和政府提供决策依据。每年年底及时转化调研成果。近五年来，向全国十一届人大历次会议提交建议 38 件；向全国政协十一届历次会议提交大会发言 10 个、提案 35 件；向内蒙古十一届人大历次会议提交议案、建议 30 件；向内蒙古政协十届历次会议提交大会发言 56 个、集体提案 86 件、个人提案 188 件。一些建议、提案受到有关方面的高度重视，对国家和自治区的科学发展与和谐社会建设发挥了积极作用。

例如，2009 年全国政协十一届三次会议期间，民盟中央提交的《关于草原地区经济建设与生态保护协调发展》的集体提案，和董恒宇等委员提交的相关提案被全国政协列为重点办理提案；2009 年 8 月 31 日至 9 月 11 日全国政协提案委组织中农办、发改委、农业部等部门组成联合调研组，赴内蒙古和甘肃部分地区调研，形成《关于草原生态保护建设情况的调研报告》。2010 年 7 月，全国政协副主席李金华就同一提案率团到内蒙古视察，形成视察报告。区委主委董恒宇受民盟中央委托并以提案人身份参与了这两次调研和视察工作。这两份报告送交中共中央、国务院后，多位国家领导作出重要批示。2010 年 10 月国务院出台了“关于草原生态保护补助奖励”政策。内蒙古、新疆、西藏、青海、四川、甘肃、宁夏和云南 8 个主要草原牧区实施草原生态保护补助奖励机制，中央财政连续 5 年每年投入 134 亿元，其中

内蒙古每年受益40亿元，是党中央国务院保护草原生态的重大举措，标志着我国草原生态保护建设进入了新的发展时期。

2011年11月，民盟内蒙古区委《关于草原生态保护建设情况的调研报告》荣获各民主党派、工商联、无党派人士为全面建设小康社会作贡献建言献策优秀成果。

2012年10月，民盟内蒙古区委主委、全国政协常委董恒宇《关于建立草原生态补偿长效机制》荣获政协第十一届全国委员会优秀提案表彰。

自2003年迄今，通过近十年的努力，民盟在生态文明研究、北方生态保护与建设方面，逐步形成了“生态基地、生态基金、生态论坛”三位一体运作的机制和模式。这为民盟内蒙古区委紧紧抓住“北方生态”话语权而建言立论奠定了坚实的基础。民盟内蒙古区委主动承担了绿色责任，做了一些工作。这些工作仅仅是开始和起点。《人民政协报》2010年7月26日头版头条以《保护好我们的绿色屏障——民盟组织持续关注北方草原生态建设与保护综述》为题对前几年的工作作了长篇报道。人民银行总行编辑出版的《低碳金融》一书吸收了民盟在草原碳汇与碳汇金融方面的研究成果。科学出版社出版了董恒宇主委等主编的《碳汇概要》一书，全国人大常委会副委员长、民盟中央主席蒋树声为该书作序。中国文史出版社出版了董恒宇主委《感悟草原》一书，记载了近几年生态文明理论研究与实践的心路历程。

民生事业不会有止境，因为人民的追求总是向上、向好的，当前民生问题的全面升级，既是城乡居民原有的衣食之忧得以解除后的进步表现，更是国家快速发展进程中必须认真应对的挑战，民生事业依然任重而道远。

——蒋树声

烛光行动传大爱
农村教育曙色新

——同心·民盟农村教育烛光行动案例

中国民主同盟主要是由从事文化教育以及科学技术工作的高、中级知识分子组成的参政党，关注教育是民盟的传统。早在上世纪二三十年代，以黄炎培、梁漱溟、陶行知等为代表的爱国知识分子就开始探索职业教育。乡村教育、发展救国的道路，例如梁漱溟先生主持的“乡村建设运动”，陶行知先生开展的教育试验，都在当时产生了很大的影响，至今仍有研究价值。黄炎培、梁漱溟、陶行知后来都成为民盟的早期领导人和骨干成员。

改革开放以来，民盟在为推动中国教育特别是农村教育发展“出主意、想办法”，建言献策的同时，还在农村贫困地区开展了多种形式的支教活动。上世纪八十年代初民盟中央和民盟天津市委组织盟内优秀教师赴新疆进行了一系列支教讲学活动，这些活动在当时产生了非常大的社会影响。从那时起，民盟“智力支边、教育扶贫”的活动就一直延续至今。

一、背景与概况

（一）民盟开展“烛光行动”的缘起

改革开放以来，中国农村的义务教育不断克服困难，取得了非常大的进步。在学校硬件条件的改善和经费保障机制逐步建立后，现阶段农村义务教育发展的主要问题是教育教学质量相对较低，核心问题是师资队伍比较薄弱。

党和政府对城乡义务教育均衡发展的问题非常重视，中共十七大报告和国务院政府工作报告中都明确提出要加强教师队伍建设，重点提高农村教师素质。民盟作为以文化教育为主要界别的参政党，有百分之六十的盟员都工作在教育战线，推动农村教育发展，促进城乡教育公平是民盟履行参政党职能的责任。因此，从2006年开始，民盟中央根据对农村教育发展现状的判断，经过和有关部门、机构和专家沟通咨询，与部分省级盟组织研究策划，决定在全盟开展“农村教育烛光行动”。2007年初，部分省级盟组织开始探索实施，2007年7月，“烛光行动”在全盟正式启动。

如果把教师比作“蜡烛”，那么民盟成员中的13万名教师和教育工作者就是13万支无私奉献的“红心蜡烛”，他们通过“烛光行动”热情关心和真诚帮助农村教育第一线千千万万支“蜡烛”，让农村教师以更明亮和炽热的“烛光”去照亮和温暖农村孩子的心，因此取名为民盟“农村教育烛光行动”。

（二）“烛光行动”的主要内容和总体情况

民盟“烛光行动”主要是通过帮助加强农村教师队伍建设，进而推动中国城乡义务教育的均衡发展和城乡教育公平。“烛光行动”主要有三方面的内容：一是关注农村教师的专业发展，以多种形式帮助教师提升教育理念、业务素质和教育教学水平；二是关注农村教师的自由全面发展，力所能及地帮助改善贫困地区农村教师

民盟盟员、北京工业大学讲师刘洋同志为烛光行动设计的LOGO

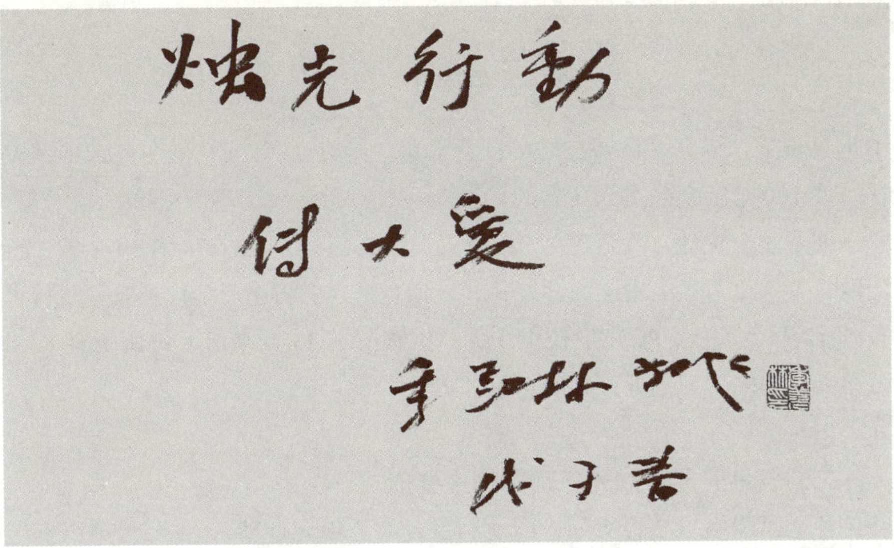

2008 年春，民盟盟员、著名学者季羡林为『烛光行动』题词

的工作生活状态和条件；三是关注有关制度建设，开展调查研究、建言献策，推动完善农村教师队伍建设和农村教育发展的政策、法律和社会环境。

“烛光行动”自开展以来，取得了良好的成效，赢得了广大农村教师的广泛好评。2009 年全国两会期间，胡锦涛总书记在会见民盟民进联组会全国政协委员代表时，曾专门提到“烛光行动”并予以肯定。2010 年 8 月举行的民盟烛光教育论坛上，中共中央统战部和教育部领导都对民盟“烛光行动”表示肯定和支持，希望把“烛光行动”打造成“精品工程”。2011 年，“烛光行动”已经正式纳入统一战线“同心”品牌。2011 年 11 月，民盟“农村教育烛光行动”被评为“各民主党派、工商联、无党派人士为全面建设小康社会作贡献社会服务优秀成果”，并得到中共中央政治局常委、全国政协主席贾庆林同志的高度评价。2012 年 1 月，民盟中央烛光行动荣获“2011 年度中国扶贫创新项目奖”。2012 年 9 月，负责“烛光行动”的联系、协调、调研、推广等具体业务的民盟中央社会服务部教育处荣获国务院授予的全国“两基”工作先进单位荣誉称号。2012 年 12 月，新任中共中央总书记习近平同志走访民盟中央时强调，“农村教育烛光行动”意义深远，对推动“两基”工作作出了重要贡献，树立了民盟良好的社会形象。是月，“烛光行动”入选国务院扶贫办 100 个社会扶贫创新案例。

据不完全统计，截至 2012 年 12 月，“烛光行动”已在全国 30 个省、自治区、直辖市盟组织中全面开展，共培训乡镇、农村中小学校长及一线骨干教师 13 万余人次，援建学校 110 所，捐赠图书 45 万余册，协调资金 8400 万余元，建立了一支近万人的志愿者队伍。

二、各地开展“烛光行动”的主要形式

各地民盟组织结合实际，因地制宜开展“烛光行动”，主要包括以下形式和做法：学校与学校、教师与教师之间开展一对一、手拉手结对帮扶；农村学校点单，城市学校选课，开展“送出去、请进来”等多种形式的教师培训活动；东西部省区之间联手互助，合作开展“烛光行动”；充分整合盟内外资源，积极开展“烛光行动”各类活动；通过援建“烛光学校”，捐赠图书和学习用品，设立奖学奖教基金等方式，帮助改善农村学校的办学条件和教师的工作条件；在开展“烛光行动”过程中注重议政调研工作，及时向党委政府及有关部门反映调研过程中所发现的问题，提出政策建议等等。

三、创新模式与效果

（一）结对模式更显帮扶实效

“烛光行动”实施以来，各地盟组织探索出了很多好的经验和方法，其中最经典的就是“一帮一、结对子”模式，包括学校与学校之间、教师与教师之间、地区联合互助等多种形式。

学校与学校之间的“手拉手”结对是最常见的形式。民盟组织将大中城市重点学校与农村中小学校结成“手拉手”帮扶学校，帮助农村学校提高校本教研水平。例如河北唐山一中与迁西县新集中学就是这样一对组合。自“牵手”以来，唐山一中民盟支部每年组织盟员教师赴新集中学，开展说课、评课等教学研讨活动，有效促进了教师教学水平的提高和教研室的建设进度。

同时，许多地方的“烛光行动”志愿者教师与农村教师之间建立“一对一”的长期联系。

“我们学校有 100 多名教师，过去每年只有几个到城里接受培训的名额。‘烛光行动’把这里作为帮扶基地，让我们和南宁多所中学的民盟教师们结

2010年8月，民盟烛光教育论坛在北京召开，全国人常委会副委员长、民盟中央主席蒋树声出席并致辞。图为有关领导为志愿者颁发证书

对子，通过课堂观摩、教学研讨、课下交流等形式，使我们在教学中遇到的难题一一得到解答。”广西百色市田东县林逢中学的黄明珍老师在参加完“烛光行动”培训后，发出如此感慨。

民盟东西部省区之间联手教育扶贫已坚持多年，东西省级盟组织合作开展“烛光行动”是“结对子”的另一模式。例如民盟江苏省委会多次选派优秀教师、专家学者赴甘肃定西、天祝等地开展讲学活动，并与民盟甘肃省委携手组织甘肃农村教师赴江苏发达地区学校进修学习。甘肃省天祝藏族自治县藏族教师张广文2008年到江苏学习两个月后说，这样的培训学习令他大开眼界，“我出来过了，再向学生们讲述外面的精彩世界，开阔了孩子们的视野，这在过去是难以想象的”。

民盟上海市委会与贵州、宁夏、甘肃、新疆、安徽、青海、海南等地盟组织合作，为当地援建了多所农村小学和教学楼，大大改善了农村学校的教学条件。

（二）整合社会力量参与“烛光行动”

随着“烛光行动”社会影响力的日益扩大，越来越多的教育机构、企业和社会组织成为了“烛光行动”的战略合作伙伴。

在全国人大常委会副委员长、民盟中央主席蒋树声的协调下，深圳光汇石油集团和深圳嘉博文宝盛生物科技公司捐款900万元，用于援建19所“光汇烛光学校”，资助农村教师培训工作，改善农村学校的办学条件。2011 年 12 月，民盟中央协调盟员王雪莲担任总裁的北京佳莲集团捐赠 100 万，计划分别在重庆彭水和广西百色各援建一所烛光学校。

民盟中央与盟员俞敏洪担任总裁的北京新东方教育科技集团，连续四年合作开展“烛光行动——新东方教师社会责任行”活动，还在北京建立了民盟中央教育扶贫基地，先后在全国 27 个省（区、市）培训中小学英语教师数万名。

“烛光行动”还与北京四中网校确立合作关系，签署了远程教育烛光行动合作协议，通过互联网把先进的教育理念和教学资源以及人文关怀带给更多的农村一线教师，而这也将是以后各地开展“烛光行动”的重要形式之一。民盟盟员、北京四中网校校长黄向伟宣布：遍布全国 200 多座城市的 1 万多名北京四中网校的教师都是“烛光”志愿者。2011 年以来，北京四中网校先后在宁夏、广西、江西、河北、四川、贵州、重庆等省市捐赠价值 450 万元的远程教学资源。

民盟的“烛光行动”还积极与关心祖国基础教育的海外华人民间慈善组织开展合作。2009 年以来，中国民主同盟与美国科技教育协会（ESS）在多个项目开展合作，共有 15 个省（区、市）的 76 所乡镇学校接受了 ESS“认助乡村学校图书室项目”捐赠的图书，218 名农村一线骨干教师参加了分别在广西、黑龙江、河南、贵州举办的海内外基础教育研讨会；安徽、河南、广西共有 5 所学校接受了 ESS 乡镇多媒体信息中心项目资助。

北京师范大学教师教育研究中心、清华大学继续教育学院、北京中关村教育基金会……越来越多的教育机构和社会组织正在积极参与到“烛光行动”中来。

（三）“四两帮扶”拨动“千斤教育”

为了呼吁和带动更多的社会力量关注和帮助农村教师的自我发展能力，下一步“烛光行动”关注的视角将更加深入。

“民盟的力量和资源有限，工作只能是少而精，力争在一些点上和有限的范围内开展深入扎实的工作，希望被帮扶学校和教师能够起到种子的作用；也希望吸引更多的社会力量关心和帮助农村教师素质能力的提高。”全国人大常委、民盟中央副主席李重庵道出了“烛光行动”在两方面的示范和带动意义。

“烛光行动”的内容之一是通过实践和调研，发现和分析农村教师队伍建设的普遍性问题，建言献策，推动有关改革和制度建设。不少地方民盟组织在开展行动的过程中，持续关注农村学校代课教师、教师待遇、城乡社会转型中的农村教育问题，通过议案、提案、建议以及“直通车”等渠道反映，得到了有关部门的高度重视和采纳。民盟中央“烛光行动”专家顾问组在全国部分省市开展专题调研基础上，围绕农村教师队伍专业发展的需求与支持条件等问题进行调查研究，提出了对策和政策建议，并在2012年全国政协会议期间提交了提案。

“烛光行动”得到了各地教育、统战部门和有关方面的大力支持和热情参与。中共广西区委统战部结合开展的“同心·经济统战、文化统战、和谐统战”品牌建设活动，号召统一战线成员共同参与，打造“同心·农村教育烛光行动”品牌，并提出了具体实施方案。

四、“烛光行动”的特点和经验

（一）“烛光行动”体现民盟的参政党属性和党派特色

“烛光行动”是民盟发挥特色和优势，积极履行参政党职能的具体体现，是民盟为全面建设小康社会作出的新贡献。“烛光行动”也是新时期民主党派参政议政和社会服务工作的一项创新，它将原民盟中央主席费孝通先生提出的“出主意、想办法，做好事、做实事”有机结合，为民盟盟员服务社会、建言履职提供了新的载体和平台。

（二）民盟“烛光行动”的长远目标是推动城乡教育公平

鉴于目前农村教育发展的现状，民盟中央认为开展“烛光行动”，促进城乡教育公平，为新农村建设培育人才是一个长远目标，是一项需要长期坚持的工作。

（三）“烛光行动”的角色定位是对政府教育行政部门有关工作的支持和补充

“烛光行动”注重提高农村教师自我发展的能力，注意对农村教师现代教育理念和基本功的培养，通过开展“烛光行动”，促进学校的校本教研和教研室建设。

（四）“烛光行动”集中力量于少数学校和部分教师，起到示范和带动作用

民盟的力量和资源有限，所做的工作只能是少而精，力争在一些点上和有限的范围内开展深入扎实的工作，希望被帮扶的学校和教师能够起到种子

的作用，也希望“烛光行动”对社会起到一定的示范、带动、影响作用，从而带动更多社会力量关心、支持农村教育的发展和农村教师素质的提高。

（五）“烛光行动”与民盟自身建设紧密结合

民盟在开展“烛光行动”中注意把行动与民盟的自身建设相结合，通过开展“烛光行动”来深入基层，向基层教师和干部学习，了解国情和社情民意，提高盟员对民盟的认识、对社会的责任心和参政履职的能力。“烛光行动”也是民盟组织联系广大盟员、增强盟组织凝聚力的重要纽带。

民盟“农村教育烛光行动”为社会力量特别是民主党派，发挥各自优势、整合资源、有序参与中国农村基础教育改革与发展，探索出了一种行之有效的工作模式。

附　民盟“农村教育烛光行动”工作方案

关注和支持农村教育发展是中国民主同盟的优良传统。改革开放以来，民盟就中国农村教育重大战略问题积极建言献策，并在贫困地区持续开展了教育扶贫、师资培训、援建学校等支教活动，为促进农村教育发展作出了重要贡献。

自 2006 年始，民盟中央与部分省级盟组织共同筹划并试点探索，并于 2007 年在全盟正式启动“农村教育烛光行动”（以下简称“烛光行动”）。“烛光行动”开展三年多来，共培训农村骨干教师 7 万余人，取得了良好的成效和社会影响。

为更好地响应中共中央关于“加强教师队伍建设，重点提高农村教师素质”的号召和配合实施《国家中长期教育改革和发展规划纲要》，进一步规划全盟“烛光行动”的工作目标和工作任务，完善工作机制和保障措施，民盟中央特制定本计划。

一、指导思想

“烛光行动”是民盟响应中共中央号召，贯彻科学发展观，奔走国是、关注民生的重要举措，是民盟发挥自身特色和优势，积极履行参政党职能的重要实践。“烛光行动”坚持以人为本、统筹兼顾和科学实施，旨在帮助加强农村教师队伍建设，提高农村教育质量，促进城乡教育公平和义务教育均衡发展。

二、行动目的

“烛光行动”以多种方式，通过民盟成员及带动社会力量的参与和推动，促进教师专业发展，提高教师综合素质和教育教学水平；结合参政议政工作，调查研究，建言献策，推动完善农村教师队伍建设和农村教育发展的政策和法律环境；在开展活动的实践中，增强民盟的凝聚力，加强民盟的自身建设。

三、行动原则

1. 坚持立盟宗旨。民盟“烛光行动”适应新时期履行参政党职能的要求，倡导具有进步性引领作用的价值取向，实践以“奉献、友爱、互助、进取”为核心的“烛光行动志愿者”精神，是当前学习和践行社会主义核心价值体系教育活动的生动组成部分。

2. 坚持统筹协调。各级民盟组织在开展“烛光行动”中建立健全相应的组织领导机构，完善工作机制，注意做到与教育部门、学校工作之间的合作协调，民盟履行职能与自身建设之间的互相促进，各级民盟组织之间的支持配合，盟内外力量之间的互补共赢。

3. 坚持科学态度。各地民盟组织根据本地情况，坚持从实际出发，扬长避短，量力而行，在实施行动中要突出重点，关注和帮助边远落后地区的农村教师，加强薄弱学校的教师队伍建设；遵循教育科学规律，制定科学、先进又切实可行的行动实施方案，认真落实，力求实效。

4. 坚持开拓创新。各级民盟组织在开展“烛光行动”中努力传播现代教育理念、先进教育思想和新鲜的改革经验，探寻完善教师培训体系的途径方法，探索开发教师培训的优质资源，创新教师培训模式，探索盟组织因地因时制宜开展“烛光行动”的新模式和有关盟务工作相互促进的新经验。

四、行动内容

1. 关注农村教师的专业发展，以多种形式帮助教师提升教育理念、业务素质和教育教学水平。

2. 关注农村教师的全面发展，力所能及地帮助改善农村教师的工作、学习和生活条件。

3. 关注制度建设，开展调查研究、建言献策，推动完善农村教师队伍建设和农村教育发展的政策和法律环境。

五、主要任务

1. 启动志愿者行动，与农村教师开展手拉手结对帮扶。全盟启动“烛光行动志愿者”行动，倡导和吸收广大盟内外教师和教育工作者作为“烛光行动志愿者”积极投身“烛光行动”活动，发扬“烛光行动志愿者”精神，与农村教师“1+1”手拉手结对帮扶，通过面对面、网络“一对一”等多种形式来帮助农村教师提升整体素质和教学水平。

2. 加强教师培训基地建设，充分发挥基地的平台作用。有条件的省市民盟组织应建立“烛光行动”教师培训基地，以基地为依托，联合各类优质教育资源，如师范院校、具有资质的公办和民办教师培训机构等单位，充分发挥基地的平台作用，开展多种形式的教师培训工作。

3. 坚持长期帮扶农村定点学校，力争起到示范带动作用。各级民盟组织发挥盟内外教育优势，选择定点帮扶农村学校，集中力量、长期坚持，采取多种形式支持学校建设，提高教师专业发展能力和学校的教育管理水平，力争使被帮扶学校在当地起到辐射和带动的作用。

4. 运用多种手段和方式，开展农村中小学教师培训。各级民盟组织可与有关单位联合，采取多种方式和途径，通过示范课教学、辅导讲座、“1+1”结对帮扶、教师集中培训等教师培训活动，并充分利用远程、网络、现代教育技术手段，配合参与教育部《中小学教师国家级培训计划》，开展农村中小学教师培训。

5. 呼吁并帮助改善农村教师的工作、学习和生活条件，关心农村教师的全面发展。各级民盟组织应积极呼吁并帮助、协调解决农村教师工作、学习和生活中的实际困难，积极开展师德教育、心理咨询、教学用品捐赠等活动，努力帮助改善农村教师教书育人的环境，帮助农村教师的全面发展。

6. 开展“烛光行动”专题调研，向党委和政府提出政策建议。各级民盟组织在开展“烛光行动”过程中，结合民盟在教育领域的参政议政工作，针对在实践中发现的问题和困难，进行专题调研，围绕当前农村教育改革发展中的突出矛盾，深入分析，提出解决办法，向当地党委政府提出政策建议。

7. 发挥专家顾问组作用，加强对“烛光行动”的研究和指导工作。各省级民盟组织应成立“烛光行动”专家顾问组，组织开展对民盟此项行动的角色定位、特征规律等研究，开展对“烛光行动”工作方式、内涵和成效的研究，开展对农村教师队伍建设有关教育科学和政策等的研究，以提高“烛光行动”的理性自觉和质量效益。

六、保障措施

1. 组织领导机制。民盟中央负责全盟“烛光行动”的领导和协调工作，包括整合和统筹盟内外资源，研究和解决行动中遇到的问题和困难；各省（区、市）民盟组织应将“烛光行动”纳入重要议事日程，明确任务，分解职责，推动工作方案全面落实。

2. 人才支撑机制。各级民盟组织充分利用自身人才资源优势，建立“烛光行动”志愿者数据库，构建科学、完善的人才支撑机制，为“烛光行动”提供持续的智力支持和人才保障。

3. 条件保障机制。各级民盟组织充分发挥自身优势，并联合师范院校、有资质的公办和民办教师培训机构等有关单位，合作开展基地等“行动”平台建设；通过多种渠道筹措资金，并建立和完善资金的使用、管理和监督机制，努力建立“烛光行动”的条件保障。

4. 协调协作机制。继续加强盟组织之间“东西互助”、“手拉手”等联手支教的工作力度，支持东部发达地区在本省市开展工作的同时，积极参与支援西部省（区、市）的行动，整合资源，协同动作，探索推出全盟统一的活动；团结吸收盟外社会力量，联合优势互补的战略合作伙伴，扩大“烛光行动”的社会资源；注意配合支持“国培计划”等政府措施，密切与教育行政部门和学校的合作，协力推进“烛光行动”和农村教师队伍建设。

5. 宣传引导机制。利用盟内外渠道进一步加大对“烛光行动”的宣传力度，引导社会广泛关注农村教育和农村教师队伍建设；鼓励和带动其他社会组织，积极参与支持农村教育和农村教师的实际行动。

6. 表彰交流机制。探索对民盟“烛光行动”进行成效评价；交流各地盟组织开展工作的经验和创新，研究存在的共性问题和提高工作水平的新思路；适时召开全盟“烛光行动”交流表彰大会，对工作积极、成效显著的集体和个人予以表彰。

各级盟组织可根据此行动计划的目标、原则和要求，结合本地区实际情况，制定具体的行动计划和实施方案，保证“烛光行动”持续扎实开展，取得实在成效。

中国民主同盟中央委员会

二〇一〇年九月二十八日

“明眸工程”谱写善行天下动人篇章

——“同心·明眸工程”案例

民盟作为参政党，有责任更好地为国家改革与发展服务，并号召民盟成员发挥自己的优势，为国家改革与发展献计献策，共同为国家健康发展与民生持续改善作出应有的贡献。

——索丽生

改革开放以来，温州人民大胆探索，勇于实践，创造了经济发展的“温州模式”。著名社会学家、民盟中央原主席费孝通先生及时响应时代要求，在温州改革发展的关键时刻多次走访、考察温州，为温州的改革发展振臂呐喊，并写下了有“温州三部曲”之称的《小商品，大市场》、《家底实，创新业》、《筑码头，闯天下》等影响深远的文章。

作为主要由从事文化教育及科学技术工作的中、高级知识分子组成的参政党，中国民主同盟高度关注医卫事业改革与发展，再次与温州各界爱心人士合作，共同发起了“爱心温州·善行天下·明眸工程”，造福中西部地区贫困眼病患者，进而推动中西部地区医疗卫生事业发展。

一、背景与概况

目前，我国约有盲人 500 万，低视力人口约 710 万，是世界上盲和视力损伤最严重的国家之一。白内障作为我国第一致盲眼病，在全国有患者 800 多万人，其中贫困白内障患者逾 100 万人，每年白内障手术率远低于国际标准水平，尤其中西部地区的贫困眼病患者很难得到及时有效的治疗。

2008 年民盟中央十届二中全会小组讨论过程中，民盟中央委员、温州医学院附属眼视光医院执行院长王勤美提出充分发挥我国东部地区优良的眼视光医疗资源，在中西部欠发达地区选择基层医院建立眼科对口帮扶关系，通过提高帮扶医院的眼视光诊疗水平，带动该区域眼科和视光诊疗水平的整体提高的建议。王勤美的建议得到了民盟中央大力支持。随后，经过多方研究协商，“明眸工程”确立了由民盟中央牵头，温州医学院附属眼视光医院具体实施，温州市慈善总会、温州医学院、温州市人民政府国内经济合作办公室、温州日报报业集团、温州广播电视传媒集团等单位联合主办的崭新运作模式。

2009 年 12 月，旨在帮助中西部贫困地区眼病患者重见光明，提高中西部贫困地区医疗机构眼视光诊疗水平的医疗扶贫计划——“爱心温州 · 善行天下 · 明眸工程”大型公益活动在毕节试验区正式拉开序幕。在随后的三年时间里，民盟中央联系协调“明眸工程”医疗帮扶活动先后走进贵州、云南、青海、四川、重庆、河南、陕西、新疆、安徽、宁夏、湖北、湖南等 12 省（区、市），共募集捐款 2100 余万元，3000 多名白内障、角膜盲等眼疾患者复明；在玉树州人民医院筹建眼科医院，与 15 家医院建立合作关系，帮助建立防盲治盲模式，培养了 100 多名眼科医务人员和业务骨干。2011 年，“明眸工程”被中央统战部、人力资源和社会保障部评为“各民主党派、工商联、无党派人士为全面建设小康社会作贡献·社会服务优秀成果”。2012 年，“明眸工程”荣获第七届中华慈善奖“最具影响力慈善项目”。2012 年 12 月，“明眸工程”入选国务院扶贫办组织专家评选的 100 个社会扶贫创新案例。

二、基本模式、项目目标和创新做法

（一）基本模式

“明眸工程”的基本模式是在中西部地区每省（直辖市、自治区）选择一两家医院进行长期帮扶，活动各参与单位各司其职。民盟中央和参与项目的民盟地方组织负责结对单位的筛选和后期工程的监督，温州医学院附属眼视光医院负责医疗技术实施，温州市慈善总会和温州市政府国内经济合作办公室负责资金的筹集，温州日报报业集团和温州广电传媒集团负责发动社会捐款和报道事宜。

（二）项目目标

1. 充分利用“爱心温州 · 善行天下”的慈善品牌，发动全国各地温州商会和温商企业为中西部经济欠发达地区眼视光诊疗事业发展，为贫困眼疾病患者重见光明作贡献。

2. 利用温州医学院附属眼视光医院的先进医疗资源在中西部经济欠发达地区选择医院建立对口帮扶关系，带动该区域眼科和视光诊疗水平的整体提高。

3. 帮助对口帮扶医院建立防盲治盲体系，建立眼保健中心，开展健康教育和科普讲座，提高该地区总体眼保健和医疗水平。

4. 利用温州医学院附属眼视光医院医疗资源，联合当地医院组织的医务人员深入中西部欠发达地区为当地贫困群众免费开展白内障和角膜病手术及其他眼疾病的治疗。

（三）创新做法

1. 社会力量参与社会管理的探索与实践。“明眸工程”的各个实施主体基本都属于社会力量，社会力量的逐渐成熟与壮大，对于创新完善社会管理体制，保证经济持续发展、社会和谐进步有着重要的支撑作用。“明眸工程”包含了一个非常重要的实践探索，即各社会组织、专业机构、企业、个人等社会力量，通过有效、有序地共同参与社会管理和社会服务，最终形成政府主导、社会协同、公众参与的社会管理新格局。

2. 改变以往单一的医疗扶贫模式，建立长期医疗帮扶关系。“明眸工程”通过派出医疗专家给患者带去光明，解决中西部地区眼病患者的就医难问题。同时，注重当地医务人员技术培训，通过开展讲座、手把手帮带、邀请医务人员到温州医学院附属医院培训等方式，为中西部欠发达地区建立一支不走的医疗队伍，提升眼科医疗水平。温州医学院附属眼视光医院还派出专家担任结对医院的科室负责人，加强科室建设，提升管理水平，帮助建立防盲治盲模式，为中西部地区医疗服务的后续发展奠定基础。“明眸工程”主办单位专门编辑出版了眼健康科普教育手册《明亮你的双眼》，免费发放给中西部地区眼疾患者。

3. 注重借助媒体的力量，传播大爱精神。作为“明眸工程”的主办单位之一，温州都市报全程跟踪报道，采访行程总共达 20 万多公里。两年多来，

2010年6月9日，民盟中央副主席李重庵（右二）、民盟青海省委主委鲍义志（右一）、温州医学院附属眼视光医院执行院长王勤美（右三）到青海大学附属医院看望受益于『明眸工程』的玉树灾民尕拉

已经发稿和图片150篇（幅）。“明眸工程”还积极与其他媒体合作，其事迹受到《人民日报》、《新华社》、《光明日报》、中央电视台、《人民政协报》等中央媒体以及各省市媒体密集报道，在全社会引起强烈反响，让大爱精神传播中华大地。

三、成效与作用

（一）打造统一战线“同心”品牌，促进民族大团结

2010年，“明眸工程”正式纳入统一战线“同心品牌”。“明眸工程”活动地点都位于中西部欠发达地区，很多是少数民族集聚的地区。三年多来，“明眸工程”为维吾尔族、藏族、回族、壮族、哈萨克族、苗族、侗族、彝族、土家族等少数民族眼病患者带来了福音，同时为这些地区的眼视光诊疗水平提高、眼科知识普及作出了应有的贡献。

温州医学院附属眼视光医院援疆医生黄芳主任医师作为新疆地区“明眸工程”执行者，奔波于阿克苏拜城、

乌什等地，使130余名贫困眼病患者复明，而这之中90%以上都是维吾尔族同胞。拜城县的海尼沙汗·依布拉依木大娘术后第二天，激动地抱着参与“明眸工程”的医生亲吻；因双眼先天性白内障而无法像正常孩子一样走进课堂的11岁乌什县依麻木乡维吾尔族男孩麦吾兰·毛力尼亚孜，在接受手术后圆了读书梦；104岁的维吾尔族老人古吉克·吾斯曼重见光明……温州医学院附属眼视光医院陈蔚主任在阿克苏地区第一人民医院给38岁的玉素甫江·萨乌提施行了阿克苏有史以来的第一例角膜移植手术……

“每一个义诊复明的现场都有感动的场面，因为白内障复明的效果很明显，也许昨天还什么都看不见，今天一睁眼就看到了全世界，这种对比的震撼是巨大的。”王勤美说，“我接触过各种各样的眼疾患者，他们内心深处传达出的对光明的渴望无不让人感动。‘明眸工程’就是要为中西部地区贫困眼病患者带来光明。”

（二）极大推动我国的角膜复明事业

目前，我国有200多万角膜盲患者需要角膜移植，但是每年最多只能做5000多例，全国很多地方角膜移植都是空白的。而美国每年能做5万例角膜移植，角膜捐献有10万人左右。我国角膜盲患者大多数是青壮年和儿童，复明更迫切。2011年5月，“明眸工程”成立全国首个角膜移植复明基金，重点培养角膜移植医生，推进角膜移植和从国外引进角膜供体，当年9月与美国阿拉巴马眼库建立合作关系，引进美国角膜，解决角膜移植库源不足的燃眉之急。

（三）激发社会各界爱心人士参与慈善的热情

2012年，“明眸工程”获得第七届中华慈善奖“最具影响力慈善项目”，成为闻名全国的慈善品牌，引发更多关注与支持。社会各界逐渐认知，温州人不仅商行天下，而且善行天下。“明眸工程”为“温州精神”赋予了新的时代内涵，激发了温州各界爱心人士参与慈善的热情。三年多来，越来越多全国各地的温州人和各地的温州商会等组织成为“明眸工程”的强有力支持者，温州人善行天下的大爱得以激发和弘扬，将带动更多有识之士关心弱势群体，参与慈善事业。

（四）促进了民盟的自身建设

“明眸工程”是民盟发挥自身特色和优势，积极履行参政党职能的具体体现，是民盟为全面建设小康社会、和谐社会作出的新贡献。明眸工程也是新时期民主党派参政议政和社会服务工作的一项创新，它将费老提出的“出主意、想办法、做好事、做实事”有机结合，为民盟盟员服务社会，建言履职提供了新的载体和平台。

民盟各级组织在开展明眸工程中注重把活动与民盟组织的自身建设相结合，通过开展明眸工程，广大盟员深入基层，了解国情和社情民意，增强盟员的社会责任感，提高了参政履职能力。明眸工程也是民盟组织联系广大盟员，增强民盟组织凝聚力的重要纽带。

明眸工程为社会力量特别是民主党派，发挥各自优势，整合资源，有序参与医疗改革和医疗扶贫，探索出了一种行之有效的工作模式。

健康呼吸快乐生活

——“同心·健康呼吸万里行”案例

在今后的工作中要充分发挥民盟人才荟萃、智力密集的优势，围绕中心、服务大局，议政为本、参政为民，切实履行参政党的职能，为建设一个百姓富裕、社会和谐的强大中国尽职尽责、尽心尽力。

——张宝文

一、背景与概况

作为主要由科技文教界中、高级知识分子组成的参政党，奔走国是，关注民生始终是民盟的传统。一直以来，民盟充分发挥自身优势，围绕改革发展稳定大局和人民群众关心的热点难点问题积极建言献策，倾力开展社会服务。医疗帮扶就是民盟社会服务工作的一项重要内容。

2012年7月26日，民盟中央倡导发起了“健康呼吸万里行”慈善公益活动。该活动由中国中西医结合学会、民盟北京市委等十个省级组织协办，北京康益德中西医结合肺科医院承办。活动主要由义诊、捐赠、救助三方面内容组成：义诊，由院方组织国内著名呼吸医学专家、知名医学院校及医学科研单位共同组成爱心医疗团队，现场开展免费义诊活动；捐赠，由院方提供药品，捐赠给肺纤维化、尘肺病患者；救助，为患者搭建“健康呼吸万里行”爱心公益救助平台，对患有肺纤维化、尘肺病的困难群体通过减免医疗救助费用等形式进行爱心救助，保障该项全国性慈善活动持续地开展下去。

2012年7月26日，『健康呼吸万里行』慈善公益活动在民盟中央机关举行启动仪式，民盟中央常务副主席张宝文（左四）出席活动并讲话

尘肺、肺纤维化是世界性的医学难题，尘肺病也是我国危害程度最大的职业病之一。由于尘肺病患者多为农民工，他们大多是家庭的“顶梁柱”，因此，患病导致的呼吸困难、劳动力丧失等问题给患者的整个家庭造成了巨大的损失。

“健康呼吸万里行”活动的承办方北京康益德中西医结合肺科医院是国家中医药管理局“十二五”肺病科重点建设单位，是一家二级中西医结合肺病专科医院。医院在建院伊始就积极投身于社会公益事业，院长董瑞是民盟盟员、民盟北京市怀柔区委主委、北京市政协委员，他积极响应民盟中央的号召，带领医院同仁，为此次活动提供了专业的医疗技术保障和药品支持。

二、总体思路

“健康呼吸万里行”活动作为一项医疗帮扶活动，秉承的是中医“济世救人”的传统，但是新的时代也赋予这项活动新的内涵——“同心，人本，和谐”。

其一，“同心”。“健康呼吸万里行”活动作为民盟中央继“明眸工程”、“健康心动毕节行”活动之后推出的医疗帮扶活动，是民盟中央在“同心”思想的引领下，积极开展“同心”行动，打造“同心”品牌的又一重要内容，是继承民盟优良传统，始终坚持与党同心的具体实践。

其二，“人本”。“健康呼吸万里行”活动作为一项医疗帮扶活动，它带给患者的不仅仅是健康，而且能够帮助他们在提高自身生活质量的同时，实现自我的全面自由发展。

其三，“和谐”。“健康呼吸万里行”活动是民盟发挥优势，服务和谐社会建设的实践，同时也希望能够号召动员更多的社会力量关心帮助困难群众，共同促进社会和谐公平。

三、进展情况

“健康呼吸万里行”活动于2012年7月26日正式启动，受到了民盟中央领导的高度关注，民盟中央主席蒋树声亲自为此次活动题词，张宝文常务副主席出席了启动仪式。27日，该活动在河北石家庄举行了首站义诊，其后，又相继在内蒙古乌海市和山西晋城市展开活动，共救助患者300余人、捐赠药品价值90余万元。该活动还将在山东、重庆、河南、辽宁、吉林、黑龙江等地继续开展。

四、经验启示

（一）多方参与

“健康呼吸万里行”活动由民盟中央发起，各地盟组织、医院和善心人士等多方积极参与。活动伊始就注意邀请各方参与到活动的研讨、设计和筹备中来，充分发挥各方优势。7月27日，该活动在河北石家庄举行首站启动仪式，民盟北京、河北、河南等十省市社会服务部部长出席活动，共同观摩学习，交流意见，以达到各方积极参与、共同努力的目标。

（二）分工明确

“健康呼吸万里行”活动的各参与方明确任务，通力合作，是保证该活动顺利进行的前提。

1. 民盟中央社会服务部根据各省准备工作情况，协调在各地开展活动的时间安排，同时审核活动流程、救助标准、最终确定的救助患者，监督救助进展。并利用渠道优势，加强对活动的后续报道。

2. 各地盟组织负责具体承接“健康呼吸万里行”活动在当地的举办，联络当地医院提供爱心义诊活动的举办场所，并协调当地医院联系患有肺纤维化（间质性肺炎）、尘肺疾病的贫困患者，从每个省市的报名患者中协助筛查符合救助条件的救助对象。协调承接义诊的医院方，本着慈善公益的角度，协商减免或降低无 X 光片的患者初诊造成的检查费用，并协助此次义诊活动的宣传。

3. 北京康益德中西医结合肺科医院作为主要承办方对活动现场的患者进行爱心义诊，并为 10 省市共计提供价值 300 万元的医疗救助，接收贫困的重症病患者来北京住院治疗。

（三）把握标准

好钢用在刀刃上。民主党派的社会服务工作资源有限，如何更好地利用资源，帮助真正困难的群众是民主党派社会服务工作必然面对的问题。“健康呼吸万里行”活动开始之前，民盟中央就深入调研，精心选择活动开展的地点，制定了详细的救助对象选择标准和实施细节，保证了慈善活动的公平性。而在活动过程中，义诊专家们却“来者不拒”，坚持为每一个到达义诊现场的病人认真诊断。这样的“双重标准”，才保证了此次活动能够达到预期的目标，为贫困的患者带来生活的希望。

五、社会影响

2012 年“善行天下 · 政协委员慈善公益事迹展”于 11 月 18 日下午在全国政协机关开展，民盟盟员、北京康益德中西医结合肺科医院院长董瑞因积极参与民盟“健康呼吸万里行”活动入选并获荣誉证书。19 日，全国政协主席贾庆林参观“善行天下 · 政协委员慈善公益事迹展”并亲切会见了董瑞院长。

在“健康呼吸万里行”活动的过程中，民盟中央及各地盟组织通过召开新闻发布会、积极邀请媒体朋友全程参与活动等方式，全面介绍了“健康呼吸万里行”活动的目的、进展情况和意义，通过媒体向社会宣传，号召大家关注尘肺病患者。《团结报》、《中国扶贫》等中央媒体以及各省市媒体也多次专题报道了“健康呼吸万里行”活动。通过媒体的广泛宣传，该活动在社会上引起了强烈的反响，为其继续推进打下了良好的舆论基础，并号召了更多的社会爱心人士参与到该项活动中来。

六、典型案例

（一）河北石家庄：首位住院救助病人的新希望

安进霞，女，38岁，宁夏回族自治区海原县人。初中文化的她长期在家务农，丈夫出外打工，均无固定工作，上有老人需要赡养，下有两个孩子正在读书。在肺纤维化病情加重后，安进霞完全失去了劳动能力，静坐时都偶有气喘，这让他们本就不富裕的家庭雪上加霜。

2012年7月25日，安进霞由丈夫陪同入院，住院期间，两人为了给孩子预留学费，省吃俭用，生活十分简朴。26日，"健康呼吸万里行"活动启动，住院医生在了解到这一活动后，积极为安进霞申请住院救助。30日，"健康呼吸万里行"办公室对安进霞家庭情况进行调查审核之后，决定给予她价值10000元的住院救助。

7月25日至9月2日，安进霞在近一个半月的住院时间里，积极配合治疗，保持着乐观的生活心态，同时，她的丈夫对她不离不弃。家庭的温暖与社会的爱心成了她与病魔抗争的最大支持与动力。

9月2日，安进霞的病情得到了极大的缓解，出院时已经可以自由走动，基本恢复了劳动能力，她同丈夫满载着新的希望回到了家乡。

至此，安进霞成为了"健康呼吸万里行"活动成功救助的第一名住院患者。

（二）内蒙乌海：老吾老以及人之老

"您多大了？"

"记不得了。"

"您住什么地方？"

"找找啊，我儿子给我写下来了。"

"您哪儿疼？"

"哪儿都疼。"

"您得的是尘肺病吗？医生怎么说啊？"

"啊？不知道啊，就是疼。"

80岁的李同岐老人带着助听器，却依然听不清医生的问题，而尘肺病已经折磨他很多年了。9月11日，100多名尘肺病患者聚集在内蒙古乌海市职业病防治院，等待着来自北京专家的义诊，其中不乏如他一样的老者。

在乌海，短短两天时间，来自北京康益德中西医结合肺科医院的义诊专家组为140余名尘肺、肺纤维化患者提供疾病诊断及咨询等免费医疗诊治服务，并通过“健康呼吸万里行”爱心公益救助平台，为乌海市患有尘肺、肺纤维化病的困难群众捐赠价值30万元的药品、提供免费住院治疗等爱心医疗救助。除此之外，还与乌海市职业病防治院举行了签约仪式，组织医疗人才培训，正式建立长期的合作机制，让当地年迈的老者无需离开乌海，无需舟车劳顿，就能得到专业的治疗。

（三）山西晋城：点滴之中“晋善晋美”

山西晋城，这个从明朝开始就以采煤为主业的城市虽因煤而富，却也因煤而病。非法小煤矿的井下作业环境严重损害了煤矿工人的健康，如今，小煤矿被取缔，矿井被封查，可这些患上了尘肺病的工人却很难从病痛中逃离。

“晋善晋美”。晋城人追求“尽善尽美”，所以不会忽略任何一个手足兄弟，更不会忘记为了开采光明而患上尘肺病的可敬的矿工兄弟。听闻民盟中央发起了针对尘肺病患者的“健康呼吸万里行”活动，民盟晋城市委积极协调，努力争取，将该活动引进晋城，并做了大量的前期准备工作，为当地的尘肺病患者能够顺利得到专家的救治打下了坚实的基础。

10月24日，“健康呼吸万里行·走进晋城”慈善爱心义诊活动在晋城大医院举行。义诊的专家们不仅通过现场把脉、分析X光片等方式，为患者确诊，对症下药，还详细为患者示范药品的使用方法，指导患者将药膏贴在正确的穴位上。专家们亲切热情的态度给患者留下了深刻的印象，有的患者义诊结束后，发现有问题没有弄明白，打听到义诊专家们下榻的酒店，夜访专家，医生们也都耐心细致地予以解答。

“健康呼吸万里行”活动便在这一点一滴的行动中，聚沙成塔，尽善尽美。

“健康呼吸万里行”活动是民盟继“明眸工程”、“健康心动毕节行”等活动之后，开拓的医疗救助新战场，该活动吸收融合了民盟医疗扶贫工作的既有经验，并将在此基础上通过实践，进一步探索多方合作医疗救助的新方式。

关爱特殊群体
共建和谐社会
——民盟帮教工作简介

民盟是以教育、科技、文化界高、中级知识分子为主要界别的参政党，开展社会服务工作，为人民群众“做好事、做实事”是民盟履行参政党职能的重要体现。多年来，民盟为推动国家经济社会发展，提高人民生活水平做了大量工作。帮教工作是对常规教育的补充和延伸，是国民教育的特殊组成部分，作为民盟社会服务工作的一项重要内容，是民盟对构建社会主义和谐社会的具体贡献，也体现了民盟对国家司法建设和进步的实际支持。民盟开展帮教工作具备四个优势：众多盟员具有教育专业特长和“人类灵魂工程师”的素质能力；民盟盟员有强烈社会责任感、高涨的政治热情和爱民之心；多年来不少地方盟组织和司法行政部门以及广大干警已经建立了良好的合作关系和珍贵的友谊；民盟组织联系面广，渠道畅通，可以联系更多的社会力量和有关部门关注、支持、参与帮教工作。

1985年2月，民盟重庆市委和市曲艺家协会联合到重庆市监狱举办迎春晚会，慰问干警，感化服刑人员，

> 各地民盟组织应把本地区的社会服务工作与当地参政议政有机结合起来，不仅提建议，还去想办法，付诸实施，既出主意，又办实事。
>
> ——张梅颖

2006年3月，民盟部分省市帮教失足人员工作座谈会在北京召开，民盟中央副主席李重庵、王维城出席会议并讲话

并在重庆监狱举办“育人学校”，从此拉开了民盟监狱帮教工作的序幕。2006年以来，盟中央总结和逐步推广重庆等地配合有关部门开展对失足人员帮教工作的经验，得到了各地盟组织的热烈积极响应。目前，全盟30个省（区、市）的省级和市级盟组织都开展了帮教工作。帮教工作的内容不断丰富，形势日益多样，工作逐步规范，政治和社会效益日益显现，并得到了国家司法部和地方司法部门的支持与好评。近年来，各地开展的主要工作如下：

一、遵守法律政策，讲究工作艺术，探索建立民盟组织与司法部门的长效合作机制，推动帮教工作长期深入开展

民盟中央副主席李重庵四年来多次走访国家司法部，同司法部领导就建立民盟与司法部门的长效合作机制进行协商，双方就今后不断加强沟通交流，积极开展合作达成共识。民盟云南省委、民盟昆明市委与省第三女子监狱三方签订《2009—2011年帮教协议书》，明确各方权利和义务，建立长期合作关系。民盟四川省委在绵阳建立帮教基地，绵阳市政协副主席、民盟绵阳市委主委和绵阳监狱党委书记、监狱长签订了帮教工作协议，

促进帮教工作长期化、制度化、规范化的持续发展。民盟上海市委与上海市未成年犯管教所签订《中国民主同盟上海市委员会、上海市未成年犯管教所精神文明共建协议》，明确双方的责任和义务，探索建立帮教工作长效机制。民盟甘肃省委、民盟海南省委分别与所在地的劳教所、监狱签订帮教工作协议，推动帮教工作深入持续开展。

二、充分发挥参政党的渠道优势，将帮教工作与民盟的议政调研、建言献策有机结合

民盟安徽省委会提出的《建议将义务教育阶段的未成年犯教育纳入全日制中学学历教育范畴》作为重点提案得到安徽省政府有关部门的协商办理。民盟福建省委在深入调研未教人员义务教育保障问题后，专门向中共福建省委、省政府递交了《关于改善我省未成年人教养工作的几点建议》，得到了省委、省政府的高度重视，为推动福建省未教人员的文化教育正式纳入国家九年义务教育的范畴做出了积极努力。同时，还向省政协报送了《建议提高未成年劳动教养人员的教育经费》的信息专报件，得到了省政协领导的高度重视，未教人员的教育经费得以落实。

三、慰问干警，帮助改善监狱、劳教场所的工作条件和生活环境

民盟中央、民盟北京市委组织民盟中央艺术团部分成员到北京延庆监狱慰问干警并多次组织民盟医卫专家到延庆监狱开展义诊慰问活动。民盟河北省委、民盟承德市委赴承德上板城监狱开展文艺演出和捐赠活动。民盟内蒙古自治区委、民盟赤峰市委向赤峰市劳教所赠送彩色电视机和 DVD 机，以丰富劳教人员的精神生活。民盟广东省委帮教工作组成员赴广东省未成年劳动教养人员管理所慰问未成年劳教人员和干警，捐赠了 10 台电脑及其他礼品。民盟河南省委法工委与金博大律师事务所向省未教所捐赠了 20 台电脑和一间相配套的现代化计算机教室。民盟北京市委、民盟福建省委、民盟安徽省委、民盟常州市委经常组织盟员艺术家深入监狱、劳教所、未管所开展慰问演出。民盟宁夏区委与宁夏图书馆联手建立帮教图书室，为宁夏女子监狱的劳教人员提供源源不断的精神食粮。

四、充分发挥民盟组织和盟员的智力优势，配合狱政工作，对服刑、劳教人员开展法律教育、心理咨询、结对帮助、专家讲座以及各种技能培训，以期对司法机构的帮教工作起到支持、补充和延伸的作用，促进服刑劳教人员自省、自新

民盟重庆市委应邀在监狱举办多种面向市场的技术培训班，使很多服刑人员学到了一技之长。民盟天津市委依托市妇联妇女创业中心，在天津市司法局、监狱局和劳动局就业培训中心的大力支持下，引进国际劳工组织专门针对发展中国家妇女就业设计的培训课程，在天津市女子监狱举办了首期创业培训班，帮助女服刑人员理顺创业思路、转变就业观念、掌握创业技巧、增强创业能力。民盟吉林省“三育培训中心”在省司法厅党组的支持和帮助下，帮助已经释放和表现较好并即将释放的人员进行职业技能培训，培训项目涉及电焊、瓦工、木工、电脑维修、放线工等专业，以期使其成为社会上自食其力的有用人。2008 年以来，民盟株洲市委先后组织一些心理咨询师到株洲市劳教所举办心理健康知识讲座和“二对一”心理咨询等活动，并商议每个月的 6 号为“心理咨询活动日”，要把这项帮教活动长期开展下去。在民盟中央的帮助和武汉新东方学校的支持下，“民盟·新东方教育援助基地”在湖北省少教所正式启动，借助新东方学校的教学资源，每月为学员授课，为促进学员们的转化和健康成长发挥了重要作用。民盟湖北省委联合湖北省劳教局在省少教所启动了“爱心妈妈”结对帮扶活动。通过沟通疏导、关心学习生活、解决实际困难等方式，用亲情关爱帮助少教学员消除心理阴影、懂得做人道理，真正转化成为对社会有用之人。2010 年以来，民盟新疆区委会组织盟员中的相关专家学者赴自治区劳教系统开展中华优秀传统文化、心理健康、职业技术培训等各种帮教活动，并择点建设民盟帮教基地。

五、探索开展社区矫正工作，帮助社区矫正人员进行教育改造

民盟无锡市委在无锡市建立了首个由民主党派参与建设的社区矫正基地，盟内法律、心理学等专家被聘为社区矫正志愿者，开展心理疏导、法律咨询、不良行为的矫正和帮困救助活动。民盟南京市委重点关注社区矫正工作并进行了专题调研，与南京市白下区洪武路、鼓楼区宁海路、秦淮区夫子庙等三个街道签订共建协议，运用社会工作方法，对在社区矫正人员进行教育改造，化解社会矛盾，维护社会稳定。

此外，一些地方盟组织还开展了其他形式多样的帮教活动，如对服刑人员的子女进行慰问和捐款，开展助学活动，帮助他们顺利完成学业；联系动员服刑、劳教人员家属、社区及有关社会团体参与、配合帮教工作；与有关单位共建青少年法制教育基地，联系和引进各类资源，改善帮教场所条件和刑释解教人员回归社会的环境条件等。

民盟中央要求省级盟组织在有条件的地方开展帮教工作，以挽救失足人员为帮教工作重点，优先选择少管所、未教所、戒毒所开展帮教工作。从慰问、考察、联欢、参观、访谈、培训开始，让盟员逐步了解帮教工作情况和有关法律、政策，与司法干警建立感情和友谊，再确定具体帮教内容，逐步介入帮教工作。并将适时召开以帮教工作为主题的社会服务工作研讨会，全面总结全盟开展帮教工作的经验。经过一段时间的努力，争取将帮教工作打造成为民盟社会服务工作的一个品牌。

积极探索　实践创新
助推和谐社会建设
——民盟社区服务工作简介

社区服务制……的完善过程将是社区居民一起建设一个守望相助、尊老护幼、知礼立德的高尚精神文明的过程，也是共同营造一个和睦成风、安居乐业、其乐融融的美好生活环境的过程。

——费孝通

上世纪八十年代中期开始，尤其是近十年来，民盟在党和政府的领导下，履行参政党职能，发挥自身优势，积极参与社区建设，并在社区选择开展符合民盟特点的社会服务工作，开拓了为推动社会进步与和谐作贡献的重要新领域。随着城市社区建设工作形势发展，民盟在新领域做了许多有益的实践探索和理论研究，取得显著成效。

一、民盟参与社区建设、开展社区服务工作的重要意义

（一）建设社会主义和谐社会的必然要求

随着我国经济社会的不断飞速发展及城镇化进程的加快，城市社区建设、社区服务工作的地位逐渐凸显，社区居民对社区服务的需求越来越多，要求越来越高。中央提出构建社会主义和谐社会的重大战略构想，主要是在基层。在农村是积极推进社会主义新农村建设；在城市是深入开展社区服务工作。贾庆林同志也曾明确指

出，“在城市，和谐社会建设，重在社区”。做好社区服务工作对于提高居民生活质量、扩大就业、化解社会矛盾等具有重要意义，是建设社会主义和谐社会的必然要求。

（二）民盟履行参政党职能题中应有之义

党中央、国务院以及中共中央统战部、民政部的相关文件中，尤其是在《国务院关于加强和改进社区服务工作的意见》（国发〔2006〕14号）中，都指出鼓励和支持包括民主党派在内的社会力量参与社区建设和社区服务。而民盟的民主党派属性和职责，赋予其在基层社区建设中的特定功能和重要责任，即发挥成员特长，广泛开展形式多样的社会服务活动，参政议政、民主监督，为基层社区建设献计出力，发挥作用。

（三）继承发扬民盟优良传统的集中体现

民盟有立盟为公、参政为民的宗旨，有费老为代表的民盟前辈关注和研究城市社区建设、深入社区开展调研和服务工作的优良传统。中文“社区”一词，即是由费孝通先生翻译引入，沿用至今。早在2000年，费老就著《当前城市社区建设的一些思考》一文，以极具前瞻性的视野对社区服务工作进行了深入阐述。民盟把社区服务作为社会服务工作内容之一，为民“做好事、做实事”，积极关注和参与城市社区建设，围绕党和国家工作的大局，作出应有的贡献，正是民盟继承和发扬优良传统的集中体现。

二、民盟参与社区建设、开展社区服务工作的内容特点

（一）发挥优势，有的放矢

中国民主同盟是主要由从事文化教育以及科学技术工作的高、中级知识分子组成的，具有政治联盟特点的，致力于中国特色社会主义事业的参政党。其盟员主要来自教育界、文化艺术新闻出版界、科学技术界和医卫界。结合这样的界别优势，民盟在参与社区建设、开展社区服务工作的过程中，有的放矢，突出以教育、科技文化建设、医疗卫生等为重点，卓有成效。民盟上海市委的“百名律师义务法律咨询”活动每年在上海10个区县同时举行，十年的坚持使这一活动成为了上海民盟社会服务工作的一个品牌；南丁格尔奖章获得者，江西老盟员章金媛带领“慈善南丁格尔义工分会”的义工们，在社区建立救困病床；在民盟秦皇岛市委的帮助支持下，盟员申学东个人出资创立秦皇岛光明爱心孤儿院，已具规模。全盟上下共聚“人、财、物、智”，

开展诸如教育培训、义诊送药、捐资送暖、慰问演出等各种社区服务工作，在全国30个省市自治区如雨后春笋、百花齐放，为和谐社区、和谐社会建设贡献力量。

（二）开拓创新，与时俱进

城市社区、尤其是发展较为完备的大中城市社区，作为城市建设和管理的基础环节，作为城市居民的生活家园，伴随着经济社会发展的速度不断加快，更多新的矛盾也必将出现。针对诸如农民工进城、社区经济发展等新的课题，民盟坚持与时俱进，不断探索尝试、开拓创新，将社区服务工作不断推向深入。民盟天津市委在2011年与红桥区政府签署合作框架协议，紧密合作共同推进该区中小型企业向科技型、创新型、环保型的转变。民盟吉林省委联合长春市白山信息科技有限公司在长春市朝阳区的重庆街道办事处和汽车产业开发区的东风街道办事处试点，成功制作一套具有科学性、实用性和先进性的“吉林省数字化社区服务平台”。上海是农民工最为集中的城市之一，针对农民工求医问药难的问题，民盟上海市委自2009年起成立上海民盟义诊志愿者服务队，为农民工提供免费的健康体检和医疗咨询服务。民盟上海市委还与基督教青年会合作以宝山区罗山会馆为基地，长期坚持为农民工及其子女进行健康教育和检查。这些举措实实在在帮助了农民工，使农民工感受到了社会的关怀与关爱。2012年1月4日，民政部出台《关于促进农民工融入城市社区的意见》（民发〔2011〕210号），明确就业、医疗、住房等社区服务项目将逐步覆盖农民工，民盟的探索走在了前面。

（三）持之以恒，务求实效

九层之台，起于垒土。社区服务工作的全局性、复杂性决定了其必然是一项长期的任务。民盟的社区服务工作探索自上世纪80年代开始，一直以来从未间断，持之以恒打造了闪亮的品牌，树立了民盟的社会形象，最重要的是取得了社区服务工作的良好实效。民盟上海市委开展社区服务工作较早，在这方面表现尤为突出。他们的“百名律师义务法律咨询”活动以十年之功获得良好社会反响，上海民盟义诊志愿者服务队三年来为农民工共开展了22次义诊，参加的医生和志愿者达200人次，就诊人数共计5000人次。民盟青岛市委在明霞路社区居委会筹办“同心社区服务站”，常态化参与社区服务，有专业的服务队伍、固定的办公场地和系统的活动计划，广泛开展信息咨询、文化传播、医疗服务、定点帮扶等社会服务活动，在全国的民主

民盟中央副主席李重庵、民盟中央副主席兼上海市委主委郑惠强考察闸北区芷江西路社区工作

党派中率先探索多方位服务社区建设的新模式。民盟江西省委会在南昌市洪西社区和恒茂华城社区建立了社区服务基地，坚持开展扶贫帮困进社区、教育文化进社区、法律咨询进社区、医疗救助进社区等方面的服务。全国环保模范、江苏退休老盟员周美恩自筹资金在徐州九里区湿地公园10年义务植树造林20亩，产生了较大社会影响。

三、民盟参与社区建设、开展社区服务工作的经验探索

（一）重视交流合作，“美美与共”促“天下大同”

社区服务的项目和内容庞大而繁杂，基本涵盖广大居民物质生活和精神生活的各个领域，服务内容已由10多项发展到200多项，因此必须依靠政府、社会、市场等多方力量，服务主体多元化，共同做好社区服务工作。民盟在社区服务工作的探索实践中，重视交流合作，践行费老“各美其美，美人之美，美美与共，天下大同”的思想精髓，以“美美与共”的合作模式，为实现“天

下大同”的和谐社会贡献力量。

1. 外部合作形式多样。民盟唐山市委与路北区联合成立“奉献在社区服务中心”。民盟上海市委推动“社区共建”平台，当前已与15个区、3个市属基层组织和社区等单位以不同的形式开展共建合作。2005年，民盟上海市杨浦区委、民盟同济大学委员会和民盟电大支部共同与杨浦区四平路街道党工委签订为期2年的“携手四平、共建和谐”文明共建协议；2010年，民盟上海市委与长宁区江苏路街道签订共建协议，建立“共建和谐”社区共建实践基地。湖南盟员孟繁英创办“孟妈妈青少年保护家园”，联合家庭、学校、社区、公、检、法、司机关等各方面力量，对思想上有困惑的青少年实施有效帮扶。

2. 盟内合作逐步深化。民盟北京市委打造“女教授进社区”品牌，为社区居民讲授文化、健康等知识。民盟上海市委协助民盟上海企业家联谊会参与闸北区共和新路街道“阳光爱巢”项目，建立民盟“烛光爱心”基金，建立起沟通联系的长效机制，为街道辖区内的智障人群提供更有针对性的特殊关怀。民盟江西省委2006年底启动社会服务三级联动的社区服务机制，已组织100多位盟员各种活动30次，组织盟员支援社区建设和贫困群众投入资金近30万元。

（二）重视人才培养，为社区建设固本培元

党中央提出，要“以相互关爱、服务社会为主题，深入开展城乡社会志愿服务活动，建立与政府服务、市场服务相衔接的社会志愿服务体系”。社区服务的长期有效开展还是要依靠志愿者，志愿者人才是社区服务和社区建设工作的“本元”动力。民盟在开展社区服务工作的同时，尤为注重对志愿者人才的培养,为社区建设工作固本培元。民盟唐山市委发挥民盟人才优势，选择社区骨干，成立了医疗卫生、健康咨询、文化艺术、家庭培训、法律咨询、就业指导等六支义务志愿者服务队。民盟西安建筑科技大学委员会以身处高校的优势，使大学生了解社会、体验民生、锻炼自我、增强社会责任感和服务社会意识,先后涌现“中国社区志愿者之星”、“中国大学生自强之星”。

（三）重视理论研究，为党和政府出谋划策

民盟在社区服务工作当中深入基层，发挥民主党派联系广泛的优势，实实在在了解和反映社会不同阶层、不同群体的愿望和要求，创新和完善收集反映社情民意机制，收集反映社区群众关注的热点、难点问题和涉及群众利益的民生问题，形成调研报告和政策建议，为党和政府出谋划策，促进相关问题的妥善解决。民盟上海市委社会服务部结合多年来开展的具体活动制定了《学习科学发展观，探索为农民工健康服务社区工作新路径新方法》调研题目并实施，为党派开展服务农民工健康以及与社区工作组织、非营利机构的合作提供基本参考模式和操作经验。民盟贵州省委以《创新社会管理与创新教育理念——让闲散青年不再闲散，让问题学生不再问题》和《基于和谐社会建设的社会管理问题思考——以贵州省为例》两篇调研报告，参与形成《贵州省各民主党派加强和创新社会管理调研论文集》送交中共贵州省委及有关部门参考决策。

民盟作为社会主义建设事业中一支重要力量，在社区服务工作方面开展了大量有益探索，有力推动了和谐社区建设，同时也拓展了民盟社会服务工作的内涵，锻炼了民盟的干部队伍，取得多赢的效果。今后的社区服务工作中，在引导培育和发展非营利性民间组织、加强基层民主政治建设、提升社区自身功能、进一步科学合理整合社区服务资源、社区文化建设等方面，民盟还将继续探索实践，围绕党和国家的工作大局，不懈努力，将社会服务工作引向深入，为和谐社会作出更多贡献。

第三篇

各省级盟组织工作总结

民盟北京市委社会服务工作十年总结

（2002—2012）

北京民盟组织始建于1946年春。现有4个区委会，6个区工委，17个基层委员会，7个总支，247个支部（小组），盟员10113人（截至2012年12月）。

社会服务工作是民盟市委的一项重要工作，是中国共产党领导下的参政党本身的进步性决定的，是民盟围绕党的中心工作发挥参政党职能决定的，是民盟树立和践行“社会主义核心价值体系”的要求决定的。中共中央曾在下发文件中明确提出：“发展是中国共产党执政兴国的第一要务，也是各民主党派参政议政的第一要务。”民盟北京市委必须牢牢把握发展这个根本任务，通过社会服务工作为我国经济与社会发展作出实实在在的贡献。

民盟北京市委坚持以科学发展观为指导，以“发挥职能，与时俱进，开创民盟社会服务工作新局面”为原则，紧密围绕民盟中央制定的社会服务工作中心和重点，坚定信心，鼓足干劲，始终坚持做到把“诚心诚意办实事、尽心竭力解难事、坚持不懈做好事”的工作目标落在实处。在社会服务工作的开展中，民盟北京市委进行了积极的尝试与探索，取得了一定的成绩，现就2002—2012年期间民盟北京市委社会服务工作的特色与亮点总结如下：

一、社会服务主要工作思路

2002年以来，民盟北京市委领导在工作中总结经验，提出社会服务工作的内容要充分做到与时俱进。凡是符合“树立与践行社会主义核心价值体系”工作的开展标准，配合党的中心任务，切实体现民盟地位和能力的，有利于人民群众的根本利益和发展先进生产力及先进文化的好事、实事，都是属于社会服务工作的范畴。因此，民盟北京市委社会服务部在近年工作开展的过程中，在拓展新的领域和空间，探索新的模式和方法方面不断加大力度，并把社会服务这一概念的内涵和外延在实践中不断丰富和发展。在工作中，社会服务部做到定位准确，切入点明晰，在党和政府与人民群众之间做好中间服务和拾遗补缺的工作，既尽力而为，又量力而行，注意发挥民盟优势、突出党派特色。

二、社会服务工作取得的主要成绩

（一）加强沟通，全力配合，积极挖掘扶持盟内资源支援首都经济建设

当前在首都经济建设工作开展的过程中我们认识到，社会转型正在引起社会经济结构的深刻变化。在单位社会转变成个体社会的过程中，盟组织应该全力做好调动盟员积极性，协调盟员资源的社会服务工作，这样才能使盟员的参与更加直接、更加有效地投入到首都经济建设中，才能使盟组织更好地服务构建和谐社会的每一个进程。因此，在认识到首都经济的发展趋势后，民盟北京市委在近年的社会服务工作中不断拓宽领域，勇挑重担，广泛地聚集盟内优秀的首都经济建设参与者，实现了发展成果的进一步收获。

为了响应中共市委统战部召开统战系统研究落实促进首都经济发展工作的号召，民盟北京市委社会服务部积极行动起来，发挥盟员优势，为服务首都经济建设出实招、做实事。民盟北京市委社会服务部向基层下发调查表，了解广大盟员现正在为首都经济社会发展作贡献的实际情况、相关工作计划以及在工作中的需求等内容。同时，社会服务部多次召开服务首都经济建设座谈会。联系走访了中科院高新技术局等单位，广泛听取盟内相关专家学者的建议，通过他们的专业优势及工作联系的广泛性，进一步整合盟内资源，将一些高端、高效、高辐射的产业介绍引进北京并能落户北京。

在工作中，不断涌现出优秀盟员和感人的先进事迹。盟员王雪莲所在的北京佳莲万达投资公司在支持首都经济发展这项工作中一直积极进取，不断

创新。目前，该公司在昌平已建成集零售百货、餐饮、电影院、大型超市为一体的“佳莲时代广场”,并与昌平区政府联合在昌平“佳莲时代广场”附近，投入2—3亿资金进行“旧村改造——昌平区二街通服桥改造项目”，为拉动地区消费打造综合平台。民生银行航天桥支行行长夏江联系部分企业家，筹集八百万资金成立爱心创业基金会，计划从冷饮餐饮工程入手，投资兴建爱心企业，打造爱心产业链条，从扶植下岗工人再就业方向为首都经济建设工作添砖加瓦。

（二）开拓思路，积极进取，实现“由村到乡”的重大突破

通过与民盟北京市委社会服务部的不懈努力，经历了的长期联合共建，北京市怀柔区长哨营乡西沟村在产业发展、乡村文明等方面有了长足的进步。在各方领导的关怀下，在各方盟员的支持下，近年来，民盟北京市委社会服务部开拓思路，积极进取，在共建村成绩斐然、效果喜人的基础上，正式联手怀柔区长哨营乡，开启了支持发展社会主义新农村建设的崭新篇章。

民盟北京市委通过科技讲座帮助长哨营乡的食用菌产业按照绿色经济标准进一步产业优化升级，帮助西沟村争取资金和技术的扶持，并协助村民组建了第一个农民专业合作经济组织——北京绿发食用菌经济合作社。合作社成立之后，农民人均收入获得喜人增长，并已形成产、供、销一条龙的经营模式，食用菌产业已成长为长哨营乡的支柱产业，合作社成为名副其实的农民致富基地。此外，民盟北京市委通过开办文化论坛，积极探索具有地方特色的满族传统文化,以全新的视角来理解和把握满族民俗文化的地位和作用，进一步挖掘开发满族文化旅游纪念品，打造以满族文化为核心的旅游风情园区，促进区域经济发展。

“党盟同心手拉手，共建特色新满乡。”民盟北京市委新农村建设实践基地在怀柔区长哨营乡正式成立，标志着民盟北京市委社会服务部开展社会主义新农村建设工作在范围上实现了由村到乡的重大突破，也为双方继续开展进一步合作写下了崭新的一页。在工作中，民盟北京市委还进一步加大了对新农村建设、满族文化及其他方面的支持力度，提出发挥文化教育界别优势，把民盟市委“女教授进社区”这个品牌讲到村镇，为村镇的农民教授文化、健康等知识，为推进长哨营乡的满族民俗文化产业和以生态环境建设为依托的社会主义新农村建设做实事，并提出在怀柔区重建民盟林，让民盟林成为民盟优良传统的教育基地。2011年，民盟北京市委在中共北京市委统战部举

2010年7月8日北京教师白山行

办的凝心聚力工程评奖中获社会服务工作创新成果奖。

（三）薪火相传，延续“烛光”，实际做好支教活动

近年来，民盟北京市委积极响应盟中央号召，将“农村教育烛光行动”作为社会服务工作的重要内容，集中人力、物力、财力，开展各种形式的培训活动，大力提升农村教师专业水平，推进城乡教育均衡发展。在实际工作开展过程中，民盟北京市委发挥盟内教育资源的优势，联合社会上的资源，共同完成加强农村教师队伍建设，巩固提高我国农村义务教育质量、缩小城乡教育差距的关键任务，受到了民盟中央领导的高度重视。

民盟北京市委多次组织志愿教师赴内蒙古自治区、甘肃省陇南地震灾区及吉林省白山市江源县等地开展“农村教育烛光行动”。数十位中小学各学科教师积极参与培训。培训活动提高了贫困地区、灾区农村教师的教学水平，帮助他们学习和掌握新课程背景下课堂教学的内容、方式和策略，学习了发达地区先进的教育理念，促进教师教学方式与学生学习方式的转变，进而提高了当地学校的教学质量。

此外，民盟北京市委基层委员会的盟员们利用假期前往北京市周边偏远山区，为那里的孩子们送去图书和关爱；民盟市委和各区委区工委与当地教委联络，寻找

地区薄弱学校并促成他们与优秀中学结成对子，将优秀的教学理念和先进的教学方法传授给薄弱学校的教职员工，实现教育资源的良性整合，并带领北京地区的优秀教师远赴外省交流先进的教学经验。

（四）重视细节，完善服务，全方位提高帮教工作层次和高度

社会帮教，就是通过社会教育资源的整合，来实现教育改造的个别化、社会化和科学化，是监管改造机关普遍采用的一种行之有效的基本教育手段。开展帮教工作，是民盟各级组织发挥优势，拓展社会服务工作的有效尝试。2002 年以来，民盟市委社会服务部针对当前监狱社会帮教工作还存在着的一些不足之处，例如社会和监狱在社会帮教工作上的思想认识不高、重视不够；社会帮教面窄，帮教形式单一以及社会帮教活动次数少、流于形式等问题进行了分析和探讨。在之后的工作中，社会服务部始终关注改善和突破，不断细化活动内容，完善活动环节，提高参与活动专家的层次，拓展社会宣传手段，吸引各方对活动产生更为广泛的关注。最终通

民盟北京市委、北京市劳教局共建青少年法制教育基地

民盟北京市委赴天津柳林监狱开办首都形势政策教育专家讲堂

过一系列活动的开展对社会服务工作中的帮教环节实施了改进和拓展，将帮教工作推向了一个全新的层次。

民盟中央和民盟北京市委多次组织盟员医卫专家赴延庆监狱开展义诊活动。在活动进行的过程中，不断呈现出参与活动的领导及专家层次高，就诊病人数量多，医治诊疗力度大，社会影响范围广等各种优势特色，全面提升了帮教工作的品质和效益。此外，民盟市委还与北京监狱局清河分局联合开展了慰问干警文艺演出及针对刑满释放人员去向咨询工作的首都形势教育大讲堂等活动。这些活动作为民盟帮教工作的具体实践，是民盟社会服务工作的一项重要内容，是民盟对构建社会主义和谐社会的具体贡献，也体现了民盟对国家司法建设和进步的实际支持。

（五）达成共识，齐心协力，科学合理地开展与社会力量的深度合作

社会服务工作是民盟盟员履行参政党职责的重要方式。广大盟员参与到社会服务工作中的积极性、广泛性和长期性是做好社会服务工作的动力和源泉。社会服务工作的主要目标就是把民盟盟员的政治参与、积极性以及广泛的社会资源吸纳到体制中来，通过各种形式活动的开展，

整合各阶层盟员的强大动能，奉献社会，回报社会。

由民盟北京市委、北京市雍和宫管理处及上海增爱基金联合举办的医疗下乡工作已连续开展数年。民盟北京市委盟内各医卫专家组成专家小组，数度不畏困难，赴内蒙古自治区赤峰市翁特牛旗等地开展义诊送药活动。经不完全统计，近年来的义诊活动，共有近百人次的专家出诊，共接待问诊病人万余人，免费发放各类药品价值近 60 万元。该项活动在民盟市委领导的关怀下和社会服务部工作人员的努力下，在北京雍和宫管理处和盟员刘淑东的积极联系下，增爱基金会与民盟市委签订协议，正式成为民盟北京市委社会服务部医疗教育下乡活动的出资方，三方齐心协力，将把此项活动建立成为有社会支持的长效社会服务活动。

（六）凝心聚力，创先争优，全心全意支持贫困地区建设

近年来，民盟北京市委响应中共市委统战部号召，发挥自身优势，积极参与毕节试验区建设。

民盟北京市委多次联合北京各大医院组织专家赴贵州毕节地区医院进行帮扶考察，开展各类医疗服务及捐助活动，数千困难群众获益。并积极发挥民主党派人才荟萃、联系广泛的特点，与社会各界形成合力，为毕节实验区建言献策。

近年云贵川地区旱情突显，毕节地区受灾严重，盟市委多次联系中国农业大学，北京农学院盟员，并邀请盟外专家召开毕节地区旱情整治工作研讨会。会上不仅提出了对旱情的应急措施及长期措施，更对水资源开发利用，粮食作物和经济作物的选择以及种植方法的改良等方面提出了宝贵意见和建议。盟中央、盟市委和中国农业大学统战部合作，组成盟内盟外农业专家赴毕节市调研，并根据毕节市委、市政府要求，编制农业发展规划及项目库，目前该项工作已基本完成。此外，盟市委响应中央统战部号召，组织盟员积极投身到捐建“同心水窖”的工作中，截至近期共捐款 21 万余元。

今后，民盟北京市委还将继续探索帮扶毕节试验区建设的新方法、新举措，严格践行社会主义核心价值体系，更好地形成一个以智力为基础的服务体系，为实现毕节试验区的快速发展和美好前景作出应有的贡献。

三、开展社会服务工作的心得体会

中国民主同盟作为中国共产党的亲密友党，其根本任务就是要协助中国共产党把中国的事情办好。在当前构建社会主义和谐社会的进程中，作为参

政党的五项职能之一的社会服务工作居于越来越重要的地位。

多年来的社会服务工作实践使我们深刻体会到：社会服务是参政党履行职能的重要内容，是民盟的一项重要事业。民盟具有关注社会民生的光荣传统，广泛深入开展各种社会服务工作是关注社会民生的最好体现。社会服务工作是树立民盟形象，扩大民盟的社会影响，以及团结和动员广大盟员发挥参政党作用的重要途径，一些重要的建言献策，通过我们社会服务的实践，才能产生良好的社会效果。

通过开展社会服务工作，积极组织盟员参与社会服务工作，我们感受到，社会服务不仅仅服务了社会，促进了社会和谐，同时也是加强民盟组织建设，盟员进行自我教育的极好方式。盟员们通过深入农村，义诊扶贫，捐资助学，投身慈善，慰问孤老，迎奥运进社区，“请进来，走出去”等多种活动，使他们深入了社会，了解了社会，考察了社会，从而提高了盟员的政治意识，增强了政治责任感和社会责任感，更加坚定了走中国特色社会主义道路的共同信念。在社会服务工作中，民盟北京市委摸索出“坚持紧紧依靠广大盟员，为盟员搭建平台，创造机会，工作中要坚持深入基层组织，与基层组织合作，共担工作，共享成果”的工作心得，并已经逐步形成一支有热心、有实力、业务精、讲奉献的盟员组成的社会服务队伍。

民盟北京市委社会服务部门在今后开展工作的过程中会坚持做好以下几个方面：要坚持为首都经济建设和构建社会主义和谐社会多做好事和实事；要继续积极参与市委统战部组织八个党派共同建设社会主义新农村的活动；继续参与首都的慈善事业，积极倡导和动员广大盟员关心慈善事业发展。积极响应并参与民盟中央在全盟推动的“农村教育烛光行动”，为提高农村教师素质和农村教育水平做好事、做实事；继续与怀柔区长哨营乡西沟满族村党支部合作，做好、做实“党盟携手，共建社会主义新农村”活动，把它作为民盟市委参与新农村建设的试验田，为村政建设、产业发展、医疗保障等方面作出应有的贡献。继续为构建和谐社区服务，关心机关所在地的弱势群体，给他们提供力所能及的帮助。配合机关的整体工作，举办好重大节日的纪念和慰问有关单位演出活动。

新时期、新阶段，民盟的社会服务工作要迎接新挑战，开拓新领域，探索新思路，开创新局面。要始终把社会服务放在履行参政党职能的高度来认识和实施。作为参政党的社会服务，要结合参政议政，在认识上和行动上跟进执政党执政理念的提升，还要研究和适应经济社会深刻变化的背景，在做好事、做实事的过程中，要实践、探索符合中国国情的社会管理、社会建设的机制和模式。

今后，民盟北京市委还将继续探索社会服务的新方法、新举措，严格践行社会主义核心价值体系，更好更自觉地在中共领导下、合作中找出一条发展道路，形成一个以智力为基础的社会服务体系，目的在于贯彻我们在中共领导下为国家，为社会，为民生做好事、做实事的主张。为夺取全面建设小康社会新胜利、开创中国特色社会主义事业新局面作出新的贡献。

天津市

民盟天津市委社会服务工作十年总结

(2002—2012)

天津民盟组织始建于1950年2月。现有7个区委会，3个区工委，12个基层委员会，4个总支，146个支部（小组），盟员4720人（截至2012年12月）。

2002年以来，民盟天津市委员会在中共天津市委和民盟中央的领导下，坚持落实科学发展观，以促进构建社会主义和谐社会为目标，紧紧围绕天津市的中心工作，充分发挥自身优势，本着“做好事、做实事”的原则，努力推进社会服务工作。民盟天津市委认真贯彻落实民盟中央社会服务工作有关会议精神，坚持以“农村教育烛光行动”、“监狱帮教”、“社区服务”等为工作重点，结合自身实际，积极拓宽思路，充分调动广大盟员的智慧和力量，扎实推进社会服务工作稳步、有效开展。

一、不断拓展工作层面，开展“农村教育烛光行动”

十年来，民盟天津市委会先后在蓟县、大港和河北省开展“农村教育烛光行动”，培训农村中学校长和教师活动5次，人数达500余人；捐款共计四万余元；捐赠电脑150余台、新图书700余册、各种桌椅400余套和其他价值约三万元的学习用品。

2004年，民盟市委会提出了“开展扶贫助学献爱

蓟县『农村教育烛光行动』启动仪式

心活动”的建议，在各基层组织的积极响应和广大盟员的热情支持下，收到了1548名盟员的捐款三万余元。此款用于帮助华严寺中学30名特困学生交纳3年的学杂费。

2007年4月，民盟市委会社会服务部与民盟南开区委、天津福星公司在蓟县五百户镇青池中心小学开展“捐资助教献爱心”活动，向小学的10名贫困生和10名优秀生捐赠了学习书籍和现金共计4000元，并向学校捐赠了1000元现金用于购买办公用品。

2007年10月，组织天津一中、南开中学、天津外院附校等8所学校的10余位盟内外特级、高级教师，赴蓟县城关四中，开展了以“农村教育烛光行动”为主题的培训活动。蓟县城区、山区的300余名骨干教师参加了活动。

2007年11月，组织16名盟内优秀中学教师前往蓟县五百户镇华严寺中学开展了以“农村教育烛光行动”为主题的支教培训活动。来自华严寺中学和九百户中学的90余名山区初中教师参加了活动。活动结束后，还向华严寺中学捐赠了5000元。

2008年5月，组织教研室二位盟员，分别为大港太平镇和港西街辖内六所学校的70余名数学和物理教师进行了专题讲座。

2009年3月，与民盟大港区委会联合组成民盟“烛光行动”工作小组，组织天津市一所重点中学副校长和一名高级教师两位盟员赴大港区太平二中举办了同科教师课程点评和教学管理工作经验交流活动。来自太平镇、港西街协作片6所中学的校长、教务主任及九年级理科教师70多人参加。

2009年10月，民盟市委会安排专车两赴蓟县，将美国科技教育协会（ESS）捐赠的每所学校价值人民币4000元的图书和民盟和平区委等单位募捐的为蓟县九百户中学和小学捐赠课桌椅360套，电脑60台，电脑桌15张，教师讲桌6张，记录椅65把，电视机5台，乒乓球台1张等送到了蓟县九百户两所学校。

2010年6月，联合民盟承德市委举办向承德双庙小学奉献爱心民盟“烛光行动”捐助仪式活动。盟市委经过努力协调积极联系，南开大学化学院为学校配置了数十台替换电脑，天津市南开区工商联光彩基金会出资近15000元，为该校每位学生购置了一份学习文具。

2010年8月，在大港开展了为期三天的“烛光行动”。新东方教育科技集团的4位英语专业培训师对大港中小学英语骨干教师义务进行培训。培训分为小学英语骨干教师班和中学英语骨干教师班（共100余人）。

2011年7月，民盟天津市委与河北省盟联系，民盟天津滨海新区委员会经过一个多月的筹备，将63台计算机和2台背投电视送往河北省承德市兴隆县，为当地一所山区学校装备计算机房。

二、开创“监狱帮教”工作新局面，为构建和谐社会作贡献

十年来，民盟天津市委会先后在市女子监狱、河西监狱、津西监狱开展创业培训、辅导咨询活动，350余名服刑人员受益。监狱干警及服刑人员近2000人观看了在西青监狱举办的文艺演出。

从2006年2月开始，民盟天津市委与市司法局、监狱管理局市劳动局就业训练中心有关领导多次进行联系和协商，研究在监狱开展创业培训工作的可行性。2006年11月，经过大量协调工作后，民盟天津市委与市司法局、市监狱局、市妇联和市劳动局在天津市女子监狱举行了为即将刑满释放人员

创业培训的开班仪式，也为报名参加培训的 46 名学员进一步做了动员，民盟中央李重庵副主席应邀出席参加。2007 年 3 月份，民盟市委会社会服务部与市妇联妇女创业中心合作，由盟内专家为市女子监狱 46 名学员每周进行两天的授课。这次培训是经过市劳动局严格审批的，即将刑满释放的女服刑人员出狱后，想创业若缺少资金，凭两证，即失业证和创业培训证，天津市妇联妇女创业中心可为其提供小额贷款，对不能实现创业的学员将努力提供就业服务，帮助她们实现自谋生路。

2008—2009 年，在天津河西监狱、津西监狱分别举办走进大墙法律义务咨询活动，接受辅导和咨询的服刑人员共 300 余人。

2011 年 10 月，联合师范大学、音乐学院盟组织，邀请师大学前教育学院师生、盟内部分艺术家和特别邀请的著名演员，赴西青监狱，为监狱干警和 1800 余名服刑人员带来一场精彩纷呈的文艺演出。

民盟天津市委组织艺术家到西青监狱文艺演出

2011年3月，组织盟内部分市人大代表、政协委员赴天津市预审监所管理总队调研。根据考察的实际情况，撰写了《关于进一步加强和改善我市公安预审监所管理的建议》的信息并上报市政协，得到市领导批示。在市政府的协调下，所提四点建议“进一步推进‘大所制’建设，提高被监管人员医疗保障水平和给养费标准，缓解监管民警工作压力，改善市看守所周边环境”全部得到解决和落实。

三、突出主题，努力做好“社区服务”工作

2008年6月，在新港街社区广场举办“迎奥运健身进社区”活动。在启动仪式上，向塘沽区新港街道赠送了柔力球拍和教学光盘、磁带。活动中，10位来自市太极柔力球俱乐部的专业教练为领导和近三百位社区居民进行了精彩的柔力球运动表演展示，并现场指导大家练习。

2011年7月，民盟天津市委与红桥区政府合作框架协议签字仪式在红桥区政府举行，双方将就此进行紧密合作，共同推进全区中小型企业向科技型、创新型、环保型的转变，提升红桥区整体实力。

组织盟内艺术家于2007年、2010年和2012年分别在北辰武警六支队、滨海新区武警五支队和滨海新区

北塘古镇炮台广场举办大型慰问演出活动。盟内艺术家为武警官兵和北塘一线建设者献上了男女声独唱、舞蹈、萨克斯独奏、河北梆子和相声等丰富多彩的节目。

2009 年以来，组织医科大学盟员专家教授及部分医务工作者 50 余人次先后到塘沽区新港街社区、胡家园乡、北辰双口镇双口三村开展义务医疗咨询服务活动，并免费发放部分常用药品，累计 400 名社区居民受益。

2009 年以来，与民盟河东区委合作，连续 4 年举办高考前义务辅导咨询活动，形成了一个社区服务工作品牌。咨询老师就考前心理调节、如何提高复习效率、提高答题技巧等方面进行了深入浅出的讲解，并结合学生实际点拨难点，帮助考生解决学习中的困难，提高备考能力，轻松应对高考，受到考生和家长的高度赞扬。

四、促进新农村建设，认真组织大型智力咨询活动

2005 年 5 月，组织由盟内外 53 名专家、学者和教师组成的专家团，在俞海潮主委的带领下，于天津第十九届科技周期间，赴蓟县府君山广场开展大型义务咨询活动。咨询活动受到当地群众的热烈欢迎，受益者达 2000 余人，《天津日报》对此活动进行了报道。

2006 年 7 月，组织盟内外专家、学者和教师 30 余

人到天津市津南区开展以“智力服务津南”为主题的专业技术指导服务活动。专家组成员分为教育、水产、园艺、卫生4个组分别在咸水沽一中、津南区畜牧水产局、益华里小区和咸水沽医院等地进行了讲座和专业技术指导，来自津南区科技、教育和卫生等系统的600余位专业人员和众多当地群众参加了活动。

五、积极响应盟中央号召，支持毕节生态区建设

发动广大盟员力量，为贵州毕节捐款共计近28万元，捐赠衣物共计1100余件。

2008年1月，贵州发生严重低温灾害。上小河村是民盟中央和民盟贵州省委定点帮扶的贫困村，民盟在这个村帮助发展的蔬菜种植和莱茵鹅养殖项目受灾害影响损失惨重。在盟市委的号召下，全市各基层盟组织及广大盟员心系灾区、倾力解囊，捐款总额共计3万余元，捐赠衣物共计1100余件，帮助上小河村灾后重建，恢复蔬菜种植和莱茵鹅养殖项目。

2010年，为解决贵州省毕节地区饮水难问题，中共中央统战部不久前召开会议，号召各民主党派开展为毕节地区献爱心活动，帮助当地建小水窖。各基层组织积极响应、迅速组织所属基层盟员踊跃捐款，共计196550元。

2011年12月，按照民盟中央毕节试验区建设研讨会精神，民盟天津市委出资5万元帮助毕节市梨树镇上小河村建设十个钢架大棚，扩大草莓种植面积。

六、为灾区人民踊跃捐款捐物，支援灾区重建

2008年5月12日，四川汶川发生大地震。5月14日，盟市委发出通知，决定在全市广大盟员中开展向四川地震灾区人民献爱心捐款活动。基层组织迅速组织所属盟员踊跃捐款。在一周时间内共向盟市委送交捐款近20万元。据不完全统计，各级盟组织和广大盟员还通过所在单位、红十字会、民政部门等单位捐献款物合人民币达135万余元。

2010年4月14日上午7时49分许，青海省玉树藏族自治州玉树县发生7.1级强烈地震，全市盟员以“爱心盟费”等方式纷纷慷慨解囊，奉献爱心。民盟市委共收到全市盟员捐款17万元。

七、几点工作体会

社会服务工作是民盟履行参政党职能的重要体现，是参政议政的重要基础。民盟天津市委在开展社会服务活动中，注重体现民盟的政党属性，按照民盟中央的部署要求和天津进一步加快滨海新区开发开放，实现全市科学发展、和谐发展、率先发展的中心任务，在服务大局上下功夫，在突出特色上下功夫，在提高服务水平上下功夫，积极促进工作深入开展，取得了一些实实在在的成效。主要体会如下：

（一）领导重视和参与是开展好社会服务工作的有力保证

进入新世纪以来，民盟天津市委领导班子高度重视社会服务工作，每年制定工作计划时都对社会服务工作提出指导性意见，使具体工作部门方向明确，特别是专职副主委亲自参与重要活动的组织和落实，并在工作遇到困难时及时帮助协调解决，保证了活动得以顺利开展。

（二）依托民盟自身界别特色，发挥智力资源优势

根据天津发展形势，在天津滨海新区开发开放被纳入到国家总体发展战略后，我们把民盟社会服务工作与为促进天津又好又快发展和滨海新区建设紧密结合起来，作为履行参政党职能的重要组成部分。在保持与蓟县山区开展支教活动的同时，又开辟了在大港区太平镇开展烛光行动的工作点。从盟员队伍的人才优势着眼，整合力量，量力而行，找准切入点，举办针对教师的展示课、评课和针对校长、教务主任的教学管理论坛，受到大港区政府、区教育局和太平镇政府的重视和肯定。

（三）把社会服务工作与参政议政工作结合起来

社会服务是参政议政的重要基础，在社会服务工作中，盟员可以发现一些具有全局性、代表性的问题，通过调查研究，作为参政议政的素材。在参政议政工作的调研过程中，又可以找准社会服务工作的切入点、发现社会服务工作的创新点。两者紧密联系、相辅相成。例如，民盟天津市委组织盟内部分市人大代表、政协委员赴天津市预审监所管理总队考察，撰写了《关于进一步加强和改善我市公安预审监所管理的建议》的信息并上报市政协，得到市领导批示。在市政府的协调下，所提四点建议全部得到解决和落实。

（四）不断总结经验，探索创新，提高社会服务工作的水平和实效

“农村教育烛光行动”，是民盟履行参政党职能的重要体现，也是民盟社会服务工作的一个重要平台。近年来，在做好本市乡村助学支教活动的同时，

积极探索与兄弟省市盟组织联合开展“烛光行动”活动。与河北省盟联系，为承德和兴隆的山区学校带去了急需的教学设备，形成区域性工作网络，实现优势互补，更好地发挥民盟优势和优良传统，为社会多做实事、多做好事。

（五）建立社会服务工作的长效机制，扩大社会服务的影响，提高社会效应

例如，在河东区举办的高考咨询活动中，我们邀请了盟内市直属重点中学的高级教师和特级教师，已经连续举办了四年，形成社区服务的品牌，受到了学生和家长的好评，扩大了民盟的社会影响，其他基层盟组织也积极开展此类活动，使社会服务工作真正做到长期坚持、特色鲜明、成效显著。

（六）调动基层盟组织和广大盟员的积极性和力量，为做好社会服务工作提供重要的支持

注重发挥广大盟员的聪明才智和专业特长，为他们搭建体现自身价值的舞台。在活动中将盟员聚集在一起，注重相互沟通交流，增进盟组织与盟员之间的相互了解，提高盟员之间的感情，增强了盟的凝聚力和活力。注重发挥基层组织的积极性，注重整合整体的力量，在共同开展活动与做好事、做实事中，也加强了民盟天津市委与基层组织和盟员的联系，丰富了盟务活动的内容和形式。

加强组织指导　重点突出特色

——民盟河北省委社会服务工作十年总结（2002–2012）

河北民盟组织始建于1958年10月。现有11个地市级委员会，1个区县级委员会，12个基层委员会，17个总支，176个支部（小组），盟员6348人（截至2012年12月）。

民盟河北省委按照上级指示精神和工作部署，本着“发挥优势，突出重点，注重实效，持之以恒”的方针，加强对全省社会服务工作的指导和支持，充分发挥智力优势，挖掘潜力，突出特色工作。十年来，民盟河北省委因为在邢台市广宗县的新农村建设帮扶工作中成绩突出，多次受到各级党委政府的通报嘉奖；在2004年、2005—2006年、2007—2011年盟中央的年终评选中，民盟河北省委的社会服务工作连续荣获“社会服务工作先进集体”表彰。

一、参与新农村建设工作

我省开展的新农村建设工作对象为定点扶贫村、山区贫困地区的生活困难群众，以智力帮扶为主，资金项目支持为辅，通过“三下乡”活动、“烛光行动”、访贫问苦等形式，提高群众的生活质量和幸福指数。

（一）做好实事，广宗帮扶续写新篇

今年是民盟帮扶广宗的第21年，民盟中央历任领

导沿着费孝通先生足迹，全力助推广宗县经济社会发展。全国人大常委会副委员长、民盟中央主席蒋树声，全国政协副主席、民盟中央第一副主席张梅颖，全国人大常委、民盟中央副主席李重庵先后多次到广宗考察调研，为广宗发展出谋划策，解决实际困难。

近年来，我们在广宗的帮扶工作主要有三个方面：一是发展特色农业。我们先后帮扶建设棉花种植基地、五里庄村大棚蔬菜基地等特色农业示范基地。盟省委协调10余个大中专院校盟内外专家，在种植、养殖、管理等方面开展对5000余名村干部和农民技术骨干的培训；提供优良品种、打井修路、对水质土壤进行分类检测等改善农业基础条件方面的工作；二是扶持新的经济增长点。我们组织学者、企业家到广宗就产业升级、劳动力转移等方面作调研，帮助当地制定发展规划，扶持发展了赵家庄村的木材加工企业、康隆牧业饲料加工技术项目；三是关注民生。2009年，民盟中央蒋主席协调资金建设五里庄村小学和赵寨村光汇烛光学校，盟省

2009年5月，全国人大常委会副委员长、民盟中央主席蒋树声（中）考察广宗中学。民盟中央副主席李重庵（左三），河北省副省长、民盟河北省委主委龙庄伟（右一）陪同

委全程参与学校的选址、建设以及后期电教室、图书室等配套设施和师资队伍培训等工作，盟省委领导还协调700余万元的专项资金支持广宗县的教育发展。我们联系民盟北京市委邀请医疗专家和优秀教师到广宗开展活动；协调北京市盟员在广宗设立奖教奖学基金。除了教育以外，还开展盟内外专家义诊咨询、春节慰问等活动。

（二）形式内容丰富，“三下乡”工作卓有成效

为加强组织领导，资源互补，实现全省“三下乡”工作的联动，盟省委于2004年统筹组织全省（省直工委、11个市级组织）建立包括教育、农业科技、文化和医疗卫生等社会服务工作队18支，工作队成员178人。2010年，我们又根据民盟现阶段社会服务重点工作和近年来各地盟员变化情况，对全省社会服务工作队的组成机构和人员配置进行调整。调整后的工作队下设教育工作队、农业科技工作队、法律工作队、文化艺术工作队、医疗卫生工作队等，每个工作队按层次、专业类别下设工作组，成员增加至245人。

2009年1月13日，河北省政协副秘书长、民盟河北省委副主委鲁平，盟省委社会服务部部长孙建国一行，在广宗县领导陪同下，赴盟省委定点扶贫村——广宗县冯寨乡高三周村开展春节送温暖活动

在盟省委的指导下，全省各地盟组织以社会服务工作队为主体积极开展以科技、文化、医疗卫生为主的“三下乡”新农村建设活动180余次，赠送科技资料万余份，科技培训1万余人次；义诊群众1.5万余人次，培训医护人员1500余人，赠送药品、图书、慰问品价值50余万元。

民盟邯郸市委在基层支部和盟员中开展“积极投身新农村建设”倡议活动，为帮扶村举办“旅游论坛”、“村镇发展论坛”；组织农业社会服务工作队帮助农户成立蔬菜生产农业合作社，建立节水灌溉蔬菜示范大棚，规划农业生态园，启动农业技术“阳光培训工程”；设计建立了费孝通与王同惠传奇轶事陈列馆，帮助建设村民文化广场，开展文艺演出。

民盟石家庄市委组织医疗工作队200余人次的医疗专家多次赴栾城、赵县、鹿泉、赞皇等贫困地区开展义诊活动。

民盟保定市委、民盟沧州市委组织农业工作队多次开展农业科技帮扶工作。民盟秦皇岛市委根据地域优势，为渔民开展水产知识讲座，为船员开展职务证书培训工作。

民盟衡水市委利用盟内书画界人才济济的优势，组织文化工作队常年开展文化下乡、文化拥军、书画义卖、救助弃残孤儿等活动。

（三）加强统筹指导，“烛光行动”全面开展

2007年盟中央发出开展“农村教育烛光行动”的倡议后，盟省委精心组织，周密部署，工作主要体现在以下三个方面：

一是加强领导，建立机制。盟省委于2008年成立了“烛光行动”专家组，专家组负责组织、指导全省活动开展，参与开展“烛光行动”有关课题研讨，协助本地盟组织组织实施“烛光行动”等。组长由盟省委副主委担任，成员由河北省11个市级组织推荐的盟员中小学教育工作者代表组成，包括基层的任课教师、教研室主任、校领导、教育局领导等优秀教育代表人士。按照盟省委要求，民盟各市委也相应成立了“农村教育烛光行动”领导小组和专家组，专家组按照学科细分小组，明确专人负责，并确定开展活动的联系学校。

二是把握要点，力求实效。“烛光行动”的工作重点是师资培训，方向是提高农村教育水平和教学质量，目的是让农村的孩子享受到良好的教育。盟省委在工作初期组织专家组成员到各地开展示范课交流活动，引导支持各市全面开展活动。在我们的组织发动下，2008年底各市级组织全部开展了“烛光行动”，目前全省建立长期合作的“烛光行动”定点联系学校16所，开展“烛

光行动”80余次，培训教师6000余人次，捐赠电脑、教学用具等价值400余万元。活动方式有示范课交流培训、建立手拉手帮扶学校、教学工作交流（中考、高考毕业班教学、新课改、学校管理等）、捐赠等。三是不断总结经验，形成长期工作思路。

我省的“烛光行动”在不断调整、补充和完善中前行，目前各地已经组建了长期工作队伍。在发动盟内教育工作队的同时，新东方学校、北京四中网校、石家庄九中、唐山一中等学校也成为了“烛光行动”活动的主要力量，我们还组建了光明之路演讲团在全省开展“感恩教育进校园”等传统教育活动，发动盟员企业家投入到活动中，省直盟员刘素军为邯郸成安、石家庄平山、邢台广宗、贵州毕节等地开展“烛光行动”活动捐赠了270余万元的教学物资。

民盟唐山市委坚持开展与贫困地区学校“手拉手”教育帮扶活动20余次，捐赠各类物资价值20余万元，组建了盟内外专家在内的百余人支教队伍。建立拉手关系学校4所，建立关系时间最长的新集中学已经联系10年。2009年民盟中央副主席李重庵到唐山调研该市开展的“烛光行动”。民盟秦皇岛市委组建成立民盟河北省委“光明之路”演讲团，在石家庄、保定、秦皇岛等地的各类学校开展了14场“让爱点亮人生”大型校园巡回演讲活动，参加师生3万余人。

在各级领导的关心和支持下，在盟组织和广大盟员的努力下，我省的“烛光行动”取得了较好的成绩。盟省委和民盟唐山市委分别在武汉、福州的民盟社会服务工作研讨会上做大会发言，介绍开展“烛光行动”活动的经验和做法。

（四）促和谐送爱心，监狱帮教不断深入

我们一直把开展监狱帮教作为民盟参与和谐社会建设的重要工作。2007年以来，盟省委先后到承德市监狱、承德上板城监狱、唐山市省第一劳教所、石家庄女子监狱调研并开展活动，重点联系民盟承德市委对承德市上板城监狱开展帮教工作。一是联系文艺界盟员到监狱开展了4场大型演出活动；二是配合监狱开展以政治思想、品德、技能和文化教育为主的“三课教育”。邀请专家到监狱讲解当前社会形势和党的方针政策，作思想教育报告、开展心理辅导、组织“光明之路”演讲团开展“感恩教育演讲进监狱”活动等；联系河北民族师范学院在监狱成立“烛光学校”，由该校委派讲师针对服刑人员开设法律、道德、文化和职业技术教育课，对即将释放人员开展技术培

2009年7月19日，民盟河北省委『农村教育烛光行动』教学交流活动在秦皇岛展开

训班；三是帮助困难服刑人员及子女。协调盟内外爱心人士向困难服刑人员家庭捐款，盟员申学东创办的光明爱心孤儿院全额资助了4名在押服刑人员子女，免费学习、食宿，完成九年制义务教育。

（五）携手共建文明社区，社区服务逐步展开

我们一直号召和推动我省经济发达地区和省会城市开展社区服务工作。全省共开展社区服务活动40余次，内容涉及义诊咨询、法律援助、文化演出、访贫问苦等，服务社区人员4500人次。

民盟唐山市委与路北区开展结对共建，联合建立了“奉献在社区服务中心”，发挥民盟人才优势，选择社区骨干，成立了医疗卫生、健康咨询、文化艺术、家庭培训、法律咨询、就业指导等六支义务志愿者服务队，分别开展文艺演出、义诊、“科学发展进家庭、绿色生活通社区”等活动；在路南区慰问困难家庭、为贫困户捐款；组织医学专家赴路北区富强楼社区、鹭港社区、草场街社区

2009年9月，民盟中央、民盟河北省委到承德上板城监狱开展帮教工作

开展社区健康知识讲座和义诊。

民盟廊坊市委坚持开展健康生活进社区大型义诊咨询活动，在广播电台开展医学科普知识讲座，还多次到市内多个小区为群众提供义诊和咨询。民盟张家口市委和民盟沧州市委组织盟员积极开展社会普法和法律讲座进社区活动，为社区群众开展法律知识专题讲座和法律援助。

二、几点体会

（一）领导重视是做好社会服务工作的前提

盟省委、盟市委领导高度重视社会服务工作，亲自参与，精心指导，形成了“主委亲自挂帅，副主委各司其职，部门负责落实”的工作机制。盟的各级领导不仅亲自参加社会服务活动，在人、财、物等方面给予保障，为开展活动亲自协调社会关系，还利用所联系的社会资源推动工作开展，做了大量工作。

（二）组建队伍是做好社会服务工作的保障

盟组织的群体优势和智力优势是我们开展社会服务工作的最大优势，加强与民盟各市委的合作，建设一支高素质的专业队伍，整合力量，集中优势，是做好社会服务工作的有力保障。

我们在每项工作中都注重队伍建设，社会服务工作队、烛光行动专家组、感恩教育演讲团等等，都是在工作开展初期就建立，在工作中不断完善发展起来并发挥了重要作用的。

（三）制度建设是做好社会服务工作的保证

我省的社会服务工作制度主要有会议讲评制度、责任落实制度和评比考核制度等。会议讲评制度指定期召开的前期主委会、专项工作研讨会、工作部署传达会，中期的协调调度会和后期的经验总结会、表彰会等。例如我们召开的全省（承德、唐山）监狱帮教、社区服务观摩会、新农村建设和“烛光行动”研讨会以及每届开展的评先选优会议。责任落实制度是每项工作要求有领导负责，专人落实。例如社会服务工作各市由主委或副主委牵头，社会服务部负责人落实，工作队、专委会或支部具体实施。考核评比制度指以工作实效和成绩为标准，采取向上级推荐或本级评选先进集体、先进个人以及工作经费、优势力量支持等激励手段。

（四）重点突出特色是做好社会服务工作的有效途径

在近几年的社会服务工作中，我们对所有市级盟组织的总体要求是：烛光行动是民盟的传统所在，都要开展此项工作；新农村建设要结合实际情况，有选择地参与；帮教工作在有条件的盟组织展开；进社区工作在经济较为发达的市进行探索。每个市级盟组织要选择 1—2 项既能发挥优势又能符合当地实际，做得了也能做得好的工作，争创“品牌”工作。

目前，各市级组织、省直工委已经全部开展“烛光行动”。石家庄、保定、秦皇岛、唐山等市一直坚持不懈并形成了良好态势；新农村建设主要在邯郸、保定等市开展；帮教工作主要在承德开展，石家庄正在积极探索；进社区工作主要在唐山、廊坊开展；邢台多年来一直参与广宗帮扶，张家口、沧州、衡水始终坚持开展“三下乡”活动。民盟唐山市委的社会服务活动多次被评为唐山市学雷锋十佳，荣获“全国各党派、工商联、无党派人士为全面建设小康社会作贡献先进集体”和民盟中央授予的“全国社会服务工作先进集体”称号。

大力开展同心活动　认真抓好品牌工程

——民盟山西省委社会服务工作十年总结（2002–2012）

山西民盟组织始建于1947年9月。现有11个地市级委员会，4个区县级委员会，8个基层委员会，15个总支，209个支部（小组），盟员8027人（截至2012年12月）。

社会服务工作是发挥民盟人才荟萃、智力密集的优势，为改革开放和经济建设服务的重要手段，也是促进民盟搞好参政议政、加强自身建设的社会实践形式。

民盟山西省委自2002年以来，积极响应盟中央的号召，认真开展"农村教育烛光行动"和帮教工作，积极探索，勇于实践，认真抓好全盟的这两个品牌工程，全面地、开创性地开展社会服务工作，为山西省的转型发展、跨越发展作出了应有的贡献。下面就民盟山西省委同心活动、认真抓好品牌工程的主要工作情况、做法和体会做一简要汇报：

一、"农村教育烛光行动"和兴学助学活动

2007年7月21日，民盟中央下发了《民盟中央关于开展"农村教育烛光行动"的意见》，针对我国农村基础教育办学条件已总体改善，农村义务教育经费保障机制也已建立，但农村师资力量还相对薄弱的现状，决定要延续和发扬民盟积极支持农村教育发展的传统、发

挥民盟的教育优势，开展旨在提高农村教师素质和农村教育水平的“农村教育烛光行动”。民盟山西省委积极响应民盟中央号召，加强领导，精心组织，将“农村教育烛光行动”作为社会服务的重点，做了大量工作。

2010 年 8 月，民盟山西省委组织全省 11 个市的 40 名盟员教师参加了由盟中央和新东方集团联合举办的“农村骨干英语教师培训班”为期 5 天的培训，圆满完成了任务。2012 年 8 月，民盟山西省委参与了由盟中央和新东方科教集团共同发起的“烛光行动——新东方教师社会责任行”，并委托民盟太原市委承办，为太原市娄烦县培训初高中英语教师 80 多名。

民盟太原师范学院先后在吕梁市、临汾市、晋中市、朔州市等山区小学，开展语文、音乐、体育等教学示范课 11 场，为山区小学捐赠图书及教学器材，价值 5 万余元；民盟山西师范大学委员会联系中国语文报社、中小学英语报社，通过函授咨询等方式，为农村中小学捐赠教育期刊 4000 余册；民盟大同市委成立了农村中小学教学与师资培训讲师团，两年来在阳高一中、广灵一中等地，培训师资 150 人次，开展大型教学观摩活动 7 次，参加听讲的学生累计达 1000 人；民盟晋城市委员会和晋城职业技术学院，积极开展农民工职业技能培训工作，为当地培训农民工 370 人。所有这些活动均收到了良好的社会效果，深受当地学校师生的欢迎，并受到政府部门的好评。

近几年，在民盟山西省委的积极组织和协调下，先后帮助贫困地区建成 4 座希望小学。2007 年，由盟内企业家捐资 50 万元、当地政府配套资金 80 万元建成了晋城市陵川县潞城镇中心小学；2010 年，由民盟上海市委投资 25 万元援建的吕梁市离石区结绳焉希望小学，已于 2010 年 8 月份正式竣工并投入使用。2011 年 11 月，上海路桥集团又向结绳焉希望小学捐赠电脑 30 台。由民盟中央和汇光石油集团捐助 40 万元兴建的大同市天镇县上吾其希望小学也已建成并投入使用。2012 年，由完美山西公司总经理、盟员薄一宏牵头，该公司员工向山西省原平市东社镇上社村捐赠 30 万元的完美烛光学校也在兴建之中，预计今年 10 月底竣工。

2009 年 5 月，民盟山西省委与完美山西分公司合作向五台县台城镇东马小学捐资 1.5 万元，并为该校购置了电脑、幻灯机、电子琴和图书体育器材。2009 年 10 月，民盟山西省委在运城市新绛县兰村开展了扶贫助学活动，向该村捐赠了价值约 2.5 万元的图书和文体器材。盟部分市委也参与了办学工作。民盟大同市委与市政协联合创办了大同市“育才职业学校”。民盟运

民盟山西省委副主委赵恒寿带领农村工作委员会的专家在山西省晋中市举办『健康养牛』培训

城市委支持盟员创办私立实用美术成人中专学校，因办学成绩显著，该校经省政府批准纳入成人中专系列。民盟晋中市委支持盟员武有伽先后创办了“介休市卫生学校”和“山西同文外语职业学院”，其中“山西同文外语职业学院”是经山西省人民政府批准、国家教育部备案、介休市唯一的一所高等院校。

据不完全统计，2009 年以来，各级盟组织共培训农村中小学师资 1430 人次；争取和筹集援建希望小学资金达近 150 万元；向农村小学捐赠各类图书 2.54 万册，音乐、体育等教学器材 739 件，电脑 38 台，捐赠课桌椅子 200 套。

开展“同心·农村教育烛光行动”的几点经验和体会：

1. 开展“农村教育烛光行动”不仅抓住了民盟的

2008年9月6日，由民盟山西省委组织经济界盟员捐资30万元援建的陵川县潞城镇寄宿制学校落成典礼在陵川隆重举行。山西省副省长、盟省委主委张平，副主委亢官文，海鑫集团总裁李文杰等出席典礼仪式

特点和长处，而且确实是民盟社会服务工作的一项品牌工程。

2. 民盟开展的“农村教育烛光行动”必须发挥自身的优势和长处，因地制宜。特别要注重民盟在教育界的优势，以促进师资提高为主，并与其他方面的形式和内容结合起来。

3. 民盟开展的“农村教育烛光行动”必须争取当地政府和教育行政部门的帮助和支持。

4. 民盟开展的“农村教育烛光行动”必须尽量联合各种社会力量，包括热衷于教育事业和教育投资的公司和集团，共同开展活动，方能取得更好的社会效果。

5. 相对于政府职能部门，民盟开展的“农村教育烛光行动”，对大力发展国家的教育事业、提高教育的质量和水平、加强农村中小学师资力量可以起到拾遗补缺的作用和积极的推动促进作用。

二、爱心帮教活动

为了更好地构建社会主义和谐社会，动员社会力量进一步做好对犯罪服刑人员的帮教工作，民盟山西省委持续30年来开展帮教活动，并将帮教工作作为同心工程的一个品牌来抓，进行了有益的尝试和积极的探索。

民盟山西省委自上世纪80年代就开始了在山西省第一监狱、女子监狱对犯罪服刑人员的帮教工作，组织盟内法律、医疗、艺术和心理学专家前往监狱慰问干警、向服刑人员提供法律和心理咨询服务，为促进犯人加快改造、早日回归家庭、融入社会做了一些尝试性的工作，产生了一定的社会影响。2007年以来，民盟山西省委和各级盟组织积极响应盟中央的号召，结合新时期文化、经济和社会发展的新特点，继续推进对监狱服刑人员的帮教工作，特别是针对未成年犯罪、女子犯罪和强制戒毒人员做了大量的工作。

民盟省委先后在山西省未成年犯管教所进行以法制教育为主要内容的文艺演出，在太原市戒毒所开展帮教活动，并于2010年将山西省未成年犯管教所确定为定点帮教单位。盟省委妇女委员会两次赴榆次女子监狱进行法律和心理咨询。民盟太原市委依托太原民盟艺术团，每年于春节后赴太原市一些监狱和未成年人管教所开展帮教演出，民盟大同市委也于2008年8月组织民盟教育、文化专家组前往市劳教所慰问干警，并为劳教学员进行了法制教育和心理辅导。盟的各级地方组织也通过不同方式开展了社会帮教活动，民盟吕梁市委还通过社会帮教活动进行调研，向吕梁市委市政府提出了“加强青少年思想品德教育，减少青少年犯罪率”的提案。

开展“同心·社会帮教”工作的几点经验和体会：

1. 民主党派开展“同心·社会帮教”工作必须坚持“求真务实、量力而行、服务社会、讲求实效”的工作原则，尽量做到发挥优势、与时俱进、拾遗补缺、持之以恒。

2.“同心·社会帮教”工作要与参政议政紧密结合。民主党派同心·社会帮教工作不仅不能离开参政议政这个中心任务，而且还要把“同心·社会帮教”工作作为履行职能的重要任务来抓。从国家、社会发展的宏观大局出发，通过“同心·社会帮教”工作的实践，注重调查研究，深入了解情况，才能向党和政府提出切实可行的意见和建议。

3.“同心·社会帮教”工作要注重发挥民盟自身特点和优势，要有自己的重点和亮点。

4. 盟的地方组织和基层组织应当结合当地实际，加大“同心·社会帮教”工作力度，拓宽“同心·社会帮教”工作渠道。

5. 盟的各级组织特别是地市一级组织要根据当地情况，在当地政府和有关部门的帮助下，利用当地条件，因地制宜地做好帮扶工作。

6. 帮教工作要重点发挥盟内法律、心理咨询、文艺类专家教授的特长，要与社区、社会的帮教活动有机地结合起来，要形成政府、社会力量、各界人士都来关心犯罪人员的转化、改造，关心他们刑满释放后的就业与生活状况，共同构建社会主义和谐社会。

三、智力扶贫工作

2002 年以来民盟省委继续参加省委扶贫工作队的工作，帮助数名贫困大学生解决入学费用，资助 20 名贫困女童完成义务教育阶段的学习。2004 年 12 月民盟省委机关向榆社县河峪乡捐赠了价值 3000 元的办公用品，并为扶贫捐款 1060 元。

1994 年后省直各基层组织和全省各地、市、县级盟组织，也普遍开展了以智力扶贫为中心内容的社会服务活动。阳曲县凌井店乡是民盟太原市委的扶贫点，为做到真扶贫、扶真贫，民盟市委引进资金建设了一个示范农场，组织“三下乡”服务队开展了科技、教育和法律咨询服务活动，还先后两次为长城希望小学赠送了课桌椅，对乡电视差转台进行了维护和修理。民盟阳泉市委和临汾市委，分别为当地缺水乡镇打成 4 眼深井，每眼井日出水量在 500 至 1000 吨之间，解决了群众吃水难的问题。省农科院总支几位盟员，结合本单位农业科研项目和民盟省委在吕梁地区的扶贫任务，从 1993 年起一直在临县枣圪塔乡任家坪村蹲点扶贫，并将该村作为枣圪塔乡的科技示范点，帮助当地农民培养和引进优良品种、建设优质高产农田、培训农业技术人员，使该村的人均收入由 1992 年的 200 元增加到 1995 年的 1050 元。1998 年民盟山西农大委员会盟员积极为农民脱贫致富提供技术信息，开展技术服务，并出版了《农科教扶贫攻坚系列丛书》第一套共 8 本约 250 万字。长治、阳泉、离石的盟组织开展针对贫困农村地区的技术咨询服务，山医大、侯马、运城、平遥的盟组织为山老贫困地区送医送药进行义诊，太谷、洪洞、襄汾的盟组织为贫困地区捐款捐物，都取得了明显的经济效益和社会效益。

民盟中央副主席、山西省副省长、民盟山西省委主委张平出席大同市天镇县上吾其小学落成仪式

四、文化科技卫生“三下乡”活动

2004 年 8 月，为了深入了解我省贫困地区医疗卫生状况，帮助山区人民克服就医难问题，民盟省委组织医疗服务小组前往榆社县河峪乡卫生院进行了义诊活动，有 300 余名患者接受了诊疗。

2005 年 8 月山西省各民主党派专家组成“智力兴晋”服务团，并奔赴全省各地开展活动。民盟省委由副主委王万杰带队，组织由 5 名盟员组成的专家服务团参加了省委统战部在晋中市榆社县的定点服务活动，分别在榆社县萁城镇、讲堂乡、河峪乡进行了养殖、种植、法律方面的服务，现场解决和解答了农民提出的有关技术和法律的问题，并就扩大养猪规模、提高养殖技术约定了合作意向。

2005年10月，妇女工作委员会与民盟阳泉市委组织12名专家赴盂县上社镇开展义诊活动，为在抗日战争胜利60周年活动中受中共中央表彰的27位抗日老战士检查了身体；为该镇150多位离、退休和部分在职教师以及村民诊断了病情；并深入该镇百里之外最偏远的农村——上石塘村（包括3个自然村）作巡回医疗服务，为6位贫困农民入户送医送药；还针对当地一些常见病、多发病进行了诊疗和预防保健教育，发放了2000多份宣传资料。在这次义诊活动中，共接诊患者近300人次，捐赠药品30多种，价值1300余元，受到当地政府和群众的欢迎和好评。

2008年8月科技工作委员会与民盟晋中市委组成专家服务组，深入榆次区张庆乡怀仁村，为村民义务看病，提供农业、法律、科技咨询服务；12月农村工作委员会在祁县城赵镇举办“健康养牛”讲座，60多位养牛专业户听取了讲座。

民盟太原、大同、阳泉、忻州、晋中（榆次、平遥）、运城、晋城、临汾等地方盟组织都多次组织了大型“三下乡”活动，受到当地政府和农民群众的欢迎。

五、科教兴村工作

为配合实施山西“科教兴村”工程，贯彻落实中共十五届三中全会作出的《中共中央关于农业和农村工作若干重大问题的决定》精神，1998年12月，民盟省委组织盟内部分省政协委员和省农科院5位专家先后赴省农科院科教兴农示范点——晋中地区王家堡村和忻州地区赵村进行专题视察，进一步认识到实施科教兴村工程的重要意义以及存在的问题和困难。

2000年4月，民盟省委为选定科教兴村示范点赴太原市尖草坪区考察，并经与区政府及有关同志共同研究，确定该区柴村镇呼延村为民盟省委科教兴村示范点。随后与村领导座谈了科教兴村的具体计划。之后，同年5月，又组织省社科院旅游研究中心研究员、盟员杨晓国以及省旅游局的同志赴呼延村考察，帮助村里制定旅游规划。9月又组织法制工作委员会与呼延村领导联合召开会议，商谈以法治村的条例。2010年4月，再次组织法制委员会成员前往呼延村考察，并在该村进行了法律咨询服务，受到村民欢迎。民盟省委名誉主委、山西省陶行知研究会名誉会长冯素陶十分关注科教兴村工作，赠送了一套陶研会近年来开展科教兴村的书籍和资料。

民盟农科院总支在科教兴村工作中做大文章，先后在省内的十几个试点上推广先进技术，带动农民致富。民盟忻州地委在科教兴村工作中先后引进技术改良果木品种 10 余个，筹集资金为村民建立 50 亩的果园一处，培训果农 2000 余人。

推动生态文明与绿色发展
全面做好社会服务工作

——民盟内蒙古区委社会服务工作十年总结
（2002–2012）

“十二五”规划以及党和国家的一系列政策文件，都把内蒙古以及我国西部的一些省（区、市）的发展与生态文明建设紧密联系在一起，这是非常英明的决策。是2010年国家在内蒙古、新疆、西藏、青海、四川、甘肃、宁夏和云南8个主要草原牧区实施草原生态保护补助奖励机制，中央财政连续5年每年投入134亿元，其中内蒙古每年受益40亿元，这是建国以来党中央国务院在保护草原生态建设上做出的重大决策，标志着我国草原生态保护建设进入了新的发展时期。多年来，民盟内蒙古区委一直为生态建设与绿色发展坚持不懈地努力、呼吁，这些绵薄努力能和国家发展方向融为一体，我们倍受鼓舞和激励，工作信心更足、热情更高。

内蒙古民盟组织始建于1962年9月。现有6个地市级委员会，3个基层委员会，17个总支，29个支部（小组），盟员2403人（截至2012年12月）。

一、在社会服务的实践中定位生态议题，举办三次生态论坛，力推生态品牌

前些年北方沙尘暴频发，北方草原生态保护和建设

的形势严峻。民盟内蒙古区委一直在探索民盟社会服务的合适定位，2003年以后，借鉴民盟呼和浩特等市委在武川县建立生态园的成功经验，本着科学发展和服务社会的目的，联系民主党派参政议政和社会服务工作的性质与特点，既不等同于政府部门的扶贫，也不等同于企业的慈善，面对内蒙古的实情及费孝通先生关于“文化自觉”的一系列论述，我们决定利用参政党的人才优势和政治平台，以小力量破解大命题，以“生态问题”研究为抓手，把议政调研和社会服务的重点放在北方生态的保护与建设上，坚持不懈、持之以恒，终于创立了民盟北方生态文明与绿色发展的研究品牌。

2003 年，由民盟呼和浩特市委倡导，京、穗、宁民盟市委积极响应，联袂在阴山山麓的武川县大豆铺乡建立了“民盟北方生态园”，进行了广泛的生态调研和实践，借助民盟的优势协调资金 1800 多万，启动了 20 多个建设项目。2005 年 8 月中旬，经民盟中央同意，由丁石孙先生题词正式更名为“中国民主同盟北方生态园”，并在呼和浩特召开揭牌仪式暨第一次北方生态论坛，其主题为“北方生态保护与绿色发展”。民盟中央李重庵副主席和中国沙尘暴治理促进会主席陈寿朋教授等 10 余位专家学者和来自全国 24个省、市、自治区领导莅临，时任内蒙古党委副书记陈光林和有关统战部领导应邀出席。会议主要目的在于积极探索生态环境治理与农（牧）民致富及当地经济、社会发展有机结合起来的新方法，开拓新形势下参政党社会服务工作的新途径，实实在在为生态文明建设、经济发展办实事、办好事。会议出版的论文集，受到社会的广泛关注和一致好评。

2008 年 9 月，在鄂尔多斯市召开第二次北方生态论坛，论坛确定的主题是：中国北方生态的保护与建设。即以科学发展观为指导，探究经济与人口、资源、环境的协调发展，探讨加快内蒙古乃至北方地区生态环境治理、恢复的新思路，表达民盟对保护、建设北方生态的政治诉求。来自全国 10 个省、自治区、直辖市的民盟组织负责人、专家参加，李重庵副主席及民盟中央社会服务部、宣传部、《群言》、《中央盟讯》负责人，内蒙古自治区及鄂尔多斯市党政领导莅临。李重庵副主席发表重要讲话，他强调：建设生态文明是一个长期的历史进程，基础是加强生态建设，核心是确保生态安全，关键是处理好保护改善生态与发展经济的关系。中国民主同盟密切关注着内蒙古的生态环境建设和保护问题，把重塑中国北部边疆绿色生态屏障，确保北方地区的生态安全，加快边疆少数民族地区农、牧民脱贫致富的步伐，作为民盟参政议政和社会服务工作的重要切入点。解放军某部高级工程师、钱学森长子钱永刚，国家林业局治沙办副主任王信建作了主题报告。

第二次论坛是由民盟发起的又一次专家学者广泛参与、高层与基层互动、理论与实践紧密结合的学术会议。主题鲜明，内容充实，成果丰硕，会前印发了论文集。论坛期间，李重庵副主席召集与会10省区市民盟负责人会议，对论坛进行总结，李主席高度肯定了内蒙古区委组织的北方生态论，认为内蒙古区委抓住“北方生态”议题，举办论坛、创办基地、建立基金，已经形成了民盟的一个品牌，他动员民盟各省、市、自治区都来支持这项工作，塑造好这个品牌。民盟中央委托民盟内蒙古区委和民盟中央社会服务部共同认真研究探讨把这项工作办好。

2011年8月初，民盟第三次北方生态论坛暨西部十一个省（区、市）盟务工作会议在赤峰市举行，论坛主题是“新一轮西部大开发中的生态文明建设与发展”。民盟中央副主席李重庵再次出席大会并讲话。出席大会的还有民盟贵州、陕西、云南、宁夏、青海等省级民盟主委，以及来自西部十一个省（区、市）和江西、湖南的110余名代表、生态专家。

李重庵主席在本次生态论坛的讲话中指出：新一轮西部大开发和“十二五”规划期内，西部各省区面临着共同的机遇和挑战，大会的交流和探索能够带来创新的思路，推动全盟的工作。李主席强调，生态文明建设是我国以科学发展观为指导，立足经济快速增长中资源环境代价过大的严峻现实而提出的重大战略思想和战略任务，是中国特色社会主义伟大事业总体布局的重要组成部分。中国民主同盟密切关注着北方的生态环境建设和保护问题。希望出席论坛的专家和学者发表对生态建设与绿色发展的真知灼见，希望大家集思广益，深入探讨，努力使本次论坛成为水平高、视野广、有成效的学术交流活动，为维护我国特别是北方的生态安全作出应有的贡献。

内蒙古政协副主席、民盟区委主委董恒宇在总结时指出，本次生态论坛收到论文30多篇。会议主题突出、气氛浓厚、成果显著。与会代表怀着对民盟工作的满腔热情、对生态文明与绿色发展事业高度的使命感，对新一轮西部大开发中西部地区生态文明建设和绿色发展提出了很有价值的建议。这些意见和建议会对我国北方经济社会全面发展产生一定的影响。

内蒙古统战部副部长侯世忠肯定：中国民主同盟近年来一直重点关注生态保护与建设，尤其是民盟内蒙古区委，把生态保护与建设作为参政议政的

2011年8月，民盟中央副主席李重庵（左三）、社会服务部部长郭勇（左四）出席第三次北方生态论坛暨西部十一个省（区、市）盟务工作会议

重要内容，深入调研，取得了良好的成果。

与会专家积极发言，内容涉及范围有所扩大，包括新疆生态建设方案、大通河流域小水电开发对环境的潜在影响、实施西部大开发和桥头堡战略过程中的生态补偿机制、内蒙古草原生态保护问题及对策、毕节试验区在新一轮石漠化治理中面临的主要问题和解决对策、基于循环经济理念的县域农业发展评价与实证研究、陕西黄河湿地的鸟类栖息环境、呼伦贝尔草原沙带生态碳汇林草基地建设情况、“文化生态”的建构等方面。

二、主动承担“绿色”责任，把生态和低碳理念结合，为祖国北方生态保护与建设建言献策

（一）成立“内蒙古民萌北方生态研究基金会”

承担绿色责任，建设生态文明。2009年7月25日，“内蒙古民萌北方生态研究基金会”成立大会在呼和浩特市隆重举行。民盟中央主席蒋树声、副主席索丽生出席会议，成立生态研究基金会为民盟参与生态文明建设的调查研究、参政议政、社会服务工作提供了有力的支

持。基金会成立以来做了大量的工作，如完成对碳汇评估研究院的投资；碳汇评估研究院的成立；兴安盟草业森林评估报告书编制及鉴定；参加内蒙古低碳及节能减排展览；承办一系列与生态研究业务相关的会议；在鄂尔多斯成立沙产业基地；在赤峰市种植了“民盟碳汇林”，成立了“红山文化生态研究项目”；在呼伦贝尔成立了草原生态研究基地等。为民盟自治区委员会更好的参政议政、社会服务工作提供了广阔的舞台。

（二）主办“内蒙古首届碳汇草业研讨会”

2009年11月27日，“内蒙古首届草业碳汇研讨会”在呼和浩特举行，本次会议由民盟内蒙古自治区委员会倡议，会同内蒙古政协人口与资源环境委员会、内蒙古农业大学主办，内蒙古民盟生态研究基金会和内蒙古蒙草抗旱绿化有限公司协办。民盟中央秘书长高拴平，全国政协常委、自治区政协副主席董恒宇参加会议并发表讲话。内蒙古科协原主席、内蒙古农业大学副校长王林和主持论坛会。中国草学会理事长云锦凤等10多位国内、国际专家就草业碳汇研究做了主题发言及现场交流。这是国内首次举行“草业碳汇”的会议，60多位相关人士参加了会议。

本次论坛会上还举行了两项有意义的活动：内蒙古碳汇草业研究院启动仪式，董恒宇主委起草了《正视草业碳汇价值，保护人类绿色家园——首届“碳汇草业”研讨会倡议书》，倡议书及相关讲话和论文在《内蒙古日报》整版发表。在学术界产生了很大影响，“草业碳汇”或“草原碳汇”写进了近年内蒙古的政府工作报告和国务院“关于促进内蒙古又好又快发展的意见”的文件。

（三）成立“内蒙古碳汇评估研究院”及相关研究所

2010年3月28日，在呼和浩特市召开了“内蒙古碳汇评估研究院”成立大会。董恒宇代表民盟作了“生态文明与绿色发展”的讲演。为了进一步摸清我区碳汇家底，为碳汇资源丰富地区发展绿色经济提供决策依据，内蒙古民萌生态研究基金会出资成立的“碳汇评估研究院”承接了兴安盟森林及草原的碳汇评估研究课题。研究成果已融入建设兴安盟绿色碳汇基地，为当地绿色发展奠定了科学基础，为自治区碳汇事业发展提供了示范作用。

在生态研究基金会的支持下，成立了“呼伦贝尔民萌草业碳汇与生态文化产业研究所”和“赤峰民萌生态文明与红山文化产业研究所”。进一步完善了“研究基地·研究基金·生态论坛”三位一体的参政议政运作机制和模式；同时探索生态与文化在产业层面的结合，拓展了参政议政工作的新领域。

《人民政协报》2010年7月26日头版头条以《保护好我们的绿色屏障——民盟组织持续关注北方草原生态建设与保护综述》为题对我们前几年的工作作了长篇报道。人民银行总行编辑出版的《低碳金融》一书吸收了我们在草原碳汇与碳汇金融方面的研究成果。科学出版社出版了董恒宇主委等主编的《碳汇概要》一书，民盟中央主席蒋树声为该书作序。

（四）举办“低碳经济与金融创新座谈会”

2010年7月10日“低碳经济与金融创新座谈会”在呼和浩特举行，本次会议由民盟内蒙古自治区委员会、西部控股集团、蒙草股份公司主办，内蒙古民萌生态研究基金会和内蒙古碳汇研究院承办。座谈会上，与会专家、学者以及企业代表们分别从如何发展低碳经济、如何将低碳经济与金融创新更好的融合以及实现低碳经济产业化发展等方面进行了探讨。一致认为，发展低碳经济以及将低碳经济与金融创新相融合，以金融创新促进低碳经济发展将对建设资源节约型、环境友好型社会，关注民生、惠农富民，实现经济社会又好又快发展具有长远意义。

（五）基金会理事会审议通过生态协议

2010年7月，在内大桃李湖宾馆召开了“内蒙古民萌北方生态研究基金会第三次理事会暨内蒙古教育出版社向研究基金会、民盟烛光行动捐书仪式大会”。会上，审议了《鄂尔多斯生态园沙产业基地可行性报告》《中国干旱半干旱区草种质基因库研究基地合作协议》《呼伦贝尔新巴尔虎左旗草产业沙产业饲料合作协议》等协议并签约。同时举行了内蒙古教育出版社向内蒙古民萌北方生态研究基金会及民盟烛光行动的捐书仪式。

（六）进行湿地专题调研，举办“内蒙古湿地生态研讨会”

2010年9月6日，民盟内蒙古区委与自治区政协人资环委在东部四盟市湿地调研的基础上，联合召开内蒙古湿地生态研讨会。自治区党委常委、统战部长王素毅出席，自治区政协副主席、民盟内蒙古区委主委董恒宇致词。来自南京大学湿地生态研究所及内蒙古大学的特邀专家教授作了有关“中国湿地保护与恢复”和“内蒙古湿地环境资源与生态保育”等方面的专题报告，自治区部分高校教授和政府相关部门负责人出席了研讨会。

湿地被称为“地球之肾”，对人类的生存发展起着至关重要的作用。湿地可分为河流、湖泊、沼泽和人工（库塘），内蒙古湿地总面积为424.5万公顷，位列全国第三位，同时内蒙古湿地生物具有种类多、多样性丰富等特点。但目前内蒙古湿地普遍缺水，面积萎缩，退化显著，湿地保护形势严峻。湿地与森林、海洋并称为地球三大生态系统，是重要的自然资源和战略资源，对保护生物多样性、维护生态平衡、保障国家的生态安全，有着不可替代的作用。会议呼吁应继续加大对湿地保护的投入，提高全社会对湿地保护重要性的认识，加强湿地保护的科技支撑，完善湿地保护管理机构建设，形成合力，为建设生态文明、社会和谐的内蒙古作出新的更大的贡献。

（七）民盟生态议政的努力得到社会广泛重视

民盟区委充分发挥盟组织集体智慧，深入社会，围绕自治区中心工作，就区域经济、草原保护建设、湿地保护保障和改善民生、食品安全、碳汇经济、节能减排、污水处理、产业承接、城乡统筹、现代农牧业、农牧民增收、农牧区环境治理和卫生事业、生态原产地产品保护、资源开发与经济增长相协调等议题进行了广泛调研；先后组织完成了 35 项调研报告，包括 4 项民盟中央调研课题，其中《新能源产业的健康有序发展》等内容被民盟中央采纳并作为集体提案报送政协会议。其它 31 项报送自治区党委和政府提供决策依据。每年年底及时转化调研成果。近五年来，向全国十一届人大历次会议提交建议 38 件；向全国政协十一届历次会议提交大会发言 10 个、提案 35 个；向内蒙古十一届人大历次会议提交议案、建议 30 件；向内蒙古政协十届历次会议提交大会发言 56 个、集体提案 86 个、个人提案 188 个。一些建议、提案受到有关方面的高度重视，为国家和自治区的科学发展与和谐社会建设发挥了积极作用。

例如，2009 年全国政协十一届三次会议期间，民盟中央提交的《关于草原地区经济建设与生态保护协调发展》的集体提案，被全国政协列为重点办理提案，其主要内容采用了我们的调研成果；2009 年 8 月 31 日至 9 月 11 日全国政协提案委组织中农办、发改委、农业部等部门组成联合调研组，赴我区和甘肃省的部分地区调研，形成《关于草原生态保护建设情况的调研报告》。2010 年 7 月，全国政协副主席李金华就同一提案率团来我区视察，形成视察报告。区委主委董恒宇受民盟中央委托并以提案人身份参与了这两次调研和视察工作。这两份报告送交中共中央、国务院后，多位国家领导作出重要批示。在自治区四大班子共同努力下，2010 年 10 月国务院出台了“关于草原生态保护补助奖励”政策。

2011 年 6 月 29 日《国务院关于进一步促进内蒙古经济社会又好又快发

展的若干意见》出台，该意见对内蒙古自治区第一个战略定位就认为内蒙古是“我国北方重要的生态安全屏障”。具有忧患意识和人文关怀传统的民盟近年来的工作重心完全契合这一战略定位。

三、发挥民盟组织优势，响应民盟中央号召，努力做好社会服务的其它工作

（一）积极为地震灾区捐款捐物，支持灾后重建工作

5·12汶川特大地震发生后，区委第一时间向民盟四川省委和重庆市委慰问灾情，及时发出赈灾倡议，全区各级组织和广大盟员，向四川地震灾区捐款145万多元。参加抗震救灾医疗工作的盟员受到民盟中央和四川省人民政府的表彰。区委召开“赴川抗震救灾医疗队盟员报告会”和“学教活动”总结暨抗震救灾表彰大会，表彰了支援灾区表现突出的21位优秀盟员。青海玉树地震发生后，区委成立抗震救灾工作领导小组，广泛组织动员各级组织和盟员以各种形式参与抗震救灾，积极捐款捐物，为支援灾区重建献力。

（二）开展烛光行动，关心农村教育事业

“农村教育烛光行动”是民盟中央社会服务的“品牌”，民盟区委认真贯彻落实。2007年底与民盟北京市委结对，在鄂尔多斯市开展农村教育烛光行动；2008年5月，选派鄂尔多斯市教育学院4名教师赴北京培训；8月，邀请新东方十几名英语优秀教师亲赴准格尔免费办班培训当地农村教师300余人次；2009年，民盟通辽市委开展“支教助学”活动；民盟海拉尔总支为海拉尔区健康办事处福利社区捐赠图书；2010年7月下旬，民萌北方生态研究基金会向赤峰市元宝山区实验中学、巴林右旗中心小学捐赠生态保护科普书籍，表达了民盟关注生态教育的情怀；2011年5月，区委受民盟中央委托，捐资40万元成立呼和浩特赛罕区太平庄“光汇烛光小学”，民盟中央主席蒋树声为该校题写校名；2012年3月，回访烛光小学，并捐赠电视、电脑和书籍。民盟对农村牧区教育的关心和支持受到当地政府和师生的好评。

（三）开展帮教活动，拓宽社会服务领域

根据《民盟部分省市帮教工作座谈会会议纪要》精神，2007年，区委确定由民盟赤峰市委负责在当地开展“帮教活动”。赤峰市委认真落实，周密部署，年底举办了帮教活动启动仪式暨新年联欢会；2008年6月向赤峰市劳教所赠送彩色电视机和DVD机，并作了心理健康知识讲座；2009年8

月组织盟内专家为赤峰市劳教所干警做辅导；2010年9月到劳教所慰问演出，同劳教所200多位干警和学员共庆“国庆”、“中秋”双节。民盟长期定点坚持开展帮教活动，在当地产生了良好的社会影响。

此外，我们响应民盟中央的号召，和民盟浙江省委与四子王旗一中“结对帮扶”，从1997年到2006年，十年如一日的坚持努力，把一个土垣残破的学校帮扶为一个当地的名校。今年，又响应民盟中央“我为张澜故里植树”的倡议，民盟内蒙古区委出资2万元，用于中国民主同盟林和内蒙古民主同盟林植树活动。

总而言之，通过这几年的努力，我们在研究北方生态保护与建设方面，逐步形成了“生态基地、生态基金、生态论坛”三位一体运作的机制和模式。这为民盟内蒙古区委紧紧抓住“北方生态”话语权而建言立论奠定了坚实的基础。民盟区委主动承担了绿色责任，尽我们的力量做了一些工作，这些工作仅仅是开始和起点。今后我们将一如既往地坚持下去，在民盟中央和自治区党委的领导下，坚定信念、持之以恒地为我国北方绿色生态良性发展而继续努力。同时，对民盟中央要求的其他社会服务工作，与其他兄弟盟省（区、市）委共同努力，把民盟的社会服务工作推向更高的位阶。

创新开展多种社会服务活动 树立民盟良好社会形象

——民盟辽宁省委社会服务工作十年总结（2002–2012）

辽宁民盟组织始建于1954年9月1日。现有14个地市级委员会，1个区县级委员会，48个基层委员会，9个总支，313个支部（小组），盟员11985人（截至2012年12月）。

民盟辽宁省委社会服务工作在民盟中央和中共辽宁省委的领导下、在民盟辽宁省委及各盟市委的积极努力下，2002年至2012年在“四个一”活动（中共辽宁省委活动）、支边扶贫工作、农村教育烛光行动和中共辽宁省委统战系统定点扶贫工作等方面都取得了丰硕的成果。回顾十年的工作，应该说，民盟辽宁省委的社会服务工作，使辽宁省盟的工作上了一个新的台阶，为盟务工作的发展拓展了新的空间。辽宁省各级盟组织在参政议政、社会服务及发挥盟组织整体优势等方面都做了一些有益的探索。总结起来主要有以下经验和体会：

一、全省各级盟组织领导班子对社会服务工作极为重视

（一）盟省委领导充分理解社会服务工作的深刻内涵

民盟辽宁省委两届领导班子都认为：开展社会服务活动，是贯彻落实中共全国历届代表大会和辽宁省历届

代表大会精神，为实现辽宁经济跨跃式发展和社会全面进步，解放思想、更新观念，坚持与时俱进的理论品质，坚持求真务实，真抓实干作风，贯彻“同心同行”思想的具体体现，是一件功在当代、利在千秋的好事。

盟省委老主委张毓茂同志曾说过，省各民主党派开展的各种有特色的社会服务工作，是一项立足辽宁实际，适应新世纪、新形势要求的创新举措。成功地开展这些活动，将从辽宁这个侧面，以实实在在的具体事实，生动地体现各民主党派坚定不移地坚持共产党领导的多党合作，继承发扬与党亲密合作的光荣传统，同党一道，凝聚成强大的力量，共同为一个奋斗目标不懈奋进的精神，进一步显示我国政党制度的巨大优势。民主党派通过开展这项活动，不仅有利于提高参政议政的质量和水平，强化为两个文明建设服务的力度，促进加强自身建设，而且还有助于推进转变作风，树立与时俱进的思想观念和奋发有为的精神状态，求真务实，锐意进取，结合辽宁实际，创造性地开拓新世纪工作的新局面。

他强调，辽宁民盟组织必须深刻认识开展各种特色社会服务工作重大意义，决不能视为“应景文章”或“权宜之计”，必须以高度认真负责的态度，坚持把这项活动长期持续深入开展下去，务求不断取得新的实际成果。

民盟辽宁省委主委李晓安同志在“中国民主同盟辽宁省第十二届委员会工作报告”中指出，盟省委把社会服务作为参与经济社会发展的重要方式和履职尽责的重要途径，以“农村教育烛光行动”、“四个一”活动为切入点，努力做好事、做实事，辽宁民盟各级组织在发挥盟的整体优势、创新社会服务方式、丰富服务内容方面做了一些有益探索，产生了良好的社会效应。

（二）盟省委将社会服务工作作为全年的重点工作之一，进行了周密布署、广泛发动和精心组织，切实将社会服务工作落到实处

十年来，民盟辽宁省委领导班子都将社会服务工作放在盟务工作的重要位置。比如在 2002 年辽宁省《各民主党派省委关于进一步为实现辽宁经济跨跃式发展服务座谈会纪要》下发后，盟省委各项准备工作便紧锣密鼓地进行着。1 月中旬连续两次召开民盟辽宁省委主委办公会议研究部署“四个一”工作，同时要求在尽短的时间内提出盟省委“四个一”活动实施方案。并在下旬召开了各市级组织“四个一”活动动员大会。就开展“四个一”活动的意义、目的、宗旨和要求作了说明，同时也提出了盟省委开展“四个一”活动的大体思路。

盟中央关于开展“农村教育烛光行动”活动的社会服务工作会议纪要下发后，民盟辽宁省委随即召开主委扩大会议，号召辽宁全盟各级组织认真学习记要精神并认真开展多种形式的“农村教育烛光行动”，并将“农村教育烛光行动”列入当年盟省委的主要工作。

盟省委在历次盟中央和中共辽宁省委组织的活动中都成立了“活动领导小组”，在《辽宁盟讯》上设立各项活动专栏。盟省委要求各盟市委在当地中共市委的领导下开展各项活动，将社会服务工作的各项专项活动纳入到当年工作计划中。并结合实际，参照盟省委的实施方案制定好各市的社会服务专项活动实施方案,及时报送盟省委。各盟市委切实加强对各项活动的领导，建立相应的领导机构。还要求各盟市委进行广泛的思想发动，采取活泼、有效的形式加强宣传工作，向基层组织和广大盟员宣传“四个一”活动和“农村教育烛光行动”的宗旨、意义、目的和要求，做到“纵向到底，横向到边”，使这两项活动真正成为广泛的盟务活动。

盟省委还要求各盟市委加强对活动的领导、督促、检查工作，引导基层组织有效、健康地开展活动，并及时向盟省委通报活动开展的进程。各基层组织应及时总结经验，树立典型，全面推进，在提高活动质量上狠下功夫。

二、社会服务工作成果显著

从 2002 年开展“四个一”活动以来，民盟辽宁省委及各级盟组织及盟员组织各种社会服务活动 1550 多次，受益人数达 54800 多人次。开展学术交流 20 多次，其中由盟省委和民盟沈阳市委联合省市统战部举办的“后 WTO 网络时代：政府信息化与企业信息化论坛”获得极大成功。扶贫帮困活动如火如荼在各基层组织中开展起来，十年来共进行此类活动 900 余次，受益人数 68100 多人次。帮困捐物 6500 多件。资助希望小学 6 所。

开展“农村教育烛光行动”以来全省共开展农村教育帮扶活动 360 余次，培训教师 1500 多人，各类讲座 120 余次，受益学生达 40000 多人次，为学校和学生捐款捐物折合人民币 1230 多万元。

（一）坚持本色、突出特色，社会服务成果喜人

为帮助辽宁省铁岭市西丰县中小学生改善视力健康状况，将“农村教育烛光行动”落实在实处并进一步做好辽宁统战系统定点扶贫工作，民盟辽宁省委联合易视顿（沈阳）视光中心共同发起“辽宁省中小学生爱眼工程”。

民盟辽宁省委公益视力保健工程西丰县捐赠仪式

对西丰县所有中小学学生、教师视力状况进行普查，为所有近视、弱视的教师和学生免费配一副价值350元左右的眼镜，并为每所学校捐赠近视防控仪器，进行爱眼科普宣传，普及健康用眼知识。

据目前统计，各部门通过一年时间的共同努力，免费检测人数达15800人，检测费200元/人，总价值316万元；已配镜4880人，价值350元/副，总价值170.8万元；免费发放护眼仪1000套，每套598元，总价值59.8万元；检测、配镜等设备65万；加工邮寄眼镜费用14.64万；保健中心工作人员及相关服务人员工资36万；宣传卡、宣传资料等其他费用10万；总价值672.24万。另在辽宁省其他地区分别向8所少数民族学校、辽宁大学、皇姑区各中小学进行免费检测、配镜，捐赠护眼仪，共计816万。

十年来，应沈阳市康平县高中师生邀请，民盟辽宁省委、民盟沈阳市委普教工作委员会每年都组织沈阳二中的物理、化学、生物、历史、地理、政治老师为该校高三学生作理综合、文综合辅导讲座。

2010年8月22—25日，辽宁省首届“公民德行教育公益论坛”在沈阳师范大学成功举办，近万人参加。

民盟辽宁省委爱眼工程启动仪式

此次论坛由民盟辽宁省委主办，东西方艺术家协会中华分会承办。论坛的主题是弘扬中华文化——做有道德的人，旨在弘扬优秀的中华传统文化、构建和谐精神家园、促进和谐社会建设。

2010 年民盟辽宁省委荣获省直统战系统定点扶贫“先进单位标兵”的光荣称号。盟省委驻会副主委杨凯宁、盟员刘宇、刘晓萌、王刚荣获辽宁省直统战系统定点扶贫“先进个人标兵”称号。

从 2008 年开始，民盟大连市委在大连市各民主党派开展的“爱在滨城，共建和谐”为主题的社会服务活动中，组织了 20 支服务队活跃在城乡的学校、街道和部队，为树立民盟组织的形象、扩大民盟组织的影响力起到了积极作用。2010 年民盟大连市委“三下乡”服务基地荣获优秀服务基地称号，民盟共建和谐服务队、传承中华美德服务队、我为家乡父老送欢笑服务队荣获优秀服务队称号。

2010 年 4 月 29 日，由民盟沈阳市委牵头，民盟与康平县联手共建服务社会主义新农村活动基地正式启动。民盟组织医务、科技、教育界的盟内专家兵分三路，分别开展了由中国医科大学附属一院、盛京医院、附属四院、辽宁省肿瘤医院的盟员专家组成的医疗队伍到县医院为当地村民义诊的活动；由沈阳农业大学盟委会组织的农业专家在两家子乡为农民进行了关于棚菜生产、温室作物栽培及结构调整的农业科技讲座；由沈阳民盟普教工作委员会组织的盟员教师为康平县高中应届学生作高考前辅导讲座及考前心理辅导。同时，民盟辽宁省图书馆支部在省图书馆党政领导的鼎力支持下，为柳树屯蒙满族乡学校无偿提供4000册图书并建立了图书流动站。

几年来民盟矿总院支部先后到韩家店老年公寓、市福利院、八大豪矿、西铁社区、站前福兴苑社区等地义诊，他们自带B超、心电图、血压计等医疗仪器，耐心细致地为患者做了内科、外科、耳鼻喉科等科系的检查和健康咨询，免费发放药品价值1000余元，健康常识手册400余份，受诊人数累计400余人，受到当地群众的普遍好评。二院支部组织内、外科和眼科等科室的7名盟员医生到解放广场、阜蒙县化石戈乡、于寺镇进行义诊，免费发放罗红霉素等药品共计2000余元，宣传健康知识，使数千人受益，深受群众欢迎。

民盟盘锦市委在开展的“感恩”行动中，联系盟内非公有制经济人士帮扶“五老”13户，其中老党员2户、老统战对象3户、老职工6户，老模范2户。部分地解决了他们生活中的实际困难，特别是老职工，解决了他们下岗再就业问题，从根本上解除了后顾之忧。

（二）贯彻落实盟中央“关于开展农村教育烛光行动的意见”精神，开展扶贫支教活动

民盟沈阳市委组织沈阳市七中的盟员教师多次前往杨士岗中学开展送课下乡活动，深受杨士岗中学校领导的好评，并希望有机会来七中学习交流。3月，杨士岗中学多名教师来到七中观摩了刘红、佟艳君、孟蕾、宋海英等盟员教师的美术课、物理课、数学课、化学课，吸取了宝贵的教学经验。

2010年8月25日，盟省委组织全省14个市42名农村基层英语教师参加了为期4天的民盟中央与新东方培训机构为农村教育“烛光行动”组织的特殊培训班。省直统战系统定点扶贫点铁岭市西丰县胜利乡中心学校的12名英语教师参加了这次免费培训。

民盟大连市委在一年一度的中、高考期间，盟员宫起斌教授在电台和多个学校讲授填报志愿等方面的知识。民盟图书馆支部联合“民盟升学路上我助你服务队”利用休息日，在市图书馆举办如何填报高考志愿和心理辅导义

务讲座，并现场为考生和家长解惑答疑。此举得到媒体的高度关注，受到广大考生和家长的欢迎。

民盟鞍山海城支部组织盟员到析木中学进行扶贫助学，并送去价值千余元的学习用品和书籍，并为家境贫寒学生冯进送去4000元助学经费，组织盟员对其进行长期资助，直至完成学业。

民盟本溪市委组织机关干部先后多次到农村特困学生家中进行走访，并建立“一帮一”帮扶对子。

民盟丹东市委为“烛光行动”帮扶学校宽甸县城厢小学送去8台电脑和4000元现金，用于学校教学。同时继续利用寒暑假为学校师生培训。

民盟阜新高专基层委员会将新邱区长营子镇胜利小学作为定点帮扶支教单位，并开展支教活动。民盟教育支部积极开展送教下乡活动，选拔两名优秀盟员到韩家店小学进行现场教学辅导。

民盟锦州教师进修学院支部十年如一日资助濒临失学的贫困学生。

民盟铁岭市委，为李千户乡催阵中学再捐助价值16000元的双人学生桌椅100套。

（三）抗震救灾献爱心

在四川抗震救灾活动中，全省基层盟员共捐款793万多元，其中直接捐赠到民盟中央救灾帐户65万余元，居全盟各省前列。朝阳盟员、航天电源公司总裁王刚在向民盟组织捐款5万元人民币后，再一次向四川灾区的孩子们捐赠价值350万元10万本日记本，6月28日，朝阳盟员、航天电源公司总裁王刚又一次将价值140万元人民币的4万册日记本捐赠给了甘肃、陕西灾区的学生们。在抗震救灾工作中，全省盟员共有王刚等三名盟员受到盟中央表彰，邵景兰等四名盟员受到省统战系统表彰，27个基层组织和107名盟员受到盟省委表彰。

2010年4月14日7时49分，青海省玉树藏族自治州玉树县发生7.1级地震。灾难无情人有情，民盟辽宁省各级组织响应盟中央的号召积极行动起来为灾区人民捐款，据统计全省各级盟组织共向盟中央捐款账号捐款257 128元人民币。其中民盟沈阳市委捐款达94234元人民币，民盟营市委捐款37 870元人民币。

2010年6月，辽宁朝阳电源总裁王刚向青海少数民族学生捐赠笔记本电脑

三、盟的各项社会服务活动极大地调动了各级盟组织和广大盟员的积极性

盟省委下发开展“四个一”活动和“农村教育烛光行动”活动通知后，各盟市委闻风而动，纷纷召开各种会议，广泛宣传、动员，制定各市的“四个一”活动和“农村教育烛光行动”的实施方案和实施细则。2002年2月7日，民盟沈阳市委驻会副主委杨凯宁、盟综合二支部主委张慧平、副主委刘义刚带领十余名盟员，到康平县胜利乡东下洼子村开展扶贫工作，拉开了全省“四个一”活动的序幕。沈阳市盟综合二支部为落实盟省委十届六次全会上所部署的在全省民盟开展“四个一”活动精神后，在支部主副委的带领下，盟员积极捐款两千余元，并买得白面、豆油、水果、学生用的书本文具等，送到康平县胜利乡东下洼子村。在东下洼子村小学举行了扶贫物资捐赠仪式，并与东下洼子村李春阳、赵亮等四户贫困家庭结成帮困对子，综合二支部还和胜利村党支部商定，邀请民盟科技、医务等方面专家定期到该村开展全面扶贫工作。《沈阳晚报》对此作了报导，并配

发了照片。

2002年3月11日，民盟辽宁省委机关支部专题研究如何开展“扶贫帮困”的具体行动规划。盟省委机关支部应该积极热情投入“四个一”活动，要做全民盟基层组织的表率。他们立即行动起来，迅速筹集捐款1000元，中小学参考书、课外阅读书籍、外语教学磁带等300余册（盒），服装100多件。送往康平县贫困农村。

民盟大连市委积极开展对素有“务川小西藏”之称的国定贫困县贵州省遵义市务川仡佬族苗族自治县的扶贫工作。该县的石朝乡为极贫困乡，当民盟大连市委通过民盟遵义市委了解到此情况后，从1999年起与该乡建立了对口帮扶单位关系，每年出资5000元资助“民盟班”。今年6月，该乡遭遇洪涝灾害，盟市委主委田树军又带领部分盟员前往该乡，为学校送去了价值2000元的文教用品。盟员刘保国为学校捐赠了1万元。9月份开学，刘保国又为50名贫困生寄去了5000元的助学金。

盟省委为铁岭西丰县天德镇贫困户捐资建房；盟省委、民盟阜新市委联合上海增爱基金会等机构开展爱心传递义诊活动，到阜蒙县为300多名患者义诊，发放价值3.5万元的药品，并为困难群众送善款3万余元；民盟大连市委从2008年起组织20支服务队活跃在城乡的学校、街道和部队；民盟抚顺市委组织盟员专家赴棚改新区进行义诊；民盟本溪市委举办爱警日联谊活动，300多名公安干警和民盟艺术家共同演出；民盟锦州市委为养殖户提供免费技术服务；民盟营口市委引资1.5亿元，用于营口市数字电视整体转换项目；民盟辽阳市委为山区群众送医送药；民盟盘锦市委组织专家对农民进行技术指导，免费提供试种水稻种子8.2万公斤，赠送高产栽培技术资料3万余份；民盟葫芦岛市委到特教学校走访并送去慰问金。

民盟辽宁省委同东西方艺术家协会中华分会共同发起“辽宁省公益视力保健工程”活动，为铁岭市西丰县所有近视、弱视的师生免费配镜，并为每所学校捐赠近视防控仪器，目前此项活动正在进行中。省政协副主席、时任省委统战部部长高鹏到西丰了解活动开展情况并给予高度评价，她说：“这是一件利国利民的好事，把扶贫工作真正落到了实处。民盟的工作做在了前头，在各党派中起到了表率作用。民盟的资源这么丰富，工作做得这么细，非常值得肯定。”

吉林省

民盟吉林省委社会服务工作十年总结

（2002–2012）

吉林民盟组织始建于1951年7月14日。现有7个地市级委员会，1个区县级委员会，43个基层委员会，7个总支，144个支部（小组），盟员7482人（截至2012年12月）。

十年来，我们始终高举建设有中国特色社会主义伟大旗帜，坚持邓小平理论和“三个代表”的重要思想，树立科学发展观。按照民盟中央的总体规划和具体安排，重点围绕社会主义新农村建设、烛光行动、司法帮教、社区服务等开展我省民盟社会服务工作。为贫困地区农民和农村解决资金130余万元；送医100余人次；送药价值70余万元；开展科技讲座300余人次；建立乡图书室3个，捐书价值6万元；开展烛光行动培训和讲座500余次；建立司法帮教联系点1个；建立数字化社区试点单位1个；确立同心工程包保县（四平市梨树县）1个。经过努力，我们获得了被帮扶地区百姓的好评，为我省民生工程的建设作出了一定贡献。

一、十年工作简要回顾

（一）新农村建设

2002至2010年，省委统战部将白城市通榆县西艾力乡（国家级贫困县）确定为省民盟帮扶点，省民盟积极努力，协调省教育厅、水利厅两个单位，为白城市通榆县西艾力乡落实 35 万元资金改造学校危房；落实 30 万元资金用于抗旱打井 45 眼；协调省政府为省民盟万平沙漠化治理基地落实资金 25 万元用于沙漠化治理。

2005 至 2009 年，民盟吉林省委连续八次赴白山市临江地区，为临江市两镇五村农民共捐赠价值 70 多万元的药品、图书和服装。组织了专家到四道沟镇四道沟村、闹枝镇闹枝村为农民义诊，为花山镇老三队村、蚂蚁河乡蚂蚁河村、六道镇西马村为农民建立了图书室，为 200 多名农村财务人员免费进行了急需的财务知识培训。

2010 年吉林省部分地区遭遇了百年不遇的洪涝灾害，民盟吉林省委赴白山市四道沟受灾地区救灾。数百名盟员和机关干部一道为灾区捐款 54900 元。负责灾区重建工作的包保干部临江市教育局隋道明局长说："民盟组织在第一时间来到了灾区，为灾区送来了应急物资和捐款，这是对老区人民的最大支持。" 11 月 17 日，洪水撤出后，民盟吉林省委秘书长带着吉林省民盟六千多名盟员的一片热心，带领部分机关干部和医疗专家等一行人长途跋涉驱车近五个小时，行程近四百公里赶到临江市四道沟镇长川新村，又为该乡受灾的村民送去了 117 台价值十万余元的小天鹅洗衣机，使村民们在这个冬日里感受得到了春天般的温暖。领到洗衣机后的村民难掩心中的喜悦，口中有说不完的感谢。

2011 年我们按照省委统战部关于开展"万企联万户回报社会感恩行动"的指示精神，于 1 月 20 日，由民盟吉林省委副主委关今带队与部分盟员冒着严寒奔赴四平市蔡家镇、十家堡镇、梨树镇，看望了那里的老革命、老党员、老模范，为他们送去了大米、白面、豆油、电饭锅等物品。每到一处，关今副主委都亲切地询问老人的身体状况和生活情况，衷心祝愿他们身体健康、幸福快乐。

该活动旨在引导以民营企业家为主体的非公有制经济人士致富思源、感恩奉献、回报社会，帮扶为新中国的建立浴血奋战，为祖国繁荣富强艰苦奋斗、无私奉献，为共和国作出重大贡献的老红军、老八路、老党员等"三老"人员。通过非公有制经济人士与革命前辈结对帮扶的形式，为党、国家、社会分忧，为"三老"解难，同时使非公有制经济人士接受革命传统教育，增强承担社会责任的自觉性和使命感。4 月 22 日，民盟吉林省委秘书长李丽娜、社会服务部部长王建伟等冒着濛濛细雨奔赴四平市，与中共四平市委统战部

2010年11月，民盟吉林省委、白山市委为白山灾区捐赠洗衣机

的同志等一起到基层看望了那里的“三老”人员，为他们送去了大米、白面、被褥等物品。

2012年1月17日，由民盟省委副主委张釜带队，我们组织部分盟员，带着慰问品到梨树县的“三老”人员家中走访慰问。

今年80岁的志愿军老兵项联春，在抗美援朝战斗中负伤失去了右腿，他始终保持革命军人本色，从不给组织上添麻烦。张釜副主委听了当地党委部门的情况介绍后，拉着老人的手说，你们为新中国的建立和建设立下了不朽功勋，祖国和人民永远不能忘记你们，有了你们，才有了今天的幸福生活。老人说：“感谢党和人民对我们的关怀，今天民主党派的同志们到我的家里看望我，更让我们这些老年人感受到了社会的进步，享受到了改革开放带来的成果。”

离休老干部陈炳忠，今年88岁，谈起过去的工作经历，老人非常高兴，他还即兴给大家朗诵了一首自己创作的诗歌：“欣逢春节喜盈门，各级领导来访问，不怕寒冷送温暖，感谢领导一片心。领导话语意义深，永远铭记在我心，发挥余热作贡献，永葆斗志长精神。”老人质朴的话语道出了人们共同的心声。

（二）烛光行动

2007年是我们贯彻盟中央“烛光行动”的第一年，我们主要是向全省8个市级盟组织传达盟中央精神，要求各地区有组织、有步骤地开展“烛光行动”。

2008至2009年，由省盟组织每年抽调精兵强将为两个基地（通化县、辉南县）搞培训。为了使“烛光行动”能够达到预期的效果，盟省委在摸清培训对象的基础上，邀请了吉林省第二实验学校的两位在一线工作的优秀教师为主讲教师。接到任务后，两位教师在百忙之中组织文字材料5万多字，形成“在黑鱼身上寻找白点”和“我与学生共成长”两个讲座的文稿并配以精心设计的幻灯片，为辉南县和通化县的教师做了教师心理健康和教师专业化发展的专题报告，受到了当地领导和教师的欢迎与高度评价。

2010年，我们为了使“烛光行动”再上新台阶，还采取了请进来的办法，吸收先进地区的教学经验，提升我们地区教学水平。邀请北京市盟为我们聘请全国有名的讲师讲座和培训。7月28日民盟北京市委、吉林省委“烛光行动”白山行工作组来到了白山市七中，北京崇文区教研室中语室主任韩明英，北京航空大学附中特级教师李靖敏作了精彩的专题报告。虽然是暑期，得知这一消息的教师纷纷前来聆听这场教学报告，七中的报告厅里座无虚席。两位专家的报告让200多位白山教师共享了民盟丰富的优质教育资源，使聆听报告的白山教师耳目一新，受益匪浅，提升了白山教师的教育理念，再一次明确了新课程改革下中学教育的实质和意义。“烛光行动”白山行为北京市盟与吉林省盟和白山市盟的广泛合作与交流打造了平台。也在区域间优质教育资源共享方面作出了有益的尝试。

2011年我们在民盟中央的大力支持下，与新东方吉林分校共同开展活动。8月10日上午，“烛光行动——2011新东方社会责任行”活动在通化市第二中学举行启动仪式，该活动由民盟中央与新东方教育科技集团主办，民盟吉林省委、通化市委承办。通化市300多名中学英语教师参加了培训。盟省委秘书长李丽娜在讲话中说：“民盟组织一直重视革命老区各项社会事业的建设和发展，开展烛光行动以来已在通化建立了基地，多次组织教师团送课下乡，加强了交流与沟通。相信通过这次活动能够对老区的外语教育工作起到促进作用。”

2012年5月26日，我们联合省慈善总会、欧亚卖场、为省孤儿学校的

2012年5月26日，『关爱儿童庆六一』活动现场

孩子们开展了“关爱儿童庆六一”活动，在长春市欧亚卖场组织现场冰上舞蹈表演、并捐赠200双旱冰鞋和德国产价值3万元的自动扫地机和洗地机。让这些孩子们感受到了社会大家庭的温暖。

（三）司法帮教

2012年2月10日，省民盟与省女子监狱共同开展了“挽救犯罪母亲，温暖千家保平安”大型公益活动。3月份又组织省盟“三育培训中心”的教师为部分在押人员做了职业培训，严格考试，对合格的人员颁发结业证书，受到好评。

二、经验及主要做法

（一）紧紧围绕民盟中央确立的四项重点工作，是开展社会服务工作的前提条件

四项重点工作是民盟中央社会服务部在总结归纳全国盟务工作经验基础上确立的，具有规范性、系统化的

2011年7月，民盟省委第八次赴白山市开展三下乡活动

科学安排。2007年之前我们吉林省民盟社会服务工作主要是智力扶贫，帮助贫困地区在畜牧业上进行品种改良，盟员马宁获得全国“扶贫状元”光荣称号。2007年以后，我们紧紧围绕四项重点工作，结合省情，采取多种形式，使各项工作顺利开展。

（二）充分发挥基层支部作用，合理组建社会服务工作团队，可使社会服务工作有声有色

十年中，特别是近五年来，我们开展的各项活动，都是与基层支部分不开的。无论是教师培训、下乡义诊、捐款捐物、科技讲座等都是基层支部盟员自愿并主动参与。通过各项活动挑选有热情、有能力、有爱心的骨干盟员组成社会服务工作团队，搭建平台使其八仙过海，各显其能。

（三）积极开展活动，是争取领导支持和有关单位配合的关键

社会服务活动开展得有声有色有效果，是获取支持

和帮助的关键所在，没有他们的支持和帮助，各项活动也难以开展。几年来，领导亲临第一线，指导并安排具体工作，人、财、物样样给予保障，并亲自筹化、搭建了“吉林省科技服务协会”。通过“协会”这一平台，为社会服务工作提供了足够的活动经费，为社会服务寻找长期固定的活动经费来源一直以来就是民盟社会服务工作的一个重要课题，因此“协会”这一平台的创立，也是社会服务工作的一次创新和有益的探索。

三、建设性意见

（一）打破地区界限，设跨区域发展服务杯，勉励发达地区作出的贡献，促进相对落后地区发展

北京市盟 2010 年为我们安排一次“烛光行动白山行”效果非常好。今年，他们又参与盟中央倡导的“健康呼吸万里行”活动，十省市盟组织赞不绝口。今后，希望其他先进地区盟组织的利好资源，如农业科技、先进医疗、教学改革、高科产品、致富经验等等也能广泛传播。使受益地区的政治、经济、文化和社会等都会获得一定发展和提高。

（二）组建民盟社会服务志愿者团队，在全国巡回开展活动

全国盟员 20 多万，大多属于有知识、有文化、有能力、有爱心的有识之士。近期我们要成立吉林省民盟社会服务志愿者团队，该团队成员可以自愿参加各类服务性活动。

（三）建立全国盟员网，便于信息交流和沟通

全国民盟是一家，一家人在网上交流和沟通，肯定是一件利国利民的大好事。

民盟黑龙江省委社会服务工作十年总结

（2002–2012）

黑龙江民盟组织始建于1951年2月。现有12个地市级委员会，1个区县级委员会，43个基层委员会，14个总支，216个支部（小组），盟员9081人（截至2012年12月）。

社会服务是民主党派履行参政党职能的重要形式之一，是树立参政党良好社会形象，增强组织凝聚力，提高社会影响力，团结和动员广大成员积极发挥参政党作用的有效途径。

民盟黑龙江省第九次代表大会以来，全省各级民盟组织坚持以邓小平理论和“三个代表”重要思想为指导，认真贯彻、落实科学发展观，紧紧围绕构建社会主义和谐社会的总体目标，积极开展社会服务活动。民盟省委领导非常重视社会服务工作，积极响应民盟中央，中共黑龙江省委、省政府的各项号召，坚持“体现民盟特色，践行为民宗旨，统筹各方资源，服务地方发展”的工作原则，开拓进取、创新机制，社会服务工作取得了较好成绩。

一、工作情况

十年来，民盟省委努力探索社会服务工作方法和模式，大力拓展新领域，不断开创新局面，重点做好以下几方面工作：

（一）关注困难群体，促进社会和谐

开展扶贫帮困工作是贯彻落实中共中央、国务院和中共黑龙江省委“惠民政策”的重大举措。2001 年，民盟黑龙江省委根据中共黑龙江省委、省政府的安排和要求，负责佳木斯市一户下岗职工的脱贫工作，经过三年的帮扶工作，使贫困户于 2004 年完全脱贫。在省直统战系统第二轮“一帮一”扶贫活动中，民盟省委接受了佳木斯市两户下岗职工的扶贫工作，民盟省委机关干部自发捐款 2500 元，帮助患病的特困职工解决生活困难。2004 年，民盟省委还向齐齐哈尔市灾区捐款人民币 5000 元。

（二）发挥人才优势，开展智力支边

2005 年，民盟黑龙江省委原主委梁荣欣同志借在大兴安岭召开“民盟全省宣传工作会议”之际，亲自带领有关人员，深入到我国北部边陲大兴安岭地区，对漠河县的经济和社会发展进行认真调查研究。针对漠河县在产业结构调整中，大力发展旅游业、种植业、养殖业等非林替代产业过程中遇到的问题，提出了多项建议，并与漠河县建立联系点，达成了五项智力支边的意向性协议。民盟省委派出社会服务部有关人员到北极村，利用那里丰富的地下低温水资源，为“中国最北一家”家庭宾馆设计安装了简易节能环保型空调系统，为农村家庭宾馆在炎热夏季接待游客解决了一大难题。该节能环保型空调设备由民盟省委原副主委张连生教授设计并亲自动手制成。安装在“中国最北一家”家庭宾馆的这个系统，还是第一个试验装置，经过一段时间的试用，效果良好。

（三）拓展思路，将新农村帮建工作落到实处

“三农”问题是新时期党和国家所面临的重要问题，是关系全社会发展的根本性问题，促进农业发展，改善农民生活，加强农村建设是民盟长期以来开展社会服务工作的重要工作领域。

2008 年，盟省委积极参与新农村建设各项工作的开展，帮建工作得到中共黑龙江省委、省政府的表彰，荣获“2008 年度中省直新农村建设帮建工作先进单位”称号。2009 年、2010 年根据省新农村建设领导小组的部署和安排，民盟黑龙江省委承担了青冈县青岗镇乐园村的帮建任务。民盟省委高度重视，为更加圆满地完成帮建任务，专门成立了由赵雨森主委任组长，李鹏、杨永道副主委为副组长的组织机构，全力开展帮建工作，成效显著。按照计划安排，盟省委组织专家多次深入到该村进行实地调查研究和工作对

2009年7月，杨永道副主委带领调研组到青冈县青冈镇乐园村实地考察调研

接，通过召开座谈会、走访农户、实地考察乐园村的村容村貌，为村里的长远发展进行规划，千方百计为农民增收和致富出主意、想办法。

2010年，民盟省委协调资金近百万元用于乐园村发展蔬菜经济。在此基础上，先后两次组织专家到乐园村，就产业发展、农民培训、公益事业建设等提出了前瞻性的意见和建议，并为乐园村提供蔬种和科技致富书籍。同时协调组织种植、养殖、畜牧、农业等方面专家一行6人对村民进行具体的帮建和培训，全方位为乐园村提供人才、智力和项目支撑。4月，盟省委组织东北农业大学副校长郑秋鹏、黑龙江苏萌园林科技有限公司董事长苏艳霞和农大的知名专家教授等一行10人到乐园村，就项目实施和新农村建设情况进行调研。对村屯绿化、蔬菜大棚建设和改善乐园村环境、打造绿色生态园林精品屯提出了一些合理化的意见和建议，鼓励乐园村利用毗邻县城的优势扩大棚室生产规模。全国人大代表、民盟省委常委、苏萌园林公司董事长苏艳霞为乐园村捐赠了价值16万元的具有观赏性的王族海棠、金枝柳以及多品种果树苗木，为村民提供了技术和财力支持。目前，在盟省委的帮建和规划下，乐园村新建了80栋占地300亩的蔬菜大棚，打造绿色生态园林屯3个。村领导班子一再表示，有了民盟黑龙江省委的倾情帮建，他们有决心、有信心把乐园村建设得更好，让乐园村的经济实力更强、环境更美、村民更富裕。由于民盟省委的帮建工作成绩显著，《黑龙江日报》给予了报道。

2010 年 10 月 11 日，应青岗镇政府的邀请，民盟黑龙江省委主委赵雨森、副主委李鹏、杨永道、秘书长王健风带领机关干部到青岗镇乐园村实地考察帮建成果，交流经验，并为青岗镇的发展出谋划策。会上，青岗镇政府及乐园村的领导充分肯定了民盟黑龙江省委对青岗镇乐园村的帮建工作，感谢民盟省委为青岗镇乐园村的蔬菜种植提供的资金、蔬种与技术支持，称赞民盟黑龙江省委这一举措是在做“授人以渔”的好事。双方经过交流，确定一批专家与青岗镇乐园村结成对子，随时对农作物生产中出现的问题和困难提供技术支持，这一举措受到当地农民的热烈欢迎。

2011 年初，民盟省委圆满地完成了青岗县乐园村的帮建工作，得到中共黑龙江省委、省政府的表彰，民盟省委荣获黑龙江“中省直新农村建设帮建工作先进单位”称号，并新承担了青岗县永丰乡友爱村的帮建任务。2011 年末，盟省委还帮助原帮建单位绥化市四方台镇丰林村协调水利建设资金 30 万元，为新农村建设作出了积极贡献。

（四）关心未来，积极开展爱心助学活动

多年来，民盟黑龙江省委响应民盟中央号召，弘扬互助友爱精神，让一些贫困家庭的学子完成了学业。2007 年以来，民盟省委在盟员企业家的支持和兰西县委统战部的帮助下，从兰西县农村小学中挑选 100 个贫困学生，向每个学生每年资助 100 元人民币，帮助他们购买书本和学习用品。2010 年，民盟黑龙江省委积极向民盟中央申请了价值 1 万多元的助学图书，7 月份民盟黑龙江省委将这笔图书捐赠给青岗镇乐园村小学。为表达谢意，乐园村的领导和教师学生们举行了热烈的欢迎仪式。看着破旧的教室、杂草丛生的操场和孩子们一张张欢快的笑脸，让我们深深感到贫困学生对知识的渴望。欢迎仪式结束后，民盟省委领导走到学生中间，亲切与学生们交谈，鼓励他们要克服困难，好好学习，用知识改变贫穷和困境。

民盟黑龙江省各市委也相继发起了捐资助学、奉献爱心活动。民盟哈尔滨市委自 2001 年设立“海润十年助困奖学基金”以来，每年向贫困学子资助约 6 万元，现已捐助 50 多万元。民盟齐齐哈尔市委开展了以“感受民族文化，共建民族和谐”为主题的送教下乡活动。该项活动对发挥优质教育资

2011年8月，盟省委在在齐齐哈尔市开展新东方教师责任行英语教师培训班活动

源向基层学校的示范辐射作用，促进教育均衡发展和加强教师队伍建设作出了积极的贡献，三年中为小学捐款4万多元。民盟双鸭山市委多次与有关部门沟通协商，为当地争取特殊教育中心项目资金500多万元。民盟七台河市委组织盟员与贫困学生结成帮扶对子，向贫困学生捐款捐物达2万余元，被七台河市政府评为“资助春蕾女童先进单位”。民盟黑河市委注重发挥盟员企业家的力量，盟员何尔发平均每年拿出2万余元资助家境贫寒的学生，盟员王其华为农村贫困学生捐款捐物10多万元。民盟伊春市委组织举办了“宏志班”，挑选100名品学兼优的贫困学生进行三年全免费英语教育。

几年来，全省盟员向贫困学子捐款、赠书近百万元，在一定程度上解决了部分贫困学生上学难的问题。

（五）响应号召，推进农村教育烛光行动

2008年，为响应民盟中央的“农村教育烛光行动”，民盟省委发挥教育资源丰富的优势，动员全省各级盟组织和教育界盟员，有计划、有步骤、有针对性地开展农村义务教育阶段的师资培训。

民盟省委与民盟哈尔滨市委组织教育专家、教师到兰西县分别就语文、数学、英语和物理学科开展了示范教学，300多位教师和校长聆听了公开课。2009年，民盟省委组织兰西小学30名优秀骨干教师到哈尔滨市继红小学参观学习，继红小学的优秀教师就教学所涉及的全部学科进行了示范教学。2011年，举办了“民盟‘烛光行动·新东方教师社会责任行’齐齐哈尔站小学英语教师培训班”，对齐齐哈尔市七区九县近500名英语小学教师进行了为期3天的集中培训，取得较好的效果。民盟大庆市委还与北京四中网校大庆分校联合举办“烛光行动”公益讲座，内容涉及教师培训、学生学习方法指导及家庭教育，此讲座得到了社会各界的赞誉。

2010年，经民盟中央、清华大学扶贫办、民盟黑龙江省委与民盟齐齐哈尔市委、大庆市委的共同努力，在甘南县、泰来县、拜泉县和林甸县免费建立了清华大学远程教育扶贫教学站。3月份，民盟中央社会服务部郭勇部长、民盟省委杨永道副主委等实地考察并商谈了清华大学教育扶贫现代远程教学站建站事宜。5月份，清华大学为四个县的教学站长免费提供了业务培训。这是民盟发挥特色和优势，致力于智力扶贫又一新的尝试和新的成果。

（六）付诸真情，帮教改造未成年劳教学员

随着社会的进步，越来越多的社会力量开始参与帮教未成年劳教学员，民盟的监狱帮教工作则以强烈的社会责任感，结合自身特点，发挥自身优势，精选帮教内容。为了加强对青少年的法制教育，帮助未成年服刑学员更好地接受教育和改造，使他们尽快回归社会，民盟黑龙江省委立足于“把帮教工作做大、做强、做成民盟品牌”的工作要求，深入扎实地开展帮教活动。每逢重大节日，盟省委领导及机关干部都要到黑龙江省未成年犯管教所进行看望、慰问，给未成年劳教学员介绍国家和我省经济发展的形势，进行法制教育。与未成年劳教学员面对面座谈帮教，帮助他们吸取教训，树立正确的世界观、人生观和价值观，教育他们用自己的实际行动洗刷往日的耻辱。向未管所提出对未成年劳教学员在实行司法规范、依法行政的基础上，实施人性化管理、依法管理、以德管理、平等管理、教育改造的建议。活动受到了省司法厅、省监狱管理局领导的高度评价，认为民盟省委的帮教活动对未成年劳教学员切实起到了感化、教育和挽救的作用。

2010年2月5日，省政协副主席、民盟省委赵雨森主委带领盟省委机关干部，带着广大盟员的殷殷嘱托和浓浓的深情厚谊到省未成年犯管教所开展帮教慰问活动。在帮教大会上，盟省委与未成年犯管教所签订了帮教协议，赠送了价值五千多元的生活和学习用品。赵雨森主委代表民盟省委和广大盟员，向长期辛勤工作的干警同志们致以崇高的敬意，向在未管所学习改造的所有学员致以诚挚和亲切的慰问。勉励学员要树立信心，振奋精神，珍惜党和政府为其营造的良好环境；珍惜社会各界提供的真诚帮助和关爱，鼓励他们要本着对自己负责、对家庭负责、对社会负责的态度，认真学习，努力改造，树立正确的世界观、人生观、价值观，从头迈步，认真改造，弃旧图新，早日回到建设家乡的行列中来，走出一条崭新的人生道路。并与服刑学员结对子、交朋友，用真心和实际行动带去党和政府及社会各界对他们的关爱。服刑学员表示一定不辜负党、政府和社会各界的关心，要用实际行动好好改造，早日回归社会。鉴于在帮教工作中做出的成绩，盟省委机关干部王朴同志被省未管所授予“爱心大使”荣誉称号。

（七）团结互助，为灾区人民慷慨解囊

2005 年 6 月，黑龙江省宁安市沙兰镇遭遇了一场突如其来的山洪泥石流灾害。灾难发生后，盟省委机关共捐资人民币 2100 元，交给牡丹江市慈善总会。10 月，针对我省部分地区发生了自然灾害，盟省委捐献过冬棉衣、棉被等过冬物品近 500 件，并响应中共省委、省政府在省直机关开展“送温暖、献爱心”活动，盟省委领导和机关干部捐助了人民币 3700 元。

无论是西南地区的旱灾，还是青海玉树发生的大地震，盟省委都能迅速行动，大力响应盟中央的号召，积极动员和号召广大盟员主动奉献爱心，慷慨援助，大力弘扬“一方有难，八方支援”的传统美德和协作精神，组织为灾区人民捐款、捐物，奉献爱心。四川汶川发生地震后，全省各级盟组织积极响应盟中央的号召，紧急行动，配合有关部门，为灾区人民奉献爱心，捐款、捐物累计 160 余万元。民盟省委常委、金马建设开发集团董事长马玉祥响应民盟成都市委员会募集资金建设彭州市升平中学的倡议，慷慨解囊，捐款人民币 100 万元用于彭州市升平中学恢复重建，彰显了新时期盟员心系灾区人民、无私奉献的高贵品格。盟员马玉祥、吕志武被民盟中央授予“中国民主同盟抗震救灾先进个人”荣誉称号。

（八）服务社会，广泛开展义诊活动

多年来，民盟省委和民盟各市级组织积极组织医疗人员，筹备医疗用品，深入农村，服务社会，广泛开展义诊活动，收到良好的社会效果，得到社会各界赞誉和肯定。民盟哈尔滨医科大学委员会等省直基层组织经常组织义诊等社会服务活动。民盟鹤岗市委组织专家带着 B 超机、心电机等仪器到社会福利院进行义诊。民盟黑河市委带领专家对爱辉区四嘉子满族乡中学的学生进行义诊，并帮助建立健康档案，均受到当地群众的好评和称赞。

二、经验体会

（一）领导重视、全力支持是做好社会服务工作的前提

多年来，盟省委领导班子始终重视社会服务工作，每年制定工作计划时都对社会服务提出指导性意见，使具体工作部门任务明确、措施到位，在工作遇到困难时及时帮助协调，使一些重要的问题得到顺利解决。在人力、物力、财力等诸多方面给予大力支持，对社会服务工作成绩显著的单位和个人进行表彰，从而不断地激发全省各级盟组织和广大盟员做好社会服务工作的热情和积极性。

（二）整合力量、全员参与是做好社会服务工作的基础

把民盟省委的社会服务工作提升到一个新的高度需要我们在工作中整合自身整体力量，发挥全体盟员的群体作用。民盟黑龙江省委发挥广大盟员群体的聪明才智，吸取他们的真知灼见，形成民盟省委高质量的社会服务行动。只有这样民盟组织才能永葆生机、与时俱进地跟上时代的步伐，更好地做好社会服务工作。

（三）关注社会、关爱民生是做好社会服务工作的关键

共产党的执政理念是“立党为公，执政为民”，与此相适应，民盟就应树立服务为民的理念，民盟要情系于民、关注社会，为帮助和改善困难地区群体的生活质量贡献力量。我们要根据构建和谐社会的要求，积极围绕我省经济建设、文化建设、新农村建设，认真开展和做好社会服务工作，为推进我省和谐社会建设贡献力量。

（四）积极参与、无私奉献是做好社会服务工作的源泉

专业人才是盟省委的智力资源和优势资源，也是我们开展社会服务工作的基础。黑龙江省的民盟组织中有一大批个人素质好、专业水平高、热心盟务的盟员，多年来，他们在社会服务工作中发挥着积极的作用。正是有了他们的聪明才智和社会责任心，有了他们积极参与和无私奉献精神，才使我省

的社会服务工作得以持续、顺利地开展。他们的付出和奉献为民盟黑龙江省委的社会服务工作奠定了坚实的基础。

（五）有机结合、互相促进是做好社会服务工作的保证

社会服务是参政议政的重要基础，是参政议政的延伸和拓展，是参政议政的基础和源泉，是立盟之本、形象之源。因此，社会服务工作既是民盟自身建设的内在要求，也是民盟对外树立社会形象和社会地位的需要。社会服务和参政议政二者要有机结合，在今后工作中互相促进，才能达到共同提高、共同前进的目的。

上海市

发挥优势　树立品牌
立足上海　服务全国
——民盟上海市委社会服务工作十年总结
（2002−2012）

上海民盟组织始建于1946年8月。现有17个区委会，52个基层委员会，24个总支，64个支部（小组），盟员15881人（截至2012年12月）。

上海民盟社会服务工作从上世纪80年代起步以来，秉承“做好事、做实事”的宗旨，在实践中不断探索，稳步推进。近十年来，上海民盟积极履行参政党职能，认真贯彻落实民盟中央社会服务工作精神，围绕中心、服务大局，在领导的重视和支持下，在支教扶贫、社区共建、咨询服务等方面取得了一定成绩，开创了上海民盟社会服务工作的新局面。

一、发挥智力优势，积极开展支教扶贫

（一）大力支持偏远地区教育，积极贯彻落实“烛光行动”

民盟上海市委历来重视支教扶贫工作。早在上世纪80年代就已积极利用盟内教育资源，邀请偏远地区教师来到上海，为他们作教育培训，同时组织盟员赴宁夏支教。

民盟上海市委援建平江县三合小学照片

民盟上海市委援建湖南同心民盟烛光教学楼剪彩仪式

1. 援建烛光学校

2002 年，在中国民主同盟上海市第十二次代表大会上，时任主委张圣坤发出了“全盟捐款，支持西部地区教育”的号召，会议期间许多代表积极捐款，上海民盟的第一所援建学校在宁夏诞生，正式拉开了援建偏远地区教育工作的序幕。

2004 年，民盟上海市委与上海建桥集团签订了“建立希望小学基金合作协议”，2007 年民盟中央组织实施“农村教育烛光行动”后，改称“建立援建烛光学校基金合作协议”，通过多年的运作，目前已在全国 13 个省、

2008年7月23日，由民盟上海市委援建的青海省民和县官亭镇中心小学烛光楼竣工落成。民盟中央副主席、民盟上海市委主委郑惠强与孩子们合影

自治区建成烛光学校（楼）16所。2011年至今，盟员个人出资援建了2所烛光学校（楼），民盟黄浦区委出资援建了1所烛光学校（楼）。十年来，民盟上海市委通过多层次的捐资援建，为援建地区学生改善了学习环境，促进和推动了当地的教育发展。

2. 开展师资培训

民盟上海市委积极响应盟中央倡导的“烛光行动”，除了在广大农村地区，尤其是中西部地区援建民盟烛光学校之外，还通过“走出去”和“请进来”的方式培训这些地区的学校教师，取得了显著的成效，得到了当地的好评。

两次召开区县盟组织关于参与“农村教育烛光行动”会议，按照盟中央的要求迅速建立起以优秀中学教师为主的“农村教育烛光行动人才库”。

每年暑期，组织优秀教师赴宁夏、青海、江西等地开展“送教讲学”活动，培训当地中小学骨干教师6000余人次。2009年，安排青海海东地区两位副校长到上海高桥中学挂职锻炼半年。2011年10月，携手民盟甘肃省委，组织部分甘肃天祝地区骨干教师来到上海进行为期两周的培训。

为使支教工作更具有针对性，民盟上海市委支持贺耀荣等支教老师组成调研组，在支教地区开展调研并完成调研报告《“烛光行动”赴青海、宁夏支教调研及对策研究》并报送民盟中央，为民盟中央深入开展支教工作提供了宝贵的材料。

2011年9月，老盟员徐方瞿教授向全国部分省市中学捐赠价值105万元的《几何王》教学软件1800套活动启动仪式在北京密云举行，该活动被纳入民盟中央“农村教育烛光行动”，民盟中央副主席李重庵出席并讲话。至今，捐赠以及相关培训活动已先后在北京、河南、贵州、江西、宁夏、上海、重庆完成。

此外，民盟上海市委还不定期向宁夏、贵州、河北等地学校捐赠电脑、图书等。

3. 设置助学基金

作为地方组织，民盟上海市委对于本地贫困学生教育和郊县农村教育同样十分关注。2004年，民盟上海市委青年工作委员会和上海市久隆模范中学签订了“播种希望”合作助学育才协议，设立“科学艺术发展奖励金”，每月一次为久隆学生提供高质量的讲座并坚持至今。2011年，民盟上海市委普教工作委员会、民盟上海市崇明县委员会携手崇明县马桥中学签订了“烛光行动”助教合作协议，旨在促进和提高马桥中学的教育教学质量。2012年，助教活动与民盟上海企业家联谊会设立的“马桥中学助学金”合并运作，建立起了更为完善的援助机制。

（二）积极参与援建毕节试验区“同心工程”工作

2007年以来，民盟上海市委先后援建了毕节梨树镇二堡烛光小学、毕节市中心广场文化活动舞台、毕节小坝中学烛光图书楼；向毕节地区捐赠各类图书5000余册，电脑30余台以及其他教学设备、学习用品，为优秀学生提供奖学金、助学金；组织民盟二堡烛光小学师生赴上海参加建桥烛光夏令营等。

2010年，民盟长宁区委前往毕节开展帮扶助学活动并在毕节六中举行了帮困助学捐赠仪式，将民盟长宁区委全体盟员募集的1万元助学款送到了10名品学兼优但家境贫寒的学生手中。

徐方瞿教授两次赴毕节支教，捐赠《几何王》软件400套，并为毕节教师举办培训讲座。

2011年10月，在河南漯河市举行民盟上海市委『烛光行动·《几何王》智能型教育软件捐赠活动』

为了进一步深入做好援建毕节试验区建设工作，2011年9月，民盟上海市委领导班子以及民盟上海企业家联谊会正副会长、理事由郑惠强主委亲自率队前往毕节，全面、详细了解毕节试验区的相关情况，并召开主委会议专题研讨如何进一步开展援建工作。考察期间，郑惠强主委一行还实地回访了民盟二堡烛光小学，参加了毕节小坝中学烛光图书楼的揭牌仪式。

二、推动“社区共建”，促进社会和谐

社区是社会的基本单元，是城市居民生活的重要空间载体。社区和谐是社会和谐的基础，加强并推进和谐社区建设是构建社会主义和谐社会的重要内容，是各级党和政府高度关注的重要课题之一。民盟上海市委发挥盟内人才荟萃、智力密集的优势，依托社区资源，通过“社区共建”这一平台，在助力和谐社区建设、推进民盟的人才培养和参政议政工作等方面实现双方优势互补、资源整合，达到互利共赢。

1. 推动民盟区县组织及其他基层组织开展社区共建活动。早在十多年前，民盟普陀区委、徐汇区委、黄浦区委就开始尝试与街道、镇结对共建，在民盟上海市委

的推动下，当前已有 15 个区、3 个市属基层和社区、委办局等单位以不同的形式开展共建合作。共建内容包括：参与课题调研、举办义务咨询、开设专题讲座、辅导群众文艺、帮困助学等。

2. 民盟上海市委的社会服务工作与区县组织的社区共建相结合，集全盟之力支持、推动社区共建。民盟上海市委为区县组织开展社区共建提供帮助，尤其是人才资源保证，同时还主动在社区开展一系列的活动，如：在教师节期间，为教师提供义务医疗咨询；在中考、大考前夕，为家长、学生提供教育咨询；与基督教青年会合作为黄浦区的打浦社区、静安区的石门二路社区提供各类讲座、咨询和文艺演出等。

3. 召开民盟区县组织参与社区共建工作研讨会。要求各区县组织进行相关总结，尤其要对成功的经验、存在的问题、改进的策略等方面作重点分析，民盟上海市委将部分区县组织的总结材料在《社会服务工作通讯》上全文刊登，供交流学习之用。

4. 2005 年，经民盟上海市委统一协调，民盟杨浦区委、民盟同济大学委员会和民盟电大支部共同与杨浦区四平路街道党工委签订为期两年的“携手四平、共建和谐”文明共建协议。

5. 2010 年，民盟上海市委与长宁区江苏路街道正式签订共建协议，同时，民盟上海市委“共建和谐”社区共建实践基地揭牌。这是第十三届民盟市委签定的第一个社区共建协议，标志着民盟上海市委的社区共建工作踏上了一个新台阶。

2011 年，各项合作陆续开展，如：民盟上海市委机关两名新进干部到江苏路街道锻炼半年、推荐三位专家参加“老洋房保护专家组”工作，民盟机关总支爱心资助街道内一名家境困难的优秀学生等。

6. 2012 年，在民盟市委的协助下，民盟上海企业家联谊会参与闸北区共和新路街道“阳光爱巢”项目，建立民盟“烛光爱心”基金，以期建立起沟通联系的长效机制，并且构建服务平台和培训服务队伍，为街道辖区内的智障人群提供更有针对性的特殊关怀。该项目是民盟市委对于“烛光行动”在社会服务领域的进一步探索，是着力打造“烛光爱心”基金特色品牌的良好开端。

民盟上海市委同上海市未成年犯管教所签定共建协议

三、积极探索开展帮教工作，维护社会稳定

上世纪 90 年代，在民盟上海市委的关心支持下，由盟员开办的上海市七一运输公司专门吸收走出大墙的失足者，用真情唤醒他们人格的回归，为全社会如何做好安置帮教刑释解教人员工作提供了宝贵的经验。曾经轰动一时的电视连续剧《何须再回首》就是以这位盟员的帮教事迹为艺术原型而创作。

此后，民盟上海市委不断拓展帮教工作的新形式、新方法。2009 年，民盟上海市委与上海市未成年犯管教所正式签订精神文明共建协议，由 13 位盟员与少年犯结对帮教。至 2011 年，第一批帮教对象全部回归社会，其间，志愿者不仅在思想上、生活上给予关心，还通过盟组织为他们积极联系、落实工作，帮助他们尽快融入社会、自食其力。帮教活动得到了未成年犯管教所、少年犯及他们家属的一致好评。

民盟上海市委的帮教活动取得了一定成效，也遇到了不少问题，该项工作如何在政府有关部门支持下深入开展，有待进一步探索。

四、发挥优势特色、创立活动品牌、树立上海民盟形象

开展贴合民众需求、内容丰富、形式多样的咨询和文化活动一直是民盟上海市委的工作重点之一。1985年，为欢度第一届教师节，民盟上海市委开展教师节活动，活动内容包括前往华东师范大学和徐汇区第六十四中学开展医务咨询、文艺界盟员开展“红烛颂”专题活动，开创了上海民盟社会服务活动的先河。随后，又相继组织了多次颇有影响的咨询活动，如：在市工人文化宫开展面向社会大众的大型医务咨询活动；以青委会的名义，联合闸北区青联，组织百名青年盟员开展绿化、法律、医务、理财、升学指导等10个项目的咨询活动；组织特级、高级教师为本市家庭贫困学生提供义务咨询等。

2002年以后，民盟上海市委进一步开拓活动的新渠道和新对象，如：联合民盟宝山区委为武警上海指挥学院全体官兵举行慰问演出；组织百位律师在本市10个中心城区为广大市民进行房地产专项法律义务咨询活动；在静安、黄浦、杨浦、长宁、浦东等区同时举行“纪念民盟上海组织建立60周年大型综合义务咨询活动”，时任主委张圣坤来到静安区主会场亲切关心咨询情况；赴崇明县竖新镇开展文艺下乡活动等。

通过不断探索和总结，民盟上海市委有意识地将一次性活动推进为常规性活动，力求形成有特色的品牌活动并产生持续影响。

（一）努力打造品牌项目，不断扩大盟的影响

民盟上海市委的“百名律师义务法律咨询”活动每年在上海10个区县同时举行。该项目是由民盟市委、民盟司法委员会和部分民盟区县委员会联合举办的大型法律咨询活动，十年的坚持使这一活动成为了上海民盟社会服务工作的一个品牌，在社会上产生了一定影响。

上海是农民工最为集中的城市之一，农民工是上海现代化建设中的一支重要力量，为上海经济和社会发展作出了重要贡献。但是他们在求医问药方面依旧是这个城市的弱势群体，因经济困难、就医不便等因素，常常处于“小病拖，大病扛”的境况。2009年正值世博工地建设的关键时期，上海民盟义诊志愿者服务队由此成立，旨在深入工程建设第一线，为农民工提供免费的健康体检和医疗咨询服务。服务队里的医疗专家和义工志愿者积极行动起来，克服了天气和场地等种种困难，世博期间在世博工地上开展了多次医疗咨询。世博会结束后，上海民盟义诊志愿者服务队在服务世博立功竞赛中获得了优胜奖。2011年和2012年，服务队继续为中建八局和申通集团的农

民工建设者提供服务。三年来，服务队共开展了22次义诊，参加的医生和志愿者达200人次，就诊人数共计5000人次，实实在在地帮助到了农民工，使农民工感受到了社会的关怀与关爱。上海民盟义诊志愿者服务队将继续活跃在工地第一线，把实事做好，好事做实，形成品牌效应，为构建和谐社会作出一份应有的贡献。

（二）积极组织盟内团体、协会开展活动，增强盟的凝聚力、吸引力和活力

民盟市委现有艺术团、书画院、摄影沙龙、桥牌协会、乒乓协会、青年律师联谊会等团体，各团体围绕民盟市委的工作积极开展丰富多彩的活动，增强了盟的凝聚力、吸引力和活力。

如汶川大地震后，上海民盟书画院组织盟内书画家开展作品义拍会，将义拍所得38万元捐献灾区；2011年，在纪念民盟成立70周年及上海民盟组织建立65周年的系列活动中，民盟书画院举行了专题画展，盟内书画家创作了60多幅民盟先贤的画像、有纪念意义的建筑和以先贤诗句为题材的书法作品，青年画家张伟历时半年创作大型画作《山雨欲来风满楼》分别赠送民盟中央和民盟市委，为民盟成立70周年献礼；上海民盟书画院还组织画家参加民盟广东省委和上海各民主党派联合举办的各类书画展。

民盟艺术团组织策划了“纪念中国民主同盟成立70周年暨民盟上海组织建立65周年”文艺演出，无论是节目挑选、演员阵容还是演出效果都得到好评，其中，娄际成的《最后的演讲》被蒋树声主席邀请赴京参加全盟纪念活动。

民盟摄影沙龙组织摄影家拍摄民盟先贤在沪寓所、活动旧址等，并将摄影作品制成具有纪念意义的台历。

五、弘扬传统美德，全盟奉献爱心

2008年汶川大地震后，民盟上海市委发出了动员全体盟员支援地震灾区的倡议书，希望大家积极行动起来，发扬中华民族扶贫济困的传统美德，踊跃捐款，携手同行，向灾区提供力所能及的帮助，向受灾群众献上一份爱心，在短短一个月中即通过各种渠道筹得300余万元的捐款及物资。

2010年青海玉树发生大地震，民盟上海市委积极行动起来，号召全市各级民盟组织广大盟员发扬“一方有难，八方支援”的传统美德，以“特别盟费”

的形式踊跃参与抗震救灾捐献，为帮助雪域高原的受灾同胞早日重建美好家园奉献绵薄之力。在赈灾捐款献爱心活动募捐现场即筹得善款 7 万余元。

在云南遭遇百年一遇特大旱灾时，上海民盟也为受灾地区传递出了一份爱心。在大灾大难面前，民盟上海市委始终坚持为党和政府分忧，为人民群众解难，尽力而为，同舟共济。

总结民盟上海市委十年来的社会服务工作，主要有以下基本经验：

（一）领导重视、扎实推进

主要领导和领导班子认识到位，高度重视，多次在主委会上专题研讨社会服务工作，从计划制定到具体落实、全程关注。

（二）提高认识、广泛参与

提高基层盟组织对社会服务工作重要性的认识，充分调动他们的积极性，将社会服务与参政议政、自身建设、后备干部培养结合起来。

（三）突出重点、量力而行

结合民盟自身特点、优势以及上海民盟组织的实际，社会服务工作不求面面俱到，而是有重点、有选择，量力而行，持之以恒。

（四）建立依托、争取支持

依托基层盟组织，积极争取统战部门及政府有关部门的支持，保证各项工作更加顺利地开展。

（五）打造品牌、扩大影响

民盟的社会服务工作具有很强的政党属性和示范意义，不同于一般的慈善机构做善事。在做好社会服务工作的同时，还需注重树立民盟的形象，发挥持续效应，扩大民盟的影响。

（六）加强宣传、及时总结

加强宣传有利于扩大影响、鼓舞士气，及时总结有利于发现问题、改进工作、提高服务质量。

社会服务工作对于提高盟的参政议政能力和水平，促进盟的自身建设，扩大盟的影响，增进盟与党和政府的联系、盟与群众的联系，都有不可忽视的重大意义。费老曾指出："民盟要更好地自觉地为中国式的政治组织找到一条发展自己的道路，这就是建立起民盟自己的社会服务体系。"

开展社会服务工作，能够发挥广大盟员的聪明才智，为他们施展自己的才能去造福社会、体现自身价值开辟了一条渠道，能大大增强盟的凝聚力和向心力。通过社会服务，可以发现、培养和锻炼盟的干部，是民盟建设干部队伍的重要途径。因此，对盟的自身建设来说，社会服务工作是一项“活力工程”。

开展社会服务工作，可以使盟组织更深入地接触社会热点问题，清楚地了解群众的实际需要，使民盟能准确地把握社会脉搏，为政治协商、民主监督和参政议政提供第一手的真实材料，使民盟提出的意见和建议更中肯，更切合实际，更具科学性和可行性，因此，对盟的参政议政来说，社会服务工作是一项“基础工程”。

开展社会服务工作，是直接为社会大众做好事、做实事，为党和政府分忧，使党委、政府和广大群众通过我们所做的工作更好、更全面地认识民盟，了解民盟，密切民盟与党委、政府和广大群众的关系，扩大民盟的影响。这对于社会认识民盟，无疑是一项十分重要的“形象工程”。

民盟上海市委始终认真贯彻落实民盟中央社会服务工作精神，深刻认识到社会服务不是简单地做好事，而是民主党派参政议政的基础、延伸、舞台，展示的是参政党的形象，体现的是我国多党合作的优越性。

在今后的工作中，民盟上海市委社会服务工作着力于合理布局、注重实效。要变一次性活动为常规性活动，变一次性支持为长期性联系，由小到大、由点到面、由浅入深逐步向高层次发展，形成特色，创出品牌，产生持续影响。要发挥民盟资源优势，以智力支援为主，经济援助为辅，突出重点、量力而行、尽力而为，实现可持续发展。

民盟上海市委将继续结合上海实际，围绕中心、服务大局，充分发挥区县和基层盟组织以及广大盟员的积极性，不断探索社会服务工作的新形式、新内容、新方法，推进民盟上海市委的社会服务工作取得新成绩。

继往开来　求实创新
开创江苏民盟社会服务工作新局面
——民盟江苏省委社会服务工作十年总结
（2002–2012）

江苏民盟组织始建于1946年7月。现有13个地市级委员会，7个区县级委员会，30个基层委员会，46个总支，318个支部（小组），盟员14679人（截至2012年12月）。

2002年以来，民盟江苏省委深入贯彻落实科学发展观，始终坚持整合资源、突出优势、因地制宜、注重实效的方针，恪守参政党的职责，继往开来，求实创新，服务大局，着力把社会服务工作融入盟的整体工作之中，积极开创社会服务工作新局面，推动社会服务工作迈上新台阶。

一、承继传统，求真务实，推动“农村烛光教育行动”可持续发展

（一）积极开展对口支教帮扶工作

民盟中央关于在全盟开展“农村教育烛光行动”的意见发出后，民盟江苏省委成立了以曹卫星主委为组长，于琨奇副主委为副组长的领导小组，并召开专题会议进行研究。会议认为这是江苏民盟参与社会主义新农村建设和全面建设小康社会的一项重要实践，是民盟发挥特色和优势，积极履行参政党职能的具体体现，对于提高

农村教师的业务和教学水平，提高农村基础教育教学质量，促进城乡教育均衡发展具有积极的现实意义。我们要集全省盟的力量，以高度的政治热情和强烈的社会责任感投入到“烛光行动”中去，持之以恒，注重实效，使之成为江苏民盟社会服务工作的品牌项目。

为此，民盟江苏省委在与民盟甘肃省委“东西互助联手扶贫”合作十几年的基础上，将社会服务工作的重点由捐资、捐物、资助贫困生、支教转向以提高农村中学教师素质和教育教学水平的师资培训工作，在经过细致深入的调研之后将江苏省淮安市洪泽县、甘肃省天祝县作为江苏民盟开展“农村教育烛光行动”的联系点，并根据当地县教育局的需求进行帮扶。

根据甘肃天祝县教育的实际需求进行对口帮扶，有针对性地帮助当地教师提高业务素质和教学水平。通过网络对接，在新课程改革理念、新教材教法、实验课教学、多媒体利用等方面进行交流辅导。通过网络交流辅导，江苏老师的教材教法、课件制作、实验课教学创新等方面对受助老师有很大启发，并且在实际教学中的应用也收到了显著的效果。还联合民盟苏州市新社会阶层人士捐款 20 多万元新建了天祝县哈溪镇小学。

1. 利用网络开展教师培训。民盟江苏省委联合民盟南京、苏州、南通、常州市委，对甘肃天祝县中学骨干教师采取“1+1”结对，“一对一”对口帮扶，更有针对性地帮助他们提高业务素质和教学水平。通过网络对接，在新课程改革理念、新教材教法、实验课教学、多媒体利用等方面进行交流辅导。通过网络交流辅导，江苏老师的教材教法、课件制作、实验课教学创新等方面对受助老师有很大启发，并且在实际教学中的应用也收到了显著的效果。

2. 接受教师来江苏进修培训。接受甘肃教师来江苏进修培训是“烛光行动”开展教师培训的一个重要实践。经与民盟甘肃省委商量，2008 年接受六位老师来江苏进行为期三个月的进修培训。民盟江苏省委极为重视这项培训工作，对来苏培训的老师和接受地的民盟昆山市委都提出了具体要求。我们采取的是“师徒”帮带式培训，即学校指派一位骨干老师帮带一位受训教师，跟班听课，指导备课，参加教研活动；同时，还让来苏受训教师上讲台给学生上课，从指导备课、组织老师听课到课堂点评全程辅导。另外，在生活上也给予了周到的安排，学校免费提供食宿，连洗涮用品、饮具等生活用品都作了准备，努力营造“家”的氛围。民盟昆山市委还给予 6 位老师每人每月 300 元的补贴，并利用双休日组织他们到上海、杭州及苏州地区进行参观考察，使他们能开阔视野，感受改革开放带来的巨大变化。

2009 年 3 月，第二批来自甘肃天祝和江苏洪泽等县的教师将赴无锡江阴进行为期三个月的培训；2010 年 10 月，第三批受训教师赴苏州张家港进行为期三个月的培训；2011 年 10 月，第四批受训教师赴苏州常熟进行为期三个月的培训。

实践证明，经过专家论证的三个月培训方式是符合教育、教学规律和要求的，它收到了较好的成效，江苏民盟的“农村烛光行动”也因此形成了自己的特色和模式。

3. 根据需求提供“菜单式”培训。（1）班主任工作培训。应甘肃定西、天祝教育局的要求，针对中小学在新课程实施后，班主任工作如何适应新的变化、新的要求，在日常管理中，班主任如何营造学习型班集体等方面内容，2007 年 8 月 19 日至 25 日，民盟江苏省委组织 6 名长期从事班主任工作、具有丰富带班经验的中小学高级教师，分别在甘肃定西和天祝为 500 多名班主任老师作了《班主任工作基本规范》《班级活动设计与组织》《班主任应具备的素质》《班主任的理想与理想的班主任》和《用爱守护的责任》等课题

民盟江苏省委与甘肃省天祝县教育考察团在江阴市周庄实验小学座谈

讲座。6 位老师都作了充分准备和大量的案头工作，制作了课件，收集了案例。授课老师采取讲座、经验介绍、案例分析、问题解答、上下互动等多种形式，提高培训效果，受到受训教师的热烈欢迎。（2）高中新课程改革培训。江苏是较早实施高中新课程改革的省份，而甘肃省还没开展这方面的工作。为了适应高中新课程改革的变化，甘肃天祝县教育局积极主动应对，请求民盟江苏省委组织专家帮助他们培训高中教师。2008 年 7 月 20 日至 24 日，民盟江苏省委联合民盟常州市委组织常州市教研室、教育学院的专家及 9 门学科的高级教师组成“烛光行动”志愿者讲师团赴天祝县为 250 多位高中老师进行为期 5 天的培训。培训内容涉及通识培训和学科培训两大块共 17 个方面的内容。培训结束前还用一个课时分学科进行了座谈交流，共同探讨、研究教学中遇到的问题。培训达到了预期目标，产生了非常好的效果，受到受训老师高度评价。中共天祝县委、县政府为表达感谢之情，特赠匾给民盟江苏省委——“烛光行动情系天祝”，这是对我们在天祝县开展农村教育烛光行动的肯定和褒奖。

淮安市洪泽县是江苏民盟在省内的“农村烛光教育

行动”联系点，为此，江苏民盟积极动员组织盟内力量，对洪泽教育进行大力帮扶，支持他们走科学发展之路，取得了较为显著的成效。2009年下半年，盟省委联合民盟常州市委帮助洪泽县定点中学制定了学校和教师三年发展规划，明确了办学思路和方向，为下一步发展奠定了良好基础。此外，盟省委还联合民盟常州市委、民盟南通市委组织常州市正衡中学和南通一中的专家和名师赴洪泽县定点中学开展了现场指导和课堂点评等活动，进一步提升了当地教师的教学水平，并将争取到的美国ESS科技教育协会捐助的第一期价值5000元人民币的300余册图书捐赠给定点中学。民盟南通市委向定点中学捐赠了200余套桌椅，进一步改善了该中学的硬件设施水平。2010年4月，在民盟无锡市委鼎力支持下，民盟无锡市北塘区总支盟员吴锡光捐赠价值5万余元的多媒体设备，帮助该中学建设了第一间功能齐全的多媒体教室，大大丰富和提升了该中学的教学手段和硬件教学设施水平；民盟江苏省委也于同期向该中学捐赠了3台电脑和1台复印机。民盟江苏省委组织该中学21位教师赴溧阳后六中学观摩学习。2011年配合洪泽县的教育布局调整，我们将“烛光行动”联系点放到了洪泽新区中学，并由民盟常州正衡中学支部与其结对帮扶，根据该学校的实际情况，帮助其制定了三年发展规划，双方还签定了合作计划，每年开展同课异构、结对交流、互访考察等活动。

（二）持续开展送教捐资工作

民盟南京市委制定了《民盟南京市委2009年农村教育烛光行动计划》，并组织盟内名师为400多名六合区一线农村教师开设讲座；组织专家深入农村学校调研，了解师生需求；组织盟内教学专家到六合区东沟中学和程桥镇初级中学，与两所学校的教师开展同课异构教学活动；组织“名师团”到江宁区谷里中学开展送教工作，通过开授观摩课、座谈交流，交换备课笔记等形式，实现教学研究的资源共享。民盟南京市委发挥民盟自身优势，切实帮助农村教师发现问题、寻找差距、研究对策，提高教学水平，为南京教育的平衡发展贡献自己的力量。民盟苏州市委“烛光行动支教基地”在高新区新浒学校揭牌，并向该校捐赠了价值约3.5万元人民币的教学物资和图书。民盟张家港市委赴四川向对口援建小学——东北镇永建博爱小学捐助了1万元办学经费。民盟吴江市委向松陵镇外来民工子弟学校捐赠价值3000元的教师专业成长用书及向贵州省道真自治县教育局20个下属教育单位捐赠价值500元的教育专著。民盟扬州市委组织10余名专家和名师赴沙头镇北洲中学开展教学交流活动，为北洲中学的师生展示了新颖、先进的教学理念和方式。民盟泰州市委正式启动农村教育“烛光行动”，制定了海陵区实验小学和兴化市城东中心小学2009至2010学年结对帮扶计划，对顶岗支教、定期互访和教研合作等专项活动作出了具体安排。民盟盐城市委组织盟内优秀教师赴盐都区大冈初级中学，为全体教职人员开设暑期专题讲座。民盟连云港市委资助青海省大通回族、土族自治县的20名贫困中小学生完成从小学到高中的学业，为赣榆县高级中学10名贫困生捐助10000元人民币，并赴灌南县三口镇中小学，为45名贫困生捐资7500元，捐赠图书1200余册。民盟宿迁市委依照清华大学继续教育学院的课程安排，全年共开展15期高考辅导、公共管理、乡镇医疗卫生管理、依法行政等培训活动，受益人数达1万余人，并向宿城区龙河中心小学捐赠价值3千余元的图书，资助3名二、三年级的特困女童，帮助她们完成义务教育阶段的学业。

二、以人为本，创新形式，积极开展进监帮教和社区矫正工作

“进监帮教”和“社区矫正”是民盟社会服务的重要组成部分，对于构建和谐社会具有重要意义。江苏民盟充分发挥人才和智力优势，继承传统、开拓思路、创新形式，为进监帮教和社区矫正工作的可持续发展奠定了基础。民盟南京市委与秦淮区人民法院、秦淮区司法局联合启动“阳光观护行动”，积极发挥盟员在教育、法律、心理等方面的优势，认真做好对失足未成年人的教育挽救工作，推动了社区矫正工作的深入开展。

此外，民盟南京市委还赴南京市中级人民法院、南京市司法局等单位，积极开展《对我市未成年人刑事案件审理前调查和建立适用社区矫正司法评价制度》的调研，为未成年人刑事审判相关法律的出台建言献策。民盟无锡市委联合司法部门和街道、社区在无锡市崇安市街道建立了“街道社区矫正特殊教育基地”，设立了心理、法律和社会道德教育等3个工作室，协助街道社区开展社区矫正工作。江阴盟员李惠珍在自己的企业中创立未成年人关爱基地，走出了一条党派成员参与帮教工作的新路子，民盟中央李重庵副主席在实地考察后给予了高度评价。民盟常州市委采用一对一的帮教方式，坚持13年赴常州市监管支队帮教，形成了具有自身特色和优势的传统品牌。常州工学院民盟总支制作的帮教教育动漫片，已被公安部列为《与法同行》教育片的首片，是公安监管系统第一部针对在押人员的具有典范意义的教育

片。民盟镇江市委的“四成”教育讲座、“五心”、“四会”主题教育活动及中国传统文化教育很有特色，并提出把义务教育作为烛光行动的切入点，把提高服刑人员就业和创业能力列为帮教工作新目标，具有重要的创新意义。民盟常熟市委对市看守所服刑人员开展帮教活动，通过对在押服刑人员进行义务体检，彰显了一种高度的责任意识和人性理念。

三、多措并举，努力进取，大力拓展社会服务新领域

全省各级盟组织依托自身资源优势，开展了内容丰富、形式生动、成效良好的社会服务活动，继续在已有基础上大力拓展社会服务新领域。民盟南京市委依托广大盟员的资源优势，积极参与南京市经济建设，做好招商引资服务工作，2009年上半年共引进项目6项、注册资金总计达8000余万元人民币；依托基层组织和专委会继续开展送医下乡、资助学童等活动。民盟苏州市委成功举办了庆祝苏州解放六十周年义诊活动，并组织苏州大学附一院医卫专家一行10人赴昆山市第三人民医院进行为民义诊，接受群众咨询、问诊共500余人次。民盟张家港市委围绕“服务新农村、建设新港城”目标，联合市工商联举办了3次商会企业法律知识讲座；联合无党派人士联谊会开展“送医、送法、送科技”进社区活动，为广大基层群众提供了相关咨询服务。民盟吴江市委充分发挥自身优势开展了“法律咨询进社区”、“民营企业维权法律咨询”及“百千万送温暖送健康”活动，为居民、企业开展医疗卫生服务“双五工程”，为百强企业选聘100名健康顾问、培训100名健康管理师、发放100张服务绿卡，受到了群众的广泛好评，产生了很好的社会效益。民盟镇江市委结合镇江教育实际，成立了“镇江民盟家庭教育报告团”，揭开了镇江民盟社会服务新篇章。报告团以民盟基础教育工作委员会为基础，以市优秀盟员教师为支撑，以“关注孩子心灵成长、培养孩子良好习惯”为主题，赴市各中学举办讲座5场，受益学生家长共计500余人。民盟镇江市委还成功举办了“减负增效提升内涵大家谈”教育论坛，收到了良好成效。民盟盐城市委继续深入开展“科技兴农”、“文艺义演”、“爱心义诊”等传统社会服务活动，并积极响应中共盐城市委、市政府的号召参与帮扶结对工程，多次赴射阳县四明镇5户结对贫困农户家中走访调研、扶助贫困农户走上科学养殖、勤劳致富之路，扩大了民盟的社会影响。民盟淮安市委与江苏省农垦印刷厂建立了挂钩服务关系，定期上门征求企业意见和建议，了解企业在

生产、经营中存在的困难和实际问题，并积极反映和协调解决；并再次与清浦区南港社区建立挂钩帮扶关系，盟市委领导多次深入南港社区进行调研。2009 年 5 月，盟市委联合市统战部、市各民主党派、工商联与南港社区举行了共建协议签订仪式，为社区捐款 1000 余元，捐书 100 余册；2009 年 11 月，盟市委再次为南港社区捐款 1000 元，捐书约 100 册。另外，民盟淮安市委还认真做好城镇特困家庭、“40、50”人员和党员帮扶特困户的帮扶工作，一共送去了慰问金、慰问品计 2000 余元。同时，民盟淮安市委还积极参加市委统战部牵头组织的“和谐淮安建设志愿团”活动,大力开展送科技、送文化、送医进基层活动，并赴市社会福利院开展送温暖活动，带去了价值 1000 余元的食品和玩具。2009 年 10 月，经民盟淮安市委积极联系，上海 TA26 同学会再次来淮捐资 6.8 万元，帮助淮阴区 10 名贫困高中生完成三年高中学业。民盟徐州市委徐医总支上半年与农工党支部联合组织 30 多位专家到农村开展义诊活动；全国环保模范、徐矿中学退休老盟员周美恩自筹资金在徐州九里区湿地公园义务植树造林 20 亩，产生了较大社会影响。民盟宿迁市委深入开展“三下乡”等活动，组织盟员医生和部分医务专家，为宿迁市直及宿城区有关部门的 3200 名妇女同志义务进行全面身体检查；联合科技局、农林局，开展“科技入户”工作，共走访生猪饲养、蚕桑种植户 500 余户，捐献农业科技书籍计 1000 余册。

围绕“同心”探索特色培育品牌

——民盟浙江省委社会服务工作十年总结（2002–2012）

浙江民盟组织始建于1946年2月。现有11个地市级委员会，7个区县级委员会，13个基层委员会，57个总支，220个支部（小组），盟员10307人（截至2012年12月）。

民主党派的社会服务工作是履行参政党职能的重要组成部分，是参政党贯彻落实“三个代表”重要思想的具体实践。民盟中央领导对社会服务工作十分重视，费孝通主席指出“民盟要更好地自觉地为中国式的政治组织找到一条发展自己的道路，这就是建立起民盟自己的社会服务体系”。2003年乐山社会服务工作会议，张梅颖副主席做了“认清形势、发挥优势、因地制宜、注重实效”的重要讲话。2007年贵州社会服务工作会议，李重庵副主席提出了民盟新时期社会服务工作的四个重点：“农村教育烛光行动”、新农村建设、监狱帮教、社区建设。民盟各级组织围绕全面建设小康社会开展各种形式的社会服务活动，发挥民盟组织人才优势和智力优势，因地制宜，积极开展科技下乡、医疗下乡、送教下乡的“三下乡”活动，帮困扶贫、支援灾区，为基层为群众办实事、做好事，增进盟与中共和政府的联系、与广大人民群众的联系，扩大了民盟的影响，树立起民盟组织的良好形象。

民盟浙江的社会服务工作在民盟中央和省委会的领导下，在“十五”、“十一五”期间，根据浙江的实际，以新农村建设和“农村教育烛光行动”工作为龙头，在做好办学和“三下乡”等传统社会服务工作的同时，积极与中西部的民盟组织合作联动，创新社会服务工作方式，围绕“同心”品牌，经过若干年的努力，已逐步形成了浙江民盟社会服务工作特色。

2007年6月，民盟浙江省委、民盟宁波市委向竹垟乡中心小学捐赠钢琴、电脑、复印机、打印机等教学办公设备

一、新农村建设造血红坞村

2003年民盟省委九届二次全会决定选择一个点开展帮困扶贫工作。在民盟丽水市委会支持下，确定龙泉市竹垟畲族乡作为帮困扶贫挂钩联系乡。2004年，民盟省委向主管副省长送交了报告，将该乡中心小学的学生宿舍楼列入省重点建设项目立项，落实专项资金四十万元；得到省科技厅科研经费十五万元，支助该乡竹胶板低毒高效胶粘剂研制与开发的科研；在全省盟组织中开展捐款活动，设立了“竹垟乡贫困生资助基金”。民盟绍兴市委资助十万元，为中心小学建了计算机多媒

体教室，宁波市委会捐赠了钢琴等价值19万元的教学、图书用品，使得乡村的孩子用上了现代化的教学设施；安排乡中心小学教师到杭州的教师进修学校进修等一系列教育扶贫工作。通过三年多的努力，2007年该乡通过了教育强乡的验收。

2006年，省委会又在竹垟乡选择红坞村作为新农村建设基地，尔后建设基地纳入中共浙江省委统战部“少数民族增收帮扶行动计划”。民盟省委、丽水市委、龙泉总支先后四次到红坞村进行调研，分析该村经济发展的方向，提出了重点发展毛竹、茶叶两大产业的建议。盟办杭州求是专修学校捐资15万元，新建一条竹林机耕路，使得区域内719亩毛竹林和2000余亩山林生产经营条件大为改善，400亩荒芜山地得到复耕。全村90%以上的农户从中受益，该路被村民立碑命名为“民盟求是路”。龙泉总支派出专家指导笋竹林改造技术，无偿提供竹林专用肥3.6吨，当年该村人均年收入就增加了400元。2008年，红坞村成立伟铭茶叶专业合作社，加快了生态茶叶基地建设，一期栽种金观音茶叶238亩，二期100亩；民盟资助10万元用于茶叶加工厂的建设，茶叶加工厂的建成，为全竹垟乡的零散茶农提供了加工和销售的渠道。副省长考察红坞村时，为支持该村茶叶基地建设，下拨了50万元民族建设发展资金。需要指出的是在我们的建议下，这60万元资助资金作为村集体股份注入伟铭茶叶合作社，年终分红时作为村集体经济收入，由全体村民共享成果。红坞村是竹垟畲族乡五个民族村之一，全村有70户286人，其中88.1%为畲族人口。2007年，村人均纯收入为2000元，村级集体经济是零，属于典型的空壳村。2010年，农民人均纯收入提高到4500元；全村低收入户从43户152人减少到5户18人，显现了红坞村良好的发展势头和民盟结对帮扶的明显成效。

2010年7月，李重庵副主席到龙泉竹垟畲族乡红坞村调研，实地考察了茶叶生产基地和伟铭茶叶专业合作社。李副主席高度评价了民盟浙江省委注重增强农民自我发展能力的帮扶工作思路。特别指出：专业合作社等农民专业合作经济组织是当今我国农村发展现代农业、农民集体致富的有效组织形式，全国人大专门为此立法给予保护和支持。

二、“农村教育烛光行动”硕果累累

2007年贵州会议，倡导旨在发挥民盟优势，通过形式多样的培训活动，

民盟中央副主席、民盟浙江省委主委徐辉考察红坞村

帮助提高农村学校教师素质和教育水平，提高农村学校教育、教学水平，让农村孩子健康成长的“农村教育烛光行动”。民盟浙江省委2007年开始，先后安排了贵州毕节二中两批八位教师到杭州十四中学、宁波中学进修学习，并承担全部费用；安排云南丽江六位老师到浙江大学附中进修学习，并承担学习期间的费用，学习回去后四位无党派的教师加入了民盟；安排贵州雷山苗族侗族自治县的20位小学教师到杭州翠苑第二小学进修学习；民盟宁波市委会安排甘肃定西、天祝藏族自治县的10位教师到慈溪育才中学进修学习。2011年4月，由民盟中央副主席、民盟浙江省委主委徐辉带领8位盟员专家教师赴贵州黔东南苗族侗族自治州开展活动，分别对黔东南州的高中教师、雷山县的初中教师开展语文、数学、物理、英语、化学等五个学科的教师培训，600余位教师参加了面授培训，浙江教师的精彩授课、专题报告以及他们的敬业精神得到了当地老师们的一片赞赏

和钦佩，为民盟“农村教育烛光行动”赢得了荣誉。

全省各市委会相继开展“农村教育烛光行动”。民盟宁波市委与宁海深圳镇中学、象山定塘中学结对；民盟舟山市委与舟山千荷实验学校、航海初级中学结对；民盟杭州市委和淳安县安阳乡佳坞完小、中心小学结对；民盟绍兴市委和新昌县大市聚中学结对等等。2008 年民盟省委组织支教团去云和县，对全县初中教师培训；温州民盟鹿城总支联合区、市教育单位，在 2007 年 12 月和 2008 年 4 月举办了“新农村少儿舞蹈美育工程”师资培训，80 多名乡镇农村学校、民工子弟学校的非音乐专业教师接受了培训。在民盟杭州上城总支主委、区教育局副局长周长生和民盟龙泉总支副主委、教育局副局长吴敏共同努力下，两地教育局建立了教育教学互动、教育资源共享关系。开展“农村教育烛光行动”的效果是显著的，使农村学校的教师学会了先进的教育理念、教学方法，拓展了视野，提高了教育水平，学生们享受到先进的、科学的教学方法带来的快乐。慈溪育才教育集团董事长沈宏邦先生，积极响应民盟中央开展“农村教育烛光行动”的号召。2007 年 9 月，捐赠 80 万元举办了“民盟育才班”，用于资助龙泉一中 50 名品学兼优、家庭困难学生高中三年的全部学杂费、住宿费和部分生活费；捐赠 45 万元在该校设立“沈宏邦奖教奖学基金”，专项奖励优秀教师和优秀学生；资助 50 万元为该校添置了各种教学设备。

2008 年，沈宏邦先生向民盟贵州省委、民盟甘肃省委捐赠 100 万元，用于两地农村教师培训，并给蒋树声主席写信表达了要让更多贫困家庭的孩子能读上书、读好书的愿望。蒋主席回信，对沈宏邦先生热心教育事业、慷慨解囊、惠教泽学、支持贫困地区教育事业的发展表示崇高的敬意和衷心的感谢，并希望能有更多的人能像沈先生一样对贫困地区的教育给予关心和支持。在张梅颖第一副主席倡导下，在民盟贵州、甘肃省委及当地教育部门的支持下，慈溪育才中学在贵州雷山和甘肃定西招收 36 名家庭贫困、品学兼优的高一学生，开设了“民盟育才雷山 · 定西班”，承担学生在浙江学习两年的学杂费、住宿费和往来交通费等。育才中学承担着 36 个家庭脱贫的希望，2011 年，雷山 16 位学生高考成绩最低的也超过了一本线 24 分，全县高考前三名均是育才班的；甘肃定西 17 位学生中 13 名成绩上第一批本科线。复旦大学自然科学试验班、国防科技大学、南京大学、上海财经大学等国内著名大学的录取通知书送到了家长和学生手中，山城里传诵着民盟、慈溪育才、沈宏邦等等字眼，十六位学子心存感激，给育才寄来了一封热情洋溢的书信。2011 年 6 月底，贵州省人大副主任、民盟贵州省委主委顾久先生一行来到育才，带着贵州凯里地区人民的深情厚谊，表达对沈宏邦先生和育才全体教师的由衷感激之情。

2011 年 9 月 16 日全国政协副主席张梅颖专程视察慈溪育才中学。张梅颖副主席指出，慈溪育才中学作为一所民办学校，热心教育扶贫，资助中西部贫困地区孩子就学，体现了一个民营企业家的社会责任和担当，希望育才中学在教育扶贫事业上闯出一条新路。张梅颖副主席来到育才班教室，与第二期 17 名雷山的同学们亲切交谈。她希望大家要十分珍惜这一来之不易的学习机会，承担起父辈的重托，怀着一颗感恩的心，努力学习，拿出好的成绩来回报社会。新生吴正凡表示：育才中学给我们家乡的教育扶持，于己、于家乡，这份恩情非三言两语可表达的，我希望用实际行动来感恩，用优异成绩，用以后自己对家乡经济的扶持来感恩关心我们的人们，像沈爷爷一样，把这份无私的爱传递下去。

三、盟办学校做大做强

民盟办学是历史的产物，它为我国教育事业作出过贡献。但是，由于缺乏资金投入，盟办学校基本上是无自己的办学场地，软、硬件条件已远远不能和公办学校相比，随着《民办教育促进法》的出台，对民办学校的管理逐渐规范，在激烈的竞争中许多学校被淘汰，生存下来的也是举步维艰。浙江民盟办学工作有较好的基础，在盟内外有较大的影响。民盟浙江省委 1982 年和 1997 年兴办的杭州求是专修学校和杭州求是高级中学，在民盟省委的直接领导下，经历了数十年的风雨和洗礼，两所学校站稳了脚跟得到发展。学校成立理事会领导下的校长负责制，产权清晰，规范管理，取得可喜的成绩。杭州求是专修学校被市教育局评为杭州市优秀民办教育机构，每年培训学生万人以上，并且创立了“求是高复班”、“求是财会班”两大品牌；杭州求是高级中学在校学生 1100 人，学生高考上线率达到 95%，本科上线率达到 40%（其中艺术类考生达到 90%）。浙江民盟的办学得到教育行政部门的肯定和社会的认可，取得良好的社会效益。

此外，我们对盟员个人的办学给予关注和关心，帮助他们解决办学工作中的困难，这些盟员创办的民办学校，不仅为当地的教育事业和社会发展作

贡献，同时也积极支持民盟的社会服务工作，扩大了民盟的社会影响。

四、探索特色创新社会服务内容

开拓社会服务新思路，发挥民盟中高级知识分子参政党的作用，给盟员搭建平台，让组织发现更多的人才。2008 年 4 月，成立了“民盟浙江省委科普讲师团”，我们根据不同群体的特点与需求，推出适合的讲座。例如：针对中、小学生群体，根据不同年龄段学生的特点，选择他们感兴趣的科普内容；针对高校学生，我们抓住社会的热点问题，如法国“铜兽首”拍卖、“钓鱼岛”、“黄岩岛”领土之争等问题，旨在帮助学生更好地了解国情和激发他们的爱国热情；针对社区居民，针对老年人的特点，选择他们感兴趣的与健康有关的内容。讲课教师采用 PPT 课件方式，形象生动，提高讲课的效果。“讲师团”已经开展面向中、小学讲座 17 场，面向社区讲座16场，结合企业职工素质培训的讲座10场，总共安排了46场讲座，听讲人数达6500余人次，有23位讲师参加了讲课。

美国次贷危机引起全球经济衰退，大学生就业遇到了前所未有的困难。2009年，民盟浙江省委响应中共浙江省委“关心和促进大学生就业”的号召，组织盟员企业家，成功举办大学生就业专场招聘会。赛丽控股集团、杭州汇能生物技术有限公司等30多家盟员企业参与了招聘会，提供了质检、销售以及生产管理等在内近800个岗位。应聘3250余人，共达成初步意向的有228人，当场录用10人，为缓解大学生就业难贡献了自己的一份力量。招聘会是民盟省委在特殊情况下积极参政议政、社会服务的具体举措，为缓解大学生就业难贡献我们的一份力量，是盟员企业家自觉履行参政党成员职责的具体行动。省人事和社会保障厅等相关部门的领导对此非常重视，活动期间，浙江人才网、新浪网、《钱江晚报》、《今日早报》为活动造势，浙江卫视、浙江教育科技频道、浙江之声、交通之声等媒体全方位地为此次活动做了宣传，社会影响力大。今年6月20日将第四次举办招聘会，盟员企业招聘会已是民盟省委会社会服务的一项品牌工作。

五、“明眸工程”创品牌

民盟中央委员、温州医学院附属眼视光医院执行院长王勤美教授借助自己的专业优势，倡议开展的“明眸工程”社会服务活动，得到民盟中央领导的支持以及中西部贵州、云南、青海、四川、重庆、新疆等民盟组织的积极参与。“明眸工程”是以温州医学院附属眼视光医院为实施单位，引进慈善捐款，开展白内障、角膜移植和青光眼等免费手术，提高贫困地区医疗机构眼视光诊疗水平的医疗扶贫活动。2009年12月起，“明眸工程”共募集捐款2000余万元，已先后在毕节、昭通、玉树、广元、巫山、乌鲁木齐等地开展活动，民盟中央主席蒋树声为“明眸工程”题字，并出席了2010年6月9日举行的青海启动仪式。温州医学院附属眼视光医院计划用三年时间以培养白内障手术技术力量为突破口，开展医生进修培训、手术示范、科普讲座，建立眼科及普及型小切口白内障手术教育培训基地和帮助建立防盲治盲模式。该院与毕节地区中医院、云南昭通市中医院、青海大学附属医学院、广元市元坝区人民医院等十几家医院建立合作关系，落实经费资助玉树州人民医院筹建眼科医院。据统计，两年多来，已培养了100余名眼科医务人员

蜘蛛王集团为『明眸工程』捐款30万元

和业务骨干，使1200多名白内障、角膜白斑等眼病患者通过“明眸工程”得到了复明。

2012年4月“明眸工程”工作交流会在温州医学院附属眼视光医院举行，来自青海、贵州、云南、四川、陕西、新疆、甘肃、湖北、湖南、河北、安徽等地民盟组织负责人以及“明眸工程”各实施定点合作单位代表参加会议，交流和研究明眸工程的核心理念、运行模式和合作机制。“明眸工程”发展到现在，已不单纯是民盟组织的一项社会服务工作。它已经是民主党派、医疗科技单位、商界、慈善组织、政府和媒体紧密组合的爱心工程，受到了社会的广泛关注。2011年“明眸工程”被中央统战部、人力资源和社会保障部授予“为全面建设小康社会作贡献·社会服务优秀成果”的称号。2012年4月“明眸工程”荣获第七届中华慈善奖“最具影响力慈善项目”奖项。

六、帮困扶贫支援灾区

长期以来，全省各级民盟组织和个人，积极开展结对帮扶等社会服务活动。面向社会弱势群体，开展形式多样的的送温暖、献爱心活动，体现了盟员的高度社会责任感和良好的政治素养。赛丽控股董事长夏赛丽为舟山岱山县衢山镇农村教育、村镇亮灯工程、通路工程捐款 470 万元。温州盟员企业家陈国荣、孙国敬捐助 5 万元，为盟市委结对帮扶的文成县周山畲族乡上坑村用于发展该村效益农业。宁波盟员企业家出资 60 万元，援建象山县泗洲头中学教学楼一幢。宁波市委会机关干部等结对竹垟乡中心小学 14 位贫困学生，资助每人每年 1000 元。民盟宁海总支为结对点深甽镇清潭村 10 余户困难家庭及镇敬老院 57 名老人送去棉被、食油、大米、糖果等物品及现金 4 万余元。民盟桐乡总支在新农村建设、社会求助基金捐款 11.95 万元。湖州市委会帮助吴兴区东林镇保国村协调落实 300 万元专项资金进行农村电网改造。盟办杭州培英专修学校捐赠 20 万元，资助淳安为安阳乡佳坞完小和安阳乡中心小学添置必需的教学设施，设立了“培英奖教奖学基金”。杭州三联专修学院董事长胡正为桐庐县新合乡中心幼儿园捐赠 15 万元。盟办杭州求是专修学校为宁夏彭杨县草庙乡 4 所小学 196 人送去每人一套棉衣校服，以及两台电脑、学习用品和现金 1 万余元。

2008 年“5·12”四川汶川大地震发生后，全省盟员积极捐款捐物，汇到民盟中央的 108 万余元，用于受到地震灾害的甘肃陇南。为响应盟中央帮助四川青川马鹿乡中学重建，民盟杭州市委、台州市委等地方基层组织汇到四川（成都）民盟近 10 余万元。上虞总支副主委、绍兴天外天伞业集团董事长徐海南，得知地震灾区急需帐篷后，立即举行紧急会议，把仓库的 15 万米的伞布全部用于制作帐篷捐赠灾区，经过近 64 小时的日夜赶制，在 5 月 16 日上午，价值 30 余万元印有“天外天伞业捐赠”字样的 500 顶赈灾帐篷装车运往汶川地区。2010 年青海玉树发生地震后，民盟浙江省委第一时间发动全省盟员为灾区捐款，共筹集善款 50 余万元。宁波盟员沈宏邦捐款 60 万元用于青海玉树民族中学 40 位高中学生三年异地学习的费用。在云贵地区遭遇百年一遇的大旱之时，民盟省直联四总支盟员捐款 29000 余元，支援毕节市梨树镇上小河村小学；响应中央统战部为贵州毕节地区建水窖的号召，捐款 10 万元。2011 年，民盟绍兴市委捐款 20 万元，用于贵州雷山西江中学教师周转房建设，民盟上虞市总支赠送了 7 万余元的体育用品和图书。

2009 年 6 月，温州民盟企业家联谊会 16 人在盟市委主委潘长旺带领下，

民盟『明眸工程』温州医学院附属视光医院与昭通中医院签约仪式现场

到河北省广宗县进行投资考察，受到民盟中央主席蒋树声的亲切接见。企业家联谊会会长陈国荣、副会长孙国敬被聘为广宗县经济社会发展高级顾问。民盟中央号召东部十省市民盟组织参与毕节试验区建设，2011年3月，民盟浙江省委在杭举行“民盟帮扶毕节市经济建设洽谈会”，中共毕节市委书记周荣、毕节市副市长王强和盟员企业家参加洽谈，会后又先后组织两批盟员企业家到毕节进行投资考察。赛丽控股集团与毕节市政府在毕节举行了生物质发电项目签约仪式，民盟中央主席蒋树声、贵州省委书记栗战书等各级领导出席签约仪式。赛丽控股集团在毕节市投资总装机容量3万千瓦、总投资预计为3.5亿元的生物质发电项目，该项目是贵州省第一个新型环保清洁和可再生能源生物发电示范项目，填补了贵州省内同类项目的空白。该项目建成后，能给当地提供直接就业岗位近百人和年税收额近千万元。10月18日，民盟中央副主席、民盟浙江省委主委徐辉在杭州出席了贵州遵义县生物质发电项目签约仪式。

据不完全统计，十年来，全省民盟组织和个人在“农村教育烛光行动”、扶贫助学、新农村建设和各种献爱心等社会服务工作中，捐赠的钱物总价值有6500万元左右。

2008年，民盟省委对五年来社会服务工作作出显著成绩的先进集体和先进个人进行了表彰，会上表彰了34个先进集体和66个先进个人。民盟中央社会服务部副部长郭勇应邀出席会议并讲话，来自全省基层组织的60名代表出席了会议。本次会议编印了《为构建和谐社会作贡献》一书，交流各地社会服务工作的经验与体会，通过表彰活动，激发了盟员参与社会服务工作的热情。

民盟安徽省委社会服务工作十年总结

（2002—2012）

安徽民盟组织始建于1946年。现有13个地市级委员会，1个区县级委员会，8个基层委员会，32个总支，204个支部（小组），盟员5962人（截至2012年12月）。

社会服务工作是民主党派密切与人民群众血肉联系的纽带和桥梁，是民主党派提高成员社会责任感和组织程度的重要载体与平台，是推动社会和谐发展的重要抓手和着力点。民盟安徽省委在坚持“量力而行、集中资源、因地制宜、讲求实效”的原则下，本着为社会“做好事、做实事”的宗旨，立足实践科学发展观、构建和谐社会的要求，在社会主义新农村建设、教育扶贫、监狱帮教、社区服务，特别是近几年开展的农村教育“烛光行动”、“同心示范工程”等方面开展了一系列活动，取得了一定的成效。现就近十年来的工作开展情况汇报如下：

一、求真务实，积极服务新农村建设

（一）服务农村助发展

积极投身到新农村的建设大潮中，更好地服务新农村建设，以服务促发展，是民盟安徽省委社会服务的一项长期重要工作。

民盟安徽省委围绕结对帮扶点六安市城北乡的基本

情况，积极开展扶贫帮困、送温暖、献爱心等社会公益活动，将社会服务落到实处。多次带领农业科技专家、法律专家、医学专家为当地农民开展送科技下乡、送法下乡、送医下乡活动。为他们送去优良的玉米种子，帮助他们争取到“国家农业综合开发项目专项资金”、“扶持贫困妇女小额贷款”、“中小学危房改造专项资金”共计50万元。组织该乡部分基层干部赴“南京现代园艺科技示范园”和“安徽和县蔬菜种植基地”进行学习考察。一系列的帮扶活动受到当地群众和领导的好评，并得到省扶贫开发领导小组的肯定和表扬。

2007年，民盟安徽省委与省直书画支部赴六安市金安区椿树镇镇政府，参加“生育关怀我尽力”暨省直机关对接帮扶活动启动仪式，民盟省委现场向特困家庭捐赠5000元，盟员画家们也捐赠了自己创作的山水画品。2008年，安徽省计划生育协会和民盟安徽省委在六安市金安区毛坦厂镇联合举行“弘扬先进生育文化，为计生户书写春联”活动。2009年、2010年、2011年，民盟安徽省委连续3年组织50余名医卫专家，到六安市城北乡、淮北市及滁州市南谯区，开展送医送药下乡活动。芜湖、安庆、蚌埠、淮北、淮南、阜阳、合肥、黄山、六安、铜陵、马鞍山、原巢湖盟市委及宣城盟市委绩溪总支也开展丰富多彩的“三下乡”活动，受到当地群众的热烈欢迎。

（二）“同心示范工程”惠民生

民盟安徽省委积极贯彻安徽统一战线在革命老区金寨县实施“同心示范工程”、打造统一战线“同心”品牌的决定，结对帮扶金寨县吴家店镇吴畈村。成立“同心示范工程”领导小组，围绕村容村貌、教育教学、医疗卫生、农民增收等方面，深入帮扶村实地调研，制定帮扶方案及《金寨县吴家店镇吴畈村2011－2015年发展规划》。对吴畈村传统种植业进行农业产业结构调整，帮助建立了300亩油茶基地、300亩杂粮（绿豆）种植基地，引导村民种植300亩百合、200亩毛竹、200亩美国山核标准化育苗基地；民盟省委在帮扶村启动了“帮扶一户农家、组织一次培训、争取一个项目、开展一项活动、进行一次讲座、普及一点科技”的“同心携手，科技链接”千人行活动，组织包畈光彩中心小学校长参加“第47届海内外基础教育（郑州）”研讨会，帮助吴畈村申请了省旅游局的10万元旅游公厕项目，慰问吴畈村敬老院老人，开展了大型的“同心示范工程·三下乡”活动，现场向吴畈村农家书屋捐赠了价值6000多元的图书和光盘，设立了“安徽民盟同心奖学金”，资助

2011年7月26日，安徽省政协副主席、民盟安徽省委主委刘光复带领民盟『同心示范工程』专家组成员及盟省委机关处级以上干部在吴畈村实地调研，就吴畈村的村容村貌、教育教学、医疗卫生、农民增收等方面的发展统筹规划

特困家庭学生，携手新东方为金寨县近百名英语教师进行培训，帮助该村申请美国科技教育协会（ESS）项目援助，申请了3个图书室，1个多媒体教室，1套体育器材，1套音乐器材等。积极打造有影响、能持久、见实效的安徽民盟“同心品牌”。

（三）“明眸工程”促和谐

“明眸工程”是旨在帮助中西部贫困地区眼病患者重见光明的大型公益慈善活动。民盟安徽省委在盟中央的支持下，积极和民盟温州市委会联系，陪同温州慈善总会人员赴蚌埠实地调研，做了大量详细准备工作，使“爱心温州·善行天下·明眸工程·走进安徽”启动仪式在蚌埠市顺利举行。

二、开拓创新，积极开展支教工作

（一）支教扶贫为己任

民盟安徽省委历来以振兴教育为己任，积极在教育、扶贫等方面开展活动。民盟省委积极联系协调上海盟市委投资20万元人民币援建安徽寿县茶庵镇联合希望小学。在该小学落成典礼上，又协调上海盟市委捐资4万元为该校添置学生校服、课桌椅。盟省委通过“春蕾工程”，赞助两名失学女童；关注留守儿童，积极开展相关问题调研；到敬老院开展送温暖等活动。各地盟市委也积极开展支教扶贫工作。民盟安庆市委情系贫困失学儿童和受灾地区群众，多次动员盟员向宜秀区杨桥镇中心小学、螺山小学和岳西、潜山等受灾地区捐款捐物；民盟阜阳市委坚持对颍泉区苏集乡的中小学教育、农业科技、乡镇企业、医疗卫生四个方面进行智力扶贫，已初见成效。

（二）“烛光行动”创品牌

民盟省委积极响应民盟中央的号召，通过省市联动、由点及面、城乡结合的方式，在全省开展“农村教育烛光行动千人行”活动，着力打造安徽民盟社会服务品牌。携手新东方教育科技集团，借助“海内外基础教育研讨会”，组建志愿者队伍，扎实开展农村教师培训工作，举办各类培训活动70次，培训农村教师2799人次，“烛光行动”基地学校受益教师981人，142位盟员与298位农村教师结成帮教对子。深入开展“烛光行动”调研，确保活动能持久有序开展。筹措资金90万元援建宣城光汇烛光小学、淮南肖集中学和肖集小学。争取美国科技教育协会(ESS)项目资助10所“烛光行动”基地学校。五年来，全省各级民盟组织共筹集资金341万元，用于改善“烛光行动”基地学校的教学楼、学生宿舍、食堂等硬件设施。民盟中央副主席李重庵评价安徽民盟开展的“烛光行动”特点鲜明、目标明确、参与度高、影响广泛。在2011年民盟（海口）社会服务工作研讨会上，我省作为5个省级民盟组织发言代表之一，作了大会交流发言，重点介绍了“手牵手、结对子、让烛光温暖江淮”千人行活动的经验和做法。

三、努力探索，积极做好帮教工作

帮教工作是民盟履行参政党职能，发挥自身优势，为推动社会进步与和谐作贡献的重要领域。民盟安徽省委到安徽合肥少年管教所、安徽省女子劳动教养所开展一系列监狱帮教活动。到女教所为女劳教犯上心理健康咨询课，资助两名特困女劳教犯的子女上学。将社会服务与参政议政相结合，提出“将义务教育阶段的未成年犯教育纳入九年义务教育范畴”的提案，使未成年犯的义务教育问题有了很大的进展。

民盟省委组织盟内优秀艺术家，赴宣城安徽省南湖劳教所进行慰问干警

2009年4月21日，民盟安徽省『农村教育烛光行动千人行』研讨会

的帮教活动文艺演出。表达了对长期战斗在基层一线的南湖劳教所广大干警的深深的敬意和亲切的问候。组织心理学专家和法律专家到南湖劳教所，为凤凰山大队强制隔离戒毒人员、艾滋病患者及病毒感染者开展法律咨询和心理干预活动。活动期间，民盟安徽省委还现场向南湖劳教所捐赠了《思维风暴》、《心灵信息学》等100本书籍。

四、适应形势，有效开展社区服务

社区作为城市的细胞，在构建和谐社会中起着基础性作用。2008年1月，天寒地冻，民盟省委和合肥盟市委的在合肥市环城南路社区举行"社会服务进社区健康咨询活动"，组织省立医院的医疗专家为居民们提供健康咨询。"安徽省民盟法律专家组"自组建起，就积极参加省消协举办的"3·15"消费者权益日活动和由省委宣传部等有关单位联合举办的省暨合肥市"12·4"全国法制宣传日广场宣传活动。民盟安徽省委作为安徽省

2008年12月4日，安徽省暨合肥市民盟法律专家为民众提供法律咨询

唯一的民主党派参与单位，在感到责任重大的同时，又觉得自豪和荣幸。

各市级盟组织也开展形式多样的社区服务活动。合肥盟市委资助两名家境贫寒、学业优秀的农家学子完成大学学业。民盟包河支部与包河区包公街道结成共建单位，开展“携手包公街道走进青年社区”活动，并定期针对社区内儿童开展义务教育辅导活动，受到了包河区以及社区家长的一致好评。淮南民盟组织盟员“三八”节到淮南市福利院，探望孤残儿童。芜湖盟市委自2007年以来，先后捐助“春蕾女童”4人完成小学学业，多次到福利院慰问孤残儿童、敬老院看望孤寡老人达60余人次，并送去慰问金1万余元。

十年来，民盟安徽省委的社会服务工作在盟省委领导的团结带领下和广大盟员大力支持下，渠道进一步拓宽，力量进一步整合，质量进一步提升，影响进一步扩大，实现了从单一性、零碎性、个别性到多样性、系统性和可持续性转变。2011 年民盟安徽省委、民盟芜湖市委被民盟中央表彰为社会服务工作先进集体，民盟阜阳市委及盟员魏侠、缪瑾分别被民盟中央表彰为社会服务工作特别奖、先进个人。民盟安徽省委社会服务工作为推动当地经济发展、促进社会和谐稳定发挥了积极作用，在实践过程中，也积累了宝贵的经验。

一、领导重视和参与，是做好社会服务工作的保证

民盟安徽省委高度重视社会服务工作，从人力、物力、财力等诸多方面给予了大力支持。无论是原主委刘光复，还是现任主委郑永飞，都尽可能亲自部署并参加所有社会服务活动。郑永飞主委在上任不到一月时间内，高效履新，出席“明眸工程”启动仪式，赴金寨县吴家店镇吴畈村调研安徽民盟“同心示范工程”的开展情况，专职副主委与分管或协管工作的其他副主委也鼎力支持，积极参与到活动中来。

二、扬长避短、精选项目，发挥整体优势，是做好社会服务工作的有效途径

十年来，我们注重加强省市联动，充分发挥整体优势，在实践中体现党派的政治性和政党性，在行动中立足参政议政、自身建设的目标性。先后开展了“手拉手·结对子·让烛光温暖江淮”的“农村教育烛光行动”，创建了“千人结对”安徽民盟的社会服务品牌。坚持以同心思想为引领，将已有影响、初见成效的“烛光行动”与统一战线“同心示范工程”有机结合，扎实推进了帮扶村的资源聚集、优势互补、项目整合。实践证明，只有按照科学性、有实效、能共赢的原则，找准社会服务工作的切入点，在做好事、做实事、把好事做实、把实事做好上下功夫，使其能够起到顺民意、解民忧、惠民生、促和谐的作用；实事求是、有的放矢的选择有利于盟内资源整合、参与面广、可持续发展的社会服务项目，并将其打造成凸显民盟界别优势的社会服务品牌。只有这样，才能使之最终形成一种社会化行为，吸引更多的力量参与其中；才能使我们的工作开展得更加扎实，更加切合实际，更具科学性，更有生命力。

三、加强宣传、扩大影响，是做好社会服务工作的关键

开展社会服务工作，不仅要把好事做实，还要把好事做“华”，即要注重活动形式，注重扩大范围、扩大影响面。从而让更多的人了解民盟，了解民盟的工作。如我们在开展“烛光行动”时，都举行了规模浩大的启动仪式。这主要起到三大作用：一是邀请统战部、政协、政府及其教育主管部门领导参加，宣传我们的工作，争取各方支持。二是增强盟员的使命感、责任感和荣誉感，激励盟员热情。三是扩大民盟的社会影响。如芜湖市民盟举行“烛光行动”启动仪式时，不仅相关领导都来参加，而且《团结报》、《大江日报》、芜湖市电视台等媒体都进行了很好的报道，产生了非常好的社会影响，也极大地鼓舞了我们盟员的斗志。

四、广大盟员的热情和责任心，是做好社会服务工作的动力

民盟拥有一大批个人素质好、专业水平高、热心盟务的盟员，他们在社会服务活动中发挥了积极的作用。如我们在“烛光行动”中，开展的“一对一”结对子活动；“同心示范工程”开展活动时，到革命老区金寨县吴家店镇吴畈村实地考察调研等活动时，都需要盟内的专家学者无偿奉献。长期以来，正是有他们的聪明才智、社会责任心和热心盟务的热心，有了他们的积极参与和无私奉献精神，才使得我们的社会服务工作得以持续、顺利地开展。他们的付出和奉献为民盟省委的社会服务工作创建品牌奠定了坚实的基础。

进入新世纪以后，参政党社会服务工作的环境发生了深刻的变化，时代对参政党社会服务工作提出了更高的要求。今后安徽民盟社会服务工作将紧密围绕“十二五”规划的实施，在坚持社会服务的政党属性和特色的基础上，积极探索新的工作机制及好的工作方式，以“同心示范工程”为重点，积聚全省民盟组织的力量，努力打造“同心携手，科技链接”千人行活动的“同心”品牌，力争在三年内有千名盟员志愿者参与到这项活动中来，受益的人群达到千人，农民增收达到千元以上，每户农家增收达到千元以上。继续推进农村“烛光行动”，配合监狱帮教，以及送科技、送法律、送心理咨询进社区等活动，多管齐下，努力为推动社会进步做好事、做实事。

新时期、新起点，我们面临着新形势、新任务，深感责任重大而光荣。

民盟安徽省委将全面落实科学发展观，团结广大盟员，总结新经验、运用新方法、巩固新成果、开拓新领域，大力提高和拓展社会服务的水平和途径。我们将进一步加强对全省社会服务工作的调研、指导、推动、协调和服务，根据工作需要及时沟通信息、总结工作、推广经验，就工作中遇到的带有普遍性的难点、热点问题进行研讨，同时主动加强与各地、各基层盟组织的联系沟通，积极争取盟中央、兄弟省市的支持，做到上下沟通、横向联系，内聚人心、外树形象，努力把社会服务工作抓得更好、做得更实。

福建省

履行参政党职能推进社会服务工作的持续开展

——民盟福建省委社会服务工作十年总结（2002–2012）

2002年以来，在盟中央和中共福建省委统战部的指导与支持下，我会认真贯彻落实民盟社会服务工作研讨会精神和各项工作部署，履行参政党职能，为加快建设海峡西岸经济区和构建和谐社会服务，不断加大社会服务工作力度，做出了应有努力，取得一定成绩。主要工作总结如下：

福建民盟组织创建于1947年3月。现有9个地市级委员会，10个区县级委员会，11个区县级工委，8个基层委员会，22个总支，310个支部（小组），盟员10108人（截至2012年12月）。

一、定点帮扶，注重实效，服务社会主义新农村建设

我会从2005年开始在宁德市蕉城区霍童镇八斗村开展社会服务工作。七年来，坚持以该村作为我会服务于社会主义新农村建设和响应中共福建省委统战部的号召，开展"海西春雨行动"的一个主要工作平台。按照"生产发展、生活宽裕、乡风文明、村容整洁、管理民主"的要求，因地制宜、发挥自身优势，献计出力，持续有效地推进该村的经济发展，提高了村民收入，得到当地

党委、政府的充分肯定和民众好评。

（一）科学发展，调研先行

2005年至2007年先后组织盟内外十余位农业专家，就该村经济发展和生产现状开展专题调研，探索指导该村经济发展和村民致富的工作思路，先后制定出《宁德八斗村2009—2020年的工作思路》、《“海西春雨行动”联系点：宁德八斗村发展思路》，科学指导我会服务于该村社会主义新农村建设，支持该村的建设与发展。

（二）科技下乡提高村民科学素质

每年依照农时，开展科技下乡活动，组织农林方面专家和农技人员深入茶山、果园、竹林，现场为农民答疑解惑。累计组织专业科技人员下乡达30余人次；举办科技讲座6场，传授了茶叶、脐橙、竹林种植和病虫害防治等知识，并赠送农业技术挂图、实用农业书籍和光碟等资料百余册。促进和提高了农民科学种植的水平。

（三）支持新农村文化建设

2007年，援建八斗村图书室，捐赠农村实用书籍千余册，并配置影视音响设备一套，价值计2万余元，改善了村民读书学习、开展文化娱乐活动的条件；2008年筹措资金3万，购置70套卫星地面接收设施，解决了村民看电视难问题；2009年资助4万元，为村公园援建一座亭子，美化了村部环境，提供了畲族村民休闲和对歌场所。

（四）引导组织成立农民专业合作社

2008年8月，邀请盟内专业人士，为村民开设了一场题为《如何建立农民专业合作社》的讲座，给50余位村民详细解释《农民专业合作社法》，讲述了生产标准化、产品品牌化、经营规模化、管理规范化的要求，介绍了各地成立农民专业合作社的成功经验和做法，并结合该村的具体情况提出了建议，赠送了有关农民专业合作社的学习资料。2009年该村成立了八斗村脐橙合作社，并获得脐橙无公害商标，有效促进了该村脐橙的种植和发展，稳定和提高了果农的收入。

（五）建立电子商务信息服务站

为促进现代农业快速发展和促进城乡统筹发展服务，利用互联网开展农业电子商务活动，2011年在我会的帮助和推动下，在该村建立了“新农村综合信息服务站”，配备了电脑、联通了互联网，并培训了农村信息员，使

民盟福建省委多次组织农、林等方面专家赴八斗村调研，出谋划策，指导生产，进行科技帮扶。图为福建省农林大学园艺学院陈清西教授指导村民脐橙种植

该村加入福建省农村综合信息服务平台，成为全省乡镇村信息服务站点。如今，该村已可以通过该信息服务站点，利用网络了解农业服务信息，直接购买农资化肥种子，销售农产品。

（六）援建饮水工程，解决村民饮水困难

2008 年至 2009 年，共支持资金 8 万，分别为两个自然村建设了饮水工程，解决了 100 多户农民生产生活用水的困难。

（七）种植名贵树种绿化造林

连续 5 年投入 3 万余元共购买红豆杉、花梨木、香樟等名贵苗木 2000 株，供村民种植。如今村道树木初长成，绿树成荫。

（八）援建茶叶加工厂，支持乡村产业发展

为增加村民的茶叶种植附加值，提高茶叶附加值，增加村财政收入，援建一个茶叶初加工厂。2011 年盟员已捐赠资金 18 万，建厂工程已于 2012 年初开工建设，2013 年可建成投产。

（九）关心和慰问困难群众

每年农历新年，慰问和看望该村的五保户和贫困群众并送上慰问金。四年来，共看望和慰问 40 人次，送慰问金两万余元。

二、"烛光行动"，促进城乡教育均衡发展

认真贯彻《民盟中央关于开展"农村教育烛光行动"的意见》，2007 年开始，我会相继在福安市、建瓯市、武夷山市和政和县开展"烛光行动"，并建立民盟农村教育"烛光行动"的联系点或定点学校。几年来，共培训农村中小学教师 5000 余人次，协调资金 16 万余元。"烛光行动"取得了一定成果，受到了相关教育主管部门和广大农村教师的欢迎。

（一）开展多种形式的农村教师培训

组织名校的名师赴"烛光行动"联系点，举办"烛光行动"农村教师培训班。2007 年至 2010 年，分别组织了盟内省级特级优秀教师、福建师范大学、福州新东方等名校、高校和培训机构的名师和教授数十名，在福安、宁德、福鼎、柘荣、三明、永安举办教师培训班、讲座近 20 余场，听课教师 2000 余人次。还与福州新东方学校联合在福安湾坞中学开办"烛光行动——湾坞中学英语实验班"，示范开展了为期一个学期的英语教学，促进该校的英语教学的开展，并辅导学生 30 名，受到农村学生的欢迎和好评。

（二）支持改善农村办学条件

2010 年"烛光行动"与"美国教育科技协会"合作，为福安市上白石乡范坑小学、武夷山市五夫镇朱子学校和建瓯市龙村中学等三所农村学校，赠送图书 1200 余册，总价值 24000 余元。2011 年，与民盟福安市委会共同出资 15 余万元，为"烛光行动"联系点——福安市湾坞中学更新全校课桌椅，并配备了一套多媒体教学设备，大大改善了该校的办学条件。

（三）"烛光行动——新东方教师社会责任行"培训初中英语教师

2009 至 2012 年，盟省委连续四年先后在福安、建瓯、武夷山和政和县举办了 4 期"烛光行动——新东方教师社会责任行"初中英语教师培训活动，每期 4—5 天，参加学习交流的农村英语教师达 600 多人，为当地的英语教学带来了新的教育理念、教学方法和大量信息，有效促进了农村中学英语教学水平的提升。

2010年11月20日，民盟福建省委在福安市举办『烛光行动』特级教师专题讲座。邀请特级教师林玲、郭丽莎、杨书松、李钢四位盟员教师赴福安市授课，受到当地教师的欢迎

（四）办好清华扶贫远程教育

2005年以来，在民盟中央社会服务部与清华大学教育扶贫办的大力支持下，积极协调和配合，做好清华大学教育扶贫远程教学站在福建的建站工作。先后在福安市教师进修学校和龙岩市工会建立了清华大学教育扶贫现代远程教学站的建站，并开展教育培训工作。七年来，福安市清华大学教育扶贫现代远程福安小平基金教学站，共开办培训班67期，培训学员6640人，其中培训师生25期，2567人次。清华大学教育扶贫现代远程福安小平基金教学站，源源不断地为地方送来新的发展理念、优质教育资源、科学的管理方法，提高了福安市广大教师和干部群众的科技、文化水平，促进了当地经济的发展。清华大学教育扶贫现代远程福安小平基金教学站，已成为福安市党政干部、中小学师生、农民等的重要学习基地。

三、开展帮教，促进社会和谐

我会分别于2000年和2005年，开始在福建省女子监狱和福建省未成年劳动教养管理所开展帮教工作。

（一）女子监狱“一对一”帮教十二载

盟省委妇女工作委会从2000年开始，在福建省女子监狱对四名服刑女犯人，开展“一对一”结对子的帮教工作。12年来，十余位女盟员持续对这四位服刑女犯人开展帮教活动，长期在从思想和生活上关心她们，为她们排忧解难。真情帮教，温暖感人，省多家新闻媒体均有报道。如今，三人获得减刑、表彰等奖励已刑满出狱，余下一名也获减刑，并继续保持与她的帮教联系。

（二）关注未成年劳动教养人员的教育与成长

我会积极拓展帮教工作的范畴，2005年开始在福建省未成年人劳动教养管理所，开展对未成年劳动教养人员的帮教工作，着重关注未成年劳动教养人员的教育与成长。

1. 帮助解决未成年劳教人员的义务教育保障问题。长期以来，未成年劳教人员的义务教育无法得到保障，2006年初，我会组织了十余位盟内教育专家，组成了“未教人员义务教育保障问题”课题组，就如何解决福建省未成年劳动教养管理所的未成年劳动教养人员义务教育保障问题，作了专题调研，最终形成《关于改善我省未成年人教养工作的几点建议》的提案和呈阅件，提交省政协并呈送省委、省政府领导，建议将未成年劳教人员的教育全面纳入九年义务教育范畴。在省委、省政府领导的批示和省市教育行政主管部门的关心下，2008年3月，省未成年劳动教养人员管理所正式成立了“福建省福州新萌学校”。区教育局负责委派教师教学，为该所解决了师资困难问题，改变了之前由该所干警代课的窘状。至此，福建省未成年劳动教养管理所未成年劳动教养人员的教育被正式纳入九年义务教育的范畴。

为了解决未教人员教育经费不足问题，2009年盟省委又向省政协报送了《建议提高未成年劳动教养人员的教育经费》的信息专报件，使该所获相关财政拨款，解决了教育经费不足的困难。

2. 开展职业技能培训。为了使未教人员能够掌握一技之长，更好地帮助他们回归社会、自食其力，2010年在省未教所举办首期餐厅服务员技能培训班，培训未成年劳教人员50名，获劳动部门颁发的职业技能合格证书，促进了职业技能培训学习在该所的常态化开展。

3. 举办多种形式文娱帮教活动。为丰富未教人员的文化生活，有利于他们安心接受教育矫治和劳教场所的稳定，几年来，盟省委、民盟福州市委会

2009年8月，民盟福建省委出资1万余元，委托福州职业技术学院，在省未教所举办了首期餐厅服务员职业技能培训班。共有50名未教人员参加了培训，并通过了理论和实操的鉴定考试，获得了《初级餐厅服务员职业资格证书》

组织和联合部分高校、中小学以及省市直十余家单位，常年在该所开展形式多样的主题帮教慰问活动。每逢五一节、六一节、国庆节和春节都组织一些学校和企事业单位赴该所举办丰富多彩的文艺演出以及专家讲座，共计20余场。赠送文化、体育和生活用品，计5万余元。这些活动有效地缓解了未教人员的心理障碍和抵触情绪，稳定了他们的思想，促进了该所教育矫治工作的顺利开展。

4. 让乐器学习走进未教学员之中。未教学员虽然过去犯过错误，但是同样有对美好生活和音乐艺术的渴望，通过举办乐器兴趣班使他们接受艺术熏陶，从而促使他们更加健康快乐的成长，同时也使得我会在该所的帮教工作更加深入。2012年5月，在我会的支持协助下，该所开办了未成年劳动教养人员乐器兴趣班，由盟员组织专业教师为他们教授乐器演奏，报名参加学习的未教学员多达60多名。每周学习演奏电子琴、架子鼓、电吉他、电贝司等乐器，计划培训时间半年，以促进该所演奏队的成立，支持该所加强场所文化建设。

四、心系灾区，奉献爱心

积极组织参加多种形式的抗震救灾、支援灾区、奉献爱心的活动，在战胜“非典”、印度洋海啸灾难、“龙王”台风灾害、四川汶川、青海玉树、甘肃舟曲、闽西北的灾情以及“母亲水窖”工程等救灾活动中，发动广大盟员通过各种渠道向灾区和贫困地区人民奉献爱心，捐款捐物20余万，为抗灾救灾作出了一份贡献。

五、社会服务工作获得荣誉和表彰

十年来，民盟福建省委在社会主义新农村建设、农村教育“烛光行动”和帮教工作等方面取得了较好的成绩。在2008年全省统战系统“海西春雨行动”总结表彰暨再动员大会上，盟省委社会服务部荣获先进集体称号。2010年，民盟中央授予了民盟福建省委会“社会服务工作先进集体”称号。

回顾近十年来的工作，我会主要围绕服务于社会主义新农村建设、帮教工作和“烛光行动”三个方面的社会服务工作，建立工作平台，并通过这些工作平台，把各项社会服务工作摆上议事日程，集中力量，发挥优势，有效促进各项工作的扎实推进与持续开展。工作中坚持实事求是、讲求实效、有所作为、持之以恒的优良传统和作风，努力打造社会服务工作品牌，取得了较好的成绩。

我们将继续遵照胡锦涛同志提出的“思想上同心同德、目标上同心同向、行动上同心同行”的“同心”思想，深刻领会费老“出主意，想办法，做好事，做实事”的思想内涵，正确认识和把握新时期社会服务工作的新形势、新任务，紧紧围绕地方经济和社会发展，把社会服务工作和参政议政工作，以及盟的组织工作、宣传工作有机地结合起来，相互渗透、结合、促进，不断探索社会服务的新内容和新途径和方法，不断提高社会服务工作的质量和水平，切实履行参政党职能，打造“同心”品牌，展现参政党的素质与能力，为建设更加优美更加和谐更加幸福的福建，凝心聚力，积极作为，为民盟事业增光添彩。

江西省

回望、坚守、开拓、创新

——民盟江西省委社会服务工作十年总结

（2002—2012）

任何历史时代都有着自己鲜明的基本特征，这些特征反映着客观历史环境的重大变化。随着时代的发展，民盟江西省委社会服务工作同样有着自己的特征，它经历了在回望中坚守，在开拓中创新的历史过程。

自 2002 年以来，民盟江西省委历届领导班子始终坚持费孝通先生提出的“出主意、想办法，做好事、做实事”的社会服务工作方针，充分发挥界别特色优势，持之以恒关注、关心、帮助国家教育事业的改革和发展，深入调查研究，积极建言献策，围绕国家大局与中心任务，顺应人民群众的要求，根据我省省情和形势发展，实事求是地制定工作任务。

为了进一步梳理工作思路，和为今后开展社会服务工作打下基础，根据盟中社发 [2012]87 号文件精神，我们主要从以下几个方面总结十年来民盟江西省委的社会服务工作经验：

江西民盟组织始建于1947年8月。现有11个地市级委员会，16个基层委员会，28个总支，223个支部（小组），盟员6714人（截至2012年12月）。

一、在回望中坚守

（一）办学工作

2000年民盟江西省委社会服务部与江西省广播电视大学签定建立“民盟教学点”，到2012年已培养社会青年和在职人员共1200人左右。

随着时代变化和社会经济的发展，我省由民盟组织经办的各类学校，逐步过渡到由创办者个人经办的办学机制。2002年由民盟省委主办的豫章大学停办。2011年“江西民盟电大教学点”停止招生。

回望过去的办学经历我们无不感慨！然而，那些一直还在坚守办学的民盟成员，我们向他们表示深深的敬意！盟员黄海涛创办的华东科技专修学院，至今仍为江西省示范高等职业学院；盟员涂润华创办的江西服装学院已走过20个春秋！ 2011年经国家教育部批准设置为本科高等院校。该校占地754.24亩，建筑面积47.23万平方米，现有统招高职学生6023人，开设有30个专业，近5年全院教师发表论文280篇，出版教材专著47部，获省政府有关部门及全国性行业协会等机构授予的教学科研成果奖28项，获全国性大赛金、银、铜奖26项，到目前已完成省级课题15项，在研省级课题18项。今天的江西服装学院已有5万余名毕业生，自强创业，被国内服装界誉为“江服现象”。中国“十佳”服装设计大师有四人是从江西服装学院走出来的。

（二）扶贫工作

民盟江西省委会的支老扶贫工作起源于1986年7月，当时主要由省委会文教科技委员会承担该项工作。1990年盟省委与省老建办商定，以吉安市特困乡樟山乡为省委会挂钩扶贫点，该项工作由专委会移交到社会服务部。同年10月，社会服务部组织专家、学者前往实地考察，下派专职干部一名（现任部长）到扶贫点长年蹲点扶贫。该乡验收脱贫以后的2002年夏，盟省委再次向省扶贫办请缨，到进贤县南台乡湖滨村进行定点扶贫。帮助村里申请立项和筹措资金，修建了从村到乡总长8.4公里的水泥路和两条总长2.6公里连接4个自然村的公路，更新了村里3座水电站，援建了1所希望小学，引进农产品订单项目和饲养“夏若米”肉牛为扶贫主打产业，动员民营企业家投资兴建集办公、医疗、培训为一体的村综合楼，受到当地政府和村民的高度评价。2007年以后盟省委退出定点扶贫单位。但盟省委在全省范围内的“三下乡”活动，却一浪高过一浪。

2008年以来，由盟省委组织的盟内医学、农业、文艺专家、企业家在我省贫困地区广泛开展送文艺、送医、送药、送化肥、送种子、培训农技人员送农业科普书籍等各类活动达20余次，捐款、捐物达30余万元。

四川汶川、青海玉树特大地震不仅牵动着全国人民的心，同时也牵动着江西盟员的心，盟省委领导本着高度的政治责任感，号召全省盟员有钱出钱，有力出力，献智献策，据不完全统计，当年全省广大盟员向灾区捐款捐物，合计人民币271万多元。

2010年江西特大洪灾给江西人民群众生产生活造成了重大损失。盟省委召开常委会专门研究救灾工作，刘晓庄主委带队先后赴九江、鹰潭、抚州等地看望慰问灾区群众和抗洪一线解放军官兵，并为灾区群众送去善款。盟省委组织企业家、农业厅专家、卫生防疫专家前往灾区一线，送去化肥、种子、农药、疾控用药、《灾后农业生产技术手册》等发给灾民。十年来，我省各地民盟组织，以各种形式开展的扶贫扶困活动达200多次，在江西这块红色的土地上，发挥参政党作用，产生了积极的社会影响。

2010年7月6日，民盟鹰潭市委会扶贫点鹰潭市冷水乡开展送医送药活动义诊现场

二、在开拓中创新

（一）社区服务

2006年底，民盟江西省委启动了社会服务三级联动的社区服务机制，先后与民盟基层组织在南昌市洪西社区、恒茂社区、上营坊社区开展了一系列社区服务活动。例如：南丁格尔奖章获得者、老盟员章金媛带领“慈善南丁格尔义工分会”的义工们，到社区建立10个救困病床；盟员企业家每年春节前为社区困难户送去慰问金，法律专家定期到社区讲法普法；医疗专家到社区开展“健康知识讲座”，书画家每年元旦过后为社区居民书写春联；盟省委还为社区送音响……2011年为进一步拓展社区服务思路，盟省委主动联系民盟上海市委会，并参与由南昌市委统战部组织的南昌市各民主党派负责人参观学习上海民盟社区服务工作先进经验考查活动，学习社区服务经验和创新社会管理方法，并在上海浦东、杨浦等区走访社区，参观社区智能化管理社会化养老机构建设，进一步加深了民盟省、市、区级组织之间的联系沟通，为今后开展社区服务提供了帮助。据统计，近年来民盟江西省委组织了100多位盟员围绕社区建设和农村基层开展各种社会服务活动达30次之多，组织盟员支援社区建设和贫困群众投入资金近30万元。

今后我们将在社区服务方面做好以下三个方面工作：一是抓服务聚民心，更充分发挥群众的力量，为我们的社区工作奠定更加扎实的群众基础。二是抓创新出特色。通过开展社区知识竞赛、法律咨询、社区文艺演出、趣味运动会、健康教育讲座、五好家庭事迹报告会等内容丰富、形式多样、特色突出、成效明显的活动，使广大社区居民主动参与，从中受益，大力营造社会各界广泛参与和支持社区建设的良好氛围，努力形成社会管理人人参与、社会事务人人关心的生动局面。三是抓落实见成效。根据活动开展的内容，有计划、有安排，量力而行，上下结合，摸清工作中的薄弱环节，确保“和谐社区”共建活动深入有序、稳步推进，为创新社会管理，和我省“十二五”规划的实施贡献力量。

（二）“烛光行动”

按照民盟中央《关于开展“农村教育烛光行动”的意见》，民盟江西省委会于2008年上半年正式启动了由全省各地民盟组织参与，以帮助推进农村教师队伍建设为主题的民盟“农村教育烛光行动”。

多年来在民盟中央的关怀指导和中共江西省委统战部的大力支持下，民盟江西省委周密部署，精心策划，积极推进，成立了“农村教育烛光行动”专家组，建立了一支由全省 54 人组成的民盟“农村教育烛光行动”志愿者队伍，深入乡村，把加强农村教师队伍建设、推动城乡义务教育均衡发展，作为民盟社会服务工作品牌来抓。

截止到目前，民盟江西省委已经在南昌市、南昌县、进贤县、安义县、新建县、吉安市、安福县、赣州市章贡区、于都县、九江市、永修县、上饶市上饶县、新余等 16 个市县相继建立了民盟“农村教育烛光行动”基地。并以各种形式和方法免费培训乡村教师 9100 余人次。引进民盟中央与光汇石油集团合作援助江西安福“烛光学校”改扩建项目。使安福县平都镇十里小学于 2010 年 9 月 1 日完成改扩建工程以崭新面貌正式启用。全国人大常委会副委员长、民盟中央主席蒋树声亲自为该校题写了校名。民盟江西省委还积极引导盟员并通过社会捐助等形式，仅 2010 年至 2011 年上半年就为上饶县国家级贫困学校捐资助学总计 12 万元，用于改善民盟“农村教育烛光基地”的办学条件。民盟江西省委还引进民盟中央与美国科技教育协会(ESS)合作项目（“认助乡村学校图书室”），为我省安义、进贤、安福“烛光行动”基地学校捐书 6000 余册。2011 年上半年，民盟江西省委组织专家在上饶、九江等地开展“烛光行动”专题调研，并形成《巩固“烛光行动”成果，努力推进农村教师队伍建设》调研报告，这对于我省民盟“烛光行动”开展，推进我省农村教师队伍建设具有一定的指导意义。

多年来，我们在开展民盟“农村教育烛光行动”过程中，一是采取“农村地区点单，城市地区选课”方式，在组织盟内专家的同时，邀请省教育厅等部门专家一同前往“基地”开展针对农村教师的专题培训。二是积极配合民盟中央“烛光行动——新东方老师社会责任行”，通过民盟基层组织的力量，有序组织农村教师参加北京新东方教育科技集团来赣举行的大型英语培训。三是充分利用南昌新东方分支机构优势和教师资源，通过当地教育行政主管部门组织乡村教师利用暑期进行多次至少一周的集中公益培训。仅 2010 年在安义、上饶、永修等地培训农村教师达 3000 人次。并于 2011 年 6 月、7 月安排以“烛光行动·家庭教育公益课堂走进上饶”为主题的培训共 23 批次。四是在南昌等 7 所中学，免费为农民工子女和特困生 140 人开展为期 4 个月（每周两次）的英语免费培训。2011 年元月，南昌市二十二中、抚生路学校为盟省委送来“爱心助学，共建和谐”锦旗。五是横向联合，邀请民盟上海市委盟员专家来赣讲学，自 2010 年至 2012 年以来，民盟上海市委三次派出专家到我省进贤、上饶等地为当地乡村教师开展“关于平面基本图形分析法”和《几何王》实践平面几何教学软件的专题讲座，免费为我省送来 300 套《几何王》，在江西萍乡投资 25 万元帮助兴建贫困学校，又在南昌市西湖区建立“教师培训基地”。2012 年上半年，盟省委先后在江西上饶、进贤、新建开展“烛光行动”、“梦想之旅”活动，为当地 2300 多名大中学生和教师开展励志讲座和培训活动。

特别是 2010 年 11 月全国人大法律委员会副主任、民盟中央李重庵副主席先后深入我省南昌市洪西社区、吉安、赣州、南昌等地考察我省民盟社会服务工作，这给予了我们极大的鼓舞和鞭策。2011 年 9 月，李重庵副主席率民盟中央“农村教育烛光行动”专题调研组在江西省政协副主席、民盟江西省委主委刘晓庄陪同下，再次来到江西，先后深入我省新余、分宜、萍乡等地开展调研。并希望我省各级民盟组织不断创新“农村教育烛光行动”的方式方法,不断增强“农村教育烛光行动”的针对性、有效性和可持续性，对我省“农村教育烛光

2011 年 9 月，民盟中央李重庵副主席一行在民盟江西省委刘晓庄主委陪同下，来赣开展『农村教育烛光行动』专题调研。图为新余市召开『烛光行动』专题座谈会现场

2011年9月，民盟中央李重庵副主席一行在民盟江西省委刘晓庄主委陪同下，在萍乡市民盟『农村教育烛光行动』基地合影

行动”给予了充分的肯定。《江西日报》、《光华时报》对民盟江西省委就开展“农村教育烛光行动”给予了专门报道。

（三）积极开展书画交流

人才荟萃是民盟的一个特色。我们在实际工作中深刻感觉到盟员成份的多样化、界别的互补性，对如何发挥盟员艺术家作用，我们开展了探索。2009年3月，民盟省委会主委刘晓庄率领我们盟内有影响的书画艺术家风尘仆仆来到崛起的太阳能之城新余市开展送书画艺术的社会服务活动。我们感觉到，这次具有特殊内容的社会服务活动，虽然时间只有3天，但所蕴含的意义很深。这不仅开启了我省民盟社会服务的又一新途径，而且也扩大了民盟组织的影响力。这次活动盟员书画家共创作了书画艺术作品60余件（幅），并集体为新余市百丈峰省级森林公园管理办公室创作了《百丈峰》大幅青绿山水国画一帧。

为隆重纪念中华人民共和国成立60周年和多党合作政治协商制度建立60周年，我们在江西远健集团举行大型笔会活动，用硕大的笔泼洒翰墨、书写丹青，充分表达广大盟员对坚持走中国特色社会主义政治发展道路的坚定信念和对老一辈盟员艺术家的深切怀念。

2010年春节前夕，“江西民盟书画家学会成立暨盟员书画家书画作品迎春联展”在南昌美术馆隆重开幕，民盟中央和多个省市盟组织发来贺电。著名书法家、中国书协副主席、西泠印社副社长陈振濂欣然应邀担任学会名誉会长。展览精品众多，深受好评。2011年9月，为弘扬孙中山先生爱国主义精神暨辛亥革命100周年，以“同心颂”为主题的各民主党派省委会书画作品展在南昌举行，民盟送去的参展作品获得较高评价，深受群众喜爱。

景德镇市委会突出陶瓷美术界别的优势，于2009年4月成立“景德镇盟友陶瓷文化中心”，2010年3月在北京举办陶瓷艺术展，并与北京民盟文化艺术界的盟员进行艺术交流和研讨，中央电视台前后进行了两次新闻报道。民盟中央副主席李重庵出席展览会，给予高度评价。2012年3月在深圳再次举办陶瓷艺术展。萍乡市委会在2009年成功举办庆祝新中国和人民政协成立六十周年盟员书画、摄影作品展，展出作品160余幅，展现了盟员在当地艺术界的影响力。南昌市委会组织承办了全国首届“小平小道”书画展，邀请中国著名书法家、中国书法家协会副主席曹德余等专家莅临画展，产生了较大社会影响。

（四）建立“帮教”基地

2006年，民盟中央总结和逐步推广重庆等地民盟组织配合有关部门开展对失足人员帮教工作经验以后，各地民盟组织热烈响应。

2009年盟省委领导，多次就建立“帮教点”工作进行了协调，并于6月在新建县司法局召开协商会。盟省委领导指出，“成立‘帮教点’要依靠基层盟组织，发挥盟员优势，结合本职工作，尽力而为，量力而行，要尽快使这项工作落到实处”。

2010年7月，民盟“甘家山安抚帮教基地”正式在南昌市新建县挂牌成立，对帮扶点给予智力、信息等支持。帮教点的建立，不仅传承了民盟为国为民“做好事、做实事”的优良传统，而且对构建和谐、平安江西作出了具体贡献。盟员律师积极参与法律援助，主动请缨担任法制副校长等公益活动，从而有力地彰显了民盟组织和盟员维护社会公平正义的良好形象。

三、当前开展社会服务工作的基本经验与体会

长期以来，民盟江西省委会始终按照民盟中央提出的“发挥优势，突出

特色，因地制宜，因人制宜”的要求，在社会服务工作方面，充分发挥和调动盟内一切优势资源和积极因素，找准切入点，探索新模式，拓展新领域，开创新局面，为推动我省盟的社会服务工作再上新台阶积累了经验。

（一）领导重视是关键

社会服务工作正如省政协副主席、民盟江西省委会主委刘晓庄所提出的那样：我们社会服务工作，不单纯地只做好眼前的这些工作，要把此项工作当作为一项长期的系统工程，持之以恒地开展下去。不仅要长期坚持，还要特色经营。要在“尽力而为，量力而行”的基础上，上规模上水平。这就要求民盟基层组织的各级领导要真正领会费孝通先生倡导的“出主意、想办法，做好事、做实事”这十二个字的精神内涵和实质，并对开展社会服务工作倾注更多的时间、精力和财力。同时，各级领导班子成员要率先垂范，身体力行，不搞形式主义，不做表面文章，以求真务实的工作态度，组织好、策划好、服务好群众，使社会服务工作真正取信于民，取信于社会。

（二）充分发挥民盟的界别优势

整合资源，集聚人才，着眼大局，围绕中心，以“烛光行动”、社区服务为支点，积极关注民生民计，体察民情民意，满足基层对文化教育等方面的需求，尽力解决和补葺文化教育方面的缺失，使社会服务工作更贴近于群众，更贴近于社会。

（三）开展社会服务工作要加强纵横向联系

除了发挥省市区（县）三级联动的纵向效应外，更重要的是要加强横向联系，取得党委和政府的大力支持。这就要我们发挥民主党派的组织协调能力，主动与党委政府部门联系，争取得到支持和帮助，形成合力，相互促进，在更高层次、更广泛领域内实现优势互补的最大效应。

（四）搞好社会服务工作要“静谋后动”、有的放矢

这就要求我们要制定出切实可行的实施方案，做到有章可循，有序开展，切忌盲动、盲从。

（五）想方设法解决资金问题

为了解决社会服务工作面临的资金短缺问题，要发现物色界内外有实力的的经济界人士参与此项活动。这不仅能够改变为社区、农村服务资金不足的现状，而且在活动中能够不断地强化经济界人士的责任感和使命感。

（六）设立社会服务专项基金

在有条件的情况下，为与时俱进地做好社会服务工作提供资金保障。

四、今后开展社会服务工作的基本思路

民主党派的社会服务工作是为经济建设和社会发展拾遗补缺。为此，今后开展社会服务工作的基本思路是：

（一）继续发挥民盟联系面广，人才聚集的优势

在进一步取得经济、科技、医疗、农业等方面盟员专家学者支持的基础上，从自身的特点考虑，始终把工作重点放在教育文化方面，扬长避短，发挥优势，使社会服务工作再上一个新台阶。

（二）要把社会服务工作与参政议政相结合

一方面社会服务工作与调研工作有机地结合，成为参政议政的基础与载体。另一方面社会服务工作为参政议政提供了大量第一手社情民意的素材和资源，从而为提高参政议政质量和水平夯实了基础。

（三）实现社会服务的方式由传统模式向创新模式转变

这就要求我们创新思维，从常规的服务意识向拓展的服务形态延伸思考，积极探寻社会服务工作的新支点、新构架、新方法。

（四）打造个性化社会服务品牌

以南昌市洪西社区、恒茂华城社区为支点，建立起具有标识作用的和谐社区服务品牌基地；以南昌市、上饶市、萍乡市、吉安市为实施“烛光行动”的支点，建立永久性的教师培训基地，实现服务农村与城市基层的“双赢”。

总之，民盟江西省委社会服务工作，将以我省“十二五规划纲要”提出的奋斗目标为方向，按照民盟中央提出的“发挥优势，突出特色，因地制宜，因人制宜”的要求找准工作切入点，在盟省委领导下，再接再厉，争取更大的跨越，取得更大的成绩。

山东省

民盟山东省委社会服务工作十年总结

(2002—2012)

山东民盟组织始建于1947年5月。现有17个地市级委员会，4个区县委员会，26个基层委员会，35个总支，281个支部（小组），盟员9493人（截至2012年12月）。

民盟的社会服务工作实际上是依托自身优势，帮助党委和政府做一些使人民群众得到实惠的事情。各地盟组织的智力资源有很大差异，这与各地盟员知识结构、专业特长、代表性人物活动领域有关系，开展社会服务工作的关键是根据当地的需要，选择那些需要我们做、我们做得了、又能做得好的事情去做。近几年民盟中央对社会服务工作做出了一系列的部署：参与新农村建设各省级盟组织要有固定的联系点，要精心选择试点并集中资源和精力坚持数年，不轻易变换。要按照中共中央提出的20字方针的要求，全面考虑、综合安排、分步推进新农村建设试点工作。突出民盟的智力优势，避免重引资、轻智力的倾向，更多地引进智力，充分发挥第一生产力的作用。重视农民的主体作用，发挥农民的主动性，通过自己的劳动来建设新家乡，通过农民的民主决策来决定项目的实施。“烛光行动”要注重长远打算，保证“行动”的持久性。在“行动”中要注意党派属性、民盟特性和教师教育的科学性，即要符合履行参政党职能的要求。注意发挥民盟的智力优势。注意教师教育的专业性，尊重教育的科学规律。各地在开展帮教工作中要充分发挥民盟的智力优势，真正了解司法部门的实际需要，有针对性地开展工作，慰问和帮助干警，增进相互了解和友谊，使帮教工作能够取得实效。民盟山东省委积极响应民盟中央的号召，按照民盟中央的部署，积极开展了各项社会服务工作。

一、主要成绩

（一）响应民盟中央号召，积极开展民盟农村教育烛光行动

省直二支部盟员、山东海天软件工程学院董事长、山东软件工程培养基地董事长张妮主动为山东民盟开展“农村教育烛光行动”捐款，使民盟山东省委开展烛光行动有了资金保障。

民盟山东省委与聊城市莘县张寨乡2009年结成帮扶对子，2009年至2010年分两批组织该镇部分中小学校长、班主任、骨干教师到济南参加培训。培训内容涵盖学校对教职工的激励机制、如何构建和谐师生关系、特殊学生群体的管理办法、如何构建高效课堂、对学生学业成长评价方案与办法等。通过这次活动，基层教师素质得到了提高，教学工作水平得到提升。民盟省委通过这次活动了发现了基层学校在推行素质教育中存在的情况和问题，通过统战部向中共山东省委和政府就推行素质教育方面提出了许多好的意见和建议，这些意见和建议得到了中共山东省委的高度重视。

民盟省委与民盟济南市委联合民盟甘肃省委跨省开展“农村教育烛光行动”。2009年11月，民盟甘肃省委选派的11名中小学农村教师在济南市的济南五中、甸柳一中、泉城中学、青龙街小学等学校进行为期一月的学习培训活动。本次跨省联合的学习培训活动,是以“农村教育烛光行动”为契机，在良好合作基础上进行的新尝试。学校选派学科教学能手、教研组组长一对一进行培训，采取上课观摩、互动研讨等方式，以期提高农村教师的素质和农村学校教育质量。甘肃教师在济南期间，民盟山东省委领导，民盟济南市委领导看望了他们，并赠送了生活、学习用品和纪念品。

2011年4月20日至28日，在民盟山东省委和山东师范大学总支的周密安排下，来自聊城市经济开发区各中学8名分管教学的副校长等参加了山东师范大学第二附属中学的教育教学及教科研等管理工作，并进行了参观、听课、座谈等多项活动，虽然仅有9天的时间，但山师二附中校长的高水平的管理能力，学校的精细管理制度，教师们高超的教育教学水平为所有学

2011年4月，『烛光行动』山东师大二附中班开班仪式

员提供了一个良好的学习平台。通过培训，各位学员学习了山师二附中“以人为本”的教育理念，“以实为要”的教学态度，“以研为先”教学策略，“以导为主”的教学方法，“以活为长”的教学风格。各位学员普遍感受深刻的是学校精细化的管理，学案导学、合作探究、选修课、超前的教学理念、班级文化建设以及家长委员会的作用等。通过这次学习交流，在教学理念、教学管理、教育科研、课堂教学及班级管理等方面都有很大收获。

2012年“六一”儿童节来临之际，民盟山东省委机关再次对口宁津县开展“烛光行动”助学捐资活动，这是自2007年以来，民盟省委机关全体人员奉献爱心个人捐款，每年资助宁津县约30名品学兼优的贫困学生活动的延续，目前已连续实施六年。

2011年7月3日，民盟山东省委“农村教育烛光行动”沂蒙行启动仪式暨“民盟书屋”揭牌仪式在沂南县张庄镇中心小学举行。本次活动中，临沂民盟教育总支与学生们结成了一对一帮扶对子，为他们发放了学习用具，并为学校捐建一处民盟书屋，第一批价值10万余元的6000余册图书已全部到位，向学生免费开放借阅。此次“民盟书屋”捐赠是由民盟山东省委主办，民盟临沂市委和民盟临沂教育总支部承办，出资购买的图书、书架、阅读桌等配套设施。活动旨在帮助乡村学生解决课外阅读中读书少、读书难的问题，并通过活动开展，督促学生养成勤于读书、善于读书的良好习惯，进而开阔视野，增长知识，快乐学习，全面发展。

2011 年 8 月 25 日至 29 日，民盟山东省委“农村教育烛光行动”培训基地暨新东方教师社会责任行培训班在济宁市梁山现代高级中学举行，来自济宁市的 280 多名农村基层中学英语教师参加了为期五天的英语教学知识培训。五天的时间里，来自新东方教育科技集团北京、天津、太原、济南学校的 4 位专家老师，分别从词汇、语法、口语教学的角度对受训教师进行了培训。专家们充满活力、妙趣横生、动感十足的课堂教学，使参加培训的老师感受到了最前沿的教学理念，接触到了最先进的教学方法。受训教师们纷纷表示收获良多，对指导今后的教学工作受益匪浅。8 月 29 日上午，授课结束后举行了结业仪式，为受训学员颁发了由民盟中央和新东方教育科技集团签发的结业证书。

2012 年 8 月 6 日至 11 日，民盟省委在聊城市水城中学举办“民盟·ESS 乡村少年科学营”。全国人大常委、民盟中央副主席李重庵出席开营仪式并讲话。乡村少年科学营活动是民盟“农村教育烛光行动”的一部分,举办“乡村少年科学营”的目的是向乡村中小学生普及科普知识，激发科学的兴趣；训练学生的思考、观察、假定、实验、求证和创新的能力及培养学生用脑动手的能力，协助提高乡村学校科学教育质量。经过民盟中央协调和民盟山东省委争取，ESS 同意在聊城市举办科学夏令营，这是 ESS 项目第一次落户山东。乡村少年科学营营员是来自聊城农村的 75 名初中在校生，指导教师为山东师范大学 10 名志愿者。乡村少年科学营活动在全体参与者的努力工作下，严谨有序顺利地完成了各项任务，取得了良好的效果，达到了预期的目的。活动期间营员参观了山东省科技馆、山东省博物馆，实地考察了山东师范大学，增长了知识、开拓了视野，为日后向着梦想更加努力地奋斗奠定了基础。民盟山东师范大学总支在山东师范大学选拔了十名品学兼优大学生志愿者，这为本次活动的成功举办提供了强有力的保障。主委耿越教授亲自带队，与十位志愿者一起，与营员同吃住、同学习、同锻炼，及时协调解决活动中出现的各种问题，保障了这次活动的顺利实施。

2011年8月，民盟山东省委农村教育烛光行动新东方教师社会责任行培训班为学员颁发结业证书

民盟省委在梁山现代高级中学建立了第一个农村教育烛光行动培训基地。2012 年 10 月 31 日，民盟山东省委农村教育烛光行动培训基地揭牌仪式在济宁市梁山县现代高中举行。全国政协副主席、民盟中央第一副主席张梅颖，山东省人大常委会副主任、民盟山东省委主委温孚江，共同为民盟山东省委农村教育烛光行动培训基地揭牌，并为教师志愿者颁发了志愿者证书和徽章。关注并积极推动教育事业的健康发展，一直是民盟的工作重点。民盟山东省委积极响应民盟中央的号召，集全省各级盟组织和广大盟员之力，开展了形式多样、内容丰富的“农村教育烛光行动”，多次培训本省和外省的农村中小学校校长、教师，捐建多所民盟书屋，对农村教育发展给予了切实的关心和帮助。民盟省委将以此次揭牌仪式为新的起点，积极发挥作用，努力将微微的烛光汇聚成温暖农村教育事业的一团火，为全省的农村教育事业的健康发展作出更大的贡献。梁山现代高级中学是一所盟员创办的民办高中，近年来以其井然有序的教学秩序、教书育人的丰硕成果得到了学生、家长和社会的广泛认可。此前，民盟省委曾联手新东方教育集团在

此举办过大型农村英语教师培训活动。该校是民盟山东省委设立的第一个“农村教育烛光行动”培训基地。

（二）积极开展帮教工作

民盟山东省委在山东省第一女子劳教所设立社会服务联系点。2009年3月6日，民盟山东省委在山东省第一女子劳教所举行社会服务工作联系点揭牌仪式暨“美在心中”知识讲座。民盟山东省委副主委仪平策，秘书长张继平，山东省劳教局副局长毕华，山东省第一女子劳教所全体干警、学员出席揭牌仪式。揭牌仪式结束后,民盟山东省委副主委仪平策作了题为“美在心中”的知识讲座。他从美学的形成和发展到美的内涵、形态及属性等方面，层层渐进，深入浅出，用通俗易懂的语言讲授了美学的相关知识。在现场提问中，针对学员提出的各类问题，仪平策副主委凭渊博的学识，风趣诙谐的言语，敏捷睿智地一一作了回答。“美在心中”的知识讲座在女子劳教所广大干警和学员中引起了强烈反响，对广大学员的改造起到了良好的积极作用。

民盟山东省委在省第一女子劳教所举行帮教社会服务工作联系点揭牌仪式暨『美在心中』知识讲座

民盟山东省委邀请我国第一位外交礼仪博士后刘金岩教授到山东省第一女子劳教所，为全体干警和学员举办了一堂生动的“文明与我同行”礼仪知识讲座。讲座后，劳教所的干警们纷纷表示，此次讲座内容丰富，贴近生活实际，直观地阐释了各种礼仪的细节问题和如何正确得体地待人接物，同时使广大干警和学员都充分认识到了“文明礼仪就在我们身边”，对学员们以后走上社会并顺利就业具有积极的作用。

民盟山东省委邀请了山东知名的两腺专家、省立医院主任医师田兴松为第一女子劳教所的干警和学院举行了关爱女性健康知识讲座，并为女干警免费进行诊治。

民盟山东省委邀请心理学专家王本法为第一女子劳教所的干警举行了心理学知识辅导讲座，并给部分学员进行了心理辅导和咨询。

民盟山东省委组织盟员律师到山东省第一女子劳教所开展法律援助活动，为个别劳教学员进行了一对一的法律咨询服务。部分学员一直有压在心里的家庭、婚姻、财产等问题，影响了她们的改造，律师们耐心地解答了她们所提出的问题。通过咨询，学员们都感觉到心里亮堂了，知道以后应该怎么做了，并表示积极改造，争取早日返回社会。

民盟通过社会帮教工作，最大限度地减少社会对立面，最大限度地增加和谐因素。配合有关部门贯彻国家关于宽严相济的司法刑事政策，参与和促进国家司法建设和进步的进程。通过开展帮教工作，了解情况，将帮教工作与参政议政工作相结合，积极向党委政府建言献策，为党委政府决策提供参考。民盟省委副主委仪平策多次与山东省司法厅领导沟通协调，并亲自赴司法厅与司法工作者探讨如何进一步做好帮教工作。民盟省委根据实际情况，制定了《“民盟社会帮教黄丝带行动”工作方案》，并逐步付诸实施。

（三）积极做好新农村建设服务工作

2009 年 7 月，民盟省委副主委仪平策、董利忠赴临邑县临邑镇专程考察调研新农村建设。仪平策副主委一行首先参观考察了临邑镇便民服务中心。仪平策副主委仔细考察了综合文化站、信息所、计生服务所、民政所、司法所、劳保所、农技所等服务机构，并对临邑镇设立便民服务中心给予了赞赏和肯定。民盟省委领导还参观考察了临邑镇张法古社区。仪平策副主委为张法古社区题写了“农村社区建设是社会主义新农村建设的新形式新途径”的

民盟山东省委、民盟德州市委在临邑县国寨社区建立新农村建设社会服务工作联系点，同时建立了德州市第一家民盟书屋

题词。考察调研后，民盟省委制定了帮助张法古社区进行新农村建设的具体工作方案，并组织分步实施。民盟省委机关工作人员和德州市的全体盟员还积极捐款或捐书，为临邑镇国寨社区建立了“民盟书屋”。

（四）积极开展城市社区服务工作

在城市社区开展符合民盟特点的社会服务工作，是民盟履行参政党职能，发挥自身优势，为推动社会进步与和谐作贡献的重要新领域。民盟济南市市中区基层委员会与济南市二七新村街道办事处联合，启动了“服务进社区，携手筑和谐”的活动，针对社区老年人、青少年和下岗失业人员等不同层次居民的需求，长期义务组织开展各类健康知识讲座、法律咨询、工作技能培训、歌舞培训等教育培训活动，为推动和谐社区建设贡献力量。

（五）积极开展扶贫活动

关注弱势群体是社会主义和谐发展的需要，是维护社会稳定有序发展的需要，也是参政党义不容辞的责任。

民盟山东省委妇委会和济南“安安特殊教育康复中心”结成帮扶对子。妇委会委员定期和自闭症的孩子们进行近距离的接触。并向“安安特殊教育康复中心”捐赠儿童益智玩具和书籍，与学校老师和孩子们进行联谊活动。希望通过爱心和关怀，让自闭症儿童拥有一个良好的生存与生活环境和灿烂美好的明天。

（六）积极开拓社会服务新领域

社会服务是参政党履行职能的重要形式，如何开阔思路，拓展空间，是当前社会服务工作面临的一项重要课题。民盟山东省委积极探索社会服务工作的新领域，由民盟山东省科学院支部发起，历下区委统战部牵头组织的“同心携手，科技链接”主题活动，就是一个有益的尝试。这样的活动以省直基层组织为单位，由定向、定点、单一的“社会服务联系点”扩展到非定向、非定点、多层次的“社会服务联系面”，具有一定的创新意义，将来还需要在实践中不断改进和完善。

二、几点经验

（一）把社会服务工作与参政议政相结合

我们对社会服务工作的认识定位是，社会服务工作是参政议政的一个重要部分，是参政议政的延续和发展，社会服务工作要围绕参政议政来开展，要结合起来，要从国家社会发展的宏观大局着眼，通过社会服务工作的实践，注重调查研究，深入了解情况，向党和政府提出带有普遍意义的政策建议。在参政议政中做好社会服务工作，在社会服务工作中发现参政议政的切入点，提出好的意见和建议。民盟省委在莘县开展的烛光行动中发现了基层学校在推行素质教育中存在的情况和问题，通过统战部向中共山东省委和政府就推行素质教育方面提出意见和建议，得到中共山东省委重视。

（二）只有围绕党委、政府工作重心开展社会服务，才会事半功倍

我们开展社会服务成功的经验，最重要的一点就是各项社会服务工作急党委政府所急，干群众所需。通过社会服务活动，使我们看到了民主党派工作的潜力所在，看到了民主党派在多党合作中如何求得发展，如何提高民主党派的地位。例如，山东宁津县是山东省委统战部对口支援的贫困县，我们急党委之所急，对宁津县开展了教育扶贫活动，收到了良好的效果，得到中共山东省委统战部的好评。

（三）依托盟各级组织和组织发动盟内各界人士广泛参与社会服务工作

社会服务工作涉及面较广，需要发动盟的各级组织和盟内甚至盟外各界人士参与，调动起大家的积极性，发挥他们的优势，共同参与，把农村教育烛光行动、新农村建设服务、帮教工作等有效地长期坚持下去，打开局面，取得好的社会影响。

（四）在中共各级党委领导下，加强对口联系，争取政府各部门在投资、科研咨询项目等工作上的支持

在民盟山东省委的协调下，山东省水利厅的重点投资项目落户到宁津县，解决了当地高氟水地区的部分群众吃水难的问题。

河南省

同心同行稳步推进
全省社会服务工作开创新局面

——民盟河南省委社会服务工作十年总结（2002–2012）

近年来，民盟河南省委按照“尽力而为，突出重点，务求实效”的工作方针，继承传统，探索创新，拓展领域，稳步推进，全省社会服务工作开创新局面。

> 河南民盟组织始建于 1947 年 3 月。现有 17 个地市级委员会，1 个地市级工委，23 个基层委员会，30 个总支，246 个支部（小组），盟员 7935 人（截至 2012 年 12 月）。

一、援建“烛光学校”，改善办学条件

河南是人口大省，农业大省，城乡教育发展不均衡，偏远农村地区教育设施和教学水平相对落后。为改善农村办学条件，民盟河南省委充分发挥盟内企业家热爱公益、关爱社会的积极性，累计协调和募集捐助资金 800 余万元，在地方政府大力支持下，在四川地震灾区和我省贫困乡村，援建了 10 所民盟烛光学校。

2008 年 4 月，民盟河南省委协调资金 60 余万元，带动地方提供配套资金 60 万元，在开封通许县，援建了“杨庄民盟烛光小学”。2009 年 5 月，民盟河南省委利用盟员捐赠的 70 余万元的抗震救灾资金，并协调其他资金 60 万元，在四川江油地震灾区，捐建了“龙门

民盟烛光小学”。2009 年 12 月，能抵御八级以上地震的新建学校顺利竣工，民盟中央李重庵副主席出席了学校的落成典礼，民盟河南省委向该校捐赠图书 2000 余册。这是全国省级盟组织，在四川地震灾区独立捐建的唯一一所学校。

2010 年 3 月，深圳光汇集团捐赠资金 40 万元，省市民盟协调资金 70 万元，在周口商水援建了“小集光汇民盟烛光小学”。2010 年 5 月，盟内企业家捐赠 45 万元，省市民盟协调地方政府提供配套资金 50 万元，在南阳西峡援建了“田关乡民盟烛光中心小学”。

2011 年 12 月，民盟河南省委协调资金 70 万元，在濮阳南乐援建了“东寺庄民盟烛光小学”。在落成典礼上，省市盟组织向该校捐赠了价值 3 万元的全套标准体育器材，向全校学生捐赠了 300 余套书包、文具等学习用品，选派了 2 名在全国优秀示范课教学大赛中的获奖老师，对该校师生进行了优秀示范课教学。

2012 年 4 月，盟内企业家捐赠资金 50 万元，许昌禹州援建了“神垕民盟烛光小学”。在盟省委的支持下，该校新建了两栋教学楼，配置了图书室、多媒体教室，购置图书 4000 余册，增设了篮球架、乒乓球台等体育设施，成为当地的示范性学校。

当前，信阳商城、商丘民权、鹤壁山城区、安阳滑县、新乡卫辉、焦作温县等地的“民盟烛光小学”正在建设之中，预计年底竣工。民盟河南省委将全省 17 个省辖市的偏远农村，分别援建一所民盟烛光小学，由点到面，辐射周边，支持城乡教育的均衡发展。

同时，省市盟组织与“民盟烛光学校”结成对口帮扶关系，从教学条件改善、教师队伍培训等方面，长期支持民盟烛光学校的发展。在民盟中央社会服务部的大力支持下，民盟河南省委积极联络美国科技教育协会、省体育局、省直各基层支部、盟内企业家向民盟烛光学校捐赠电脑、图书文具、体育器材，设置助学奖金，关爱贫困学子，扶持辍学儿童，支持民盟烛光学校的全面发展。目前，河南“民盟烛光学校”教育质量优秀，教学环境优美，教育设施先进，成为推进全省城乡教育事业科学发展的示范学校，塑造了民盟“烛光学校”的品牌形象。

二、传播先进教育理念，培训乡村教师

为发挥民盟界别优势，服务基层教育发展，近年来，盟省委汇聚优秀人才，组建教育专家团，先后在固始、灵宝市、漯河市开展教育下乡讲学活动，培训县乡教师 2000 多名，为 1 万余名高三学生作考前心理辅导报告。

2010 年 3 月，民盟河南省委依托新东方教育科技集团，启动了“烛光照亮未来，责任情系中原”河南教育行大型公益活动，利用新东方的优质教育资源，在全省 18 个省辖市，免费培训市县乡和民盟农村烛光学校的教师，开展专题讲座，传播先进理念，促进教育交流，推进城乡教育均衡发展。

目前，“烛光照亮未来，责任情系中原”河南教育行活动，先后在 11 个省辖市启动，连续三年利用暑期，在周口、濮阳、洛阳、许昌、商丘、鹤壁开展了为期一周的封闭式培训，累计培训市县乡村英语教师 9500 余名。新东方教育集团总裁俞敏洪、副总裁陈向东、郑州新东方学校校长印建坤和新东方的优秀教师开展励志教育和学习方法讲座 17 场，受益学生 30000 余名，取得了良好的社会影响。

为加强教育交流，盟省委连续三年积极选派盟内外教师，参加美国科技教育协会举办的海内外基础教育研讨会；向全省五所中学，捐赠了价值 18 万元人民币的《几何王》教学软件，开展教学专题培训;联系北京四中网校，支持河南基础教育的发展，为全省城乡教育教学水平的提升作出了贡献。

三、开展“盟院合作”，促进地方高等职业教育的快速发展

鹤壁职业技术学院是由几所中专和成人院校合并组建的一所高等职业教育学校。2003 年 8 月，民盟河南省委与鹤壁职业技术学院签署“对口帮带合作服务”协议，发挥民盟人才优势，为学院的发展献计出力。

目前，“盟院合作”已持续 9 年之久。在民盟中央的大力支持下，盟省委先后邀请中央、省市教育专家莅临学院，举办专题报告 30 余场，召开“高等职业教育发展高层论坛”6 次，对鹤壁职业技术学院的办学定位、办学方向、师资建设、教学方式、办学模式建言献策。民盟中央李重庵副主席先后 3 次来到学院，出席高层研讨会，并代表民盟中央与国家教育部沟通协调，从各个方面支持鹤壁职业技术学院的发展。

盟省委教育专家团的教育专家，长期驻守学院，指导学院的建院工作。

2009年12月，民盟中央副主席李重庵一行出席龙门民盟烛光小学落成典礼

2011年5月28日，田关民盟烛光学校落成典礼

2012年4月，许昌民盟烛光小学落成典礼

在盟省委的指导下，学院实现了从中专管理模式向大学院系二级管理模式的转变，该院“医学护理”专业、“模具设计与制造”专业成为省级重点精品专业。盟省委教育专家团重点援建的护理学院，当前师资队伍和学生人数都占到该校的半壁江山。为加强学院教师队伍建设，盟省委选派10余位盟员专家担任学院兼职教授，组织47位盟内教授和学院教师结成长期帮扶对子，联系郑州大学和河南大学为学院教师开办研究生班。为支持学院开放办学、开发建院，改善办学条件，盟省委向学院图书馆捐赠图书6000余册，联系一批价值十几万元的医疗实验设备支援学院医学实验室建设，牵线搭桥，帮助学院与北京富迈公司等公司企业建立校企合作关系，为学院促进学生就业，实现人才定单培养拓宽了渠道。当前，盟省委积极从师资队伍建设、学院管理人才培训、学生实习就业基地的拓展、校企合作、学院办学层次的提升方面，积极发挥作用，帮助学院完成“扩张规模、提升内涵、创新机制、科学发展”的二次创业。

经过几年的努力，鹤壁职业技术学鹤壁职业技术学院各项事业健康发展，从成立不久，没有高校办学经验，名不见经传地方高职院校，迅速跃升为全省乃至全国同类院校的佼佼者。在校高职生人数从建院时的不足100人，发展到11000余人，专业设置达到43个，正教授人数从无到有，达到32人，并成为了“国家级数控技术培养培训基地”和“国家级高级护理技术培养培训基地”，学院毕业生就业率达到了93%。先后荣获“河南省职业教育先进单位”、“河南省职业教育‘教学研究工作’先进单位”、“河南省‘思想政治教育工作’先进单位”等荣誉称号。2010年4月30日，《人民政协报》以《用真情点亮希望》为题目，对“盟院合作”进行了报道。

在“盟院合作”的基础上，2008年6月，民盟河南省委应邀与鹤壁市确立了“盟鹤合作”关系。民盟河南省委积极联络，促成鹤壁市与河南工业大学开展校市合作；先后邀请清华大学、中华职教社、中央教育研究所等的十多位职教专家到鹤壁调研考察，举办论坛，为鹤壁市职业教育的发展建言献策。积极在鹤壁矿区开展送医、送教、送文化下基层活动，为鹤壁经济社会发展作出了自己的贡献。

四、积极服务“三农”，支持社会主义新农村建设

民盟作为参政党，服务社会主义新农村建设是一项很重要的工作。民

盟河南省委按照“生产发展、生活宽裕、乡风文明、村容整洁、管理民主”二十字方针，从不同的角度，积极参与社会主义新农村建设。

2010年，省市民盟与南阳市卧龙区谢庄乡党委政府，签订了“定点谢庄乡，服务新农村”行动方案。为解决该乡15000余名村民的出行难题，盟省委协调资金50万元，援建了“民盟爱心桥”。2012年，盟省委协调资金100万元，在该村实施农村公路的改扩建工程。盟省委多次组织农大基层委员会农业专家，向村民传授种植、养殖知识和技术，捐赠科技图书，为谢庄乡肉牛养殖产业提供技术服务，促进了谢庄乡生产和经济的发展。为支持基层文明村的建设，2011年，盟省委协调资金40万元，在通许县冯庄乡杨庄村援建了“文化广场”，实施“安全饮水工程”，支持当地的新型农村社区建设。

据不完全统计，近年来盟省委累计协调资金近400万元，先后在扶沟、南召、平舆、正阳开展了大棚蔬菜、山羊养殖、安全饮水等形式多样的惠农行动。依托清华大学扶贫办无偿在嵩县、鲁山、卢氏等10个国家级贫困县，援建了远程教学站。省委医疗专家团，先后在周口、平顶山、许昌、鹤壁、洛阳、驻马店、焦作等地开展了医疗培训和义诊咨询服务活动16次，培训基层医务人员2000余人，义诊病人30000余人，为581位贫困患者免费进行心电图、胃镜等专业检查。

为保护生态环境，推进河南林业生态省建设，盟省委组建生态文明建设专委会，积极参与“中原环保世纪行”行动，先后在民权、洛宁建成1000余亩“民盟生态林基地”；多次开展生态调研活动，为我省生态文明建设献计出力。

近年来，全省广大盟员立足本职，奉献爱心，积极参加社会公益行动，广泛参与阳光助学、阳光扶贫活动。全省广大盟员在抗击“非典”、汶川地震、青海玉树地震的救灾中，在向贫穷地区、洪涝灾区、艾滋病高发区、残疾人的救助中，累计捐款捐物300余万元，受到中共党委、政府和社会各界的好评。

五、开展爱心帮教行动，促进社会和谐

近年来，民盟河南省委与河南省女子劳教所、郑州少管所、河南省未成年劳动教养人员管理所确立了长期“关爱帮教，合作服务”关系，配合广大干警落实对劳教学员“教育、挽救、感化”劳教工作方针，为化解社会矛盾，

促进社会和谐作出贡献。

在河南省女子劳教所，盟省委发动省直广大盟员，向贫困劳教学员捐赠衣物。在三八妇女节、世界戒毒日和世界艾滋病日前夕，积极组织盟内知名律师、医务工作者在河南省女子劳教所开展讲学义诊咨询服务活动，为劳教学员举办《三八节谈女性》、《吸毒与犯罪》、《艾滋病的预防》等专题讲座。

在郑州少管所、河南省未成年劳动教养人员管理所，盟省委长期开展了形式多样的爱心帮教活动。每年春节、“六一”前夕，开展爱心慰问行动。捐赠服装、食品等节日礼物；邀请盟内艺术家与未教学员、干警同台演出，共度佳节；举办法律辩论赛、学员赛诗会，开办英语学习、书法艺术、法律知识等专题讲座，使学员们在心理、生理方面逐步走向成熟，并达到了知法、懂法、守法的目的。在活动中盟省委向劳教学员，捐赠20台电脑、音乐器材，援建了“春晖电脑室”、“音乐器材室”，组建并指导劳教学员电子小乐队建设。在多次大型活动中，学员电子小乐队向省市领导进行了汇报演出，赢得了与会领导的高度评价。当前，民盟爱心帮教工作，成效显著，成为河南民盟社会服务工作的重要品牌，被纳入“全省统一战线十件实事”的具体内容。

六、同心建设中原，促进文化发展

为贯彻中共十七届六中全会精神，推动中原文化大发展、大繁荣，盟省委积极拓展社会服务工作领域，服务社会主义文化建设。2010年，盟省委依托文化工作委员会，组织50多名国家级、省级盟员艺术家，先后在通许、汤阴等地开展慰问演出20余场，受益群众30000余人。

为发展中原钧瓷产业，传承中原钧瓷文化，2012年1月，盟省委为禹州神垕引进投资3亿元钧瓷产业项目，举行了“河南文化产业项目——华神钧窑开业仪式”，支持河南文化产业项目建设。

在2012年4月8日，盟省委成功主办了“放歌中原——送文化下基层·桃花峪黄河大桥工地慰问演出”大型文艺活动，邀请了国家级、省级盟员艺术家，为近2000余名建桥工人奉献了丰富多彩的文艺节目。省人大、省委宣传部、省委统战部、各民主党派省委、省工商联、省交通运输厅、省文化厅、省文联等单位的领导和全省150余名盟员代表莅临现场，看望慰问大桥建设者，以实际行动，庆祝河南建盟65周年，共迎中国共产党十八大胜利召开。《人民政协报》、《团结报》、《河南日报》对本次活动进行了报道，河南电视台在

2011年1月18日，省未管所迎新春帮教会

2012年6月，民盟河南省委到省未教所开展爱心帮教活动

爱心帮教 第二届法制辩论赛现场

2012年4月，民盟河南省委举行放歌中原活动，慰问黄河大桥建设者

“五一”期间，对整台文艺节目进行播放。

2012年7月，盟省委组织文艺界的盟员艺术家，在鹤壁举办了“放歌中原——民盟河南省委送文化下基层”活动。民盟河南省委、河南省文联和鹤壁市四大班子领导与鹤壁600余名干部群众观看了演出。民盟河南省委送文化下基层活动，产生了广泛的社会影响，《人民政协报》、《团结报》、《河南日报》、河南电视台对本次活动进行了报道。活动弘扬和繁荣了中原文化，塑造了中原人文精神，为中原经济区建设提供精神动力和思想保证。

同时，盟省委文化工作委员会与光山县合作，完成了26集大型原创三维启智动画片《少年司马光》第一和第二部的制作，分别于2010年和2011年在中央电视台少儿频道黄金时段播出，反响强烈。该片已被列入河南省中小学电教教材，其海外版权相继落户美国、韩国、伊朗等国家，在参政党服务文化强省战略的实践中开辟了新路子。

2012年7月，河南民盟新一届省委会已经成立。新一届省委会将继承传统，拓展领域，发挥优势，探索创新，积极打造民盟社会服务工作的新品牌，为全省社会服务工作再创新局面，作出新的更大的贡献。

发挥优势打造品牌
推动社会服务工作向纵深发展
——民盟湖北省委社会服务工作十年总结
（2002—2012）

湖北民盟组织始建于1946年秋。现有12个地市级委员会，26个基层委员会，15个总支，125个支部（小组），盟员8508人（截至2012年12月）。

开展社会服务工作，既是民盟履行参政党职能的重要内容，也是民盟加强自身建设、提高凝聚力和影响力的重要途径。十年来，民盟湖北省委在民盟中央和中共湖北省委的正确领导下，发挥自身优势，实施品牌战略，社会服务工作取得较好成绩，为促进我省科学发展和社会和谐作出了应有贡献，树立了民盟组织的良好形象。

一、十年来的工作概况

（一）深入开展“烛光行动”，帮助贫困地区学校提高教学水平、改善办学条件

自2007年民盟中央号召在全盟开展“烛光行动”以来，民盟湖北省委将之作为社会服务品牌项目，以高度的热情和责任感投入到烛光行动中。截至目前，全省各级民盟组织共培训教师5600多人（次），协调捐赠资金近140万元，捐赠课桌椅、教学设备近1000套（件），捐赠图书11000余册，捐赠教学软件300套。其中，盟

省委培训教师2500人（次），协调援建资金40万元，捐赠课桌椅800多套、图书3300余册、教学软件300套。

1. 在贫困地区广泛开展教师培训。与浠水县闻一多中学、巴河镇中学和恩施市七里坪民盟光汇烛光小学建立长期帮扶关系，每年都组织华师一附中等校优秀教师赴当地进行各学科的系统培训，累计培训教师1000余人（次）；同时组织专家与当地骨干教师结成对子，建立长期联系机制。针对农村中小学英语教师缺乏、教学水平较差的现状，借助武汉新东方学校教师资源开展农村英语教师培训，2008年、2009年、2010年连续三年分别在浠水县、孝昌县、新洲区开展培训，参训教师达1000余人（次）。承担民盟中央支援西部教师培训任务，2009年以来连续三年先后接收甘肃骨干教师3批（次）37人到武汉市东湖中学、二十五中等校跟班学习，并于2009年组织我省教育专家赴甘肃，培训初中英语教师和中小学班主任400人（次）。

2. 帮助贫困地区学校改善办学条件。争取民盟中央、光汇石油集团捐款40万元并带动地方政府配套资金，为恩施市七里坪小学新建教学楼一栋，目前工程已顺利

2011年5月，民盟湖北省委接收第三批甘肃教师来汉培训

2010年7月，恩施市民盟七里坪光汇烛光小学教学楼开工建设

竣工。协调武汉市青山区教育局为浠水县余堰中学捐赠课桌椅462套，拿出3万元资金为恩施市七里坪民盟光汇烛光小学购置新课桌椅350套。通过组织盟员捐书和争取民盟中央、美国科技教育协会支持相结合的方式，为郧县关帝小学和恩施市龙马民族小学募集图书3300余册，帮助两校加强图书室建设。帮助我省恩施市三岔中学、鹤峰县实验中学、浠水县巴河中学、麻城市盐田河中学、丹江口市大坝中学等5所贫困地区学校纳入民盟中央援助计划，由民盟中央委员徐方瞿教授捐赠《几何王》教学软件300套。

3. 指导基层组织开展“烛光行动”。据初步统计，各基层组织共培训教师3130人（次），协调捐赠资金98.7万元，捐赠教学设备、课桌椅163件（套），捐赠图书8000余册。同时，各基层组织还注重建立长效机制以推动“烛光行动”深入开展，民盟武汉市委、民盟宜昌市委、民盟襄阳市委、民盟黄石市委、民盟荆州市委等在当地确定帮扶学校进行长期帮扶，民盟潜江支部在潜江中学成立“康华助学金”资助贫困学子等，均收到较好效果并在当地引起较好反响。

（二）持续推进帮教工作，促进劳教人员教育转化

自2005年民盟中央启动帮教工作以来，盟省委保持同省劳教部门的紧密联系，建立平台、完善机制，组织开展了一系列帮教活动，促进劳教人员教育转化，为建设和谐社会贡献力量。

1. 建立与劳教部门的长效合作机制。与省劳教局每年定期召开帮教工作联席会议，商讨确定帮教活动安排。通过在劳教场所挂牌设立“民盟·新东方教育援助基地”、“心理咨询辅导站”等工作平台，确保帮扶工作持续开展。

2. 开展多种形式的帮扶活动。围绕如何帮助劳教人员教育转化、早日回归社会，每年确定相应主题，开展多种形式的帮扶活动。2005年，组织盟内医疗专家为省狮子山戒毒所劳教人员作艾滋病预防专题讲座。2006年，邀请知名专家教授为全省劳教系统“中华魂”主题教育读书活动演讲比赛担任评委。2008年“五四”青年节之际，组织专家为劳教学员作励志专题讲座。2009年，在省少教所启动“爱心妈妈”结对帮扶活动，组织

2011年9月，民盟湖北省委邀请辛亥革命志士熊秉坤之子熊辉为省狮子山戒毒所学员作报告

12位女盟员学员结成对子进行帮扶，引起较好社会反响，湖北卫视《守望家园》栏目专程对盟省委领导进行了采访，《楚天金报》以"'教授奶奶'为失足少年庆生"为题对华中科技大学高治教授关心少教学员的事迹进行了报道。2010年，组织盟省委机关干部为省少教所学员捐赠价值1300元的生活、学习用品。2011年辛亥革命百年纪念之际，邀请辛亥革命志士熊秉坤后裔熊辉为劳教学员作报告，辅导劳教学员上千人。

3. 支持劳教场所加强自身建设。帮助改善劳教场所工作条件和生活环境，先后向劳教场所捐赠图书近3000册，捐赠音乐和健身器材各1套。其中，2005年，向省狮子山戒毒所捐赠图书250册；2008年，向省沙洋劳教所捐赠图书1300册；2011年，向省狮子山戒毒所捐赠音乐器材1套，并协调省体育局为该所配置健身器材1套；2012年，向省狮子山戒毒所捐赠图书1435册。帮助提高劳教干警业务素质，2006年，组织专家为全省劳教系统《法律常识》课堂观摩比赛担任评委；2009年，组织专家为全省劳教系统《心理健康教育》课堂观摩比赛担任评委；2012年，邀请法学专家为省少教所干警作题为"法治国家的目标与美好生活的愿景"的讲座。通过提高劳教干警法律、心理学等方面业务素质，进而提高劳教场所教育矫治质量。

（三）积极参与扶贫帮困，自觉承担社会责任

盟省委组织广大盟员发挥专业特长，积极参与新农村建设、社区建设、赈灾募捐等扶贫帮困活动，自觉承担社会责任，展示了民主党派成员的良好觉悟和作风。

1. 持续开展"三下乡"活动。以提高农民科技文化素质为着力点，先后开展"三下乡"活动5次，义诊、培训干部群众1000多人（次），免费提供药品价值8000元。其中，2004年，邀请盟内著名农业专家邓秀新教授赴秭归县，为当地干部群众300余人作"突出秭归特色、拉开柑桔成熟期，搞高秭归柑桔产业效益"的学术报告。2005年，组织盟内医疗专家为东方山佛寺僧侣及附近村民开展义诊，接诊近200人（次）。2006年，在民盟前辈闻一多先生殉难60周年之际，组织盟内医疗专家赴浠水县开展义诊，接诊200多人（次），并免费提供价值5000元的药品。2008年，组织盟内医疗、农业科技和司法专家赴宜昌市夷陵区黄花乡姜家畈村，并免费提供价值3000元的药品，接受义诊、咨询200余人（次）。2009年，组织农业专家为姜家畈村群众作薯尖栽培、生猪育种与规模化养殖、生猪疾病综合防治等当

地亟需的实用技术讲座，培训群众100人。此外，还争取清华大学扶贫办支持，在我省12个国家级贫困县建成扶贫教学站，为当地干部群众免费提供学习资源。2012年，又争取民盟中央和温州市有关单位支持，就“明眸工程”进入湖北达成初步意向，将于10月在我省恩施州、十堰市正式启动“明眸工程”，为贫困群众免费进行白内障筛查和复明手术。

2. 在社区开展便民利民活动。结合盟省委机关所在地武汉市武昌区首义路街群众需求，开展多种形式的社区服务。先后举办口腔保健、老年痴呆防护和文明礼仪等专题讲座，惠及群众300多人（次）。在首义路街开展大型法律咨询和医疗义诊活动，接受咨询、义诊200人（次）。同时，每年春节盟省委领导都专程到社区特困家庭进行慰问，送去慰问品、慰问金共计1万多元。

3. 踊跃参与赈灾募捐活动。“5·12”汶川地震发生后，盟省委及时发出“伸出爱心之手支援灾区”的倡议。全省盟员从不同渠道向灾区捐款200余万元，捐赠药品、棉被和帐篷物资折合人民币达150万元。西南旱灾和青海玉树地震发生后，盟省委再次组织全省盟员捐款献爱心。在盟省委的带动下，各市（州）、省直基层组织积极行动，捐款近30万元。

二、主要经验和体会

十年来，民盟湖北省委的社会服务工作取得了一定成绩，得益于民盟中央和中共湖北省委的正确领导，得益于全省各级盟组织和盟员的共同努力。我们的主要经验和体会有：

（一）提高认识是做好社会服务工作的前提

盟省委高度重视社会服务工作，把社会服务和参政议政作为盟省委工作的一体两翼，摆到重要位置进行研究和规划。盟省委主要领导十分关注并经常过问社会服务工作，专职领导精心指导并全程参与社会服务活动，盟省委机关在经费保障上给予倾斜，有力地推动了社会服务工作的深入开展。

（二）准确定位是做好社会服务工作的关键

盟省委认识到，社会服务工作要根据本地实际，从党委政府的工作大局和群众的需求出发，明确社会服务的形式和内容；要结合自身实际不盲目铺摊子，集中力量逐步深入，抓一件成一件，一年上一个台阶，创造工作品牌，形成持续影响。

2010年9月，民盟湖北省委组织专家在武昌区首义路街开展免费法律咨询和义诊活动

（三）整合资源是做好社会服务工作的保证

盟省委注重调动各方面积极性，形成社会服务工作合力。比如，为了深入持续地开展烛光行动，联系华师一附中等知名学校，建立了烛光行动专家库，为开展活动奠定人才基础；针对社会服务工作面向县（市）、面向基层的实际，把市（州）盟组织作为重要支撑力量，加强协作、共同参与，收到较好效果。此外，盟省委积极协调社会力量，凝聚各方面的智慧和力量，从而为社会服务工作注入不竭动力。

（四）盟员参与是做好社会服务工作的源泉

广大盟员是盟省委的资源和优势，也是盟省委做好社会服务工作的源泉。盟省委始终注重调动好、保护好盟员的参与积极性，每项社会服务工作盟省委事前都及时与盟员所在单位沟通，对参与有关工作的盟员颁发证书，及时宣传报道盟员的先进事迹，使社会服务工作长期得到广大盟员热心支持。

三、存在的问题和下一步工作思路

十年来的社会服务工作，既是工作逐步推开的过程，也是认识逐步深化的过程。我们认识到，民盟各级组织有人才资源和智力优势，但也存在着诸如定位不明确、工作机制不完善、经费短缺、影响力不够等问题，需要引起重视并予以解决。在今后的工作中，我们将继续在民盟中央和中共湖北省委的正确领导下，再接再厉，开拓创新，不断开创社会服务工作新局面。

（一）不断提高工作水平，着力打造工作品牌

把现有的烛光行动帮扶学校、劳教场所等工作基地巩固好，集中力量、长期坚持，落实各项目标任务，形成良好口碑，带动更多的人参与到社会服务中来。加强对市（州）盟组织的指导，鼓励市（州）盟组织探索符合本地实际的社会服务工作机制，开展有特色、有实效的社会服务活动。

（二）广泛争取关注和支持，形成工作合力

进一步增强工作主动性，加大向民盟中央和中共湖北省委、省政府汇报力度，及时报告工作成效、反映面临的困难，争取上级领导的关注和支持。注意调动、保护盟员积极性，动员更多热心盟员特别是企业界人士参与社会服务。加强与兄弟省份盟组织的沟通联系，学习先进经验，加强资源共享。

（三）促进社会服务与参政议政相结合，发挥综合效应

在社会服务工作中挖掘参政议政素材，反映群众呼声，向党委政府建诤言、献良策，推动解决群众反映强烈的民生问题。同时，通过参政议政渠道反映社会服务工作面临的困难和问题，为社会服务工作创造良好外部环境。

（四）加大对外宣传力度，扩大民盟社会影响

在充分利用好盟内宣传平台的同时，注重搞好对外宣传。深入挖掘、提炼素材，以有分量的文字材料宣传好社会服务工作先进事迹和先进个人，扩大民盟社会影响。

持之以恒　量力而行
推进社会服务工作
——民盟湖南省委社会服务工作十年总结（2002–2012）

湖南民盟组织始建于1949年。现有13个地市级委员会，4个区县级委员会，5个区县级工委，19个基层委员会，11个总支，354个支部（小组），盟员8859人（截至2012年12月）。

湖南民盟社会服务工作多年来秉承“做好事、做实事”的信念，竭尽所能致力于教育为主的各项社会事业的促进和发展。长期以来，湖南民盟在新农村建设、烛光行动、帮教活动、社区服务等社会服务工作中彰显出了民盟的特点。

一、持续帮扶，开展新农村建设

湖南民盟社会主义新农村建设工作，通过多年持续努力获得了中央及地方的好评。全国政协副主席、中共中央统战部部长杜青林来湖南视察时，曾高度评价湖南民盟的新农村建设工作。盟中央蒋树声主席题词“湖南民盟社会主义新农村建设联系点——石江村”，并称之为新农村建设的“湖南模式”。湖南省委统战部也多次表扬我们的工作，并号召把我们的经验扩展到其它社会服务领域。

石江村位于浏阳市龙伏镇北部，地处偏僻山区。

2003 年人均收入仅 600 元，被定为省级贫困村。目前，石江村人均年收入已达 6000 多元，90% 的农户盖上了新房子，生活环境有了极大的改善，村容整洁，环境优美，道路宽敞，绿树成荫，村委会盖上了功能较全的活动中心，全村农田、土地大幅度平整优化，长达 15 公里的水泥路通村达组，石江村已成为文明和谐的社会主义新农村。我们所做的主要工作有：

（一）精心规划，为发展石江村经济打下基础

"要致富，先修路"。2003 年，民盟扶贫团队在确实选其为扶贫点时，就决定"一定要把路修起来"！盟省委请业内专家通过实地考察,制定了《石江村 2007—2020 年村庄建设性规划》，并对该村的总体布局、道路交通、公共设施、村庄整治等作了全面的远景规划。经过多方支持，石江村已经修建了长达 15 公里水泥路，实现了组组通水泥路的目标。2007 年 11 月，民盟省委主委、省国土厅副厅长杨维刚为该村争取 1250 万元的平整土地 1800 亩，土地资源得到了极大优化，灌溉设施全面覆盖，农作物产值得到很大提升，并涌现出一群现代化机械作业的种植大户。目前，在民盟省委的支持和协调下，该村移民点的建设、水利设施的改造、道路的建设、石江村办公大楼等均按规划实施完工并投入使用。

（二）提升村干部素质，学习先进经验

领导班子的水平决定了一个村的发展水平。在扶持石江村经济的同时，盟省委注重提高村干部的管理素质和村民的文化素质，把促进人的发展作为我们参与新农村建设的最终目标和工作特色。2008 年 10 月，由盟省委专职副主委汤浊带队，组织村支两委干部赴浙江考察学习，见识了沿海发达地区新农村建设的先进成果，学习了沿海发达地区的先进思路。2011 年到张家界象鼻嘴村考察、学习，进一步明确了调整产业结构，致力于发展特色农业，促进农民增收致富的目标。

（三）上下联动，致力帮扶

盟省委、盟长沙市委和基层组织以及盟员各自发挥优势对石江村进行帮扶。民盟省委组织盟员专家向村民传授烟叶种植技术，并在收购环节中予以大力支持，农民增收近 200 万元；该村的美国红提栽培基地每年为集体创收 10 万余元；由盟员专家推广发明的"135 保健养猪技术"为该村村民致富起了非常重要的作用，现该村已有 20 多户养猪，有 10 户养猪大户，有一户年增收近 10 万元；办了小型"农副产品加工厂"、"贝梦昵家纺厂"，石江村经

济发展前景良好。

（四）百年大计，教育为本，教育大计，人才为本

2006年，民盟省委对石江村当年考上大学的13名学子每人奖励助学金2000元。之后，石江村支委、村委每年都拿出部分资金奖励考取大学的石江学子，至今已累计送出奖金5万余元。每年春节初六，支村委都会按照盟省委提议，召集本村在家大学生举行座谈会，关心学生们的学习、生活情况，也请学生们为石江的发展献言献策。2010年，民盟组织部分盟员企业家向石江村贫困大学生捐赠60000元助学金；联系长沙市教育局幼儿园向龙伏中心幼儿园捐赠500余册幼儿图书，并建立了相互联系机制。

（五）百善孝为先，倡导以"孝"为核心、以"人"为本的社会文化理念

在盟省委的协助下，先后成立了科协、老协、妇女协会等，石江老年人协会都会在民盟和支村委的共同支持下开展丰富多彩的文化活动。每年重阳节，老年朋友们欢聚一堂，评选上一年度涌现的尊老敬老模范"五好家庭"、"好孝星"或是"好儿子"、"好媳妇"等。2008年3月8日，民盟省委组织15位女盟员在石江村举办妇女保健与维权知识讲座。有效提高了群众的民主管理意识和自我发展能力。

（六）丰富石江村民业余生活

2007年5月，民盟省委、民盟长沙市委向石江村赠送了一整套腰鼓设备并派盟员艺术家现场指导，成立了文艺表演队，成为本村及周边地区庆典活动提供精彩表演的骨干队伍。2011年10月，开展了"迎接省党代会·走基层文艺下乡暨《新农村卫生健康手册》捐赠仪式活动"，让村民们享受了大城市特有的文艺大餐。同时向石江村捐赠了800多册价值3万余元的《新农村卫生健康手册》，为广大农民读者和乡村医生提供了最为直接的病患初步判断方法和应对措施。

（七）注重普法知识教育

时任民盟省委常委、十三届盟省委副主委、湖南师大哲学系主任的杨君武教授曾带领学生在石江村开展了为期两个月的调研和宣讲活动，详细为村民解答了五个"中央一号文件"所涉及的农村经济、政治等法律法规的相关问题，让村民自主用法律武器捍卫自己的权益。

现在的石江村发生了翻天覆地的变化，水泥路四通八达，农田平整肥沃，饮水洁净便利，尊师重教之风、尊老爱幼之尚、遵纪守法之意深入人心，干

部有水平、办事有场地、群众有依靠。石江村多次荣获“先进党总支”、“综合目标管理先进单位”等荣誉称号。老百姓的日子越过越红火，到处充满希望的气息。

2010 年 5 月 27 日，湖南省民主党派、无党派人士社会服务基地启动，开启了我省各民主党派、无党派人士多方联动、点面结合、共促发展的新局面。当天，各民主党派省委、无党派人士还组织了丰富多彩的文艺表演和法律专题讲座、医疗咨询义诊等“三下乡”活动。10 名来自各民主党派和无党派的医生为农民现场看病治疗，免费发放了价值 5 万元的药品。民盟省委本着负责、诚信、共赢的原则，从组织专家学者企业来村指导，帮助引进农业产业化项目、发展公益事业、建立培训和实习基地等方面，积极帮扶该村发展，盟省委委派一名副处长、岳阳盟市委派一位副科级到该点挂职锻炼，岳阳市政协副主席、盟市委主委万岳斌为该村解决新村基础建设资金 100 余万元。力争用 3 年时间共同把该村建设成为社会主义新农村示范村。新的社会服务基地启动，预示着湖南民盟的社会服务工作将会进入到一个新的时期，服务面进一步扩大，民盟在社会的影响和知名度也将进一步扩大。

（八）立足党盟共建，让百姓共享医疗健康成果

民盟湖南省人民医院支部医疗队多次赴浏阳石江村为当地群众开展送医药下乡活动，并将石江村卫生所列为民盟省人民医院支部和中共省人民医院外科支部的“党盟共建”医疗基地。从此，石江村的村民将长期接受省人民医院专家们的各种免费医疗服务。

二、积极响应民盟中央号召，开展“农村教育烛光行动”

“农村教育烛光行动”是 2007 年 7 月由民盟中央发起，旨在发挥民盟的人才资源优势，为提高农村教师素质和农村教育水平做好事、做实事。盟省委积极响应民盟中央“关于开展农村教育烛光行动”号召，并动员民盟各市州委力尽所能开展活动。

2011 年 5 月，由民盟中央协调深圳光汇石油有限公司出资援建的“湖南张家界光汇烛光学校”及农村教师培训基地挂牌。民盟省委协调配套资金 30 万元用于改善办学条件，并捐赠了一批文体用品。7 月，盟省委联合盟中央和新东方教育集团在培训基地开展了大型培训活动。由新东方派出骨干教师，共培训 500 多名农村英语教师，新东方总裁俞敏洪先生亲自到

场授课。

“东西互补，联手扶贫”，由民盟上海市委援助部分资金，盟省委协调配套资金的怀化芷江大树坳中学和岳阳平江三合小学的“同心·民盟烛光教学楼”的落成，这既是开展“农村教育烛光行动”的成果，也是社会各界对湖南教育事业发展的大力支持。盟员企业家还为三合小学捐赠电脑30台，并承诺每年由学校选派几名教师进行培训、15名优秀学生到上海进行夏令营活动。

由盟省委与民盟长沙市委对口帮扶的浏阳市龙伏镇中心完小为民盟援建学校，几年来，我们共计为该校争取教育经费30万元改善办学条件，捐赠课桌椅160套以及电教设备若干，捐赠图书2000余册，体育器材25套，结对资助贫困学生9名。先后组织10余名高级教师在镇完小上公开示范课，并组织该校5名教师到长沙市进修。目前该校办学条件得到改善，教学质量明显提高，连续几年排名全镇第一，升学率达100%。

娄底民盟选定涟源市斗笠镇惠民学校为娄底民盟烛光行动定点学校以来，为该校建立了图书室并赠送2000多本图书。盟员教师给惠民学校的老师们上了精彩的示范课。民盟涟源市委也与涟源市石马山镇中心小学建立帮扶关系，捐赠了图书及体育器材，两位盟员与贫困学生结成了帮扶对子，为资助对象提供学费及学习、生活用品。民盟涟源一中支部盟员义务为贫困学生补课。

益阳盟市委先后组织全国优秀教师上公开课16堂，为农村教师举办讲座4场，听课师生达1800多人次，盟内30多位骨干成员，先后与90多位教师结成了师徒关系，有效地促进了偏远农村学校教育水平的提高。据不完全统计，在盟市委的直接指导下，对口联系学校有11位老师在市、县教学比武中获奖；有72人次在省市级论文评选中获奖；教师在各类教学报刊发表论文9篇。

衡阳盟员胡瑜忐为援建衡阳县关市乡中学捐款10万元；常德盟员文会军捐款20万元在石门县筹建一所希望小学；民盟株洲市委爱心助学累计达人民币12万元，资助学生108人。

目前，盟省委响应民盟中央倡导的“农村教育烛光行动”在湖南地区已建有4个点，再加上民盟各市、州委自己分别建立的联系点，可以说民盟的“烛光”已经照亮了三湘大地，在社会上得到了各界的认可。

2009 年 11 月，长沙社区大学揭牌及社区教育启动仪式

三、立足传统领域，打造社会服务品牌

（一）关注社区建设，逐步推进社区服务试点工作

民盟长沙市委为配合长沙市电大筹建长沙社区大学，组织盟员志愿者多次参与市电大举行的协调会。一直提供学校所需的绝大部分师资力量，并协助社区大学按照市民需求变化调整课程，不断充实盟员、非盟员教学志愿者队伍，组织盟内相关专家、学者每个周五和双休日甚至暑假到长沙电大和芙蓉区五里牌街道为社区居民和中小学生及白领阶层等特定对象定点授课。20 余位盟员志愿者进入社区大学教师管理档案并参与授课，最多时占授课量的 90%。教学内容涉及保健养身、插花剪纸艺术、心理辅导、书法艺术、法律常识、记忆术、食品卫生、职场修炼、楹联对联、股票投资技巧等诸多方面，得到社区大学的充分肯定和社区居民的热烈欢迎。“长沙社区大学民盟长沙市委社会服务点”在长沙社区大学挂牌，该服务点正成为民盟市委社会服务工作的亮点和品牌。

（二）建立保护家园，关注失足青年

盟员孟繁英系长沙市人大代表、全国十大民间禁毒人士、中华慈善人物、义工明星，是盟内一位长期关注失足青年，热衷公益和慈善事业的有影响力的人物。她

所创办的“孟妈妈青少年保护家园”是一家以青少年为服务对象，联合家庭、学校、社区、公、检、法、司机关等各方面力量，对思想上有困惑的青少年实施有效帮扶，对有不良行为的青少年进行行为矫正，对违法犯罪的青少年进行挽救、感化、帮教，对生活、学习上有困难的青少年进行资助和维权工作，辅助开展青少年教育研究、宣传与鼓励工作，共享教育资源，共推青护大业。两年来民盟市委依托该服务点，联合举办青少年帮教活动，为减少青少年犯罪、促进社会和谐作出了新贡献。

（三）帮助改善劳教所环境，让劳教人员重拾信心

随着社会的进步和劳教工作形势的不断发展，劳教学员的教育改造越来越趋向于社会化、大众化。株洲市民盟与株洲市劳动教养所建立起长期联系。组织有关专家和爱心人士 6 次到该所帮教，组建了有 11 名心理咨询师参加的团队，面向劳教学员开办心理健康知识讲座，开展一对一的心理咨询。帮助组建劳教人员篮球队，组织举办篮球赛。捐赠图书 1 万册和一批价值 3 万余元的体育健身器材，帮助建立了图书阅览室和文体活动室；

发动盟员捐赠衣物 1 万余件；邀请了全国人大代表为劳教学员和管教干警作“两会”精神的传达。这些活动的开展，使学员们得到引导和感化，并进而使之树立正确的人生观、价值观，让他们重新走向社会后成为守法公民和有用之才。并将每月 6 日定为“心理咨询活动日”，定期组织心理咨询师到劳教所举办心理健康知识讲座和心理咨询等活动。

四、今后工作思路

多年的工作经验证明：做好社会服务工作，领导重视、选准项目是前提，发挥优势、整合资源、持之以恒是关键，积极探索、创新模式是手段，健全机制、落实措施是保障。在今后的工作中还应继续做好以下工作：

（一）结合党派自身的特点和优势，长期专注于某一领域或某一地区，打造具有自身特色的社会服务品牌，以扩大民主党派的政治影响。

（二）只有围绕党和政府的工作中心展开，才能不断拓宽新领域做出新成绩。近年来，统筹城乡、关注未成年人成长成为构建和谐社会的重要议题，受到民盟的高度关注，也为民盟进一步做好社会服务工作提供了新思路。

（三）积极争取政府部门的重视和支持，以取得事半功倍的效果。如我会帮扶浏阳龙伏镇石江村的新农村建设工作，就是通过民盟省委和市委联合协调组织资源，借助省、市政府有关职能部门的资金和项目，达到支持新农村建设的目的，现已取得明显的成效。

（四）必须密切联系基层组织和广大盟员，立足盟内资源，充分调动和发挥基层组织和盟员的积极性，才能使社会服务工作辐射面更广，从而惠及更多的服务对象。如指导基层开展“烛光行动”和爱心捐款等活动，既体现了民盟与基层组织的上下联动，也加强了盟组织的凝聚力和向心力，还宣传和扩大了民盟的社会影响力。

同心·烛光·爱心·平安

——民盟广东省委社会服务工作十年总结（2002—2012）

广东民盟组织始建于1942年7月至9月间。现有2个副省级市委员会，17个地市级委员会，18个区县级委员会，36个基层委员会，57个总支，390个支部（小组），盟员15065人（截至2012年12月）。

2002年以来，民盟广东省委积极参与建设小康社会，推进构建社会主义和谐社会建设，深入贯彻落实科学发展观。紧紧围绕广东省中心工作，以民盟中央社会服务工作会议精神为指导，充分调动盟员专家的积极性，努力探索社会服务工作新模式，大力拓展新领域，不断开创新局面，突出办学解决入学难问题、“农村教育烛光行动”、帮教、农村安全社区建设和文化服务社会等系列工作新重点，打造新亮点。

一、办学的两个成果、一个转型及一种尝试

（一）两个成果

盟办学校是过去民盟广东省社会服务的一大特色和优势，2002—2007五年间，民盟广东省各级组织直接为广东教育事业服务，通过办学解决入学难问题。截至2006年，先后主办的各种类型学校有45所，其中有8所学校获当地政府有关部门颁发的办学先进单位称号，毕（结）业学员161732人（不完全统计）。由于民盟办

学有自身优势，教学质量较高，专业性强，学以致用，讲求信誉，受到了学员、家长和社会各方面的好评。尤为突出的是，民盟清远市委创办的清远市光明实验中学以显著的办学成绩和动人的办学精神感动了社会各界及港澳同胞、海外侨胞。盟办学校所取得的规模和学员人数的两个成果曾经产生良好的社会影响。

（二）一个转型

盟省委十分重视发挥教育资源优势，理顺办学管理体制，调整教育服务社会思路。及时将工作重点从盟直接办学增加农村孩子教育学位，转型到利用优质教育资源开展教育扶贫。举办全省盟办学校工作会议和民盟广东省基础教育研讨会，联合民进省委调研广东民办高等教育发展状况，承办民盟部分省市基础教育研讨会（广东会议），探讨教育服务社会新路。根据形势的发展，2004 年，盟省委解除了一些挂靠的学校，从盟直接办学到间接服务，进一步探索教育扶贫的新路子。

（三）一种尝试

为促进教育和谐发展，多渠道发掘盟内教育资源，充分发挥民盟联系优质学校的优势，2004 年，盟省委建立了民盟省实验中学支部与南雄市一中的教育扶贫关系。进行教育扶助，传授数、理、化、生物、心理等科目教学经验，指导交流教学方法和模式。开发优质教育资源的同时，也提高了民盟在社会上的影响力。

二、烛光行动的五组数字、三个转变、两个理念、一个基地和五性四点设想

自全盟社会服务工作会议在贵州毕节倡议开展“农村教育烛光行动”以来，民盟广东省委会便积极响应倡议。将“农村教育烛光行动”列为广东民盟社会服务的重要内容，点燃经济后发地区农村教育、教师业务水平和教育管理水平提升的星星之火，推进城乡教育均衡发展，让优质教育资源能给更多的孩子共享。

开展烛光行动的探索和实践，可用一组数字和“五性”来说明。来粤培训过的教师校长回去之后又开展再培训，接续了在广东的烛光，不断点燃大西北边远地区的星星之火。他们的体会，感人至深。令我们反过来又更深刻体会到了行动的意义。

（一）五组数字、三个转变、两个理念、一个基地

1. 五组数字

（1）为广东本省粤东、西、北农村山区培训教师7000多人次；这些地区部分农村教师没有受过系统的师范教育，一定程度地影响了他们的综合教学水平。针对我省农村地区教师的实际情况，我们组织盟员教师到粤东揭东县与普宁市开设专题讲座，帮助当地教师提高教育心理学和教育学的综合素养。专职副主委兼秘书长李竟先率广东实验中学盟员教师赴粤北向佛冈中学教师介绍了教学经验，上示范课，提高教师的基本素质；先后在清新县举办语文教评活动、小学校长培训专题讲座、民盟“烛光行动——新东方教师社会责任行”英语老师培训班、初中班主任培训班，通过专项培训，促使该县教师业务水平提高。（2）组织了广东民盟烛光行动“校长讲学团”、“骨干教师讲学团”和“广东教育专家讲学团”，为甘肃、青海和新疆培训教师和校长约4600人次；专职副主委兼秘书长李竟先率广东部分盟员校长、优秀教师、教育专家赴甘肃天祝县、定西市安定区、新疆乌鲁木齐市和奇台县讲学，向西部教师讲授创建国家示范性普通高中的经验、班主任的工作技能、教学理念、教育心理、教学方法等方面的知识，把广东先进办学理念传送到西部地区；组织盟员教育专家赴甘肃、青海培训中小学教师。盟员专家分别在当地向教师传授英语语言发展规律、实施英语新课标教学技巧以及青少年心理健康规律，受到了当地政府有关部门和教师的好评。（3）在广东有关中小学安排13期近百位甘肃、云南、贵州、陕西等边远地区的教师、校长和教育局长来广东学习培训；来粤培训的教师和校长分别在珠海实验中学、湛江五中、阳江二中、佛山四中、东莞中学初中部、可园中学、中山市黄圃镇中学、汕头东厦中学、深圳市崛起教育集团翻身实验学校、华富中学、惠州市八中、华罗庚中学、江门景贤中学等学习交流。这些学校办学经验丰富，在广东有一定的影响，安排来粤培训的教师和校长到这些学校学习交流，有利于把沿海城市优质的教育资源输送到西部农村地区。（4）来粤时间每期为2—3周不等的培训均实现了三包，即包吃、包住、包培训交流。为保证交流培训顺利的进行，我们首先解决了来粤教师的吃住问题。此外，他们可以参加随堂听课、科组活动、教学经验交流等教学活动，通过“1+1”结对形式，丰富多彩地开展培训工作。其中部分盟市委还组织他们到其他名校参观交流学习，拓宽视野。（5）以“烛光行动”为平台，为农村中小学校捐资及捐助各类教

2008年7月，民盟广东省委专职副主委兼秘书长李竟先率广东部分盟员校长、优秀教师赴甘肃天祝县、定西市安定区讲学

学设备价值近500万元。盟省委在盟中央的帮助下，安排资金200万元资助清远、韶关4所学校的扩建和维修；落实“东西互助，联手扶贫”工作计划，筹款帮助陕西省长武县地撑乡朱家沟村椅子和其它教学用品，并改善办公设备及取暖器材，扶助该村的教育事业。盟省委为甘肃天祝县捐助多媒体电教设备价值达21万元；民盟韶关市委牵线搭桥为当地中小学捐款80余万元；民盟中山市委给广西百色市坡荷初中等10所学校捐赠价值20万元的大米和纯净水；民盟深圳市委为广东五华、贵州毕节等地捐资助学达50万元。这些设备物资对于改善农村中小学校教师教学条件起到了一定作用。

2. 三个转变

在培训过程中，我们的“教育扶贫”由“帮助学生”向“培训教师”转变，从“培训教师”向“关注校长”转变，继而向关注教育局长转变。因为帮助一个学生，解决一个人的问题；培训一位先生，帮助面积扩大到了一个班；而影响一位校长，则至少影响一间学校；而培训一位教育局长，甚至可以影响到一个区或县的教育理念。

经过不懈努力，我们培训各地教师已达一万多人次。我们深感“烛光”就是“烛光”！令人欣慰的是“烛光行动”正在产生放射状的影响，受到培训的教师正在开展“二次培训”；受培训的校长们对学校的管理理念正在和已经发生变化。参加 2009 年 11 月 8 日广东珠海甘肃校长班的教育局长深切感受到特区教育理念的影响，结业时也纷纷谈了他们的收获和体会。

3. 两个理念

（1）行动上的坚定源于理论上的清醒。概括两年来的实践，我们响应盟中央的有关号召，不断深化对社会服务意义的认识，探索民盟组织和盟员参加社会服务的原动力，作为民盟组织，开展社会服务的原动力是政党的责任和使命；而盟员参加社会服务的原动力则是向善的美好人性和奉献社会的理想使然。我们的努力就是把盟员参加服务社会的激情、热情和真情最大限度激发出来，并令其影响最大化。作为参政党开展一项大的活动并想可持续开展，需要理论上的依据。从 2008 年起，我们尝试理论研究，向盟中央申报课题“改革开放的历史经验与民盟做好事做实事的社会实践的新思考”，对社会服务的意义、目的、做法进行理性思考。（2）坚信办法总比困难多。开展烛光行动，民盟作为参政党资源十分有限。但是，只要动员起来，各地都能自己克服困难，主动承担起培训任务，动员各种资源参与。

4. 一个基地

为了扩充资源和使“烛光行动”能常态化，我们将广东省民盟办的学校“广东新华教育学院”开辟为“农村教育烛光行动”培训基地，2010 年 5 月 20 日，民盟中央主席蒋树声委员长亲自为“中国民主同盟农村教育烛光行动广东培训基地”揭牌，相信基地的建设将为下一步的“烛光行动”奠定基础和提供更大的支持。

（二）实践中抓落实，强调五性

1. 领导重视，强调行动的计划性。盟中央倡议“烛光行动”不久，民盟中央副主席、盟省委主委温思美及时召开主委会议专门研究“烛光行动”工作。提出“烛光行动”坚持三个好：做好规划，抓好落实，创好品牌。指定专职副主委协助主委领导“烛光行动”，以盟中央《关于开展“农村教育烛光行动”的意见》为指导，采用“请进来、走出去”的方式，在本省内，从中心城市向边远山区辐射培训；在省际间，将西部经济欠发达地区中小学教师、校长接到广东省进行培训，同时，选派优秀教师到山区去、到农村去、到西部去讲教讲学。在每个阶段和每次行动前，都制订具体实施方案，并迅速落实。

2010年5月，全国人大常委会副委员长、民盟中央主席蒋树声（左二）、民盟中央副主席李重庵（右三）、民盟中央副主席、民盟广东省委主委温思美（左三）、中共广东省委统战部副部长唐晓萍（右二）等领导出席农村教育烛光行动广东培训基地揭牌仪式

将社会服务工作由季节性实现了日常化。

2. 整合资源，强调参与的广泛性。我们体会到“烛光行动”不是一个盟员、一个支部、一个市委会能够完成的工程。我们不断争取各方支持，初步建立了盟内外优秀教师构成的“培训人才库”。以地方组织做平台，以有盟员做校长的学校做支撑，提供人力物力支持。目前已有广州、深圳、珠海等十几个地方组织，数百盟员义务投入到“烛光行动”中来。

民盟广州市委组织盟员教师在从化市温泉镇云星村小学开展“支持新农村建设送教下乡"活动，并成立了民盟广州市委从化支教基地；联合广东民间工艺博物馆到畲族村小学开展支教活动；组织了盟员骨干教师为贺州市平桂管理区2009年骨干教师培训班和农村教育烛光行动第二期教师培训班授课，共培训当地教师约900人次。民盟深圳市委对贵州毕节实验高中进行对口教育帮扶，安排深圳优秀盟员教师为师生们举行数学专题辅导讲座，促成了该校和深圳实验学校的对口合作。每年接待贵州毕节实验高中教师、学校管理人员来到深圳实验学校进行培训；携手雅昌公司等共同发起为边远山区建立图书室的活动，捐赠图书近4.5万册，为贵州、云南等边远地区建立9间图书室；前往广东五华县开展教师培训和教育帮扶活动，并组织当地老师来深轮训。民盟清远市委邀请了广州市盟员到当地农村培训小学校长；组织盟员捐款设立奖励优秀教师的“英盟奖”；邀请优秀教师前往农村小学开设专题讲座，使500多位教师受益。民盟汕头市委共开展15场“农村教育烛光行动”，为农村学校2700余名师生开展各类培训。民盟湛江市委针对农村中小学教育教学工作中存在的问题，深入到乡村教育薄弱的基层学校进行实地考察调研，并组织市属各校盟支部组成支教小队，分别对帮扶学校采用“1 + 1”结队帮扶形式进行辅导支教，受到广大师生的欢迎和赞誉。民盟江门市委先后4次组织江门一中优秀盟员教师赴台山市、恩平市农村学校上教学示范课，培训教师达500多人次。民盟中山市委积极发挥自身特色，除了承接盟省委扶助西部的六期“烛光行动”外，还通过集体与小分队结合的方式赴古镇海州中学、港口西街小学等十几所学校开展送教下乡活动，为镇区学校捐赠体育器材。

在民盟广东省委的有力推动下，我省各级盟组织开展形式多样的“农村教育烛光行动”。纷纷选派优秀盟员教师到落后地区农村学校举行讲座和指导教学工作，一定程度地实现教育资源优胜地区帮助落后地区、各地区盟组织联动的局面，受到各地政府以及教育部门的热烈欢迎和高度评价。

3. 形式多样，务求实效性。我们根据实际情况，多层次、多形式、有针对性地开展活动。主要形式有：开设专题讲座、座谈教学心得、教学观摩、科组活动、试讲示范以及参观名校撰写心得等。同时鼓励广东教师与相关教师、学校建立网络联系，开展远程培训，随时咨询，务求实效。

4. 结合其他盟务，形成互动性。通过开展“烛光行动”既丰富了基层组织活动内容，又推动了参政议政工作。结合广东省统一战线开展“三促进一保持”系列活动，我们提出开展“三个一千”活动——培训1000名中小学教师、送医药使得1000名山区村民受益、送农业技术使得1000名农民受益。其中培训一千人次农村教师，就是与“烛光行动”工作结合起来的。此外，通过烛光行动了解到的信息已经形成了“民办教师的待遇问题与建议”、“农村低保的问题与对策”等多个提案。

5. 及时表彰，调动积极性。我省教育界盟员占盟员总数的65.84%，这是我们开展“农村教育烛光行动”的智力资源。我省教育界盟员中有教育行政部门的领导，有学校的校长，还有大量教育第一线的名师，他们是我们开展“烛光行动”的主力军。发挥盟员资源优势，必将取得事半功倍的效果。

做好“烛光行动”,需要调动各级盟组织及盟员参与“烛光行动”的积极性，在行动开展一年后，我们及时总结。在2009年4月盟省委全会上表彰了19个地方组织和省直基层为“烛光行动先进集体”,张萍等31位盟员被评为“烛光行动先进个人”。通过表彰和宣传，激发了盟员参与的热情和积极性。

（三）“农村教育烛光行动”未来工作的四点设想

“农村教育烛光行动”的可持续发展存在着一定困难，主要体现在“一个不足”和“三个有待于”:“烛光行动”的资源严重不足，有待于进一步加强盟外横向合作和盟内上下联动，包括来自民盟中央的指导与协调，整合资源，特别是争取政府职能部门的支持；有待于进一步调动盟员和学校、社会参与的热情与积极性；有待于进一步加强“烛光行动”与盟的自身建设的有机结合、与盟的后备干部队伍建设的有机结合。让这一行动深入人心，让这一行动的参与者在参与社会服务的过程中受到锻炼、做出奉献和得到承认。

“烛光行动”作为民盟服务社会的一个重要切入点，是一项长期开展的系统工程。有必要针对“烛光行动”中存在的问题，进一步解放思想，创新思路，建立相应机制，促进可持续发展。

1. 以科学理论为指导，坚定理念做好规划

要实现“社会服务”的可持续发展，必须以正确的理论做指导。首先，要用科学发展观引领前进方向。做好短、中、长期规划，认真落实；其次，要以调研为基础，不断总结经验，创新思维，形成新思路、新方法、新机制；第三，要把社会服务实践与参政党理论研究结合起来，把服务社会的朴素实践，转化为参政党职能、作用、定位、发展等的理性思考，通过总结规律，升华认识，进一步丰富参政党理论内涵，反过来指导盟务实践。要使“社会服务”和民盟的其他职能互相促进。

2. 主动争取政府支持，解除后顾之忧

一是工作上的支持，争取教育主管部门出面联系拥有优质教育资源的学校，接受培训教师，把学校参与“烛光行动”的工作成绩，纳入学校考核评比的参考范围;二是政策上的支持，争取给予鼓励措施，对参与行动的老师，给予时间上的支持，将支教经历载入个人档案，作为职称评定的依据；三是资金上的支持，争取把“烛光行动”与政府有关部门的扶贫工作相结合，由财政划拨一定的经费。

3. 调动各方力量，积累资源良性运作

通过宣传、表彰，调动和凝聚力量。争取社会各界支持，实现“烛光行动”资源上的良性发展。在资金上，一是争取政府专项资金支持；二是争取热心教育的企业支持；三是争取慈善资金；四是鼓励盟员支持。

4. 创新方法、模式，建立立体培训体系

要在实践中不断探索新模式、新方法。通过点面结合、长短结合、远近结合、虚实结合，多层次构筑培训网络：在名师讲学的基础上，探索短期“结对带班”和半年期的“互相挂职”的新模式；充分利用网络、视频等现代技术开展远程培训，常年随时提供咨询。构建起立体培训体系，把“烛光行动”从短期扩大到中、长期，从近距离扩展到远途，从现实延伸到虚拟空间，最大限度地提高“烛光行动”的受益范围。完善社会服务人才库、建立专项基金、考虑挂靠有关学校作培训基地。建立人财物的保障机制。

三、新农村建设的两个定点和一个试点、五个突破、四点启发

（一）两个定点

积极开展对一些特别薄弱的农村地区的扶助工作，有利于从总体上拉平农村地区的差别，为建设社会主义新农村创造有利条件。我们通过向广东省扶贫办公室和广东省财政厅争取，落实了20万元扶贫款，在我省粤北山区韶关乐昌市秀水镇建立了一个扶贫点。我们把扶贫款用于建立一个500亩优质油桃果园，以帮助当地农民脱贫致富。盟省委在省内扶贫定点的建立，对粤北山区新农村建设起到积极的推动作用。

盟省委响应民盟中央“东西互助，联手扶贫”的号召与民盟陕西省委结成扶贫对子，在陕西设立扶贫定点。盟省委发动盟员捐资13万元建立扶贫基金，扶助陕西省定点新农村建设。十年来，先后向扶助点捐赠书籍6000多册，帮助西乡县职业中学输送五批毕业生来广东就业，安排3万元资金建设扶贫点人饮工程项目、2万元改善扶贫点小学设备等，形式多样地扶助定点新农村建设。

（二）一个试点

推进安全社区建设，增强农村防灾减灾能力，构建平安和谐的新农村，是关系我国农村经济社会可持续发展的重要问题。但是，与农村其他社会事业发展和城市公共安全体系建设相比，农村的公共安全体系建设明显落后。

这直接影响了农业增产、农民增收、农村稳定和谐，直接影响了社会主义新农村建设。因此，我们主动承担了民盟中央农村安全社区建设试点工作，并摸索出了一些切合实际的做法。经过努力，与当地政府职能部门一道，共同完成了《阳江市农村安全社区建设试点调研》和试点前期工作的部分实施。选定阳东县东城镇、东平镇为农村安全社区建设试点镇，选定金村和允泊村为试点村。2009 年 11 月 25 日，民盟广东省委农村安全社区建设试点应急物资捐赠仪式在阳江市阳东县东城镇政府举行。全国人大常委、民盟中央副主席索丽生，民盟中央副主席、广东省政协副主席、民盟广东省委主委温思美等出席了捐赠仪式并作了重要讲话。盟省委向阳江农村安全社区建设试点捐赠 1000 册应急救援知识手册，以及一批价值 75 万元的消防器材、药品、帐篷、食品等应急物资。此外，还为试点培训 320 名应急救援人员。两年来，在盟省委的组织协调下，各级政府及相关部门先后投入 200 多万元，进行县、镇、村三级加强农村地区防灾减灾能力建设并取得初步成效。2010 年 5 月，蒋树声主席、李重庵副主席视察了阳东县农村安全社区建设试点工作，对农村安全社区建设试点工作给予肯定和鼓励。阳江农村安全社区建设试点的建立，有力地增强了当地农村防灾减灾能力，是对农村防灾减灾和公共安全管理体系建设的有益探索。

（三）五个突破

盘点阳江农村安全社区建设试点的成果，主要是取得以下五个突破：

1. 帮助镇、村建立专司公共安全和防灾减灾事务管理的应急管理委员会，填补了农村地区在这方面的空白。

2. 帮助县、镇、村建立融合安全生产、社会治安和灾害应急三种力量的应急反应队伍，实现了农村地区灾害应急反应能力建设的全面提升。

3. 帮助县、镇、村建立三级应急物资储备库，实现农村社区灾害应急物资储备零的突破。试点村现有 60% 的村民也建立了家庭简易应急物资储备库。

4. 帮助建立农村公共安全和防灾减灾应急处置综合信息平台，利用发短信息的形式直接向农村干部、应急分队队员发布有关灾情，使农村突发事件的应急反应初步走上正规化轨道。

5. 初步编制了专项应急预案，重点瞄准对阳江危害最大的 10 种灾害，包括台风、暴雨洪涝、干旱、地震、低温霜冻、地质灾害、事故灾难、重大

2009年11月，民盟广东省委专职副主委兼秘书长李竟先（右）代表民盟广东省委向阳江农村安全社区建设试点捐赠1000册《应急救援知识手册》，以及一批价值75万元的应急物资

传染病疫情、火灾、危害社会安全事件等。目前，阳东县建立县级、镇级、村（社区）级应急预案达212个。

（四）四点启发

1. 领导积极重视是关键。民盟广东省委积极组织试点领导和工作机构，提供人力物力支持；主委亲自过问，强调将其作为民心工程的样板工程，派专职副主委亲自抓，组织选点，派职能部门专门配合工作。

2. 地方党委、政府的大力支持最重要。阳江市委、市政府一直以来高度重视农村的防灾减灾工作，千方百计抓好全市农村应急管理和公共安全建设。

3. 思路明确是基础，措施可行是前提，推动落实是根本。为了使试点工作更有成效，试点领导小组首先确定了试点工作的总体构想，并由试点专家组完成调研工作。通过有效措施，逐步推进阳东县更加科学系统、有序高效地开展防灾减灾、灾后重建和公共安全管理工作。

4. 及时总结经验，试点具有可推广性才有价值。农村安全社区建设是一个新课题，需要进行长时间的探讨和研究，需要多方面的共同努力协作。按照“先起步、后完善，先试点、后推广”的原则，我们不仅希望通过试点工作推动阳江的农村安全社区建设，更重要的是在试点工作中取得如何在农村社区建立有效的防灾减灾和公共安全管理机构与制度体系、如何建立农村社区应对主要灾害的预案体系和设施体系等方面的经验，并进行总结和推广，努力探索出一条具有普遍意义的农村防灾减灾和公共安全管理体系建设的成功路子。同时深入探讨建设农村社区的灾害补偿机制及推进农业灾害保险等重大问题，积极建言献策，为社会主义新农村建设作出应有的贡献。

四、帮教工作的三种尝试、四种想法

（一）三种尝试

为响应民盟中央“把监狱帮教工作做成民盟社会服务工作的一个品牌”的号召，我们专门成立了帮教工作组，积极开展帮教活动。并多次与省司法厅、劳教局等单位领导沟通情况，建立合作机制，尝试开展工作的新方式。

1. 开展帮教工作，是民盟各级组织发挥优势，拓展社会服务工作的有效尝试。教育专家多是民盟的优势，他们具备配合干警对服刑、劳教人员开展法律教育、心理辅导、结对帮助的基本素质。我们与广东省未成年劳动教养人员管理所（简称“省未教所”）确立帮教关系后，帮教工作组根据未成年劳教人员的实际需求，有针对性地开展了法律讲座、心理健康辅导、知识技能培训等咨询服务，深入浅出地引导失足少年树立正确的人生观和价值观。针对未成年劳教人员的特点，开展《做好人生的功课，让生命之花绽放》等专题讲座，收效显著。

2. 帮助未教所建立图书室、开展读书教育活动作为帮教工作的新尝试。一年来，帮教工作组搜集整理盟员捐赠书籍，曾先后 4 次为省未教所送去 5000 余册图书。通过开展读书教育活动，帮助未成年劳教人员不断提高自身文化素质和思想道德水平，使他们真正成为一位遵纪守法的合格公民和自食其力的劳动者。

3. 帮教形式多样的尝试。如慰问未成年劳教人员和干警，捐赠电脑、钢琴及其他礼品，播放教育启发性电影，开设漫画讲座，举办书画展等。联系动员劳教人员家属、社区及有关社会力量，参加配合帮教工作，与有关单位共建青少年法制教育基地，帮助改善帮教场所条件和刑释解教人员回归社会的条件等。

盟省委的一系列帮教活动获得了相关部门的高度评价。他们认为盟省委积极开展帮教活动，是社会服务工作开辟的一个新领域，展示了广东民盟为构建和谐社会做出的新的努力。帮教工作具有很重要的意义，作为社会教育的一部分，它既是对国民教育的一个重要补充，也是民盟对构建和谐广东的具体贡献。作为参政党，盟省委开展此项工作，具有很强的政治责任感，在社会帮教中具有很强的说服力、感染力、号召力。

（二）四种想法

1. 要继续保持与省司法厅、省劳教局及省未教所的合作关系，找准结合点，有所为有所不为。选择能发挥盟组织和盟员优势的项目，以期对劳教系统的帮教工作起到支持、补充和延伸作用。针对其中一些问题，如青少年吸毒、劳教制度改革与立法、未成年犯的义务教育等，可以利用我们在教育领域的资源优势，同议政调研相结合，进行更深入的思考和探索。

2. 把帮教工作作为社会服务的工作重点，将其和调查研究、建言献策有机结合。充分依靠民盟自身的人才资源和智力优势，以智力帮教为切入点，积极发动盟员参与，集中力量逐步推进，使帮教工作成为广东民盟履行参政党职能、深化社会服务的又一崭新品牌。特别是要以帮教基地为基础，努力探索民盟帮教工作的新机制、新方法、新途径，逐步建立与司法系统的长效合作机制、活动开展机制和盟内交流协作机制等制度，稳步开拓帮教工作的新领域、新局面。

3. 在严格遵守法律法规的基础上，通过开展通俗易懂、形式多样的帮教活动，教之以做人做事的准则、授之以谋生就业的本领，帮助劳教人员改造人生、重塑灵魂。

4. 必须密切配合民盟中央，大力推进帮教工作。我们认为，要把民盟帮教工作可持续开展下去，组织和领导机制、与司法系统的合作机制、活动开展机制和盟内交流协作机制是必须的。要在深入和创新上下工夫，不仅形式更加多样化，而且要逐步走上经常化、制度化轨道。

五、扶贫救灾的“两心”和“一个思路”

（一）两心

思想上同心同德、目标上同心同向、行动上同心同行，是中国共产党领导的多党合作和政治协商制度最鲜明的特质。近年来，我们以践行“同心”

2006年8月，民盟广东省委专职副主委兼秘书长李竟先（右三）率队赴乐昌市秀水镇慰问灾区群众，并为受灾群众带去慰问品大米一万斤

思想作为社会服务根本立足点，把鼓励盟员同志好善乐施奉献爱心作为践行社会主义核心价值体系的重要内容。

积极参与抗涝、抗冰、抗震救灾和灾后重建工作。广东各级盟组织在抗击乐昌特大水灾、“非典”、台风“碧利斯”带来的特大暴雨洪涝灾害、严重冰灾，抗震救灾中积极行动，开展多种形式的募捐及慰问活动，捐款达1300多万元。不少盟员还通过义演、义卖书画、组建志愿者队伍、认养灾区孤儿、资助受灾学生等不同途径和形式参与抗震救灾，将急公好义、乐善好施的朴素情怀升华为与国家民族同舟共济、共克时艰的自觉行动，充分体现了广东民盟为民解难、为国分忧的光荣传统。

我省各级民盟组织积极参加“广东扶贫济困日”活动。温思美主委、罗远芳副主委、李竟先专职副主委兼秘书长带头捐款。据统计，全省各级民盟捐款超过500万元，用自己的实际行动向广东贫困家庭伸出援助之手；值张澜先生140周年诞辰之际，积极响应民盟中央倡议，形式多样地开展“我为张澜故里植棵树”活动，捐资50多万元共建中国民主同盟林，为改善张澜故居周围的生态环境作出贡献。

多年来，我省各级民盟组织开展了多项扶贫济困活动，筹措款项累计逾 4000 多万元。从 2010 年开始，民盟广州市委主动参与梅州扶贫开发“双到”工作，把帮扶梅州扶贫开发作为近年社会服务工作的重点。牵头 15 个单位主办“携手铸大爱——社会参与梅州扶贫联合行动启动仪式”大型慈善活动，筹集帮扶资金 1879 万元，为梅州贫困群众早日脱贫作出了积极贡献，得到中共广州市委、市政府以及市委统战部领导的高度评价，扩大了广州民盟的社会影响。深圳盟市委先后向毕节市上小河村和小屯村捐赠帮扶现金 10 万余元，捐建民盟爱心路和同心井。珠海盟市委组织盟员捐款达 30 多万元，帮助贫困生和孤寡老人解决上学费用和基本生活费用；为白蕉镇的丰洲村争取了 360 万元资金，解决村里的民生问题。肇庆盟市委筹集近 30000 元建成“农家书屋”，已初具规模。书籍有近 30 个种类 800 多册。盟市委还倡议广大盟员积极参与“我为幸福肇庆建功业”活动，为“农家书屋”捐书、捐音像制品。“农家书屋”内的会议室现已成了高要市行政村最漂亮的、功能齐全的会议室，成为了肇庆市委统战部展示统一战线文化帮扶成果的最好平台。另集资金 15000 多元帮助贫困户修建房屋、种植 400 棵速生桉树，估计数年以后，该户年收入可达八九千元。此外，还为贫困户购置了一批衣服和家具等，实现了稳定脱贫的目标。惠州盟市委机关专干与惠东县宝口镇的两家“特困户”建立了为期三年的结对扶贫关系，给“特困户”送去了扶贫资金，为“特困户”排忧解难。清远盟市委积极响应中共广东省委组织的“十百千万”下基层驻农村活动，连续三年选派干部进驻清城区源潭镇黄茅村，帮助群众解决基层突出问题，邀请省、市农业专家、教授开展种养技术讲座和咨询指导，兴建肉鸡养殖场使村集体两年纯收入增加近十万元，并带动农民养鸡致富，筹集资金建起村委办公楼，盟市委连续三年荣获清远市“十百千万”下基层驻农村先进驻村工作组。清新县、佛冈县等盟组织也积极开展帮扶工作，与帮扶的村干部共商发展生产、增加收入、做好种养业的大计。

（二）一个思路

努力消除贫困、实现共同富裕是我国社会的共同理想和奋斗目标。着力改善贫困地区基本生产生活条件，带动城乡贫困人口脱贫奔康，是新时期中共体现执政为民思想的重要工作内容，也是参政党体现政治责任、履行职能、实践同心思想、服务社会的主要工作内容。扶贫济困、共建和谐，发展为重，观念先行，应积极开展对农民的教育工作。盟员同志以教育界居多，且观念与时俱进，是开展对农民的教育的好资源，我们要利用好这些资源为农村脱贫奔康服务。

六、城乡社区服务的“三进”、“两侧重”、“两打算”

（一）“三进”

解决好三农、社区、校园问题，事关全面建设小康和谐社会大局。在新形势下，量力开展文化科技卫生“三进”活动，是提高广大农民、社区居民及学生思想道德素质、科学文化素质和健康素质的需要，是增加农民收入、加快社会发展的需要，是建设幸福广东的需要，对于促进解决社会问题、建设和谐社会具有十分重要的意义。多年来，广东民盟的各级组织，积极开展社会服务“进农村、进社区、进校园”活动，成效喜人。

十年来，广东各级盟组织多次组织专家到全省各地农村开展医疗义诊、科技咨询、举办讲座、文化下乡、培训医生等活动。据不完全统计，共组织50多次活动，参加活动的盟内医生、农业、法律等各方面专家约500人次。前来咨询或看病的群众19300多人，赠药总价值超过100多万元，参加医疗培训的医卫工作人员4000多人，参加科普讲座的农民1300多人，投入资金200多万元；协助清华大学继续教育学院教育扶贫办公室在我省清远市清新县和云浮市云城区免费建立远程教育网站，利用教育网站多层次地开展对农民实用技术培训，扶持更多的农村科技示范户和乡土科技骨干人才，着力培养有文化、懂技术、会经营的新型农民。民盟深圳市委为了更好地支援帮扶地震灾区，从甘肃陇南地区招收灾区首批38名学生免费就读深圳市总工会中专，并资助10万元作为学生生活费用。此外，肇庆、韶关、惠州等盟市委开展“双到”对口扶贫工作，帮助欠发达地区农民发展生产，造福当地人民。

盟省委利用盟组织文化艺术及科技卫生等人才资源，推动城市街区的精神文明建设。先后组织美术专家到广州市越秀区大塘街文化站、东莞大朗镇街开设美术讲座，义务培训该街书画艺术人才，在广州举行了“关注民生”大型暑假咨询服务活动，邀请有关方面盟员专家和政府官员围绕百姓关心的消费者权益、法律援助、拆迁赔偿、物业管理、就业再就业、升学留学、食品卫生、医疗改革政策及医疗事故赔偿等热门话题为市民解惑答疑邀请我省抗击非典一线功臣为群众义诊、讲授公共卫生知识；邀请美术家、音乐家现

2004年6月，民盟广东省委组织民盟广州中医药大学总支医卫专家在梅州市开展医疗咨询服务活动

场作学习辅导等，收到一定的效果，受到有关部门和市民的欢迎。

（二）“两侧重”

保护生态环境，实施可持续发展战略已成为我国的一项基本国策。我们考虑到废旧电池危害的严重性以及青少年的环保意识有待进一步加强等因素，在促进生活垃圾源头分类工作中，一是侧重选取生活垃圾危害严重的废旧电池，二是侧重选取社区人群中的在校学生，宣传环保意识。

盟省委大力倡导“保护环境、循环经济、节能减排”的环保精神，积极推进各种废旧电池环保宣传活动。多次在高校举行回收废旧电池环保宣传活动。通过抽奖答题与学生互动交流向高校学生宣传废旧电池的危害以及科学回收知识。此外，盟省委在党派大楼设立回收箱，将几年积累回收的100多斤近4万枚废旧电池送交相关环保部门。

（三）“两打算”

1. 进一步推动城市街区精神文明建设。利用盟组织文化艺术及科技卫生等人才资源，义务扶助街区文化等，量力而为，以点带面，提高社区居民的文化素质。

2. 围绕加强和创新社会管理主题，探索盟组织社区服务新路子。在社区服务工作中，发挥人才荟萃、联系广泛、包容性强的独特优势，为我省加强社会建设、创新社会管理出主意、想办法、做好事、做实事。

七、文化服务社会的“三拓”、“两紧扣”和“一举措”

（一）“三拓”

加强文化服务社会工作力度，是发挥党派特色优势的需要。多年来，我们利用广东光明书画学会平台，以政党的意识开展各种书画艺术活动。一是整合盟的书画艺术资源，从文化艺术角度担负社会责任，积极参加社会各项公益捐赠活动，拓宽盟履行职能的承载面。先后举行捐赠抗非书画仪式、组织书画家到广州市番禺区和茂名现场挥毫、扶贫助学、开展“我为张澜故里植棵树”征集作品义拍捐建民盟林活动，十年间，通过各种方式向扶贫救灾机构捐赠书画作品近300件。二是推动盟的地方组织发挥党派特色优势，积极开展文化艺术活动，拓宽盟组织活动的光亮面。先后与广州、深圳、汕头、东莞、惠州、佛山、揭阳、江门等盟的地方组织联合举办书画作品展，活跃并丰富了盟地方组织活动内容。三是深入城市社区、农村、工矿企业、机关和高校，弘扬高雅艺术，以群众喜闻乐见的书画艺术拓宽盟组织影响的社会面。组织盟员书画家到广州、惠州、清远、韶关、东莞和茂名等地社区、工矿企业、机关和高校开设美术讲座、示范创作、赠送作品集、送春联，为省妇联举办书画展提供业务咨询等，丰富当地群众的文化生活。

（二）“两紧扣”

开展文化服务社会工作，紧紧地扣住中共党和国家宣传的主线，紧紧地扣住盟的重大活动主题。先后举行迎澳门回归书画展、纪念西安事变60周年书画展、纪念改革开放30周年书画展，送稿参加中共中央统战部举办的庆祝中国共产党成立80周年书画展以及迎奥运书画展，广东省统一战线庆祝中国共产党成立90周年书画展等。先后举办纪念中国民主同盟成立55、60、65、70周年盟员书画及盟史图片展；配合民盟中常会在我省召开，举办专场书画展；配合惠州民盟组织成立50周年活动，举办盟员书画展；民盟第十次代表大会期间，送稿参加民盟中央在中国美术馆举办的中国民主同盟盟员美术作品展以及纪念改革开放30周年、民盟深圳市委会成立20周年美术书法作品展等，2001年中国共产党成立80周年前夕，组织书画家创作中国画作品《满园春色》，作为广东各民主党派庆祝中国共产党成立80周年献礼赠送中共广东省委。此外，多次组织书画家创作，为统一战线、盟组织提供大量业务往来所需书画作品。配合中共党和国家宣传主线主题开展书画艺术活动，取得一定的政治社会效果。

（三）“一举措”

中华民族伟大复兴必然伴随着中华文化繁荣兴盛。组建成立民盟广东书画院，是民盟广东省委发挥民盟的界别优势，加大文化服务社会的工作力度，进一步推动社会主义文化大发展大繁荣，推动广东文化强省建设的重要举措。书画院将立足本省，面向全国，立足盟内书画家，面向民主党派及党派外书画家，充分利用全盟资源，发挥民盟界别特色和优势，注重党派属性和学术性，更广泛联系中上层德艺双馨的艺术家，为建设文化事业抒写新的篇章。

广西区

民盟广西区委社会服务工作十年总结

(2002—2012)

2002年换届以来，在民盟中央的正确领导和大力支持下，民盟广西各级组织和广大盟员，不断拓展社会服务工作的内容和方式，充分发挥民盟特色，整合资源，注重实效，对口扶贫，定点帮扶，把社会服务工作提高到一个新水平，为广西的经济社会发展作出了积极的贡献。

广西民盟组织始建于1942年9月。现有11个地市级委员会，2个区县级委员会，8个基层委员会，25个总支，172个支部（小组），盟员4996人（截至2012年12月）。

一、积极参与政治交接实践教育基地建设和“同心·三大统战”品牌建设

利用民盟智力密集的特点和优势，为社会做好事、做实事，既是我们参政议政工作的重要组成部分，又是发动和团结盟员同志为现代化建设服务的重要方式，为树立民盟良好形象产生了很好的作用。民盟广西区委会多年来坚持在革命老区的百色市田东县、平果县、那坡县、南宁市隆安县等地开展科教扶贫工作，取得了较好的经济效益和社会效益。近十年来，盟区委在民盟中央的扶贫点——百色市那坡县的定点扶贫工作取得了较为显著的成效，为该县发展特色农业、调整农业种植结构、

2008年5月，全国政协副主席、民盟中央第一副主席张梅颖，民盟中央副主席索丽生为田东基地挂牌

加快生态建设、帮助农民增加收入贡献力量。共实施扶贫项目8个，投入资金32万元，其中“百亩姜黄种植”、“发展万亩茶油林”、“国债资助2000座沼气池建设”、“龙宝猪养殖”等项目，使受益农户达3400多户；示范种植10亩、带动群众种植200亩芭蕉芋，为促进当地群众的增收发挥了作用。自2008年5月在田东县建立了“民盟广西区委社会服务实践基地”，在田东县等地持续开展扶贫帮困、智力支边工作。五年来先后开展“田东香米原原种提纯复壮”、西红柿高新品种试点种植推广、蓝孔雀养殖等一批扶贫示范项目，取得了良好的社会效益和经济效益。经过三年多的养殖，养殖农户积累了经验，今年孵化出六羽小蓝孔雀苗，现长势良好。现蓝孔雀养殖项目被田东县列为三大特色产业之一并逐步加以推广。

全区各级民盟组织和盟员依托政治交接实践教育基地，招商引资、智力帮扶，让基地群众受益，为促进我区经济社会和谐发展发挥了积极作用，为民盟赢得了良好社会声誉。各市级民盟组织结合自身实际，也建立了各自的实践基地，并依托基地开展形式多样的社会服务活动，如社区服务、社会实践等，积极探索社会服务工作新途径。自治区、市、基层组织三级基地的社会服务工作持续推进，基本形成广西民盟社会服务工作的特色模式。盟区委及各地市民盟组织结合当地的实际情况，积极通过多种形式开展智力扶贫和“三下乡”活动。据统计，全区各级盟组织共开展各种“三下乡”活动 150 次，参加人数约 300 多人次，举办各类培训班及讲座 105 次，培训各类学员 8700 多人次。在捐资助学方面，盟区委和各级组织以及盟员个人捐资助学、扶贫济困捐款达 284 万元，捐赠图书近 10 万册、电脑 35 台、衣物棉被等约 6 万多件，捐赠的教学设备、学习用具等价值约 8 万元。此外，各级民盟组织和盟员个人，充分发挥联系广泛的优势，积极开展牵线搭桥、招商引资工作，取得了很好的社会效益。2005 年为革命老区的巴马县引进资金 600 万元修建了 2 个农贸市场，为当地的商品流通创造了条件。通过各种渠道为基层两所小学解决建校（修缮）资金 40 万元。2007 年年初，受自治区政府委托，盟区委负责联合自治区政协文史委和广西社科院、广西社会科学联合会、广西地方志办公室等单位举办“陆荣廷与旧桂系学术研讨会”，会议取得了成功，受到了区内外专家学者的赞赏，推动了广西社会科学的学术研究，自治区政府领导给予高度评价，这是在文化领域为社会服务，也是我们社会服务的一条新路子，扩大了社会服务的视野和范畴，同时这些工作也丰富了参政议政的方式和内容。

2011 年 10 月，民盟广西区委领导参加了自治区党委统战部在隆安县举行的示范区建设启动仪式。2012 年元月民盟广西区委与定点扶贫村隆安县乔建镇龙尧村签订了“十二五整村推进”助推行动责任书，选派干部担任驻村指导员，负责联络盟员专家和经济界盟员献计出力，为推进当地新农村建设发挥积极作用。针对该村经济收入来源支柱产业板栗树近年来开花不结果或落果的问题，从 2011 年 10 月起就每月一或两次组织盟员专家下到地头对农户进行板栗树的修剪、施肥、病虫害防治等整改指导。经过半年多的努力，已初见成效。

积极参与“同心统战”活动，社会服务活动形式得到更大创新。民盟北海市委的帮教活动，民盟梧州市委的管弦乐团巡演，民盟玉林市委的农科讲座，民盟百色市委的技校培训，民盟贺州市委的送电影下乡，民盟广西医科大学委员会的医护培训，民盟广西艺术学院总支部的送戏下乡，民盟广西区直文化总支部的摄影巡展等都在当地有一定影响，很受群众的欢迎。真正体现了民盟“做好事，做实事”的好传统和“立盟为公、参政为民”的理念。

民盟广西区委在社会服务方面主动扎实的工作及取得的成效，得到了国家科技部和民盟中央的肯定和表彰，先后荣获全国“星火科技先进集体”称号；2005 年度、2006 年度连续两次荣获全盟“社会服务工作优等奖”。2011 年，民盟广西区委获“2001—2010 年全区扶贫开发工作先进单位”称号；民盟广西区委及南宁、柳州、梧州等市委会获民盟中央“社会服务工作先进集体”。

二、充分发挥民盟特色优势，积极参与创建“同心·农村教育烛光行动”品牌

2007 年，民盟广西区委积极响应民盟中央的号召，制定了《关于开展“农村教育烛光行动”实施意见》，并在百色市启动了“农村教育烛光行动”。五年来，全区各级民盟组织共建立“农村教育烛光行动”基地学校 20 所，开展教师培训 120 多次，培训乡村学校校长（教师）6000 多人（次），帮助农村教师提高教育教学实践能力，促进了教学质量和水平的提高。在整个活动过程，民盟广西区委充分发挥自身优势，积极引进区内外优秀教育教学资源到基地学校开展活动，如通过民盟中央联系北京四中网校对田东林逢中学、邕宁区那楼中学等基地学校教师进行远程教学培训；与自治区高校和各城市重点中学联系，在基地学校教师中进行“一帮一”、“点对点”帮扶。在民盟中央的协调帮助下，民盟广西区委先后争取到深圳光汇石油公司 40 万元资金用于援建百色市田东县“世木光汇烛光小学”教学楼；向美国 ESS 科技教育协会申请到“认助乡村学校图书室”、“乡镇多媒体信息中心”项目落户到钦州市钦北区新棠镇中、邕宁区那楼中学等基地学校；民盟上海市委提供 25 万元用于梧州市苍梧县龙窝小学“同心·民盟烛光教学楼”项目。民盟钦州市委积极联系，引导社会力量参与“农村教育烛光行动”，筹得资金 120 多万元用于改善农村学校办学条件和资助贫困学生。桂林、玉林、百色等各地盟组织也积极行动，积极联系区内外盟员、爱心企业捐款捐物，共筹到资金、物品 360 多万元，用以改善学校办学条件和资助贫困学生，受到了社会各界的极大关注与好评。经共同努力，“烛光行动”基地得到拓展，更多的盟员和爱心人士参与进来，扩大了民盟的社会影响力，“农村教育烛光行动”

已成为深具民盟特色的社会服务活动品牌。民盟南宁市委在组建“农村教育烛光行动”志愿者队伍，采取帮扶结对学校教育教学整体推进的方式之后，2010 年 5 月与邕宁区教育局签约，将开展“农村教育烛光行动”的活动范围扩大到城区所辖的十所农村中学。经过五年时间的努力，一些“农村教育烛光行动”基地学校的教学条件、教育理念、教师综合素质和教学水平等等都有了明显的改变和提高。民盟“农村教育烛光行动”取得好的成效，在社会上也产生了良好影响。民盟广西区委在 2011 年的以“农村教育烛光行动”活动为主题的全区社会服务工作会上，认真总结了经验，并表彰了一批集体和个人。

民盟中央领导高度重视我们的“农村教育烛光行动”工作，多次到广西开展专题调研，充分肯定取得的成绩和经验。自治区党委领导也高度重视我们的“农村教育烛光行动”。2011 年 5 月，民盟中央副主席李重庵与民盟中央“烛光行动”专家顾问组一行赴广西调研“烛光行动”工作。李重庵副主席在调研中充分肯定了广西盟组织近年来开展“烛光行动”所取得的成绩和创新性的做法、经验。李重庵副主席建议：1. 在探索实践中，要不断及时地思考、总结、整理和优化工作思路，加强行动的针对性，探索一种最为有效的模式，进一步推广；2. 要适时、及时引导行动的开展，加强“烛光行动”专家顾问组对行动的专业研究,更多地发挥他们的专家咨询和指导作用;3. 进一步广纳资源，与社会各界开展广泛合作；4. 加强“烛光行动”和参政议政调研工作的结合，在行动中选准题目，进行深入调研，建言献策，使“烛光行动”惠及更多农村学校师生。

根据李重庵副主席的指导意见，结合我区统一战线正在开展的“同心·经济统战、文化统战、和谐统战”品牌建设活动，我们尝试将“农村教育烛光行动”与践行“同心”思想相结合，探索开展“烛光行动”的新途径。经自治区党委统战部与民盟中央协商,决定将“农村教育烛光行动”命名为“同心·农村教育烛光行动”,作为广西统一战线系统“同心”活动品牌创建工程。广西统一战线“同心·农村教育烛光行动”是通过充分发挥民盟中央资源优势和广西各级统战系统的作用，条块结合，优势互补，在我们原来“农村教育烛光行动”的基础上，合力推进全区 14 个地级市共 20 个“同心·农村教育烛光行动”示范基地建设。积极依靠当地党委、政府和教育、扶贫等行政部门的支持与指导，同时加强与学校和行业协会等的联系与合作，多渠道争

2012年2月，中共广西区委常委、统战部部长范晓莉，民盟中央秘书长高拴平，民盟广西区委主委刘慕仁，中共南宁市委统战部部长容康社等共同为『广西统一战线「同心·农村教育烛光行动」那楼中学基地』揭牌

取社会力量的参与和支持。以点带面、阶段推进、形成规模，力争在5年内使示范基地的农村中小学校和教师得到实际有效的帮助和提高。并通过行动的示范效应和品牌作用，为推动广西统一战线“同心·经济统战、文化统战、和谐统战”品牌建设，促进广西城乡教育均衡发展发挥独特作用，努力取得“统一战线成员受教育，农村教师水平得提升，统一战线社会影响不断扩大”的成效。

由各级统战部牵头，统战系统成员单位共同参加，在全区范围内合力推进“同心·农村教育烛光行动”，在全国统战系统尚属首创。2012年2月，自治区党委统战部在“农村教育烛光行动”烛光行动基地学校——南宁市邕宁区那楼中学举行了广西统一战线“同心·农村教育烛光行动”启动仪式。广西“同心·农村教育烛光行动”采取“条块结合”的方式成为多党合作的创新之举，标志着“农村教育烛光行动”在广西进入了更高的层次和崭新的时期，必将产生更为广泛的影响。

将开展“烛光行动”与参政议政结合，是“农村教育烛光行动”的重要内容之一。民盟南宁市委将在开展活动过程中所了解的农村中学普遍存在的住房难问题在市政协九届四次、五次会议提出的《关于切实解决农村教师住房难问题的建议》、《关于解决农村中小学校教师住房问题的建议》提案，受到政府有关部门的高度重视，被列为重点督办提案。

三、与执政党共克时艰，积极参与抗灾救灾和服务非公企业活动

在2003年的抗击“非典”、2008年的四川汶川特大地震、2009年的青海玉树地区地震灾害发生后，我区盟员与全国人民一道，响应中共中央的号召，众志成城，奋力抗击“非典”，积极抗震救灾，以各种方式表达民盟与执政党共克时艰，用“特殊盟费”的形式向灾区捐款捐物，献上广西全体盟员的一片爱心。2003年，广西有一名盟员获盟中央抗“非典”先进盟员称号，2008年，两名盟员被民盟中央授予“抗震救灾先进个人”称号。在2008年和2010年，我区分别遭受特大雨雪冰冻和特大干旱灾害，民盟广西区委发动广大盟员积极参加抗灾救灾及灾后重建工作，共捐资20多万元用于隆安、那坡、田东等县的贫困山村修建地头水柜、购置抗旱设施，为当地农村抗灾保收作出了努力。2008年，为应对百年不遇的国际金融危机对我区的影响，各级民盟组织同全区人民一道，响应自治区党委的号召，坚定信心、共克时艰，积极开展服务非公经济活动，切实为我区非公企业“送政策、献良计、解难题”。

回顾十年走过的路程，我们深深的体会是：社会服务工作是广大盟员参与服务社会、展示民盟形象的一个主要窗口，是广大盟员坚持费老“出主意、想办法、做好事、做实事”的宗旨，充分发挥我们的智力优势，践行“同心思想”，获取议政建言题材的广阔天地，从而进一步地扩大我们的参政议政渠道，真正让社会服务工作成为参政党履职尽责的重要途径。

民盟广西区委今后将在继续巩固和扩大现有社会服务工作成果的基础上，在坚持社会服务的政党属性和民盟特色的基础上，探索建立社会服务工作的长效机制，形成以智力帮扶为基础的社会服务工作体系：继续做好田东政治交接实践基地的社会服务工作，把智力支边、对口扶贫与推进新农村建设有机结合起来，充分发挥各级组织和盟员的力量，广泛联系社会各界力量，把工作做好做实，进一步扩大民盟的社会影响力；在“同心·农村教育烛光行动”中更好地整合盟内外的力量，稳步扩大覆盖面，增强工作的实效性和可持续性；积极参与我区“同心统战”活动，在“同心统战”的课堂里，努力提升盟员履行职能和发挥作用的能力。

发挥优势服务大局
为构建和谐海南贡献力量

——民盟海南省委会社会服务工作十年总结
（2002—2012）

海南民盟组织始建于1951年10月。现有2个地市级委员会，5个区县级委员会，5个基层委员会，8个总支，50个支部，盟员2544人（截至2012年12月）。

社会服务工作是民主党派履行参政党职能的一个重要方面，既是民主党派展示自我形象的重要窗口，又是参与实践、开展调研的有效途径。民盟海南省委会领导班子高度重视社会服务工作，以科学发展观为指导，在民盟中央“做好事、做实事，把好事做实，把实事做好”的方针指引下，紧紧围绕民盟中央和中共海南省委、省政府的中心工作，遵循“发挥优势，突出重点，注重实效，持之以恒”的方针，发挥盟员群体优势、智力优势，大胆实践，积极开展社会服务工作，为构建和谐海南，全面加快国际旅游岛建设贡献力量。

一、与时俱进，不断提高对社会服务工作地位和意义的认识

前些年，由于遇到各种困难和受各种内外因素的影响，我们的社会服务工作有些淡化了，工作处于徘徊不前的局面。自2002年特别是2007年以来，社会服务工

作在新形势下面临新的任务和不同的要求，以康耀红为主委的第五届民盟海南省委会领导班子将社会服务工作摆到重要议事日程上来，分析现状，探讨问题，制订方案。通过认真学习中共十六大、十七大精神和民盟中央社会服务工作会议精神，统一思想，不断增强社会责任感和服务意识，为更好地履行职能打下了思想基础。

二、发挥自身优势，精心打造“农村教育烛光行动”品牌

教育是重大的民生问题，民盟海南省委会把促进教育公平作为自己义不容辞的责任，把“农村教育烛光行动”当作社会服务的一件首要任务来抓。2007 年，制定关于开展“农村教育烛光行动”的实施方案，对全省开展此项工作提出了指导性工作意见。随后在全省范围内建立了有 70 位盟员骨干教师组成的“烛光行动”人才库，为开展活动奠定了人才基础。

（一）搭建多种形式的教师培训平台，促进农村教师专业发展

1. 举办主题为“点燃希望烛光，城乡携手同行”的大型巡回讲座。近几年来，民盟海南省委会根据自身的特点和条件，持续在澄迈、屯昌、琼中等县开展“农村

2008 年 4 月，民盟海南省委会在澄迈县举行『农村教育烛光行动』首场报告会

教育烛光行动”巡回讲座。我会对每场活动都进行精心的策划和准备，着眼长远，塑造品牌，做到“有主题、有规模、有成效”。活动主题是“点燃希望烛光，城乡携手同行”，每次有400—600名中小学校领导和骨干教师参加培训，取得了良好的成效，省委统战部、省教育厅领导给予了充分肯定。

2. 借助“烛光行动——新东方教师社会责任行”平台进行针对性培训。2011年8月，民盟海南省委会协助民盟中央和新东方教育集团，在海口举办“烛光行动——新东方教师社会责任行”活动，对300多名农村小学英语教师开展为期3天的培训。此次培训活动深受学员们的欢迎，对提升海口市农村英语教学水平起到了积极的推动作用。

3. 民盟海南各级组织因人制宜、因地制宜开展和探索形式多样、各具特色的“农村教育烛光行动”。如民盟海南师范大学委员会定点在海口市旧州镇中学对教师进行培训，采取方式为听课评课，互动研讨，一对一指导；民盟文昌市委在乡镇学校开展支教活动,通过“师徒结对”和“传帮带”等形式，使支教工作经常化、制度化；民盟琼海市委在农村中学巡回举办“李阳疯狂英语”演讲及英语教学研讨活动；民盟儋州市委深入乡镇中学开展“送教下乡”活动；民盟昌江县总支在乡镇中学开展教学展示、教学指导和教学研讨活动；民盟屯昌县支部配合海南师范大学举办周末英语教师培训活动等。

（二）力所能及地改善农村教师和学生工作、学习和生活条件

1. 引进资金援建“烛光楼”，改善学生生活条件。2009年，民盟海南省委会积极牵线搭桥，在民盟中央的引荐协调下，民盟上海市委会投入资金25万元援助白沙黎族自治县元门乡中心学校建成一栋“烛光楼”。作为参政党，通过此项帮扶活动，让全社会更多地关注贫困学校、更多地帮助贫困学生，起到了示范和辐射作用。

2. 定点帮扶农村学校办学，改善工作、学习环境。2011年民盟海南省委会在海口市秀英区石山中心小学、石山中学、美安学校等3所学校创建“农村教育烛光行动”基地。共筹资30万元,用于改善这些学校的教学办公设施。8月30日民盟海南省委会在美安学校举行基地揭牌仪式。

2011年2月份以来，民盟海南省委会与民盟琼海市委会以博鳌镇望南小学作为“农村教育烛光行动”定点帮扶学校，共向该小学赠送了83套课桌椅、彩电、手提电脑等价值近7万元的教学设备和体育用品。

民盟海口市委会在海口市先觉小学创建“农村教育烛光行动”基地。在

2009 年 9 月，民盟海南省委会牵线援建的烛光楼在白沙县竣工剪彩

启动仪式上，盟员捐赠“烛光行动”经费人民币 2 万元，捐赠学生课桌椅、书籍以及文体用品共计人民币 3 万元。此外向海口市秀英区施茶小学捐赠图书 4000 册。

3. 与企业开展良好合作，提高海南英语教学水平。民盟海南省委会争取外语教学与研究出版社有限公司的爱心赞助，从 2011 年开始举行一系列“教育烛光行动”暨赠送“外研通”点读笔、点读书活动。累计向琼海市 18 所小学和市教育局英语研究室赠送价值 7 万余元的“外研通”点读笔、点读书等外语教学设备和文具。向海口市英才小学、昌茂花园学校等 6 所学校赠送一批价值 13 万元的“外研通”点读笔及点读书，发挥现代点读技术在英语教学中的应用。

据不完全统计，民盟海南各级组织共开展“农村教育烛光行动”累计 30 次，培训中小学教师 2060 人。赠送了一批价值 40 余万元的教学仪器设备、图书，引入办学资金 50 余万元。

三、创建服务科学发展实践基地，夯实统一战线“同心”平台

2009 年下半年，中共海南省委统战部提出在国定

2008年4月，民盟海南省委会在琼山监狱开展监狱帮教活动

贫困县琼中黎族苗族自治县建立服务科学发展实践基地。民盟海南省委会认为这是民主党派围绕中心、服务大局、发挥作用的新载体，是民主党派积极参与构建和谐社会的新举措，是民主党派实施“凝聚力工程”的新亮点。因此，积极参与创建服务科学发展实践基地，夯实统一战线“同心”平台。康耀红主委亲自带队参加向琼中县教育局捐赠电脑仪式和中平镇卫生院帮扶点的揭牌仪式。3年来，民盟海南省委会共向琼中县捐赠45台电脑，价值20多万元。

此外，定点帮扶中平镇卫生院，举办多次义诊，为500多位患者诊疗，捐赠11万元的医疗器械、药品。2012年6月28日至30日，我会再次组织医疗专家在琼中县人民医院举办专题讲座、教学查房等活动，到中平镇卫生院开展医院建设指导和义诊活动，有力地促进了该县医疗卫生水平的发展。

四、开创监狱帮教活动，为构建和谐海南探索新路子

民盟海南省委会为响应民盟中央“把监狱帮教工作做成民盟社会服务工作的一个品牌”的号召，积极开展

2011年3月，民盟海南省委会在琼中县中平卫生院开展义诊及捐赠仪式

监狱帮教活动。2008年4月，我会联合民盟海口市委会在海南省琼山监狱举行主题为“送温暖、助改造、促和谐”监狱帮教活动启动仪式。省委统战部、省监狱管理局等领导出席仪式。在启动仪式上，民盟海南省委会与琼山监狱签订《帮教协议书》，向服刑人员赠送相关图书约500册，邀请心理学博士为未成年服刑人员作精彩的讲座—《未成年人服刑心理健康与维护》。此项活动,是民盟海南省委会社会服务工作开辟的一个新领域，展示了海南民盟为构建和谐社会做出的新努力。

五、举办“法律进学校”普法知识讲座，为青少年成长提供法律保障

民盟海南省委会发挥盟员中法律方面专家学者的作用，帮助在校学生提高法律意识和法制观念。2008年9月我们在海口市第四中学高中部为400名学生举办了一场法律知识讲座。盟员律师根据海南省“五五”普法期

间加强青少年法制宣传教育工作的要求，重点围绕《未成年人权益保护法》、《预防未成年人犯罪法》等法规知识，进行了语言生动、深入简出的精彩讲解，博得了同学们热烈的掌声。

六、服务“三农”，积极参与社会主义新农村建设活动

为了进一步贯彻落实中共海南省委、省政府关于促进中部市县增收和实施西部大开发的战略决策，民盟海南省委会积极参与联手扶贫，推进贫困地区社会主义新农村建设。

（一）配合省政府的中心工作，联手扶贫改造茅草房

民盟海南省委会的定点帮扶村是国定贫困县乐东黎族自治县抱由镇志高村委会。领导非常重视联手扶贫工作，把它当作参政党参政为民的一项具体工作。

为了有针对性地开展帮扶活动，民盟海南省委会领导积极率队开展对该村的调研工作，走村入户，探访民情，掌握第一手材料。2010年，省政府提出在海南国际旅游岛建设开局之年要完成茅草房改造任务。我会积极想办法，多次协调有关单位多渠道筹集资金解决老百姓的困难，还资助1.8万元购买30吨水泥帮扶几个困难户改造茅草房。我会在预定的时间内帮扶该村顺利完成茅草房改造任务，通过了省政府的验收，赢得了当地百姓的赞誉。

（二）组织培训农村科技带头人，实现产业增效、促进农民增收

2009年民盟海南省委会组织专家深入海南中部地区实地考察，对在保护中求发展的产业与经济模式进行系统研究，我会除了通过“两会”提出《关于海南中部地区在生态保护中推进产业开发的建议》，还帮助举办海南省中部地区保护中求发展实战研究项目启动暨白沙县竹产业科技培训班，60多名农村科技带头人参加了为期10天的培训。2011年，经过进一步深入调研，我会在省政协会上又提出《构建四方合作多赢模式，推动白沙县竹产业发展》的提案，呼吁完善白沙县竹产业产业模式，以促进该县生态经济的发展。

七、大灾面前献爱心，参与感恩回报社会活动

在2003年全国抗击“非典”的战斗中，民盟海南省委会向各级组织下发做好抗击“非典”时期工作的通知，成立防治“非典”工作领导小组，积

极做好本单位的疫情报告工作。18位医卫界盟员，不顾个人安危，临危受命，在抗击“非典”第一线工作，以高度的事业心和责任感圆满完成任务。

近几年，相继发生四川汶川大地震、青海玉树强震、海南遭遇60年一遇的洪水等特大灾情，民盟海南省委会迅速发动各级盟组织和盟员捐款捐物。向汶川灾区捐款130.5929万元，向玉树灾区捐款70980元，向海南受灾最严重的文昌市、琼海市捐赠一批价值2万元的新文具用品。

2010年中共海南省委统战部组织我省非公有制经济人士回报社会感恩行动。民盟海南省委会领导出资结对帮扶6户老红军、老八路、老党员，每户每年2000元，连续帮扶3年。

回顾十年来的社会服务工作，我们总结出以下一些经验：

一、领导重视，领导班子分工协作形成合力

社会服务工作得到了民盟海南省委会领导的高度重视。无论是烛光行动、创建服务科学发展实践基地，还是监狱帮教等活动，民盟海南省委会主委康耀红都认真听取汇报并作出指示，率队参加重大社会服务活动，扩大社会影响。专职副主委亲自部署社会服务工作，与相关单位协调好关系，在多次活动中发表精彩的主旨讲话。分管或协管工作的其他副主委也齐心协力，鼎立支持，捐钱捐物，有力地推动了社会服务工作的开展。

二、整合盟组织资源优势，取得事半功倍效果

个体的力量微不足道，唯有调动民盟组织整体的力量，整合多方资源，建设一支高素质的社会服务工作队伍，在充分发挥自身特点和优势的同时，促进横向、纵向间的联动，多渠道、多层次集中力量办实事，才是形成社会服务品牌的关键。我会发挥特色和优势，整合资源，建立“烛光行动”人才库，这是开展“烛光行动”的智力资源和人才保障。为了配合海南省“五五”普法工作的需要，2007年我会新成立了社会与法制专委会，组织他们举办“法律进学校”讲座，受到了同学们的好评。

三、积极争取党委政府部门的支持，形成通力合作局面

民盟海南省委会积极主动争取省委统战部的工作指导和省教育厅、省司

法厅、省监狱管理局等政府职能部门的必要支持，展现了民盟与党委部门、政府部门合作共事的良好互动局面。密切与活动所在单位的沟通与合作，做到帮忙不添乱。努力争取各级盟组织的支持与帮助，有步骤地推进社会服务工作，充分体现了民盟各级组织联手互动、凝聚合力、共同致力于构建和谐社会，为促进海南科学发展所做的实实在在的工作。

四、拓宽思路，把社会服务融入到参政议政工作中去

我会把社会服务工作放到参政党行为的层面上思考，把本地区的社会服务与参政议政有机结合起来。一方面贴近民众、走进社会的社会服务，为参政议政工作提供了大量的第一手社情民意信息，有利于向党和政府提出切实可行的建议。如我会通过社会实践调研撰写了《标本兼治，巩固“泥头车”治理成果》、《建议我省尽快出台〈海南省气象灾害预警信号发布及社会公众安全避灾实施细则〉》等信息，得到中共海南省委、省政协领导的批示，在协助执政党在构建和谐海南中，极具有现实意义。另一方面我会结合“农村教育烛光行动”开展调研，提出《关于加强我省基础教育师资队伍建设的建议》《我省农村教师待遇和地位亟待改善的建议》《加大农村教育的工作力度，促进农村教育的和谐发展》等提案,为提高农村基础教育教学质量建言献策，这是一种更深层次的社会服务。

五、创新工作形式，制定切实可行的活动方案

社会服务工作应从实际出发，认真调查研究，找准社会服务工作的切入点，努力探索工作的新形式和新内容，活动才能取得实实在在的效果。

我会在开展监狱帮教活动时，事先设计三份问卷调查表格给 75 名未成年服刑人员现场作答，共 238 道问题，历时 90 分钟。总体上把握了未成年服刑人员的心理特征，为下一步有针对性开展帮教活动奠定了坚实基础。我会在开展“烛光行动巡回讲座”时，因地制宜，根据市县的不同情况，有针对性地调整讲座内容，如《关于教师专业发展》《如何管理好学校》《做最好的教师》《谈谈素质教育》《探索有效教学，提高教学效率》等。

六、注重媒体的宣传报道，树立参政党良好的社会形象

民主党派作为参政党，地位愈加提高，影响愈加扩大，作用愈加显著。

然而，在对民主党派的宣传上，特别是面向全社会的宣传仍然存在较大的开拓空间。因此，民盟海南省委会主动加强与媒体联系，加大宣传力度，希望让全社会了解与认识我们在做什么，其实这也是多党合作事业发展和我国民主政治建设的需要。由于民盟海南省委会认识到位,社会服务活动效果明显，这些活动均被《海南日报》、海南电视台、海口电视台进行了报道，为社会深入了解民盟，扩大民盟影响力搭建了很好的舆论平台。

发挥优势服务社会　共创和谐促进发展

——民盟重庆市委社会服务工作十年总结（2002–2012）

民盟于1941年3月19日在重庆秘密成立，时称『中国民主政团同盟』。民盟重庆市支部成立于1945年9月。现有15个区委会，3个基层委员会，11个总支，176个支部（小组），盟员5908人（截至2012年12月）。

2002年以来，民盟重庆市委在民盟中央的指导下，坚持以邓小平理论、“三个代表”重要思想和科学发展观为指导，紧扣党和民盟的中心工作，紧紧围绕经济建设这个中心，始终坚持“拓展领域、保持特色、深化内涵、注重实效”的工作理念，充分发挥人才智力优势和特色，以“热心、爱心、倾心、诚心、尽心”的“五心”服务精神，积极探索社会服务工作的新领域、新路子和新措施，在帮教工作、烛光行动、新农村建设和服务社区等方面取得了突出的成绩，产生了良好的社会影响，为推动重庆市经济平稳较快发展与社会和谐稳定作出了积极贡献。现将十年来的工作情况汇报如下：

一、关注弱势群体，热心公益事业

（一）关心“两劳”人员，系列帮教建和谐

帮教工作是民盟重庆市委在重庆乃至全国民盟内所开创的配合司法、监狱、劳教部门对服刑人员及劳教学员进行的辅助性教育活动，是民盟重庆市委发挥自身优

民盟重庆市委帮教慰问演出（渝州监狱）

势，开展社会服务工作的创新性举措，积极帮教服刑人员和劳教学员，关爱监狱系统和劳教系统的司法干警，为维护社会稳定，构建和谐、平安社会作出了贡献。重庆市政法委和国家司法部的领导对此项工作也给予了充分肯定和积极评价。民盟中央副主席李重庵等多位领导先后数次到重庆视察调研民盟重庆市委帮教工作情况，对重庆民盟的帮教工作给予了高度评价。

1. 领导重视全员参与，形成帮教工作合力。民盟重庆市委历任领导亲力亲为，带头参与帮教工作。原主委金锡如、冯克熙、陈万志，副主委雷亨顺、刘明华、韩建敏、陈昌国、陈国平、刘文贤等领导多次率队到多所监狱、劳教场所开展帮教活动，亲自为服刑人员、劳教学员及干警作报告，金锡如、陈万志先后被聘请为重庆市监狱创办的育人学校名誉校长。已 85 岁高龄的原民盟重庆市委名誉副主委雷亨顺，至今仍担任着重庆监狱的执法监督员。同时，民盟重庆市委协调、引导、支持有监狱、劳教场所的区县民盟组织积极开展帮教活动。十年来，全市各基层民盟组织和广大盟员在民盟市委组织发动下，也以强烈的社会责任感，积极参加到帮教工作中，范围涉及十余个监狱、劳教场所，形成了全市民盟上下齐心协力、广泛参与的工作合力。

2. 形式丰富内容实在，增强帮教工作的实效。重庆民盟与重庆市司法系统建立帮教工作联席会议制度，促进帮教工作常态化，开展了形式多样，内容丰富的帮教工作，在社区矫正、刑释解教人员过渡安置帮教、“两劳”人员无缝对接社会等领域开展新的合作。组织盟员中的人大代表、政协委员、社会心理学专家、教育专家、演员到监狱劳教场所举办全国“两会”精神宣讲、心理辅导讲座、文艺演出、节日慰问60多场次；发动盟员企业家及基层盟组织向监狱劳教场所捐赠图书3万余册、电脑60余台、药品及现金数万元；开展“即将刑满释放人员无缝对接社会”及改善司法干警工作条件，增加干警福利等专题调研；在全国司法系统首次组织了30余家企业到监狱劳教场所举办现场招聘会。

3. 深入调研建言献策，拓展帮教工作内涵。十年来，民盟重庆市委及区（县）盟组织多次到重庆市未成年犯管教所、重庆市渝州监狱、重庆市第二女子劳教所、重庆市壁山县青杠司法所等开展专题调研，探讨监狱劳教工作现状，刑满释放人员、解教学员就业等问题，针对监狱劳教系统完善防逃机制、监狱的建设发展和干警的工作生活条件等提出意见和建议。民盟江北区委提交的社情民意《修改监狱法，以适应当前监狱工作需要》被民盟中央采用，民盟重庆市委在2009年市政协会议上提交集体提案《重视监狱工作，深化体制改革，构建平安重庆》，为改善监狱劳教系统的工作生活条件积极呼吁，目前，我市司法干警的福利待遇已有明显提高。

（二）关注血友病人，爱心行动受好评

民盟重庆市委一直高度关注血友病患者的生存状况，十年来，广泛联系各界，整合盟内资源，大力开展关爱血友病患者的爱心行动。

一是通过提案、社情民意等方式向有关方面呼吁解决血友病患者面临的生活困难、医疗培训、救助工作等问题，促使将血友病患者的就医纳入了医保范畴。

二是在民盟重庆市委的多方呼吁、协调、帮助下，我国第一家登记注册的血友病民间组织——“重庆市血友康复协会”顺利成立，民盟重庆市委与重庆市血友病康复协会签定了“民盟重庆市委对血友病人帮扶的意向书”，将对血友病人的帮扶纳入民盟重庆市委社会服务工作体系内，以形成稳定、

重庆市血友病康复协会剪纸艺术迎春巡回首展

重庆市血友病康复协会剪纸艺术展（三峡博物馆）开展式

民盟重庆市委与民盟市文化总支、民盟北碚区委联合开展三下乡活动，送科技文化到金刀峡

持久的帮扶关系。

三是为了帮助血友病协会扩大社会影响及更好的开展工作，民盟重庆市委拓展社会服务工作思路，支持协会发展剪纸产业项目，帮助血友病患者自立自强，恢复对生存和生活的信心，增强血友病民间组织的“造血”功能。近年来，民盟重庆市委积极帮助重庆市血友病康复协会在重庆主城各区举办了剪·爱剪纸艺术展览17场，开展宣传活动26次，剪纸作品《新嫁娘》还由中国残联选送参加上海世博会。

（三）心系困难群众，扶贫助困献爱心

十年来，全市各级盟组织和广大盟员积极参与抗震抗洪救灾，捐款及捐物折款超过1000万元。当2007年重庆百年不遇的暴雨洪灾、2008年四川汶川8.0级地震、2010年青海玉树7.1级地震等自然灾害发生后，民盟重庆市委高度关注灾情，以最快的时间向民盟四川省委、青海盟省委发去了慰问函，向灾区人民及受灾盟员表达重庆盟员的问候，并向罹难者表示深切的哀悼。及时向全市盟员发出了以实际行动投入抗震救灾的号召。全市各区（县）盟组织积极响应号召，纷纷组织盟员参与捐款捐物活动。据不完全统计，重庆市各级盟组织及盟员捐款及捐物折款达 786 余万元。

同时，全市盟员以实际行动踊跃地投入到抗震救灾献爱心的活动中，涌现了许多典型事例。如：盟员、重庆德庄实业集团董事长李德建发起了“粥棚行动”，组织“德庄抗震救灾志愿者服务队”，为 20 余万灾民提供盒饭。盟员、重庆医科大学附属儿童医院骨科主任李明作为儿童医院的救援组长，参加了重庆市政府组织的重庆市首批赴四川省地震灾区医疗救援队，共收治四川省地震灾区儿童 100 名，重危病儿 51 名，肾功能衰竭 20 余名，手术 80 多台，无死亡病例发生。盟员、《重庆日报》经济二部副主任、记者秦勇两次赴地震灾区采访，采写了 20 余篇抗震救灾的深度报道，被新华社、内参转发，引起中央有关部门的高度重视。盟员、重庆西山科技有限公司董事长郭毅军组织志愿者队伍，携带慰问物资奔赴重灾区，慰问医务工作者，同时对灾区内的所有 DK 手术动力装置产品进行免费特别维护，并向灾区捐赠了 5 台总价值 107.4 万元 DK 手术动力装置。因抗震救灾事迹突出，民盟南岸区委获“中国民主同盟抗震救灾先进集体”荣誉称号，李德建、李明获“中国民主同盟抗震救灾先进个人”和“重庆市抗震救灾先进个人”荣誉称号，秦勇获“全国抗震救灾宣传报道先进个人”和“中国民主同盟抗震救灾先进个人”荣誉称号，郭毅军获“中国民主同盟抗震救灾先进个人”荣誉称号，王大勇获“四川省军区抗震救灾个人三等奖”。实施“爱心温州·善行天下·明眸工程”，为巫山县 400 名白内障患者进行免费复明手术。对万州区开展支持库区贫困学校帮扶活动，协调及捐赠资金 36 万元人民币和三台电脑。

二、开展烛光行动，爱心点亮希望

民盟重庆市委积极开展“烛光行动”，争取各方资源，形成合力，搭建多种形式的教师培训平台，帮助农村教师提高教育教学水平，力所能及地改善农村教师和学生工作、学习和生活条件，让全社会更多关注农村贫困学校、更多帮助贫困学生。“烛光行动”成为民盟重庆市委智力支教的又一特色工作。

（一）积极开展农村学校教师培训

2007 年 8 月 23 日，中国民主同盟“农村教育烛光行动”重庆市启动仪式和教师培训基地授牌仪式在重庆市巴南区举行。自启动以来，民盟重庆市委以开展师资培训为突破口，采取各种切实有效的措施，认真开展“农村教育烛光行动”。

重庆民盟先后组建“农村教育烛光行动”专家顾问组及教师志愿者队伍，设立“烛光行动”联系点5个，选送5名骨干教师和专家参加民盟中央举办的“烛光行动”进修班培训，组织教育专家到巴南、万州、涪陵、彭水等地培训教师达2000余人次；2007年暑期，民盟重庆市委依靠新东方科技教育集团，对巴南区170余名农村中小学英语教师进行了培训；2008年暑假，又与该区教科所联合对该区130名农村美术教师进行了培训;2009年7月，对巴南区农村中小学近200名音体美转岗老师进行了培训;2010年9月，赴万州区举办《课堂教学艺术》、《折纸与数学》两场专题讲座，万州区中小学骨干教师721人次听取了讲座;2010年12月，到巴南区接龙中学举办《课堂教学艺术》，接龙中学80余名教师参加了培训；2011年8月，民盟市委在民盟中央及新东方教育集团的支持下，在涪陵区举行了“烛光行动——新东方教师社会责任行”暑期英语教师培训活动，125名农村中小学英语教师参加了培训活动。2012年4月，邀请全盟数学专家、上海盟员徐方瞿教授到彭水县第一中学为全县数学教师及“烛光行动”基地学校数学教师培训几何教学法，120余名数学教师参加了培训。通过对教育教学具体方式方法的培训交流，提升了受训农村教师的现代教育理念，提高了受训教师的业务素质和教学水平。促成清华大学扶贫办在万州等地设立5个远程扶贫教育网点；协调120万元资金在合川区凉亭子小学修建烛光教学楼；为涪陵区第19中学及万州区高升中学、巴南区接龙中学分别争取到35万元专项资金修缮学校教学楼及运动场。

（二）切实与履行参政议政职能紧密结合

民盟重庆市委将“烛光行动”与民盟履行参政议政的职能结合起来进行，自开展“烛光行动”以来,通过提案、议案、建议、社情民意等形式提出了《关于改进中小学教师招聘办法的建议》、《城乡统筹应重视农村中小学师资的合理配置与均衡发展》等百余条关于教育发展的建议，引起了相关政府部门的重视，推动了重庆教育事业的发展。

三、发挥人才优势，倾心新农村建设

民盟重庆市委及各区（县）盟组织十年来共开展“三下乡”活动16次，组织盟内农业、科技、法律、医卫、文艺等方面的专家，到各区县农村开展科普宣传、文艺表演、科技咨询、法律咨询、义诊服务等活动，为促进城乡统筹发展，推进新农村建设作出贡献，受到了当地政府和群众的热烈欢迎和高度评价。各区（县）盟组织在活动中也各具特色和亮点。如，民盟万州区委与重庆锦扬律师事务所联合举办了“村村有律师”活动，与村民签订维权协议一万余份，无偿为广大村民免费提供法律、政策咨询，开展法律讲座。民盟江北区委十年内开展了“三下乡”活动达20余次，活动内容丰富。民盟綦江县委组织盟内外专家独立完成了“反季节萝卜”等农业项目，取得了非常好的社会效益。

四、结对共建和谐，诚心服务群众

民盟重庆市委要求各基层组织充分发挥民主党派的独特资源优势，积极探索党派与街道、社区结对共建的途径和方法，拓展党派社会实践活动领域，围绕社区统战工作，为社区的政治建设、经济发展、文化教育、社会协调发展服务。3个基层盟组织与街道、社区结成了对口联系、服务单位，开展了丰富多彩的活动，深入社区，关注民生，服务群众，积极探索城市社区服务工作。如：民盟重庆市委、民盟渝中区委结对渝中区石油路街道煤建新村社区，举办助推社区文明建设服务活动，赢得了当地社区干部与居民的一致好评。民盟重庆市委、民盟渝北区委与渝北区龙溪街道办事处、龙湖社区居委会携手举办了“创建全国文明城区文艺宣传进社区”文艺演出，500多位社区群众观看了精彩的文艺演出。民盟江北区委11个基层组织均与社区结对，定期开展活动。

五、心系区县发展，尽心尽力助推

民盟重庆市委始终围绕做实事、重实效这一核心和关键，坚持“区县需要、民盟能做，突出重点、注重实效，量力而行、尽力而为，互动协作、增强合力”的基本原则，结合全市各级盟组织和盟员的特长和优势，创新和拓展社会服务的途径和方式，组建助推专家库，帮助6个区县开展重点项目助推。

筹集资金数十万元，为武隆县土坎镇清水村建设文化站、修建人行便道、发展土鸡养殖业，助推万元增收。

推进以治理重庆主城区桃花溪污水为主题的“盟桃合作”，在《关于在桃花溪上游建设重庆彩云湖国家湿地公园的提案》中提出在彩云湖建设湿地公园的建议被市政协采纳并实施，大力改善了桃花溪的生态环境。

开展“渝涪牵手，情系大木”社会服务活动，在大木乡建成一个“医疗服务点”、一个“法律咨询站”和一间“民盟烛光图书室”，为大木乡卫生院提供咨询服务和业务培训，为大木乡司法所和乡亲们提供法律咨询，向大木乡文化站和学校提供图书5000册。2009年，协调市级配套资金40万元，用于帮助涪陵区大木乡修建群众文化体育场所，支持大木乡开展社会主义新农村建设。

促成民盟中央与重庆市政府签署《关于加快推进重庆城乡统筹发展的合作协议》，把彭水县确定为民盟中央在全国第六个对口帮扶地区。民盟中央已筹资130万元资助彭水县200名贫困女大学生完成学业和完善清平小学教学设施。

十年来，民盟重庆市委在社会服务工作中，以强烈的责任感和使命感，以踏实的工作作风，以“五心”服务精神，充分发挥人才和智力优势，注重与参政议政的紧密结合，做到量力而行、行之有效、持之以恒，不断拓展了重庆民盟社会服务工作新领域，树立了重庆民盟的社会新形象。

四川省

关注民生服务社会
全力推进四川民盟社会服务工作

——民盟四川省委社会服务工作十年总结（2002–2012）

社会服务工作是民主党派参政议政的延伸和拓展，也是服务国家经济建设和社会发展的实际行动。按照民盟中央要求，结合四川实际，我们坚持将社会服务放在盟务工作全局去统筹考虑，进一步强化了“促进发展、维护公平、关注民生、推进民主”的社会责任，明确了“体现民盟特色，践行为民宗旨，统筹各方资源，服务地方发展”的工作原则，突出了盟遂合作、新农村建设、“农村教育烛光行动”、帮教工作、灾后重建、“明眸工程”等六项重点工作，同时不断创新社会服务工作机制，利用网站专栏、杂志专刊、工作简报等形式扩大社会服务影响，加强社会服务工作队伍建设，从而有力地推动了全省社会服务工作的深入开展，取得了实实在在的成效。

四川民盟组织始建于1944年11月。现有18个地市级委员会，8个区县级委员会，17个基层委员会，61个总支，317个支部（小组），盟员14209人（截至2012年12月）。

一、拓宽思路，不断深化“盟遂合作”成果

在盟中央的精心指导下，“盟遂合作”走过了20多

2006年9月，全国政协副主席、民盟中央常务副主席张梅颖出席盟遂合作20周年庆典

个春秋，取得了良好的社会效益和经济效益，对推动地方经济社会发展起到了积极作用，已经成为全盟社会服务工作的一大亮点品牌。2002年盟省委领导班子经过认真的实地考察和调查研究，先后确立了以复建黑龙凼水库、帮助农户建沼气池、打造西部职业教育基地等为重点的合作项目。就此，我们主要做了以下几方面的工作：

（一）复建黑龙凼水库及推进黑龙凼水库后续工程建设

2002年7月，新一届民盟四川省委主委吴正德带队到遂宁调研时了解到这个情况后，经多方协调和呼吁，全国人大副委员长、民盟中央主席丁石孙亲自就黑龙凼水库的复建问题给水利部领导写了信，引起了水利部的高度重视，2003年7月，黑龙凼水库复建工程终于在国家发改委、水利部正式立项，工程投入9757万元。2003年12月28日，蓬溪县黑龙凼水库复建工程奠基开工，民盟中央常务副主席张梅颖参加了开工奠基仪式。在资金争取方面，民盟中央、民盟四川省委领导密切关注，多方协调，吴正德副主席积极奔走于省发改委、省水利厅、国家发改委、水利部协调建设资金，在他们的帮助协调下，2003 年 12 月，水利部安排补助资金 900 万元，保障了工程的开工；2004 年在国债资金投入大幅减少的情况下，通过我们的多方努力协调争取到中、省补助资金 1040 万元。此后，源源不断的建设如期而至，到工程竣工共到位中、省资金近亿元，保证了工程的顺利进行。2006 年 9 月民盟中央、民盟四川省委在遂宁市蓬溪县黑龙凼水库大坝上隆重举行了“盟遂合作”20 周年和黑龙凼水库大坝落成庆典。库区几千名农民自发参加了庆典，并分别向民盟中央、民盟四川省委赠送了锦旗。水库建成后在后续建设方面盟省委帮助争取工程建设、天然林保护等项目资金 3000 多万元，用于黑龙凼水库工程末端渠系、支渠配套建设和移民安置，扩大了库区群众受益面。并且还加快推进“盟遂合作”生态林建设，帮助争取到 40 万元资金，不断优化黑龙凼水库库区环境。2010 年 5 月，民盟中央第一副主席张梅颖亲自为生态林揭碑并植树，民盟中央副主席、盟省委主委吴正德为生态林题词，盟省委班子成员、机关同志全部参与生态林植树活动。盟省委领导及相关人员还积极协助当地政府，以黑龙凼水库为依托，打造新的黑龙湖风景区，目前已完成初步规划。2009 年 5 月，我们又为蓬溪武都引水蓬船灌区工程争取列入国家水利发展规划向盟中央打报告，积极争取民盟中央支持，在盟中央关心支持下，2011 年 7 月，水利部已正式批复，该工程设计灌面 51.77 万亩，总投资 33.98 亿元。该工程将向蓬溪、船山灌区补水 1.73 亿立方米，解决城区 40 余万人应急用水问题。并协助遂宁市于 2010 年 3 月在京召开了绿色经济指标体系评审会，并取得一定成效，并拟定今年 11 月在遂宁召开绿色经济指标体系相关会议。帮助武引蓬船灌区工程争取国家立项并取得实质性进展。

（二）固化“盟遂合作”成果

为了更好的宣传和发挥民盟为地方经济服务，2007 年我们在蓬溪黑龙凼水库筹建“盟遂合作”成果陈列室，并于 2009 年联合当地党委政府在黑龙凼水库旁建立了“盟遂合作”成果陈列室，蒋树声主席应邀参加落成典礼并为其剪彩揭牌，目前陈列室已经成为四川民盟政治交接学习教育活动的重要基地，同时“盟遂合作”陈列室也已被四川省社会主义学院挂牌，列为四川民主党派成员学习教育基地，并产生了好的社会影响。2011 年 3 月遂宁市政府出资800万元将“盟遂合作”成果成列室改扩建为成列馆，建筑面积2000多平米，主体建筑现已完工。

（三）进一步加强定点帮扶工作

2002年开始盟省委就定点帮扶大英县。十年来，民盟四川省委本着“出主意、想办法、做好事、做实事”的宗旨，立足民盟智力密集、人才荟萃的优势，充分发挥民主党派服务社会职能，切实做好定点帮扶大英县的各项工作，助推地方经济社会发展，取得了较为显著的成效。2005年盟员陈志忠先生出资20万元改建的四川大英县安乐希望小学于同年10月份竣工投入使用。2010年积极为大英县争取到1000万“整村推进、连片开发”项目资金，该项目现已顺利实施。按照省委省政府的要求做好计划、用好资金、完善制度、加强管理。要结合大英当地实际创造新模式，提高生产力，切实抓好农村基础设施建设，为老百姓办实事，让老百姓得实惠，把该项目作成“盟遂合作”的亮点工程。同时，为普及新农村卫生健康知识，在民盟中央的支持下，民盟省委向大英县300个自然村各赠送了2套《新农村卫生健康手册》；为活跃农村文化生活，民盟省委联合民盟北京市委共同向大英县玉峰小学赠送了一批电子图书及《十大才子书》和《挺立在孤独、失败与屈辱的废墟上》等纸质书籍，价值3万多元，受到当地政府和老百姓的欢迎。2007年以来，我们切实将提高大英县教育水平作为定点帮扶工作的重要内容，集中人力、物力、财力，积极开展农村教育“烛光行动”，进一步提升当地教育水平。2008年，我们联系北京新东方教育科技集团的老师到大英县，为280名农村中、小学教师进行了为期三天的英语口语、听力、阅读等专项培训，帮助农村教师提升英语教学能力、更新教育教学理念，切实提高当地英语教学整体水平。2009年，民盟省委在大英县玉峰小学建立了“民盟烛光图书室”，捐赠了价值2万余元的图书和词典。

（四）一批新的“盟遂合作”重点项目相继实施

2004年3月，民盟四川省委把协助遂宁打造西部农村职教培训基地列入盟遂合作项目，并组织有关专家赴遂调研农村职业技术教育培训情况。2004年5月，民盟四川省委与中共遂宁市委、市人民政府在成都联合召开创造西部农村职教基础座谈会，副省长柯等平出度会议并讲话，标志着盟遂合作翻开了新的一页。2004年6月，全国人大副委员长、民盟中央主席丁石孙率民盟中央考察团莅遂视察调研盟遂合作和农村职业技术教育。2007

年初，盟省委就如何发展“盟遂合作”工作进行深入调研，并邀请民盟中央社会服务部和遂宁市政府召开三方座谈会，将建设西部职教基地、新农村建设等列为今后的工作重点，为下一步合作指明了方向。2009 年遂宁西部职教基地重点工程遂宁应用技术职业学校校园正式落成，民盟遂宁市高级职业技术学校动工建设，积极打造西部职业教育基地。在“盟遂合作”带动下，许多基层盟组织结合自身实际，积极开展定点合作，如省直工委的“盟西合作”、成都的“盟邛合作”、自贡的“盟沿合作”、资阳的“盟金合作”、遂宁的“盟安合作”以及泸州跨区域与宜宾长宁县开展的“盟长合作”等地方合作都在当地产生了良好的社会影响。

二、发挥优势，大力服务社会主义新农村建设

服务新农村建设是四川民盟社会服务工作的一个重要内容，2002 年以来，盟省委带领各级盟组织发挥人才众多、智力密集的优势，真切关注民生民苦，自觉服务于新农村建设，受到各级党委政府和广大群众的一致好评。

2006 年，盟省委通过到凉山任职的盟员了解到彝族山区教育资源落后的情况后，在我们的努力和上海市盟的援助下，四川省盟和上海市盟联手援建昭觉县竹核乡民盟希望小学，争取到 25 万元人民币。

在其他方面较为突出的是绵竹市民盟，蓬溪县慧林村以及射洪磨嘴村生态观光农业区。

绵竹市民盟充分发挥民盟人才智力优势的特点，组建了一支由盟员中的建筑工程师、书画艺术家、养殖专家、高级畜牧兽医师、律师、法官、副主任医师、电脑工程师等方面人员组成的“促进农村经济发展，送科技知识下乡活动”服务队。针对当地沿山庭园经济、旅游观光农业发达的实际，民盟送科技下乡服务队深入基层，为当地群众免费传授庭园规划设计、生态“农家乐”经营等知识，促使这些农家乐在建筑风格上有特色、文化底蕴上有特点、经营管理上有效益，在当地起到了积极的引导、示范、带动作用。此外，为帮群众拓展旅游发展空间，积极引导农民充分利用当地资源，综合开发旅游产品，广辟增收渠道，促进农村经济发展。

在为蓬溪县慧林村开展新农村建设的工作中，2009 年我们联系了部分省直盟员到慧林村开展了送春联下乡活动，并和当地政府和基层盟组织合作

建成了文化室，并在北京市盟的帮助下筹集了，书籍 660 本，电子影像产品 5 套，总价为 27770.8 元，丰富了当地老百姓的文化生活，产生了好的影响。我们还同当地政府协商，初步拟定在当地开展三个项目的支持：1. 做大做强杂柑种植基地；2. 充分利用该村森林植被好，林地较宽的独特优势，发展土鸡养殖；3. 对当地生猪养殖大户给予技术支持，提供学习培训机会，力争推动和活跃当地的地方经济。

2007 年，盟省委和民盟射洪总支积极邀请省、市、县农业专家参与观光区规划，进行技术指导和技术培训；派遣盟内外专家长期蹲点，对果树管理、果树改良进行技术指导，前后共办各类培训班 10 余期，办广播讲座 25 次，培训农民 800 余人次；协调市、县相关政府部门给予资金和项目支持，或向上级争取项目，配合解决该村在项目实施过程中的困难。经过几年的努力，磨嘴村的生态观光农业建设取得了较大的成功：第一，观光区农业结构调整得以实现。第二，观光区基础设施大为改善。第三，休闲观光助农增收显著。第四，新村建设全面推进。第五，精神文明建设喜获丰收。

此外，2008 年 2 月，我们通过民盟湖南省委的大力支持，联系到湖南农业大学教授、农业部重大技术推广项目首席专家文立新盟员，赴盟省委定点帮扶的遂宁大英县，为当地养猪户和畜牧局干部、技术人员共 100 多人进行保健养猪新技术培训，并深入当地种猪基地进行技术指导，就基地运行、科学发展养猪业等提出了具体建议和意见。为提高农村居民卫生健康水平，今年我们又积极配合民盟中央将价值 628 万元的共计 160 986 册《新农村卫生健康手册》分发到四川的每一个行政村，为有效的提高农村居民卫生健康水平作了贡献。

三、创新形式，深入开展“农村教育烛光行动”

“农村教育烛光行动”是在 2007 年由民盟中央倡导，在全盟广泛实施的一项旨在提高农村教育水平和教学质量，加强农村教师队伍建设的支教行动。近年来，盟省委按照民盟中央统一部署，立足四川实际，在全省深入开展“农村教育烛光行动”，取得了较为显著的成效。

（一）加强组织领导

成立了以盟省委主要领导为组长的“农村教育烛光行动”领导小组，通过深入调查研究、广泛征求意见，确立了“先行试点、逐步推开，注重实际、因地制宜，发挥优势、突出实效”的工作思路，在遂宁大英县率先开展试点工作，取得经验后在全省逐步推开，全省各个市州盟组织都顺利开展了“烛光行动”。

（二）加强合作交流

积极统筹盟内外资源，充分调动盟员参与积极性，努力争取各级党委、政府和相关部门支持，保障了烛光行动顺利开展。如积极联系争取新东方教育科技集团，利用他们的教师资源在四川设点，同烛光行动相结合。分别在绵竹、大英开办了初高中、小学英语教师培训班，受到当地教师和教育局的好评。深入开展与美国科教协会的合作，帮助美国科教协会在雅安雨城区二中开展了暑期科学营活动，并选定雅安雨城区八步中学、陇西中学和西充县紫岩初中等三所学校为认助乡村图书室的项目合作学校，在盟中央的关心、支持下，美国科教协会为3所学校各捐赠了价值人民币4000元的图书。宜宾民盟联合当地统战部和教育部门共同下发了开展“农村教育烛光行动”的通知，完善了相关政策，使“烛光行动”得以长期顺利开展。

（三）创新活动形式

盟省委开启了民盟与高校合作开展烛光行动的新模式。2010年7月，我们正式启动了与四川教育学院的“盟校合作”，在四川教育学院挂牌成立四川民盟“农村教育烛光行动”教师培训基地，联合举办了第一期乡镇中小学校长管理能力提升班，对全省50所开展“农村教育烛光行动”的基地学校或定点联系学校的校长进行了培训。这次活动是盟省委第一次将“农村教育烛光行动”与高校相结合，增强了培训实效，创造了可供借鉴的新模式。全省各级盟组织也结合自身实际，深入开展了教师培训、捐资助学、学生夏令营等形式多样的活动，探索出了许多有益的经验，如成都民盟建立定点帮扶学校、雅安民盟在每个区县都挂牌建立了“农村教育烛光行动”基地，并建立城乡学校对口合作关系等。

（四）“烛光行动”逐步迈向制度化、常态化轨道

除继续开展教师培训、捐资助学、学生夏令营等形式多样的活动外，我们将重点放在了推进“烛光行动”制度化、长效化建设，指导各市州盟组织建立农村教育烛光行动基地或定点联系学校50个，确保了每个市州盟组织都有固定的“烛光行动”基地。同时，按要求建立了四川民盟“农村教育烛光行动”专家库，并启动了“烛光行动”志愿者活动，增加人才储备。有的

2011年6月4日，成都市盟捐助贫困学生

市州还设立了“烛光行动”教师奖励基金、学生奖励基金，以更好的促进“烛光行动”的开展，发挥更好、更大、更有效的作用。

（五）重点推进灾区“烛光行动”

协助民盟河南省委捐建的龙门山民盟烛光小学的后期校园绿化和操场的硬化工作，2010年5月12日前已全部建好投入使用。同时，我们还协助有关单位向都江堰等地的四所灾区学校捐赠了价值200多万元的运动物品。联合四川省陶行知研究会等单位共同举办汶川地震两周年灾区教育软件建设和教育可持续发展论坛，向灾区学校捐赠了价值550万元的教学软件和培训课程年卡。通过联系成都名校定点帮扶、培训教师，协助民盟中央向广元民盟烛光中学捐赠10万元建网络教室等形式，努力将广元民盟烛光中学建成一个具有相当规模、享誉盟内外的“烛光行动”基地和“中国民主同盟盟员教育基地”。

（六）“烛光行动”与参政议政相结合

盟省委在开展“烛光行动”的过程中，通过实地调查研究了解到广元民盟烛光中学无教师周转房，从而留不住教师，使学校教师队伍不稳定，通过向政府建议和提案等方式反映情况，促使广元当地政府决定在民盟烛光中学修建教师周转房，以改善教师生活条件和稳定教师队伍。盟省委在全省开展“烛光行动”中发现全省大多数农村寄宿制学校未能按规定配备专职医护人员，这对师生身体健康以及学校重大疫情的预防是很不利的，因此，根据这一情况我们通过信息的方式向政府相关部门提出寄宿制学校应按规定配备专业医护人员。自 2007 年开始“烛光行动”以来已在全省累计开展农村教育“烛光行动”158 次，培训教师 15259 人次，捐赠款物 1500.40 万元，建烛光图书室五个，捐书 17257 册，为提升农村教师素质、促进教育均衡发展作出了积极贡献。

四、以人为本，大力推进帮教工作

按照民盟中央部署，我们启动了帮教工作，选择在各方面条件较为成熟的绵阳市进行帮教工作试点，力争取得经验后在全省逐步推开。2009 年 9 月，四川民盟帮教基地在绵阳监狱正式挂牌成立，民盟省委、省司法厅、省监狱管理局、绵阳市政府、政协主要领导出席了基地挂牌仪式，标志着四川民盟帮教工作取得实质性突破。2010 年底，还有成都、资阳、广安、眉山、省直工委等盟组织启动帮教工作，我们将稳步推进帮教工作更广泛的开展。

在帮教工作试点过程中，我们的基本做法是：一是深入调研，增强帮教活动的针对性。通过到社区（地方政府）、服刑人员家庭和监狱的调研发现，家庭成员和服刑人员的帮教需求千差万别，盟省委和盟市委便根据需求把帮教对象划分成不同类别，以加强帮教的针对性。从服刑人员在监狱的剩余时间来划分，分成“长期”、“中期”、“短期”三组，各组人员的心理不一样，问题也不尽相同，需求差异大;根据实际困难来划分，分成“心理救助”、“法律援助”、“经济帮扶”、“就业培训”、“岗位帮扶”五类；根据帮扶地不同来划分，分成监内帮教与监外帮扶。通过分类，帮教工作的实效性得到保障，做到了“监狱内与监狱外结合”、“精神帮助与经济帮助结合”、“重点帮扶与一般帮教结合”。二是严明纪律，增强帮教活动的规范性。结合民盟中央帮教工作的指导原则和监狱社会帮教工作规定，盟省委明确了帮教工作原则：在法律、政策的范围内，以集体培训与个别辅导相结合，开展服刑人员集体帮教和个体帮扶活动，解决服刑人员的特殊困难，提高服刑人员适应社会的能力，提高教育改造质量。三是落实措施，增强帮教活动的实效性。盟省委坚持以帮教基地为基础，逐步探索建立与司法系统的长效合作机制、活动开展机制和盟内交流协作机制等制度，保障帮教工作科学开展。指导民盟绵阳市委及时出台了《帮教工作计划》,细化帮教工作内容,将活动内容落实到月，落实到支部和盟员人头，确保了每次活动有计划安排，有资料记载，有文字或图像记录。四是拓展内容，增强帮教活动的全员性。民盟省委和民盟绵阳市委发挥民盟人才优势，动员广大盟员积极投入社会帮教，动员社会全面关注，就此构建了“民盟—监狱—家庭—社区（地方政府）—企业及社会爱心人士”立体帮教网络，力争使帮教工作能深入持久开展下去。盟省委和盟市委明确了帮教活动的宗旨：以送技术、送健康为宗旨，注重对服刑人员开展文化技术培训，关注服刑人员的心理健康；以送快乐、送岗位为方向，注重对服刑人员的思想帮教和文化建设,协助监狱开展出监评估和出监安置工作。目前，四川民盟帮教基地已经开展多次帮教活动，签订帮教协议 58 份，活动主要内容有：

1. 心理健康教育及评估，包括为开展服刑人员心理健康教育活动提供人力资源、帮助监狱完善心理咨询工作内容和制度等；

2. 实用技能培训，由民盟社会服务处根据监狱提供的计划，对服刑人员开展专门技术培训，掌握一门实用技术，重点对即将出狱服刑人员就劳动就业方面开展资金和就业上的支持，如厨师培训、电子技能培训，参训的服刑人员均获得资格证书，其中已有一人在出狱后开始自主创业；

3. 就业帮扶，由民盟设立帮扶工作站并根据监狱提供的计划，为出监人员协调劳动就业部门并协助寻找就业岗位，在生活上予以关心帮助；

4. 文化建设，定期为服刑人员开展文艺演出，协助并参与监狱文体活动的开展，为服刑人员开展艺术指导和培训。

五、积极整合资源，全力以赴支援抗震救灾和灾后重建

作为以教育界别为主体的参政党，致力于教育事业发展是民盟的界别特色，关注灾后重建是我们义不容辞的社会责任。5.12 汶川特大地震发生后，盟省委立即成立抗震救灾领导小组，将社会服务工作的重心转移到抗震救灾上来。

2008 年 5 月 30 日，民盟四川省委领导赴绵竹市看望慰问坚守在抗震救灾一线的盟员

（一）千方百计筹集资金

2008 年 5 月 13 日，盟省委就发出《我们和你在一起—汶川地震紧急救援行动倡议》，起草了关于兄弟盟组织对四川灾区群众“献爱心，送温暖”活动提供服务平台的函，呼吁广大盟员以各种方式帮助灾区同胞渡过难关，并公布了爱心账户。同时盟省委同志积极捐款、捐物，并联系各界朋友募集资金、物资共计 3410.09 万元。

（二）夜以继日抢运物资

2008 年 5 月 13 日我们将北京友诚企业家扶贫基金会的第一批物资连同我们募集的价值 5 万元的药品连夜送往重灾区——绵竹市伤员救治站，我们是第一个把救灾药品送到绵竹的单位。从 5 月 13 日至 6 月 1 日，盟省委的同志不顾疲劳，冒着余震不断、山体滑坡的危险，行程数千公里，往返各个灾区，累计输送了价值2000余万元的物资，把盟中央和全国各地盟组织及社会各界对四川灾区的爱心捐助，以最快的速度送到了灾民的手中。

（三）深入基层帮助灾民

盟省委领导深入绵阳、广元、德阳、都江堰等重灾区慰问工作在第一线的盟员及受灾盟员的家属。协助盟员心理工作者联系心理救助点。同时积极协助、配合兄弟省市盟组织免费招收灾区学生和灾区孤残人员到盟员企业就业。盟省委在灾区盟组织的支持下，深入广元、绵阳、德阳、雅安等灾区，配合北京文理研修学校、西昌女子职业技术学校、南昌女子中等专业学校、陕西渭南大荔燎原技校等，在灾区招收了700多名免费就读学生，协助唐山市盟员在绵阳、广元接收10多名孤残人员到唐山盟员办的企业工作。此外，还协助开通了“512help”寻亲救助网站，在网上发起寻亲救助行动，公布寻亲信息30000余条，为1000余位受灾群众找到亲人，产生了良好的社会影响。

（四）积极服务于灾后重建

在抗震救灾转入灾区重建阶段，为落实蒋树声主席在2008年5月29日的讲话精神，认真思考，提前谋划，在灾后重建中搞好社会服务工作。

1. 全力建立民盟烛光学校。在重建中体现民盟特色，发挥传统优势，盟省委提出援建民盟烛光学校工作。2009年1月12日，民盟四川省委、四川省政协人资环委、广元市统战部、广元市元坝区政府等相关部门负责人在盟省委机关召开了援建广元“元坝区民盟烛光中学”协调会，确定由民盟出资750万元、省政协人口资源环境委员会出资250万元共同援建广元市元坝区“民盟烛光中学”。并于2009年3月13日正式开工，于2009年年底投入使用。

另外，我们帮助协调联系、考察选点，由河南民盟出资71万元援建的绵阳江油太平镇“龙门民盟烛光小学”现已建成。在我们积极争取下，北京巴蜀力量基金会捐款50万元援建凉山州会理县关河乡红花民族小学教学楼。由民盟黑龙江省委、黑龙江金马建设开发集团有限公司、成都民盟筹集资金共计200万元共同援建的民盟“民盟彭州升平烛光中学”现已投入使用。由中国房地产估价师和经纪人学会、民盟成都市委筹集资金共计260万元援建的都江堰市虹口乡公立卫生院建设顺利。

同时，2009年2月，民盟省委联合民盟中央、民盟北京市委，协助安踏体育用品有限公司在成都都江堰市大观九年制学校、彭州升平学校、汉源大田中学、什邡师古镇云西中学举行“2009爱心接力安踏捐赠系列活动”，共向4所学校师生捐赠了价值200多万元的运动鞋、运动衣等物品。

2. 切实推动灾区教师培训工作。2008年7月12日至15日，“民盟灾后心理重建辅导培训班”正式启动，组织10余名心理专家前往绵竹重灾区4所学校，对400多名教师进行了为期4天地震灾后心理重建培训。2008年8月20日，我们又联系新东方教育科技集团，在绵竹和大英等地对450名灾区教师进行英语口语、听力、阅读等专项培训，进一步提升了灾区教师的专业教学能力。

3. 大力开展“为灾区共筑健康之桥爱心活动”。联系成都康桥眼科医院到绵竹市剑南镇灾民安置点，为300多名灾区老人、儿童做了免费眼科疾病检查，还赠送了防暑保健药品，产生了很好的影响。

六、积极配合民盟中央，做好“明眸工程”

2010年9月13日协助民盟中央、温州慈善总会、温州医学院眼视光医院等单位在广元元坝区举行“爱心温州·善行天下·明眸工程”启动仪式，民盟中央李重庵副主席亲临启动仪式。会上温州慈善总会和温州蜘蛛王集团分别捐赠了100万和30万人民币。启动仪式后盟省委协助温州医学院眼视光医院在广元元坝区开展了第一次“明眸行动”，此次活动成功地为当地50名患者做了白内障摘除手术，为他们带来了光明。2011年，组织当地义务人员，带上相关检查设备前往5个乡历经半个月时间进行眼疾患者筛查，并于2011年1月和6月分别做了白内障手术102例和24例，目前已为500多人做了复明手术。

十年来的社会服务工作开展，我们的经验体会是：

一、领导高度重视，是做好社会服务工作的基本前提

民盟四川省委的主要领导同志对社会服务工作非常重视，民盟中央副主席吴正德、民盟四川省委主委赵振铣都曾就社会服务工作开展富有成效的考察，并在协调各方资源开展社会服务工作中作出了表率，起到了极大带动和

推进作用。

二、坚持长期开展定点合作工作

盟省委从上世纪八十年代就开始了和遂宁的定点合作，二十几年来，盟省委无论在什么条件下都坚持切实开展定点合作,并取得了较为显著的成效,得到了社会各界的一致好评。在盟省委开展的定点合作工作的带领下，全省各级盟组织都陆续开展了各自的定点合作，使得全省定点合作工作上了一个新的台阶。

三、通过联系协调党政部门，为地方争取到资金和政策的支持，是取得成功的关键

在服务新农村建设方面，随着时代的不断进步，盟省委由最初的送科技下乡、送文化下乡、送卫生下乡，逐步转变为根据当地实际需要，为地方牵线搭桥联系发展项目，但由于民主党派自身力量较弱、资源有限，工作开展往往难以为继，这就需要统筹借助各方面的资源，积极主动地争取党和政府有关部门的领导帮助。

四、因地制宜、积极探索是做好社会服务工作的保障

盟省委在“烛光行动”、“明眸工程”、帮教工作中都认真切实地按照盟中央的相关要求予以执行，并在活动开展中根据自身特点和优势进行了创新和探索，使得这几项工作在稳步推进的前提下得到了很大的提高。

回顾这十年的工作，我们感到十分充实。在民盟中央的领导下我们按照促进发展、维护公平、关注民生、推进民主、科学发展的指导思想和要求做了很多工作，今后我们还将按照这一指导思想去努力提高工作水平，创新工作方法，推进我省的社会服务工作，为全面建设小康社会作出贡献。

贵州省

民盟贵州省委社会服务工作十年总结

(2002—2012)

贵州民盟组织始建于1946年。现有6个地市级委员会，2个基层委员会，6个总支，133个支部（小组），盟员4444人（截至2012年12月）。

一、在毕节试验区开展“生态建设、开发扶贫”工作

（一）在青场镇开展早熟蔬菜示范种植工作

2002年，在毕节市青场镇，群众已普遍接受了种植早熟蔬菜的先进技术与观念，并将其作为自己增加收入的重要产业。以种植稻田早熟洋芋为龙头，时令蔬菜为补充的早熟蔬菜面积推广已达2000余亩。范围已辐射到全镇沿河六个村，人均增收达150元以上。每亩土地年产值从500—600元增加到每亩2000多元以上。产品市场已拓展到昆明、贵阳等地，早熟商品蔬菜基地规模已初步形成。2001年毕节市农业综合开发工程对青场大坝进行了配套性建设，建立早熟商品蔬菜基地更是前景喜人；加之毕节市政协的大力督促与推广，使这项工作达到了预期目的，为当地农民寻找到一条增加收入的有效渠道，为毕节市农村的产业结构调整探索出了一条有效的途径；也符合我国农村调整产业结构的要求。起到了比较好的示范推动作用。2004年，继续抓好青场镇农村产业结构调整增加农民收入工作。投入3000

元资金和技术指导，在青场镇新沟村引种艳红桃1000株，桃树成活率达100%，种植示范获得成功；受此影响，青场镇农民协会引种果树200余亩，果树与大豆套种试验取得成功，为群众增加收入户均达200元以上；2004年青场镇人均纯收入达1530元，比2003年增加116元。

（二）在毕节市梨树镇上小河村开展新农村示范建设工作

2006年，民盟对毕节市青场镇的帮扶工作项目告一段落后，把毕节市梨树镇上小河村作为在毕节市的重要帮扶点。首先是投入资金2.3万元，从贵州印江引进205只莱茵鹅进行示范养殖，并帮助10户养殖户修建鹅舍，配备孵化机。加大莱茵鹅孵化养殖的规模，提供资金，免费收购种蛋，承担孵化育雏室的费用，免费向村民发放莱茵鹅苗进行养殖，为10户养殖示范户修建圈舍。根据上小河村要发展农家乐旅游发展的需要，为上小河村修建观光凉亭，种植玫瑰花苗，组织农家乐旅游接待户到贵阳市花溪区，对“农家乐”产业发展进行参观学习。邀请贵州大学蔬菜专家到上小河村实地指导大棚蔬菜的种植。投入资金20万元为种植户修建30个蔬菜大棚。民盟深圳市委组织盟员企业家赴上小河村开展扶贫考察，投入资金7万余元为上小河村文化活动室购置了电脑、电视、广播器材、办公桌椅；协调省体育局为该校无偿提供一批价值2万元的体育设施和器材，民盟中央捐赠200套课桌椅及教师办公用具，筹资6万元解决该校的行路难和饮水难问题；2008年协调资金240万元为上小河村修建一条11公里的村级等级硬化进村公路，2009年协调资金60万元，整合危改资金10多万元，援助上小河村白族民居改造。2010年协调资金100万元用于上小河村白族民居改造和梨树镇老年公寓建设。

（三）在毕节试验区开展文化教育帮扶工作

1. 2006年协助北京大学光华管理学院董事长、台湾大学教授尹衍梁先生为毕节试验区的大方、织金、威宁、赫章等4县捐资120万元人民币援建4所希望小学。协助民盟上海市委引资25万元新建毕节市梨树镇二堡学校。2007年，联系香港新世界集团向毕节地区各县市捐赠14个总价值760万元的多媒体教室，配备先进卫星数字电视系统。2010年协调资金50万元援建鸭池镇金钟小学。

2. 协调民盟贵州民族学院支部联系美国“地区社会基金会”赞助毕节市140名农村贫困儿童就学。其中，国家一级贫困乡镇千溪乡100名，二级贫

2008年5月，全国人大常委会副委员长、民盟中央主席蒋树声，民盟中央副主席李重庵考察上小河村并与村民座谈

困乡镇野角乡40名。

3. 2005年民盟省委牵线搭桥输送毕节市39名初中贫困生到河北石家庄东方管理学院家政专业学习，学制两年，毕业后由学校推荐就业。

（四）在毕节试验区开展医疗卫生帮扶工作

组织贵阳医学院、贵阳中医学院等医院专家，对毕节市及各乡镇采取举办讲座、专家查房、病例分析等方式，开展多层次、多层面的医疗卫生人员培训。2004年，协调资金23万元，对青场镇卫生院进行改扩建，于2005年4月投入使用。同年，投入2万元，为青场镇卫生院购买医疗器械。同年8月，邀请贵阳医学院6位医学专家到青场镇为老百姓进行为期3天的义务就诊，就诊人数达435人，同时为该镇捐赠了174件医疗设备。2008年协调省卫生厅专项资金6.6万元，修建上小河村卫生室并组织专家对卫生室人员进行了医疗、管理培训。2009年12月20日，“明眸工程”在贵阳启动。温州医学院附属眼视光医院在毕节免费为白内障患者实施复明手术200余例。

（五）在毕节试验区开展其他智力支边和社会服务工作

1. 2010 年，毕节市中寨村发展旅游需做总体规划，民盟省委组织专家深入中寨历经两个月完成中寨村 2010—2020 年旅游规划。

2. 2011 年 3 月 31 日，由民盟中央牵头协调、民盟省委具体承办的“同心·健康心动毕节行”活动在贵阳启动。全国人大常委会副委员长、民盟中央主席蒋树声出席活动启动新闻发布会，民盟中央副主席李重庵讲话，民盟省委主委顾久主持。该活动由民盟中央、中华医学会心电生理和起搏分会、美国美敦力公司主办，民盟北京市委协办，民盟省委承办，中华医学会组织专家联合贵阳医学院附属医院具体实施，活动持续 3 年，每年有 5 名毕节地区的贫困心脏病患者受助。活动现场，美国美敦力公司、中华医学会心电生理和起搏分会向活动捐赠了 100 万元的活动实施公益善款。

3. 2011 年 7 月 10 日，由《黔中早报》与民盟贵州省委、华中科技大学和贵州青少年发展基金会共同发起“同心同行 · 为贫困小学生募捐‘免费午餐’”活动，筹款 11.2558 万元用于资助毕节县野角乡白龙小学 384 名孩子们的午餐。

4. 2011 年，联系民盟上海市委捐资 15 万元，地方政府匹配 15 万元修建毕节市小坝中学“同心 · 烛光——民盟黄浦图书实验楼”，同时民盟上海市委向小坝中学捐赠 30 台电脑。

二、在黔西南试验区开展“星火计划、科技扶贫”工作

1. 2004 年，投入资金 3 万元，在册亨县岩架镇帮扶 50 户农户示范种植的 60 亩甜瓜获得成功，亩产 2617 公斤，产值达 25.12 万元，户均增收 5 千元。

2. 2006 年向兴仁县城关三小捐赠价值 7000 多元的教学方面图书、学习用品及体育器材。

3. 2006 年，协调资金 18 万元修建贞丰猫坡希望小学；2006 年协调省卫生厅投入资金 7 万元维修扩建册亨坡坪卫生院；同年，选送 11 名学生前往河北省石家庄东方家政中等专业技术学校学习。

4. 2007 年，10 月联系民盟深圳市委向黔西南州兴仁县巴岭镇中心小学捐赠 3500 册图书。

5. 2007 年，经黔西南州和兴仁县有关部门的推荐，民盟中央社会服务部与民盟省委社会服务处通过考察和调研，确定黔西南州兴仁县巴岭镇绿荫

河村为民盟参与新农村建设试点村，并在绿荫河村开展蔬菜示范种植和科学养猪等支边项目，以促进绿荫河村的发展。

三、在省内其他地区开展智力支边和社会服务工作

1. 2009 年，选送黔东南州雷山县 16 名品学兼优学生在慈溪育才中学学习两年，在 2011 年的高考中，16 名学生取得了全部上重点大学分数线的优异成绩。2011 年又招收了 20 名学生进入“贵州雷山班”学习。

2. 2009 年 4 月 8 日至 9 日，民盟省委组织贵阳市农村中心果树种植盟员专家赴雷山县脚猛村和凯里市平丰村开展果树种植培训活动。

3. 2009 年 11 月，应麻江县政协智力支边办邀请，民盟省委组织盟员赴黔东南州麻江县开展养羊技术培训活动。

4. 2009 年 6 月，民盟省委赴惠水县好花红乡开展金钱桔栽培管理和养牛技术的智力支边培训。

5. 2011 年，联系民盟浙江省绍兴市委为雷山县西江中学修建 20 套教师周转宿舍。

四、积极开展“农村教育烛光行动”工作

1. 2006 年 7 月 1 日至 27 日，民盟中央、民盟省委组织专家、教学骨干 6 人分别对毕节职中、进校、八中各校抽出的 198 名教师进行卫星接收技术与网络管理、初中英语教材、小学音乐三个内容进行培训。同年在梨树镇举办了 8 期农村科技人才培训班，培训人员达 600 余人（次）。

2. 2007 年 8 月 19 日至 21 日，民盟省委在万山特区开展暑期中小学校长培训。

3. 2008 年经民盟中央社会服务部联系，浙江省慈溪市育才中学董事长沈红邦先生捐赠 50 万元在雷山县建立民盟农村教育“烛光行动”雷山教师培训基地，民盟农村教育“烛光行动”雷山培训基地从 2008 年至 2010 年用 3 年的时间，投入 50 余万元，针对老教师、中青年骨干教师、小学英语教师、实验课校本课教师及校长教导主任等不同层面的需要分类进行培训。

4. 2009 年，协调邀请北京新东方教育科技集团董事长俞敏洪先生到毕节作了一场关于英语学习的大型演讲，听报告人员近 500 人，并邀请北京新东方教育科技集团专家，为毕节市开展为期一周的中小学英语教师培训，培训人员近 500 人。

『毕节是我家』演讲比赛暨中关村烛光助学金首发仪式

5. 2010 年 8 月 20 日，民盟“农村教育烛光行动”在毕节市举行，活动邀请北京新东方教育科技集团的 6 位专家，为毕节市培训高中英语教师 100 人、初中英语教师 400 人，活动时间为一周，内容涉及口语教学、词汇教学等多个方面。

6. 2011 年 3 月 10 日至 12 日，民盟省委邀请上海盟员徐方瞿教授在安龙县、安顺市和六盘水市进行了“烛光行动”送教讲学活动。来自安龙县的 230 位、来自安顺市的 250 位、来自六盘水市的 300 多位初中数学教师听取了徐教授所作的专题讲座。

7. 2011 年 6 月 13 日上午，民盟广东省委“同心·智力支持工程”专项“农村教育烛光行动”毕节教师培训班在惠州市第八中学举办。

8. 2011 年 8 月 21 日至 26 日，由民盟中央社会服务部、新东方教育科技集团主办，民盟北京市委、民盟贵州省委协办的 2011“烛光行动 · 新东方教师社会责任行骨干英语教师新东方进修班”在中国民主同盟教育扶贫基地——新东方教师培训基地举行。来自贵州省 10

个县市的80名乡村英语教师，在5天时间里接受由新东方资深教师提供的英语教学技能培训。

五、举办公益活动服务社会

（一）成立“贵州省陶行知教育思想研究会”开展工作

2007年9月经民盟贵州省唐弘仁名誉主委、顾久主委倡议发起成立“贵州省陶行知教育思想研究会”。2008年4月29日贵州省陶行知教育思想研究会在贵阳青岩镇举行学习陶行知教育思想恳谈会，2009年8月2日由民盟省委、中国陶行知研究会和贵州茅台酒股份有限公司联合举办的“陶行知教育思想与西部农村教育发展论坛”在贵阳举行。2010年11月12日贵州陶行知教育思想研究会在贵阳举行2010年年会，年会的主题是“生活教育在贵州的发展及其时代意义”。

（二）举办“大山的脊梁——感动贵州的教师们”评选活动

2008年9月7日“大山的脊梁——感动贵州的教师们”颁奖典礼在贵阳举行。全国政协副主席、民盟中央第一副主席张梅颖，民盟中央副主席李重庵，省政协主席黄瑶，中共省委副书记王富玉，香港新世界集团董事长郑家纯，中共省委常委、省委统战部部长龙超云，中共省委常委、贵阳市委书记李军，民盟省委主委顾久，全国政协教科文卫体委员会副主任江绍高，副省长刘晓凯，省政协副主席孔令中等出席颁奖典礼。“大山的脊梁——感动贵州的教师们”评选活动由全国政协教科文卫体委员会、民盟中央、香港新世界集团共同发起，旨在发掘并弘扬贵州省优秀教师先进事迹，呼吁全社会更多地关注农村教育和农村教师。评选活动采取群众推荐、部门把关、网上投票、专家评议相结合的方式分四个阶段进行，贵州全省1100余所学校逾3万名教师学生参与了书面推荐，127万多名网民参与了网络投票，总票数达到1270万票。10位老师获“十佳奖”，每位获奖金10万元；3位老师获特别奖，每位获奖金3万元；13名老师获“优秀奖”，每位获奖金1万元。贵州电视台卫视频道于2008年9月10日教师节当晚黄金时间播出了颁奖典礼实况。

（三）举行“阳光照亮梦想”活动

2010年民盟省委结合“三创一办”活动，新时期民盟社会服务工作的重要地位、工作重点和创新思路，这次会议还作出决定，提倡在全盟内开展农村教育烛光行动。2007年,民盟省委社会服务工作获民盟中央优等奖表彰。

（四）承办2011年“东部十省市民盟组织参与毕节试验区建设研讨会”

为贯彻落实中央统战部关于东部十省市帮扶毕节试验区机制精神，3月29日至3月30日，民盟中央主办、民盟贵州省委参与承办的“东部十省市民盟组织参与毕节试验区建设研讨会”在毕节召开。全国人大常委会副委员长、民盟中央主席蒋树声在中共省委书记、省人大常委会主任栗战书的陪同下出席了东部十省市民盟组织参与毕节试验区建设研讨会闭幕式。全国人大常委会委员、民盟中央副主席李重庵，中共省委常委、省委秘书长张群山，省人大常委会副主任、民盟省委主委顾久，全国政协委员、民盟中央秘书长高拴平，国家发改委财经司副司长冯中圣，民盟中央社会服务部部长郭勇，西部控股董事长陈远东，总监事长倪进凯，西部产业投资基金总裁何殚等出席研讨会。会议形成了《东部十省市民盟组织参与毕节试验区建设研讨会纪要》。北京中关村教育基金会、倍肯集团、民盟中央群言出版社、国信集团、民盟河北省委等单位为毕节地区捐赠现金100万元，捐赠物资价值近500万元。浙江赛丽控股集团、深圳宝安崛起教育集团、西部发展控股有限公司的相关负责人分别与毕节市政府负责人签订了投资合作意向书。

六、开展“1+7”主题项目活动

（一）开展“创新社会管理”调研工作

“1+7”活动，是指由中共省委统战部支持，一家党派省委牵头承担（贵州省共有7家民主党派省委），其他各民主党派省委参与的活动。活动主要是树立和践行社会主义核心价值体系。2010年，各民主党派省委在中共省委统战部的支持下开展“三学两比”、“1+7”主题活动。根据新的历史时期新形势下统战工作发展的需要，民盟省委2011年“1+7”主题活动项目是由民盟省委牵头，各党派省委参加，组织一次以“创新社会管理”为题材的调研，形成“1+7”主题活动调研报告。各民主党派省委在5月份围绕“社团组织在创新社会管理方面的职能和作用、进城农民工子女的受教育及其就业、非公企业困难员工家庭及子女生活问题、非公企业的社会服务和社会管理、进城务工青少年心态及管理、扩充就业渠道做好社会管理、教育管理的社会管理”等方面组织开展实地调研工作，共提交调研报告10篇，形成了《贵州省各民主党派加强和创新社会管理调研论文集》送交中共省委及有关部门参考决策。民盟贵州省委提交的是《创新社会管理与创新教育理念——让闲散青年不再闲散，让问题学生不再“问题”》和《基于和谐社会建设的社会管理问题思考——以贵州省为例》两篇调研报告。

（二）开展“同心·民主党派专家服务团”活动

按照中共省委统战部“三学两比”、“1+7”主题活动的安排部署，2011 年，由民革省委、民盟省委牵头，各民主党派省委参与，中共省委统战部指导，成立“同心·民主党派专家服务团”开展各项智力支边和社会服务活动。

1. 2011 年 9 月 5 日，“同心·民主党派专家服务团”在贵阳召开成立会议，民盟省委主委顾久出席会议并讲话。服务团由 30 位来自教育、医学、农业、林业、财经等领域的专家组成，顾久主委任团长。专家服务团针对不同的服务对象，深入乡镇、农村和企业，开展技术指导、专题讲座、决策咨询、法律法规咨询、项目协调、投资推介等活动，进行就业技能、医疗卫生、种植、经营等职业培训。

2. 2011 年 9 月 14 日，省人大常委会副主任、民盟省委主委、“同心·民主派专家服务团”团长顾久率“同心·民主党派专家服务团”有关专家一行来到凯里市脚里村，帮助村民寻找水源。同时，还邀请果树专家在该村对葡萄种植户进行早期葡萄树管理指导和培训。

3. 2011 年 10 月 21 日至 22 日，贵州省“同心·民主党派专家服务团”赴平塘县开展医疗卫生和农业科技智力支边活动，来自民盟省委、农工党省委、九三学社省委医疗卫生和农业科技方面的专家为平塘县干部职工和群众开展了为期两天的培训义诊讲座等活动。

4. 2011 年 11 月 8 日至 9 日，“同心·民主党派专家服务团”赴黔东南州雷山县开展智力支边服务活动。来自各民主党派省委的 30 多位专家参加了此次活动，在此次活动中，贵州省威门药业、恒霸药业、信邦药业、同济堂药业等多家药业捐赠了价值五万余元的川芎茶调颗粒、咳喘宁颗粒、克痹骨泰胶囊等十余种常用药品，并邀请了来自贵阳医学院附属医院内科、外科、骨科等科室的知名教授在县中心广场为当地老百姓免费看诊、送药。当日，近 200 位群众来看病领药，活动现场来自法律方面的专家为群众提供法律咨询服务，并发放了近千份法律咨询方面的宣传材料，并开展医务培训和高中示范教学活动。

七、取得的经验和做法

回顾民盟省委2002—2012这十年的社会服务工作，主要有以下几点经验和做法：

1. 在民盟中央的直接领导下，积极开展“三级联动”，使社会服务工作能有序开展。

2. 充分发挥调动各级盟组织和广大盟员的积极性，充分发挥各种优势，充分利用各种社会资源。坚持把社会服务工作摆上重要议事日程，与深化政治交接相结合，与践行社会主义核心价值体系相统一，与加强民主党派自身建设相衔接。主要领导带头组织筹划、带头参与活动、带头捐款捐物、带头献智出力，起到了很好的示范作用。广大成员的社会责任感进一步增强，社会服务活动的参与面不断扩大。

3. 注重提高整体效能。在民盟中央社会服务部和中共省委统战部的沟通协调下，注重整合各方资源，发挥集合优势，形成规模效应，扩大民盟的社会影响力，提升了民主党派的凝聚力和向心力，是加强民主党派自身建设的“活力工程”。

4. 积极拓展服务领域。着眼服务科学发展、促进社会和谐，走进乡村、社区、校园等一线，广泛开展形式多样、内容丰富的社会服务活动，服务经济发展方式转变，服务新农村建设，服务民生热点。

5. 注重打造活动品牌。如“农村教育烛光行动”、“同心·健康心动毕节行”等“同心工程”、“明眸工程”等。坚持高起点筹划服务项目，高标准设计服务活动，高水平打造服务队伍，建立稳定的长期服务模式，形成体现自身特色的服务品牌。

6. 积极探索新的工作思路和工作模式。充分认识开展社会服务工作必须突出民盟的特色。坚持以智力服务为主的优势发挥原则。从常规的基础服务向知识含量、层次高的决策咨询服务扩展，从单一的业务服务向组织协调、宏观指导性强的综合管理服务扩展，从局部服务向地域覆盖面大的区域服务扩展。

云南省

发扬优良传统创新工作方式 努力搞好社会服务工作

——民盟云南省委社会服务工作十年总结（2002–2012）

云南民盟组织始建于1943年5月。现有10个地市级委员会，4个区县级委员会，24个基层委员会，9个总支，100个支部（小组），盟员8055人（截至2012年12月）。

社会服务是民盟履行参政党职能的重要内容和服务社会的有效途径，是参政议政的延伸，也是增强基层组织活力、树立社会形象的重要工作。2007年以来，盟省委领导班子认真学习贯彻落实盟中央有关社会服务工作的指示精神和工作部署，按照量力而行、尽力而为、突出重点的原则，加强对全省社会服务工作的指导和支持,有力地推动了全省各级盟组织社会服务工作的开展，使全省盟组织的社会服务工作迈上了一个新的台阶。

一、整合资源，上下联动，共同推进社会服务工作

几年来，盟省委结合各级盟组织的实际情况，创新了工作方式，积极争取盟中央的支持，加强了对各州、市盟组织的指导、联系，通过整合资源、上下联动，共同推进全省盟组织的社会服务工作：

（一）全面开展民盟“农村教育烛光行动”

“烛光行动”是民盟响应中共中央号召，贯彻科学发展观，奔走国是、关注民生的重要举措，是民盟发挥自身特色和优势，积极履行参政党职能的重要实践。

民盟云南省委于2007年9月在玉溪市元江县启动了云南民盟“农村教育烛光行动”，倪慧芳主委莅临现场作动员讲话，有力地推动了全省各级盟组织此项工作的开展。继元江启动“农村教育烛光行动”后，玉溪、昆明、大理、文山、红河、曲靖、丽江、保山等盟组织也相继启动了“烛光行动”，先后确定了8所定点帮扶学校作为开展工作的切入点。为提高各地盟组织“烛光行动”的实效，盟省委注重突出“烛光行动”的针对性和实效性，整合盟内外教育资源，加强与教育行政部门师资培训的合作，采取多种形式支持学校建设，有效提高了教师专业教学能力和学校的教育管理水平，使被帮扶的学校在当地起到了辐射和带动的作用。

1. 通过培训教师，提高农村教师专业教学能力。2007年9月，盟省委与玉溪盟市委联合，在元江县教育局的支持配合以及爱心人士的资助下，对全县14所乡镇中学的360名教师进行了三天的培训，由于授课的老师都是民盟内的优秀教师，讲学内容紧密结合当地教学实际，使培训取得了良好效果。活动在云南电视台《云南新闻》中给予报道，得到社会的好评。2009年7月，盟省委组织了省内6个州、市盟组织“烛光行动”定点帮扶学校7位校长、7位骨干教师前往南宁参加盟中央举办的海内外基础教育研讨会及培训班，使这些来自边疆的教育工作者开阔了眼界，拓展了知识。同年8月，在盟中央和新东方教育科技集团的支持下，盟省委与昆明盟市委、昆明市教育局合作，由新东方的教师志愿者对昆明市14个县（区）乡镇中学的100名英语教师进行了为期7天的培训，受训教师普遍反映获得了一种新的教学思维和理念，受益匪浅。2008年、2009年盟省委两次从丽江选送13名教师赴广东、浙江进行培训，2010年从红河选送5批教师到昆十中、昆八中进行跟班培训，这些培训既提升了老师们的教学和管理水平，也获得了很多新的教育理念。实践证明，这样的培训方式收到了实效，为此，盟省委与昆明盟市委合作，于2012年4月9日在昆八中建立民盟“烛光行动”教师培训基地并举行挂牌仪式。此外，各州市盟组织通过举办大型专题讲座、上操作示范课、听课评课等形式培训了大批农村教师。据不完全统计，2007年开

展“烛光行动”以来，全省盟组织共培训师生达7000余人次。

2. 通过内助外援，支持学校建设。2010年民盟中央拟在西部省区援建10所“光汇烛光学校”，盟省委积极争取并得到盟中央支持，确定援助保山市丙麻乡中心小学改扩建工程30万元，推动了政府对该校的标准化建设，项目总投资达300万元，目前主体工程教学楼已完工，配套学生宿舍、学生食堂、围墙等设施正处于在建和收尾阶段。改扩建后，该中心小学的学生数将由现在的702名扩大到1500名左右,教师将由现在的27名，增至45名左右。民盟保山市委将该小学列为民盟保山市委“农村教育烛光行动”定点帮扶学校。2009年盟省委向文山铜厂小学捐助了211套校服，并争取美国科技教育协会向该小学捐赠4000元书籍建立图书室。基层民盟组织也积极想办法、办实事，采取多种方式援助定点帮扶学校：民盟丽江支部盟员捐助丽江玉龙县拉市

民盟文山州委『农村教育烛光行动』启动仪式

民盟玉溪市委举行支教 20 年总结表彰会

海崇正小学改扩建工程 11.6 万元；民盟大理州委向漾濞县苍西中学捐赠 3 万余元教学器材，并在该中学设立贫困优秀学生奖学金。民盟文山州委协调 11 万元援建文山西畴县鸡街乡大寨小学；民盟昆明市委协调捐赠 6 万元图书、书架，帮助禄劝县茂山中学建起图书室。此外，各地盟组织还组织医学专家为师生进行义诊。

（二）参与社会主义新农村建设

盟省委整合资源，发挥农民在新农村建设中的主体作用，充分利用民盟的智力优势和科技资源，分步推进参与社会主义新农村建设试点工作。一是发挥科技优势，为农村产业可持续发展献计出力。二是把扶贫工作和参与社会主义新农村建设结合起来。三是整合社会资源，开展形式多样的学习培训工作，提高农民的综合素质。几年来，民盟保山市委、民盟红河州委、民盟昆明市委积极协调社会力量，通过建立农业科技教育培训示范基地，推广普及农村实用技术，开展农村卫生科普知识培

民盟中央副主席、民盟云南省委主委倪慧芳参加文山铜厂小学捐赠仪式

训教育活动，有效提高了农民的文化素质和科学技能，使农民在农业生产方面获得了良好的经济效益。如，民盟保山市委在白玉村通过推广沼气池、日本甜柿、培训农民工等项目促进了产业结构调整、增加了农民收入，盟省委领导还从水利部门协调了 15 万元资金解决了该村饮水工程的资金缺口问题；民盟红河州委和民盟开远市委在开远市清塘子村开展农村科普工作，建立了农村科普示范基地；民盟昆明市东川区委在阿旺镇石门村把扶贫和参与社会主义新农村建设结合起来，开展了农业知识讲座、为村小师生体检、培训教师、送医送药等社会服务工作，盟市委主要领导积极协调了 25 万元专项资金解决修路问题。民盟昆明市委西山区基层委员会把谷律村确定为社会服务实践基地，推广种植了万寿菊等经济作物，提高农民的收入。并邀请了盟内的专家学者为村民讲授科技知识和经济管理知识，提高农民的科学素养。

（三）稳步开展帮教工作

民盟云南省委积极响应盟中央2007年在全盟社会服务工作研讨会上提出的号召，发挥民盟人才和智力优势，开展社会帮教工作，促进社会主义和谐社会建设。2009年盟省委与昆明盟市委和省第三女子监狱联合共建第三女子监狱帮教工作基地。根据监狱方的需求和民盟的实际，按照民盟组织帮教工作的原则和定位，签订了《帮教协议书》，分年度制定帮教工作计划，逐步规范民盟的帮教工作。几年来，省市两级盟组织充分调动广大盟员的积极性，按年度工作计划，踏实开展工作，以智力帮教为切入点，鼓励和帮助服刑人员积极履行法定义务、勤学上进、重新做人，开展文化教员培训、心理咨询、艺术团艺术指导、出监教育、关爱干警等方面的工作，对监狱的帮教工作起到了支持、补充和延伸作用。

在做好社会服务重点工作的同时，盟省委还配合组织实施了民盟"明眸工程"云南行暨"爱心温州·善行天下"活动，从签订协议至今，温州医学院附属眼视光医院共前往昭通做了4例眼角膜移植手术、268例白内障复明手术；盟省委与民盟广州市委、广东狮子会合作，开展了"穗云民盟手牵手·滇红之乡送光明"活动，为200名白内障患者免费实施了手术，使他们重见光明；举办了"中医中药中国行"义诊与科普宣传活动；支持昭通大山包乡十万亩草场改良及国家级黑颈鹤自然保护区万亩湿地建设草种试验、示范项目等活动，发扬了民盟做好事，做实事的优良传统，取得了很好的社会效果。

（四）努力打造"同心·示范点工程"

2011年10月20日，由中共云南省委统战部牵头，各民主党派省委、省工商联、省中华职教社共同参与的云南统一战线"同心·示范点建设工程"启动仪式在华宁县隆重举行，今后民盟云南省委社会服务工作的重点在华宁县，将努力打造"同心工程"。2012年春节，盟省委领导走访慰问了宁州办事处所辖的王马社区和郭家营社区的35户贫困户，开展"同心工程"民盟省委春节送温暖活动。在北京盟市委的支持下，2012年3月组织北京和云南的医卫专家赴华宁县医院开展教学查房和交流活动。

二、四点体会

（一）提高认识，加强指导是做好社会服务工作的前提

社会服务工作是民主党派直接服务于国家经济社会建设的重要实践活

民盟昆明市委到省第三女子监狱帮教活动，民族音乐知识鉴赏讲座现场

动，对于提高我们的参政议政能力和水平，促进自身建设，扩大民盟的社会影响，增进民盟与党委、政府和人民群众的联系，具有不可替代的重要作用。民盟省委对做好社会服务工作高度重视，通过召开全省社会服务工作座谈会，认真学习民盟中央关于开展社会服务工作的精神和要求，提高各级领导的认识。领导班子成员在深入基层、调查研究、总结以往工作经验的基础上，明确了近一段时期的工作思路和重点，加强了对州市盟组织社会服务工作的指导、帮助和支持，使社会服务工作朝着有序、规范的方向发展。

（二）坚持量力而行、尽力而为、突出重点的原则是持续做好社会服务工作的保障

民盟的成员主要集中在教育、文化和科技领域，为社会提供智力帮扶是我们的优势和特色。因此，在开展社会服务工作的过程中，民盟省委始终坚持以智力服务为主，实事求是，量力而行，注重结合当地实际，突出特色和优势。采取了整合资源，重点支持的工作方法，把好事做实，实事做好，长期坚持、取得实效，使社会服务工作稳步持续推进。

（三）发挥基层组织的主体作用，汇集盟员智慧和力量，是做好社会服务工作的有效措施

盟省委把各州市盟组织作为开展社会服务工作的重要平台，即注重发挥基层的积极性和主动性，广泛动员盟员积极参与社会服务活动。又注意加强省委会对基层组织的指导和服务，由职能部门协调统筹省内、省外资源，为基层提供智力和资金，支持基层组织开展广泛的、形式多样的社会服务工作，有效增强了基层组织服务社会的能力和水平。

（四）社会服务工作必须与其他盟务工作相互协调、相互促进、共同发展

社会服务工作要服从、服务于盟的中心工作。首先，是围绕思想建设，把民盟关注民生、无私奉献优良传统的传承做为广大盟员服务社会的精神力量；其次，社会服务要与参政议政紧密结合，要站在参政党的高度、参政议政的角度从事社会服务工作，要善于将我们的参政议政成果通过社会服务工作来体现和落实，通过社会服务工作来深化参政议政课题，提出更切实可行的意见、建议和提案；第三，社会服务与盟的组织、宣传建设相结合，在社会服务工作中，发现人才、锻炼盟员、培养盟员。同时，加大社会服务工作的宣传力度，使宣传工作更务实、更生动。

三、当前开展社会服务工作存在的问题和困难

几年来，盟省委的社会服务工作虽然取得了一些成效，但也还存在着一些问题和困难，一是对社会服务工作的认识有一定的差距，对各级盟组织的指导还需加强；二是盟组织可用于开展社会服务工作的资源有限；三是调动和发挥盟员积极性的机制不够健全;四是开展社会服务工作的专项经费不足。

四、今后的工作思路

民盟具有关注民生的光荣历史和优良传统。民盟前辈费孝通主席提出的"出主意，想办法，做实事，做好事"，就是对社会服务工作的高度概括和精辟论述。丁石孙主席指出："我们的盟员在哪里工作，就要在哪里为人民做事情，就要把好事做实，把实事做好。"按新时期的工作要求，今后的工作思路是：

1. 要不断提高做好社会服务工作重要性的认识，把社会服务工作作为参政议政工作的延伸，不断创新工作机制。做到领导重视，贴近实际，把好方

向，广泛动员基层组织和广大盟员积极参与到服务社会的各项工作中。

2. 要正确把握“发挥优势、突出重点，量力而行、尽力而为，持之以恒、务求实效”的原则，结合实际，找准民盟社会服务工作的切入点，突出特色，把着力点主要放在“农村教育烛光行动”和参与社会主义新农村建设上。在有一定工作基础的地方，稳步推进民盟“帮教”工作。

3. 探索整合资源的新方法新途径，充分发挥民盟在教育、科技等方面的优势，加强与教育、科技、卫生等行政部门的联系，积极争取盟中央和兄弟省市的支持，汇集各方力量，努力把社会服务工作推向深入。

关注民生　服务社会
不断开拓社会服务新领域
——民盟陕西省委社会服务工作十年总结（2002–2012）

陕西民盟组织始建于1945年2月。现有9个地市级委员会，5个区县级委员会，9个区县级工委，11个基层委员会，34个总支，226个支部（小组），盟员10027人（截至2012年12月）。

自2002年以来，民盟陕西省委领导班子高度重视社会服务工作，一直把开展社会服务工作作为发挥参政党职能的重要内容，特别是2007年十届委员会成立之后，盟省委的社会服务工作取得了长足的进步，工作领域不断拓宽，工作形式日趋丰富，服务内容更加扎实有效。盟省委结合我省的实际情况，创新工作思路，紧抓工作实效，突出“农村教育烛光行动”和“监狱帮教”两个重点，不断开拓社会服务新领域。

一、十年来社会服务工作回顾

（一）情系农村，尽力而为，积极参与社会主义新农村建设

按照民盟中央关于组织盟员参与社会主义新农村建设的要求，盟省委确立了“先行试点、逐步推开，注重实际、因地制宜，发挥优势、突出实效”的工作思路，在继续坚持传统做法的基础上，开拓思路，尽力而为，

民盟陕西省委扶贫帮困办实事，大原村村委会带着全村 1500 多人的感激将锦旗送到盟省委机关

为新农村建设出力。

1. 坚持开展扶贫送温暖和“三下乡”活动。节前慰问、“三下乡”活动已经成为盟省委扶贫工作的传统作法。自 2002 年以来，盟省委的扶贫点先后从甘泉县劳山乡杨庄科村转向长武县地掌乡朱家沟村，2007 年后张道宏主委的对口扶贫点确定在凤翔县田家庄镇大原村。十年来，盟省委一直紧抓扶贫点，结合帮扶对象的实际需要，坚持开展节前慰问和“三下乡”活动。截止目前共组织开展了十多次“三下乡”活动，为当地群众带去深受欢迎的书籍和药品，为当地学校赠送物品，开展科技、医疗、法律咨询服务，组织丰富多彩的文艺活动，所捐赠物品价值超过 30 万元。同时，盟省委的“港秦高考奖学金”、民盟延安市委的“杜斌丞基金”、民盟南郑总支的“爱心理事会”等多种基金的设立从社会各界募集善款超 30 万元，使一百多名品学兼优的农村特困生得到了救助。

2. 积极引进资金，帮助扶贫点基础设施建设。盟省委在关心帮扶群众的生活之外，更关注于改善农民的生活环境。十年来盟省委克服困难，多方联系，积极争取可利用的关系和资源，累计引进资金 177 万元，为杨庄科村解决了人饮工程、淤地坝工程和小流域治理，为大原村新建了村活动室、医务室，为村小学修建了体育场并捐赠了体育器材，解决村内道路路面硬化问题等。为衷心地感谢盟省委扶贫帮困办实事，2010 年初大原村村委会将写有“关爱贫困，心系百姓”的锦旗送到了盟省委机关。

3. 注重智力扶贫，探索民盟参与社会主义新农村建设的新途径。适应社会主义新农村建设的要求，盟省委充分发挥盟员专家的作用，积极开展智力扶贫。多次组织盟内专家到扶贫村考察调研，帮助制定脱贫计划，对村民进行种植、养殖业的技能培训，切切实实地解决他们生产和生活中的实际问题。经过数年努力，甘泉县劳山乡杨庄科村、长武县地掌乡朱家沟村和凤翔县田家庄镇大原村已先后脱贫走上致富路。

全省各级盟组织各显身手，发挥智力优势，深入田间地头，组织开展农业科技讲座，发放农科资料，扶植农业新科技产业，尤其是民盟宝鸡市委千阳支部大力扶持的双孢菇生产和“蚕宝牌”蚕沙保健枕已成为当地的重点产业，极大地提高了当地农民的收入。

民盟陕西省委农业委员会专家在大原村进行农作物栽培技术培训

4. 与参政议政工作相结合，加强对“三农”问题的调研。陕西的杨凌地区聚集着400余位奋斗在教学、科研第一线的农业技术方面的盟员专家、学者。盟省委充分利用这一人才优势，组织盟员对陕西农业开展全方位、多角度、深层次的调查研究，取得了丰硕成果。张道宏主委更是亲自带队赴杨凌、凤翔、洛川等地实地考察，开展大范围的调研活动，形成了一系列的调研报告。盟省委上报的多篇关于“三农”问题的各类报告信息被全国政协刊发及采用。

（二）整合力量，长期坚持，“烛光行动”品牌效应日益显现

早在2004年，盟省委就与民盟广东省委联手制定了“杨庄科村开展教育扶贫计划”，为该村接受义务教育阶段的贫困学生提供经济援助。2008年我省“农村教育烛光行动”在咸阳启动以来，盟省委在活动中始终坚持“四个注意”，即注意制定长远规划，保证“行动”的持久性；注意彰显党派属性和民盟特点，保证“行动”符合参政党职能的要求；注意发挥民盟的智力优势，保证“行动”的特色性；注意教师的全面发展，尊重教育教学规律，保证“行动”的全面性。

盟省委一直致力于打造社会服务工作品牌，逐步将“烛光行动”的活动方式由教师培训拓展到捐资助学、定点联系、盟校合作，将培训内容由教师专业技能拓展到身心调节和人的全面发展，有效提升“烛光行动”的规模和层次。

1. 建立机制，全面部署开展活动。2007年，盟中央倡导“农村教育烛光行动”以后，盟省委及时开会研究部署我省“烛光行动”活动开展的措施和办法，相继成立了以张道宏主委为组长的全省“烛光行动”领导小组，对全省的“烛光行动”进行统一部署；成立了我省“烛光行动”专家顾问组，邀请了省内优秀盟员教育专家、教师、教育工作者组成专家组，参与农村教育课题调研；成立了我省“农村教育烛光行动”人才库，特邀盟内外知名一线教师进入我省“烛光行动”人才库，为我省“烛光行动”顺利开展提供保障。各地市盟组织积极响应号召相继成立领导小组，明确专人负责，认真做好开展烛光行动的计划及落实工作，使烛光在“三秦”大地全面点燃。

2. 扎实推进，教师培训全面铺开。盟省委本着带动各地市级盟组织积极性的原则，联合西安新东方学校，动员盟内优秀教师，相继在汉中、宝鸡、铜川、渭南、咸阳、延安、榆林、安康、西安九个市开展教师培训，由点及面，

举办各种教学培训讲座和健康知识讲座，推进农村教育全面发展。盟省委已将“烛光行动”列入年度目标责任考评工作，每年都与各市级盟组织联合举办多次“烛光行动”培训讲座。截止目前，共培训英语、物理等教师2000多名，为全省5000多名师生讲授《如何做一个有魅力的语文老师》、《如何提高学生学习英语兴趣》等14场专题讲座，受到广泛欢迎。据不完全统计，全省各级盟组织开展“烛光行动”培训30多次，培训教师超过5000名，援建学校3所，捐赠物品价值约1 462 560元。

3. 持之以恒，重视平台建设及后续发展。盟省委一直加强与合作单位的协调沟通，整合各类资源，重点开展“烛光行动示范校”建设，推动“烛光行动”深入持续开展。考虑到活动的连续性和持久性，将灾后重建和援建的民盟烛光学校全部纳入盟省委“烛光行动”基地，集中力量，采取多种形式推动学校发展，使之成为盟省委“烛光行动”的示范校，继而起到辐射周边的作用。南郑县濂水初级中学是民盟山西省委灾后援建的学校，盟省委对该校重点帮扶，继2010年在该校举办英语物理双科培训讲座以来，2011年又牵线搭桥使该校与西安交通大学附中分校在西安正式签署了结对帮扶协议书，落实了年度对口交流计划。两校结对牵手互利多赢，是一种新的探索与尝试。结对后两校已多次开展多种形式的合作和交流。

（三）建立机制，定点帮扶，探索监狱帮教工作新方法

2009年7月，盟省委联合民盟咸阳市委在咸阳市秦都区看守所举办励志讲座，正式在我省启动了监狱帮教活动，后又于2010年7月在礼泉县监狱开展了“社会服务——爱心帮教”活动。我们认识到要把民盟帮教工作可持续地开展下去，建立组织和领导机制、与司法系统的合作机制、活动开展机制和盟内交流协作机制是必须的，不仅要在深入和创新上下工夫，不仅帮扶形式更加多样化，而且要逐步走上经常化、制度化轨道。

一个基地：为了扩充资源和使监狱帮教常态化，我们多次和司法部门、监狱部门联系沟通，就建立基地一事进行磋商，最终于2011年6月份正式在陕西省红石岩监狱建立了民盟陕西省委帮教基地，并出台了帮教工作计划，探索建立与司法系统的长效合作机制和活动开展机制。6月8日，在省红石岩监狱举行了盟省委“帮教基地”揭牌仪式，同时签订了帮教协议。张道宏主委和省司法厅路志强厅长共同为帮教基地揭牌。张道宏主委代表盟省委向省红石岩监狱赠送了电脑和图书。帮教基地的建立是盟省委监狱帮教工作的

民盟陕西省委监狱帮教基地红石岩监狱揭牌仪式

新突破、新发展，是盟省委监狱帮教工作开辟的新领域，为我省监狱帮教工作拉开了新帷幕。

两个定点：2009 年盟省委与陕西省未成年管教所签订了帮教协议，2011 年又与陕西省红石岩监狱签订了长期帮教协议。未管所和红石岩监狱便成为社会服务部监狱帮教工作的两个定点单位。盟省委紧密围绕两个定点单位，保持常态联系，及时沟通，根据其具体需求多次举办励志讲座和国学讲座，开展捐赠军训鞋和“我送服刑人员一本书”等活动，取得很好效果。应省未管所要求邀请盟员专家为服刑学员量身创作的两套体操节目和动员大学生志愿者辅导未成年犯“新少年合唱团”表演均取得成功，省未管所还专程到盟省委送来了感谢信。盟省委联合盟员段明开办的陕西科技技术学院连续三年在省红石岩监狱开办技能培训班，培训包括焊工、钳工、电工等技术工种，近九千名即将出狱的服刑人员参加了培训并获得职业证书，为他们以后尽早就业、回归社会创造了良好的条件。

（四）奉献爱心，组织盟员积极参与抗震救灾

四川汶川大地震和玉树地震后，盟省委连续召开会议安排部署抗震救灾援助工作，号召广大盟员伸出援手，支援灾区重建家园。据不完全统计，全省盟员通过各种渠道共计捐款近 250 万元。其中，榆林市政协委员、民盟榆林市社会法制支部主委张凯华为青海玉树灾区捐款 25 万元。

在盟中央的关心支持下，盟省委与民盟山西省委签订了灾后重建对口捐赠协议，民盟山西省委捐赠 107 万元用于我省灾后重建。2009 年 9 月，李重庵副主席在民盟省委张道宏主委、民盟中央秘书长高拴平等领导的陪同下，出席了黄花峪小学教学楼的揭牌仪式。2010 年 11 月，李重庵副主席又出席了濂水初级中学师生餐厅揭牌仪式。这两座建筑物的圆满落成，饱含了民盟中央、民盟省委的心意，更饱含了山西民盟全体盟员的情谊。

地震灾害始终牵动着陕西民盟的心。2012 年 2 月，盟省委联合省政协医药卫生体育委员会赴地震重灾区——汉中市宁强县进行了大规模的妇女儿童身心普查及义诊活动。盟省委妇委会副主任李晖更针对地震对于孕妇及新生儿身体及心理健康方面的影响进行了实地调研和追踪，在陕西省政协会议上，李晖教授提出的题为《建立重大灾难及危机心理卫生服务系统》的提案获得省政协高度重视，被确定为全省重点督办提案。

（五）整合资源，开拓领域，开展多种形式的社会服务工作

1. 社会办学成效显著。2005 年，全省各级盟组织举办学校共有 16 所，在校学生 4921 人，其中成人高校 6 所、中等职业学校 3 所。盟省委常委胡建波创办的西安欧亚学院晋升为普通本科高校，这是继盟员姜维之创办的西安培华学院晋升为普通本科高校后的我省又一所由盟员创办的民办普通本科高校。盟员段明创办的陕西科技技工学校也升格为陕西科技技术学院。

2. 高校盟组织与地方盟组织加强合作。民盟长安大学委员会与民盟延安市委、民盟渭南市委，民盟西安建筑科技大学委员会与民盟铜川市委分别签订了长期合作协议，发挥大学盟组织的人才和科技优势，努力促进地方经济社会发展。

3. 义务写春联送春联活动产生社会影响。2008 年以来，在张道宏主委的倡导下，每年春节前夕号召全省各级盟组织广泛开展义务写春联送春联的活动，得到了全省各级盟组织的积极响应。该项活动年年坚持，活动人员和范围进一步扩大。据不完全统计，全省共有 30 多个盟组织参加活动，参与

盟员360余人，共义务书写春联32 000余幅，在群众中产生了极大的反响。

4. 组织盟员专家积极参与盟中央扶贫工作。2009年7月，盟省委选派科技工作委员会主任夏永旭教授等4位盟员专家作为盟中央“毕节试验区农村公路调研课题”专家组的主要成员，参与了赴贵州省毕节实验区的实地调研，对贵州省、地区、县三级交通路网尤其是农村公路的建设情况进行了比较深入的勘察，并形成了调研报告，受到中央统战部和民盟中央的高度评价。

5. 努力推动“明眸工程”在陕开展。在盟省委的积极争取下，2011年7月1日，我省“明眸工程”在延安市正式启动。民盟中央李重庵副主席，中共陕西省委统战部郑洁副部长等出席会议，温州医学院附属眼视光医院和延大附属医院为“明眸工程”共建医院揭牌，并签订了合作协议。温州各界共捐款65万元，通过与延安大学附属医院合作，开展基层眼科医生培训，免费开展贫困地区的白内障、角膜移植等复明手术。近一年来，已免费为100多位白内障患者做了手术治疗。

二、几点体会

（一）调动力量，全员参与是做好社会服务工作的基础

目前，全省共有盟员9000余人，活跃在教育、文化、科技、卫生、法律和经济等许多领域，其中很多盟员是各自专业领域的骨干力量，具有较高的科学文化素养和丰富的工作经验，这是我省民盟组织的宝贵财富。实践告诉我们，调动并保护好盟员参与社会服务工作的积极性和热情，是各级盟组织必须重视的问题。因此，盟省委对参与社会服务工作的盟员都颁发证书或写感谢信，并发函给所在单位，除了是对盟员进行表彰外，也对所在单位给予的支持表示感谢，从而收到了很好的效果。

（二）整合资源，形成合力是做好社会服务工作的关键

盟省委一直坚持“上下联动、形成合力、资源整合、优化配置”的工作思路，开展省内省外合作，联合起来办大事（规模大一点）、办好事（社会效果好）、办漂亮事（工作质量水平高）。省市级盟组织加强联动合作，形成组织合力；建立人才资源库，强化资源整合，达到资源共享。同时盟外资源的借用也不可或缺，我们始终坚持和当地政府、教育部门、司法部门、扶贫办等相关部门保持密切沟通，开展合作；坚持和陕西新东方学校的联系，在“烛光行动”活动中得到了他们的大力支持。

（三）选准基地，扎实工作是做好社会服务工作的有效形式

十年来盟省委建立了监狱帮教基地，建立了“农村教育烛光行动”定点学校，建立了“明眸工程”实施基地，扶贫工作主要针对对口扶贫点，社会服务工作各项内容已进入长期化、制度化阶段，重点帮扶、以点带面、有针对性、有计划性地组织开展活动，使活动更具实效性。

甘肃省

民盟甘肃省委社会服务工作十年总结

（2002—2012）

甘肃民盟组织始建于1941年1月。现有12个地市级委员会，7个区县级委员会，9个基层委员会，28个总支，207个支部（小组），盟员7096人（截至2012年12月）。

多年来，民盟甘肃省委本着“出主意、想办法，做好事、做实事”的原则，在经济落后、环境恶劣的艰苦条件下坚持不懈，因地制宜，大力开展各项社会服务工作。始终将社会服务有机地与参政议政、组织发展相结合，以教育扶贫、科技扶贫、医疗扶贫、监狱帮教为主要社会服务工作内容，建立、健全了社会服务工作长效机制，积极调动社会各方力量、突出发挥民盟特色优势，有效地推进了民族及贫困地区的对口帮扶工作，密切了同地方党委、政府和盟内外各界人士的关系，树立了盟组织良好的社会形象。现将我们十年来的主要工作汇报如下：

一、科学调研、总体布局、集中力量、突出重点，明确社会服务工作方向

社会服务工作是新时期民主党派履行职能的重要内容之一，是参政议政工作的延伸和拓展，具有内聚人心外塑形象的重要作用。民盟甘肃省委历届领导班子始终高度重视社会服务工作，2002年换届以来确定了由专

职副主委亲抓社会服务工作，通过对甘肃贫困地区现状的调研并总结以往社会服务成功经验的基础上，我们分析了甘肃省盟组织的自身优势，找准了社会服务工作的突破点，确定了以点带面、逐步推进、重点提高、狠抓实效的工作思路。对社会服务工作进行了全局性的部署和安排,提出了以教育扶贫、科技扶贫、医疗扶贫、监狱帮教为主要社会服务工作内容。确立了五点工作方向：一是建立与政府合作的社会服务工作机制；二是将社会服务工作与参政议政、组织发展相结合；三是通过社会服务工作不断扩大社会影响力，增进组织发展；四是树精品社会服务项目，真正把好事做实、把实事做好；五是扩大宣传、积极争取社会力量的支持。在此工作思路的指引下我们先后出台了《民盟甘肃省委社会服务工作总体规划》、《民盟甘肃省委“农村教育烛光行动”实施方案》，建立了与各级政府、党委的联系机制，建立了与甘肃省委统战部合作开展医疗扶贫工作的模式，同时我们还与甘肃省卫生厅签订了合作协议、与兰州市劳动教养管理所签订了《民盟甘肃省委监狱帮教协议》，使我们的社会服务工作不断走向正规化、制度化和精品化。

二、明思路、树机制，东西合作大力开展“烛光行动”

民盟甘肃省委早在1990年就在甘肃开展了一系列的教育帮扶工作，已在广河、积石山、夏河、临夏等地累计培训2万余名贫困地区教师，积累了大量开展教育帮扶工作的经验。自2007年民盟中央提出在全盟开展“烛光行动”以来，民盟甘肃省委领导班子高度重视“烛光行动”工作，认为此项工作能够充分发挥民盟的界别优势，非常适合解决甘肃贫困地区落后的教育现状，决定将此项工作在甘肃做大、做强、打出品牌。我们多次召开“烛光行动”专项会议，组织成立了“烛光行动”专家顾问组，深入分析探讨了甘肃贫困地区农村教育现状，广泛听取了各方面的意见。决定将对落后贫困地区教师教育理念的培训作为开展“烛光行动”工作的突破点，把激活内力同借助外力结合起来，积极拓展发展空间，努力构建全国联动、政府参与的新时期民主党派服务社会新模式。我们有计划、有步骤的与省外兄弟盟组织建立了长期合作机制，先后邀请江苏、广东、湖北等地教育专家组成讲学团赴甘肃开展讲学培训工作，先后筹集、调动资金数百万元，举办培训讲学活动168场次，直接培训贫困地区农村教师4400余人，选送188名贫困地区骨干教师分赴广东、江苏、上海、北京、山东、湖北等地学习培训，先后成立

民盟甘肃省委『烛光行动』安定区教师培训中心揭牌仪式

了天祝、安定烛光教师培训中心，为受助地区培养了一批具有先进教育理念的优秀教师人才队伍，同时通过二级培训的开展辐射带动了更多的农村教师。

在开展“烛光行动”工作中我们始终注重各基层组织的参与性，通过各基层组织积极参与到社会服务活动中来，带动基层组织活动，通过社会服务活动进一步推动了基层组织的发展。形成了由盟省委带头各基层组织积极参与、省市协调、上下联动的大好形势。5 年来各市委会开展烛光讲学活动 50 余场次，培训教师 700 人、学生 900 余名，这些活动的开展成功的推动和促进了“烛光行动”教师培训工作在甘肃省内的全面开展。

（一）充分利用盟内外资源，大力筹措行动资金

资金问题是困扰开展“烛光行动”的最大问题，我们充分动员全社会的力量，广开思路多方面多渠道的积极筹措资金，除每年从有限的办公经费里挤出资金用于开展“烛光行动”以外，我们还通过开展盟员书画义卖等活动积极筹集资金，并且积极争取民盟中央的支持和盟员企业家的捐助，积极争取全国各级盟组织的支持，几年来共协调、调动资金上百万元，为“烛光行动”工作的顺利开展提供了坚实的基础保障。

（二）改善农村办学条件，建立民盟“烛光学校”

通过调查研究我们发现，甘肃很多贫困地区基础教育配套设施滞后，严重制约了当地教育水平的提升。根据这一情况我们积极协调联系，充分动员盟内资源和社会各界力量，通过募集援建资金、举办书画义卖等活动累计调动各类援建资金1200余万元。2002年至今我们已累计援建10所学校，并统一冠名为“×××民盟烛光小（中）学”，同时援建了6所电教室、2所多媒体教室，为民盟树立了良好的社会形象。

（三）为贫困地区的特困学子提供免费就学途径

多年来民盟甘肃省委机关为天祝、甘南的100余名特困家庭学生提供了长年的资助，帮助他们完成了学业，蒋树声主席也亲自对其中的10名特困学子提供了长年不断的资助。同时在民盟中央和兄弟盟组织的大力支持下，我们先后与青岛拓谱资讯工程专修学院、河北城市职业学校、广东顺德国华纪念中学、浙江省慈溪市育才教育集团等单位取得联系，为甘肃300余名贫困学子争取到免费就学的机会，帮助他们完成学业。

三、认真开展农村医疗扶贫工作，创建精品服务品牌，造福一方百姓

自1995年以来，民盟甘肃省委在积石山、广河、张家川、靖远、安西、山丹、天祝、会宁、秦安等十几个民族县和贫困县开展了一系列医疗扶贫工作，十年来共免费诊治各类病人4万余人次，同时开展现场指导和医疗讲座30余场次，培训医务工作者5000多人次。通过我们的努力，我们打造了“送光明”、“妇科专项义诊”等精品医疗扶贫项目，在当地赢得了广大群众的赞誉。其中盟省委义务实施的白内障复明手术暨“送光明”活动截至目前已免费诊治白内障病人12000余人次，完成白内障复明手术1100多例，手术成功率达到了100%。开展的妇科专项义诊活动在甘肃省会宁县、秦安、天祝、红古、山丹等地义诊病患2300余人次，为贫困地区群众免费发放了近5万余元的各类妇科药品。

我们在开展医疗扶贫工作的同时还积极争取到了甘肃省委统战部、甘肃省卫生厅的大力支持，确保了必要的活动资金，提高了医疗扶贫工作质量，并在组织病源、医疗设施方面得到了当地医卫部门的支持。同时为了降低医疗成本，给广大群众送去更多、更好的医疗药品，我们还与众多医药公司进

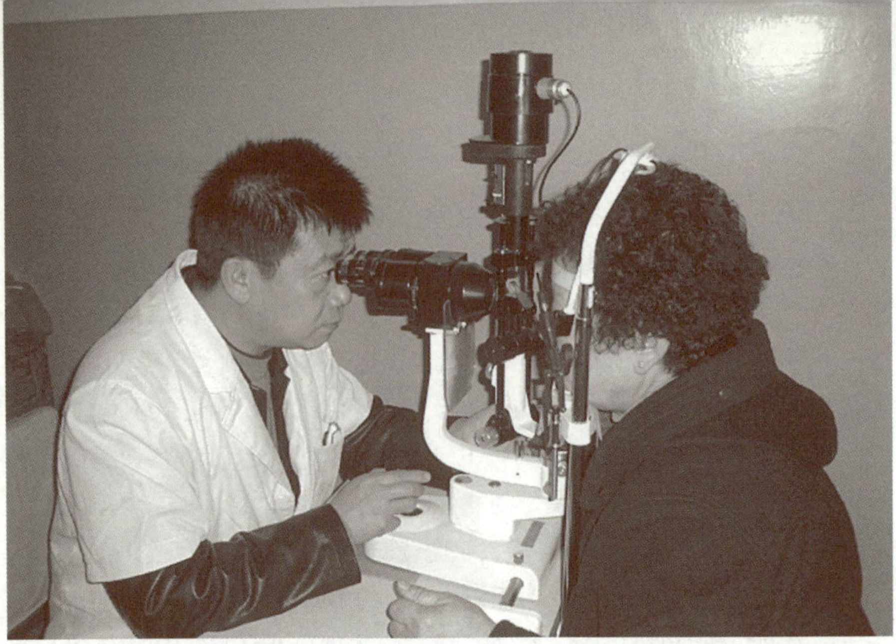

2010 年民盟甘肃省委邀请了罗俊业、赵海生两位眼科专家赴兰州市红古区开展了以『爱眼、护眼』为主题的白内障复明活动

行了接触，获得了他们提供的免费医疗器械和药品，为顺利开展医疗扶贫工作提供了保障，扩大了医疗扶贫工作的实施范围。几年来我们的工作得到了当地群众的认可，赢得了良好的社会口碑。

四、“助转化，促和谐”大力开展帮教工作

为了深入贯彻落实党的“十七大”和 2007 年民盟部分省市帮教工作座谈会精神，探索新时期、新形式下帮教工作的新路子，丰富帮教工作的内容，扩展帮教工作的领域，2007 年 8 月份以来，我们与甘肃省劳教局、兰州市司法局、兰州市劳教所，就联合开展帮教工作的形式、内容等问题进行了反复地沟通与协商。2007 年 12 月 25 日，民盟甘肃省委“助转化，促和谐”帮教工作启动仪式在兰州市劳动教养管理所举行，并与兰州市劳动教养管理所签订了帮教协议。2007 年 12 月至今民盟甘肃省委已开展监狱帮教活动 5 次，通过法律讲座、心理咨询、演讲比赛、组织文艺汇演等多种形式帮教劳教及服刑人员 1800 余人，我们的工作博得了劳教所领导、劳教干警和劳教学员的一致好评。同时我们还向劳教学员赠送了文史、法律、励志、科普、医疗卫生常识、棋类、职业技能培训等方面的图书 500 多册，捐赠了价

值 1 万余元各类生活用品。通过此类活动的开展，为劳教人员放下包袱、树立信心、重新走向社会提供了有益的帮助。

回顾这十年多的社会服务工作，民盟甘肃省委做了一定的工作，取得了一定的成绩，受到了社会各界的好评，扩大了民盟的影响。总结过去，我们有以下经验和体会：

一、盟省委领导的精心部署和高度重视是取得成效的关键

民盟甘肃省委领导班子把社会服务工作作为参政议政的一个重要组成部分，制定了长期分阶段、分层次的工作计划。针对自身情况调整工作思路，不断开拓社会服务工作的领域，通过调查、调研等方式找准新形势下社会服务工作的切入点，在充分整合我省盟的智力资源上下功夫，充分发挥了民盟特色优势。开展全方位、多层次的社会服务活动，并以此带动基层组织活动、深入社会实践、不断扩大盟的社会影响，使我们的社会服务工作不断取得新突破、迈上新台阶。

二、同各级党委和政府部门的密切合作是取得成绩的必要条件

我们在开展社会服务工作的同时十分注重和各级党委、政府以及相关部门的联系工作，着力调动地方政府主动参与的积极性，受助县区党政领导始终与民盟甘肃省委保持紧密联系。在开展社会服务工作的过程中，医疗卫生部门为医疗扶贫活动的开展组织病源、提供医疗设备和场地，教育行政主管部门为“烛光行动”的开展严格选拔优秀骨干教师赴外地培训，在“烛光行动”开展的场地、组织管理、教师考核、新教育理念等方面给予政策上的大力支持，使“烛光行动”得以顺利实施并取得突出成效。可以肯定的说，如果没有地方政府及相关部门的积极参与，我们的社会服务工作不可能做好、做实。

三、将社会服务工作与参政议政、组织发展工作结合起来是不断前进的力量源泉

民盟甘肃省委始终将社会服务与参政议政工作相结合，广大盟员在开展社会服务的过程中，注重通过社会服务深入基层，加强与群众的联系，与社

会进行更直接、广泛、深入的接触，注重收集社情民意，开展长期大量的调查研究活动，提高了参政议政的能力。同时民盟甘肃省委在开展各种类型的社会服务工作中，充分动员各基层组织积极参与，调动各基层组织的积极性，带动了基层组织活动，通过社会服务活动的不断深入、广泛开展推动了组织的发展，增强了盟组织的凝聚力。

四、将社会服务工作与充分利用全盟的资源及社会力量结合起来

民盟甘肃省委始终把充分利用盟内资源、动员社会力量作为开展社会服务工作的一个重要工作来抓。民盟甘肃省委这五年来先后与民盟江苏省委、民盟广东省委、民盟上海市委、民盟湖北省委、民盟北京市委、民盟青岛市委、民盟山东省委等兄弟盟组织建立了合作关系，在开展“烛光行动”过程中得到了各地民盟组织以及有关学校的大力支持。在民盟中央的大力支持下，2012年我们和兰州新东方英语学校建立了合作关系，在教育培训这方面获得了专业培训机构的支持，力量得到了加强。在医疗扶贫工作方面我们获得了统战部的资金支持和医药公司提供的免费药品，同时社会慈善人士的各类捐款为开展社会服务工作奠定了必要的经济基础。

五、通过社会服务不断扩大盟的社会影响

社会服务所取得的成效，通过省、市报刊、电视、网站等新闻媒体的宣传报道，在社会上产生了极大的反响，塑造了民盟的良好形象，扩大了民盟的社会影响力。社会上越来越多的人开始关注和支持我们的社会服务工作，这不仅推动了社会服务工作的进一步开展，同时也对盟组织的建设起到积极的作用。随着社会服务工作的不断深入，社会各阶层要求入盟的人数明显增多，很多地方建立了支部。新东方兰州分校因参加了盟的社会服务工作，对盟有了了解，很快成立了支部，很多接受培训的骨干教师通过“烛光行动”认识到了民盟的组织性质，在培训后积极要求入盟，并通过自己对盟组织的亲身感受影响了更多的人。

新的时期，新的起点。我们面临新的形势、新的任务，深感责任重大而光荣。我们将在不断巩固和提高原有传统社会服务项目的前提下，继续探索和创新社会服务工作的新领域，打造精品社会服务项目，不断将民盟甘肃省委的社会服务工作引向深入，为甘肃社会、经济的发展作出更大的贡献。

民盟青海省委社会服务工作五年总结

(2007–2012)

青海民盟组织始建于1951年3月。现有1个地市级委员会，1个区县级委员会，3个总支，39个支部，盟员1584人（截至2012年12月）。

自2007年以来，民盟青海省委社会服务工作在民盟中央领导下，以民盟中央社会服务工作会议精神为指导，按照注重发挥民盟优势、突出自身特色、体现工作实效的工作思路，围绕民盟社会服务重点工作，围绕社会服务主要内容，努力在创新社会服务工作新思路、拓宽社会服务新领域上见成效，深入开展社会服务工作，取得了较为显著的成绩，现总结汇报如下：

一、2007年以来社会服务工作回顾

（一）发挥界别优势，围绕推动城乡教育公平，深化“农村教育烛光行动”内涵

“发挥优势，突出重点，量力而行，注重实效，持之以恒。”这二十字方针是从统一战线在毕节试验区长期工作实践中总结出来的宝贵经验。2007年民盟中央社会服务工作研讨会在贵州毕节召开以来，民盟青海省委充分挖掘盟内潜力，发挥联系广泛、智力集中的优势，大力开展了“农村教育烛光行动”。

1. 注重实效，持之以恒，重视“农村教育烛光行动”

平台建设及后续发展。一是2007年由民盟青海省委牵线搭桥，民盟上海市委投资25万元援建了民和县官亭镇中心小学“烛光楼”，2008年7月竣工建成投入使用，并将该校纳入民盟省委“农村教育烛光行动”长期关注支持的活动点。民盟上海市委和民盟青海省委高度重视该校的后续发展工作，随后民盟上海市委和民盟青海省委集各方力量，向该校捐赠了31台电脑、1台电脑一体复印机、1台打印机、各类图书220余册，为其配备图书室、电脑室；民盟青海省委常委马金祁向该校捐赠了62台电子琴，为其配备音乐教室；2010年6月民盟青海省委专程对捐建的电脑教室及音乐教室的使用情况进行追踪访查，并根据在实际教学过程中反映出的问题，积极筹措资金对电脑主要部件进行更换升级；2011年民盟上海市委又继续援助该校30台电脑。二是2010年6月民盟青海省委承办了由民盟中央牵头协调的“携手同行 · 抗震救灾 · 民盟在行动”暨“爱心温州 · 善行天下 · 明眸工程青海行”活动。全国人大常委会副委员长、民盟中央主席蒋树声和民盟中央副主席李重庵亲临仪式为“合作共建医院”、“定点帮扶医院”揭牌，浙江省温州慈善总会系统、中国森马集团、浙江省乐清市慈善总会、浙江省永嘉县慈善总会、金帝鞋业有限公司、蜘蛛王集团共向“明眸工程”捐款956万元。民盟中央将全盟支持玉树抗震救灾和灾后重建的200万元及盟中央“烛光行动”专项经费100万元投入青海省三江源民族中学修建烛光楼，并与省教育厅达成协议,建成后将该校作为民盟省委“农村教育烛光行动”定点培训基地。同时，浙江慈溪育才学校董事长、民盟盟员沈宏邦与青海省教育厅签订协议书，向玉树第二民族中学一个高中班40名学生捐赠60万元。

2011年7月民盟青海省委举行青海民盟“烛光行动”培训基地揭牌仪式，并为参与“农村教育烛光行动”的志愿者代表颁发了志愿者聘书。目前,“农村教育烛光行动”和“明眸工程”作为民盟省委社会服务重点工作已列入青海统战系统“同心品牌”工程活动内容，这为今后我省民盟开展“农村教育烛光行动”、提高我省医疗扶贫活动水平搭建了良好的平台。

2. 加强交流，拓宽渠道，持续开展教师培训活动。跨地域异地联手推进“烛光行动”是民盟开展教师培训的重要实践。2010年根据民盟中央关于在全国建立“烛光行动”人才库通知精神，民盟青海省委向民盟中央上报了由35位一线教育专家组成的人才库。为推进我省城乡教育公平发展，民盟青海省委通过“请进来”、“送出去”方式,先后与民盟上海市委、民盟广东省委、民盟北京市委、民盟湖北省委等建立联系，开展了富有成效的教育扶贫合作。2008 年 8 月，邀请新东方教育科技集团的外语教师前来我省对 100 名农村初、高中英语教师进行了为期 10 天的培训。2009 年 2 月经盟省委牵线搭桥，我省海东地区教育局选派 2 位高中副校长赴上海市高桥中学进行了为期半年的校长挂职培训；同年 7 月，民盟上海市委选派 2 位教育专家分别对我省海东六县 450 名中小学校长和 890 名班主任教师进行了暑期专题培训；8 月，民盟广东省委选派 4 名教育专家在海北州开展了暑期教师培训，培训教师 400 余人，得到了当地政府及有关部门好评。2010 年 8 月与民盟上海市委共同在海北州开展教育管理人员、骨干教师及新教师培训活动，培训新教师 140 名，教学管理人员及骨干教师 80 名。2011 年 7 月民盟广东省委及民盟上海市委选派 10 名教育专家，暑期在三江源民族中学和大通县开展了教师培训活动，培训教师 1300 余人。2012 年 7 月

2011 年 7 月 23 日，民盟青海省委为『农村教育烛光行动』志愿者颁发聘书

民盟广东省委选派专家名师 4 名，民盟上海市委选派专家名师 3 名，由盟机关干部带队赴青海进行教师培训及交流，培训教师 900 余人。

3. 依托优势，定点帮扶，积极支持农牧区教育发展。民和县官亭镇中心小学、乐都县下营乡中心学校、三江源民族中学三所学校为民盟青海省委“农村教育烛光行动”定点支持点，5 年以来，民盟青海省委每年都尽己所能提供人力物力的支援，前后捐赠了初中生课外学习图书 1300 多册；数次组织省内优秀教师对乐都下营藏族乡中心学校对教师进行培训。同时，开展“扶贫助学献爱心”活动，根据中考成绩及家庭经济状况，对 2 名新考录品学兼优贫困高中生资助学费每年 2500 元 / 人。2010 年经民盟中央社会服务部牵线搭桥，中国航天朝阳电源有限公司总裁、盟员王刚向民和县官亭镇中心小学、青海三江源民族中学的少数民族学生捐赠笔记本电脑 200 台。2011 年初民盟青海省委斥资 4 万余元，对民和县官亭镇中心小学和乐都县下营乡中心学校的 50 台电脑进行了全面维修升级，使其更好的发挥作用。2012 年初民盟山东省委向民和县新民乡若多小学捐赠 27 台电脑。2012 年 7 月，由民盟青海省委、盟员企业西宁博奥房地产开发有限公司主办的“同心·烛光博奥”捐资助学签约仪式举行。博奥董事长张文郡，积极响应“农村教育烛光行动”，致力于教育事业的发展，捐资 150 万元，从 2012 年至 2014 年，每年帮助西宁市及大通、湟中、湟源的 1500 名品学兼优、家庭经济贫困的高一学生完成学业。

（二）保持传统，注重创新，积极开展多种形式的社会服务

一是在继续坚持传统项目的基础上，开拓思路，尽力而为，为新农村建设出力。2007 年以来，民盟省委在青海统战系统组织的乐都县下营乡扶贫济困献爱心捐赠活动，累积向乐都县下营藏族乡捐款 2.8 万元，发放法律知识读本，捐赠课外学习图书 3000 余册；同时多次开展“农村实用技术”科技专题讲座，为农村牧区经济发展提供科技咨询、服务；开展“送温暖、姐妹献爱心”、“爱心救助贫困母亲”和“看望农村留守儿童”主题活动，进行农业科技宣传展板科普宣传，请书法家为村民们写春联等；并邀请盟内专家赴乐都县下营乡上营村，开展亲民、爱民、便民等形式多样的科技兴农、法制宣传、义诊扶贫等活动，义诊 300 余人次，发送药品价值 2000 元。2009 年 3 月初，在省垣统战系统开展的春季支农帮扶活动中，组织盟内农业专家开展农业科技讲座，走访樱桃种植大户，对他们进行技术指导，并发放农业

2009年3月，民盟青海省委邀请专家在下营乡举办科技讲座

技术果树种植、大田作物、蔬菜专用肥说明等宣传资料。同年下半年，我省各民主党派省委联手扶贫，向党派省级机关中共第六党支部捐款12500元，用于支持该支部在其定点帮扶村帮助村民购买塑胶管，引水灌溉村集体种植的樱桃林。目前樱桃林长势良好，已成为该村农民创收的渠道之一。二是把新农村建设与支持现代化农业产业发展结合起来。将盟员景耀武在互助建立的青海金大地现代农业专用马铃薯种薯培育基地作为盟省委新农村建设支持点，民盟省委领导带领盟省委数次前往该基地进行实地考察调研，并积极协调各方，帮助解决发展中存在的问题。2012年4月，在盟省委协调帮助下，青海金大地现代农业发展有限公司与上海五心投资有限公司农产品电子商务结算中心在上海举行了签约仪式，签订了十万吨马铃薯购销协议和五万吨高原陆地蔬菜购销协议（两项总值约2亿人民币），并确定与五心联合投资，在海东互助县、乐都县各建设十万吨蔬菜保鲜库以及鲜净、冷冻、灌装蔬菜加工生产线，总投资约3.5亿元人民币。此次活动，首次实现了青海高原陆地

蔬菜与上海蔬菜市场的直接对接，通过新型流通方式为我省优质农产品进入超市搭建了平台。三是创新社会服务形式。2010年民盟省委与组织文化支部、妇女工作委员会在西宁市社会福利院开展慰问“三无”残障人员活动，向100余名残障人员捐赠了3000余元的生活用品，并向他们表演了精彩的节目。通过富有特色的社会服务活动，扩大了民盟影响。2011年起民盟省委与青海力迈国际语学校合作连续两年组织开展外籍教师、留学生等与乐都县下营乡中心学校、三江源民族中学、大通县小寺中心学校、景阳中学的英语老师们开展了“同心·烛光”英语教学交流活动。利用外籍教师资源对我省农村英语教师进行教学培训，分享先进的教学经验和理念，提高农村教师教学水平。2011年起在民盟青海省委积极协调和兄弟省盟的大力帮助下，我省三江源民族中学、大通县第四中学、大通县景阳镇中心学校一行在广东、云南、四川、重庆等地衔接建立对口学校教师培训基地工作，先后与深圳宝安中学、深圳崛起教育集团、广东东莞中学、云南省民族高级中学、成都市双庆中学顺利签订了对口培训基地协议。帮助我省基层中学加强对外合作交流，做好教师培训工作。也为今后我省“农村教育烛光行动”由原先单一的“请进来”到“走出去”，提供了新的模式，不但使受训教师接受了高质量的业务培训，开阔了眼界。同时也使民盟“农村教育烛光行动”与教育部门的正常培训工作有机结合，在合理利用教育培训资源，节省教师培训经费，增进与当地教育机构的联系协作等方面都起到了积极作用。

（三）关注民生，爱心奉献，积极参与公益活动

多年以来，民盟青海省委积极参与省委统战部、省红十字会、省总工会发起的“扶贫济困献爱心”、“智力扶贫”、“科技下乡”、“宣传中央1号文件”、“民族团结进步创建”、“扶贫济困送温暖”、“爱心助残”和“下岗职工送温暖”等各类活动。在“5·12”四川汶川特大地震及“4·14”青海玉树大地震发生后，民盟省委团结全体盟员抗震救灾，积极捐款捐物、缴纳特殊盟费，奉献爱心，涌现出了一批抗震救灾积极分子。据不完全统计，四川汶川特大地震发生后，我省盟仅盟员个人捐款就达30余万元，其中向民盟中央上交特殊盟费2.35万元；青海玉树地震发生后，经民盟省委协调联系的救灾资金和物资总价值近3000万元。我省民盟组织和个人捐助资金、物资共计76.13万元，充分体现了民盟成员大爱无疆、无私奉献，关注民生、服务社会的精神。

2012年4月8日，盟员企业青海金大地现代农业发展有限公司与上海五心农产品电子商务结算中心签约仪式在上海举行，省政协副主席、民盟青海省委主委鲍义志，海东地区农牧局局长韩光忠，互助土族自治县县长李青川等相关领导参加签约仪式

二、今后开展社会服务工作的想法与思路

（一）继续以服务社会“做好事，做实事”为宗旨，采取扬长避短、突出特色、量力而行的工作思路，把社会服务工作同当地经济和社会发展的需要相结合、与民盟参政议政相结合，发挥民盟组织优势和成员优势，多方联系，牵线搭桥，逐步创新社会服务的工作新格局。

（二）继续以民盟“农村教育烛光行动”为重点，广泛开展与省盟际间的交流合作，加强横向联系；同时发挥“农村教育烛光行动”志愿者的作用，根据地区教育需求举办讲座；密切与青海省中华职业教育社的联系，努力服务于农村职业教育培训。

（三）继续做好民盟青海省委新农村建设活动点工作。按照民盟中央的要求，以智力扶贫为重点，尽力而为、量力而行地推动和协助活动点工作，为新农村建设开展形式多样的活动。

（四）充分发挥法律盟员特殊作用，结合实际，拓展思路，积极组织开展监狱帮教工作。

三、当前工作中存在的困难和问题

（一）社会服务经费不足。多年来经费问题一直在不同的程度上影响到社会服务工作深度和广度的开展。由于社会服务经费主要依靠党派机关支持和成员捐款，致使一些好的扶贫项目和设想都因经费短缺难以实施。

（二）我省地处边远落后地区，由于地方政府或教育部门受经费限制较大，省盟又没有与之相应的配套资金支持，致使“农村教育烛光行动”难以列入省教育部门总体培训计划，在很大程度上影响了“农村教育烛光行动”工作的开展。

社会服务活动是一项让社会各界认识民盟的形象工程，是加强民盟的自身建设的活力工程，是构建和谐社会的惠民工程。这些年来，民盟青海省委社会服务工作在民盟中央的领导和兄弟盟组织的大力支持下，通过有效开展社会服务活动，提高了民盟组织的知名度，扩大了民盟组织的影响，塑造了民盟在社会上的良好形象，增强了民盟组织的活力，同时也打开了与地方政府通力合作、优势互补的工作新格局。在今后的工作中我们有决心、有信心，继续发挥内引外联的优势，不断创新工作思路，使我省民盟的社会服务工作提升到一个新的水平。

突出重点　尽力而为　服务社会

——民盟宁夏区委社会服务工作十年总结（2002–2012）

宁夏民盟组织始建于 1950 年 6 月。现有 5 个地市级委员会，3 个区县级委员会，1 个基层委员会，14 个总支，51 个支部，盟员 1725 人（截至 2012 年 12 月）。

十年来，民盟宁夏区委会在民盟中央的正确领导和兄弟省市盟组织的帮助支持下，努力探索社会服务工作新途径，不断拓展社会服务新领域，取得了一定的成绩。

一、突出重点，注重实效，做好帮扶工作

2002 年以来，我们一改过去社会服务工作“遍地开花，处处撒胡椒面”的做法，突出重点，注重实效，着重在对口帮扶上下功夫。

自 2004 年开始，在民盟上海市委会帮助、支持下，先后筹资 50 万元，分别援建了宁夏固原市开城镇深沟村烛光小学、宁夏海原县术台乡七百户烛光小学、宁夏同心县下马关镇赵家庙烛光小学。这三所烛光小学均于 2005 年 9 月落成投入使用，给宁夏贫困山区教育事业做了一件大好事。学校建成后，上海交大医学院附属第三人民医院陆续为学生购置课桌凳、校服、教师办公桌椅、篮球架等近 3 万元的教学、体育设施，截止目前先后多次向烛光小学发放“助学金”和“奖学金”6 万余元。

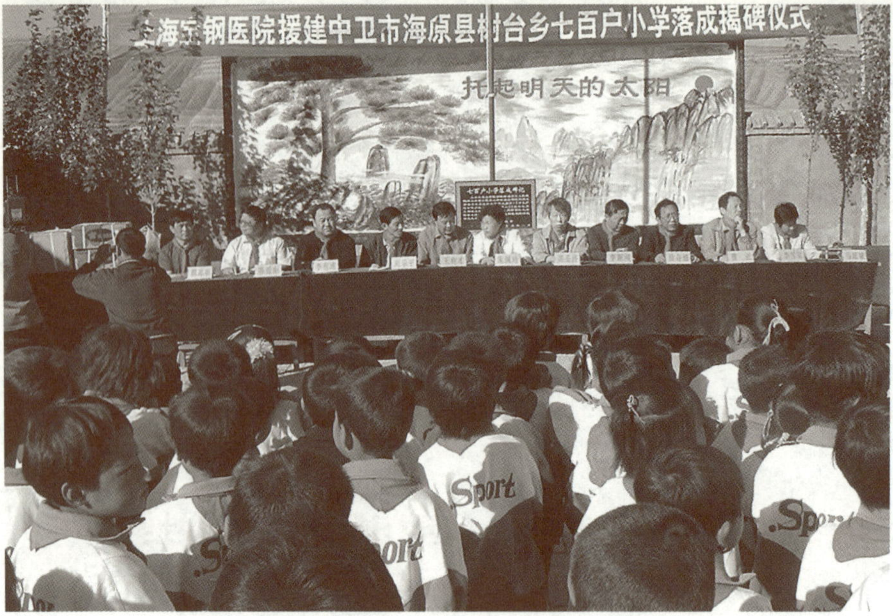

2005年9月9日，由上海交通大学医学院附属第三人民医院投资15万元改扩建的宁夏海原县树台乡七百户希望小学落成揭牌

在三所烛光小学的援建过程中，从引进资金到协商选址、建校方案、签订建校协议等方面，民盟宁夏区委会做了大量细致的工作，还为烛光小学捐赠价值近3万元的校服、办公桌、书柜、图书、速印机、沙发等。

2004年以来，沪宁两地民盟还促成了上海交大医学院附属第三人民医院和宁夏石嘴山市第二人民医院的医疗技术支援协作。上海交大医学院附属第三人民医院连续多年在宁夏石嘴山市第二人民医院举办“科技医疗活动周”活动，宁夏石嘴山市第二人民医院数批进修医生被送到上海交大医学院附属第三人民医院进修，这些活动对推动我区教育、卫生事业的发展起到了积极作用。2005年10月18日《人民政协报》以“沪宁民盟联手扶贫硕果累累”为题作了报道。

2007年8月，宁夏盟员贾苹向海原县教育局捐赠价值40万元的智能自动化办公软件系统。2010年在民盟中央关心支持下，深圳光汇集团投资40万元，在宁夏平罗县陶乐二小实施“烛光小学”援建项目。2011年11月，上海盟员徐方瞿教授通过民盟宁夏区委会向宁夏银川、石嘴山、吴忠、中卫、固原等五市的五个中学捐赠价值18万元的《几何王》学习软件300套。

二、选好切入点，发挥优势，量力而行，做好咨询服务工作

宁夏盟员只有1600多人，包括区委会在内的各级盟的组织又缺乏经济实力，因此，我们的社会服务工作必须量力而行，尽力而为，选好切入点，发挥优势。

随着我区农业产业结构的调整和优化，各类种植、养殖户雨后春笋般涌现，但随之出现的问题是许多农户面临疾病预防、科学种植、养殖等方面知识匮乏所带来的一系列困惑和损失。根据这一情况，我们组织盟内一些农牧业科技人员，深入到田间地头、养殖园区、乡镇集市为农民提供技术咨询。十年来我们共组织各类科技咨询近30余次，接受或参与咨询2500人次，发放各类科普宣传材料3600余份，受到欢迎，产生了一些实际效果。

教育是民盟的传统和优势，近年来，面对日益加剧的竞争和升学压力，中小学教师和学生的心理健康方面的问题越来越突出。我们多次组织在宁夏有一定影响的心理学教授（盟员），到一些中小学进行心理健康咨询、讲座，效果良好。

三、东西联手，共同实施民盟“农村教育烛光行动”

2007年7月结束的民盟中央社会服务（贵州毕节）工作会议要求，全盟要普遍开展“农村教育烛光行动”。民盟宁夏区委作出快速反应，在固原市原州区师资培训中心建立了“民盟宁夏区委会农村教育烛光行动培训基地”，并与民盟上海市委取得联系，民盟上海市委派一行五人的专家团于2007年7月在宁夏开展教师培训活动。来自宁夏固原、吴忠、石嘴山市的300余名基层中小学校的骨干教师及校长得到培训。

2007年10月，将沪宁民盟援建的三所烛光小学的全体20名教师，集中到银川市，在银川实验小学进行了为期四天的观摩、培训。本次培训主要是组织三所贫困地区，教育落后的村级小学教师进入城市优质学校的课堂进行观摩，让这些常年在闭塞的山村学校教学的老师们，看一看、听一听。看看城里的学校怎么上课、城里的孩子怎么学习，听一听城里的课堂如何组织教学、城里的老师怎么讲课等等，从而达到开阔视野、启迪思维、更新观念、提高教学水平的目的。

截至目前，我们按照“东西互助、共同联手”模式，沪宁民盟坚持每年在宁夏开展一次“农村教育烛光行动”教师培训工作，先后有近3000名中

2005 年 9 月 9 日，由上海交通大学医学院附属第三人民医院投资 15 万元改扩建的宁夏海原县树台乡七百户希望小学落成揭牌

小学教师得到培训。

上海、宁夏两地民盟联手组织开展的“烛光行动”教师培训活动，效果一年比一年好。但我们还必须不断总结经验，探索更为有效的方法，比如充分考虑东西部基础教育差距问题，两地教育、教学对接问题等等。从而把这项工作做成沪宁民盟合作的代表项目、“烛光行动”教师培训的“亮点”、民盟开展社会服务的“精品”。

2009 至 2010 年，民盟“烛光行动暨新东方教育科技集团教师社会责任行”活动，先后在宁夏固原和石嘴山市举行。新东方老师用他们特有的幽默和魅力无比的教学风格，完成了一堂堂精彩的英语教学培训。原州区头营中学英语教师周强参加培训后感慨地说：“我参加过无数次英语教学培训，唯独这次让我从头到尾兴奋不已，新东方老师朴实、独到的教学风格让我耳目一新，也让我看到我们在英语教学方面存在的巨大差距。”原州区教育局长田力说：“这次培训班为进一步转变山区中学英语教师的教学理念，改变山区长期形成的‘哑巴英语’教学方式，规范教学的各个环节，提高课堂教学

2010年11月，民盟宁夏区委会监狱帮教工作启动仪式在宁夏女子监狱举行

效果起到了非常好的作用。通过培训我们的老师不仅收获了崭新的教学理念和先进的英语教学方法，同时也学到新东方人情系贫困地区教育的赤子之心和社会责任感。”

四、探索城市社区服务工作试点

2008年，我们制定了《民盟宁夏区委会关于开展社区服务工作的意见》，开展了社区服务试点工作。

2008年7月，民盟区委会与民盟银川市委会在银川市金凤区清馨苑社区建立和谐社区联系点。区委会为该社区购置了价值3000元的书柜、桌椅。2008年10月，民盟区委会与银川市科协共同为银川市兴庆区景太社区赠书8000余册，为该社区建立了图书室。2010年我们又为景太社区图书室购置了阅读桌椅。

五、探索开展监狱帮教工作

2010年11月，民盟宁夏区委会帮教工作在宁夏女子监狱举行启动仪式。同时与宁夏图书馆联手建立“帮教图书室”，签订了《帮教图书室合作共建协议》。由宁夏图书馆无偿提供图书，女子监狱负责管理，为劳教人员提供源源不断的精神食粮。民盟宁夏区委会向女子监狱 150 名少年服刑者捐赠了价值近 6000 元的学习、生活用品。2011 年 6 月 16 日，民盟宁夏区委会、宁夏图书馆向宁夏女子监狱赠阅图书 3000 册。2012 年 3 月民盟区委会在宁夏女子监狱开展了“孝行天下 · 国学系列讲座”。

六、支持社会主义新农村建设

由民盟宁夏区委会协调宁夏自治区交通厅立项的固原市原州区炭山乡南坪村 8 公里村级水泥公路项目，于 2012 年 5 月底正式开工建设。该项目总投资 400 万元。项目建成后，将一改南坪村“晴天一身土、雨天两脚泥”的交通历史，为该村经济进一步发展奠定更为坚实的基础。

2011 年至 2012 年，民盟区委会先后两次向宁夏固原原州区炭山乡南坪村捐赠棉衣、毛毯，向南坪小学捐赠学生校服、书包、文具、住校生床上用品等价值 5 万余元物品，向该村新考上大学的 4 名贫困学生资助 4000 元。

2012 年民盟区委会出资 3 万元支持南坪村建设标准化牛棚，同时还出资 1 万元为该村培训了 5 名挖掘机、装载机操作员。

2012 年 5 月，民盟宁夏区委会组织盟内医疗、法律等专业人士，前往炭山乡南坪村，开展义诊、健康、法律等咨询服务活动。向前来咨询的群众发放《健康读本》300 册，《肉牛养殖技术》、《果树种植技术》、《计划生育宣传画册》等 500 余份。

民盟新疆区委社会服务工作十年总结

（2002–2012）

新疆民盟组织始建于1955年10月。现有1个地市级委员会，2个区县级委员会，4个基层委员会，1个总支，50个支部（小组），盟员1605人（截至2012年12月）。

民盟新疆区委会遵循费老“出主意、想办法，做好事、做实事”和丁石孙主席“把好事做实，把实事做好”的教诲，充分发挥盟内人才智力优势，对口扶贫工作做得扎扎实实、卓有成效。特别是2002年换届以来，区委会新一届领导班子锐意进取，开拓创新，各方面工作都取得了显著的成绩。社会服务工作在继续坚持以往成功经验的基础上，对口扶贫工作取得了新的突破。

经过认真梳理，下面从八个方面对民盟新疆区委会十年来的社会服务工作做一个全面、系统、客观的总结。

一、对口联系做实事

截止2012年6月30日，民盟新疆区委会共建立扶贫对口联系单位十个，它们分别是：新疆昌吉州木垒哈萨克自治县，1993年3月建立；新疆乌鲁木齐县板房沟乡中梁小学，1995年5月建立；乌鲁木齐市沙依巴克区揽秀园社区，2003年3月建立；新疆墨玉县普恰克其乡巴西加依村，2003年6月建立；新疆阿勒泰哈巴河县，2004年3月建立；新疆乌鲁木齐市达坂城区，

2005年6月建立；新疆奇台烛光小学,2008年建立；“明眸工程”共建医院自治区人民医院，帮扶医院克拉玛依市人民医院、阿克苏地区第一人民医院，2011年建立。对口扶贫的主要内容有：为灾区扶贫点捐款、捐物，为对口联系小学捐赠教学用具、图书、电脑，开展现场听课、教师交流等丰富多彩的教研活动，购置织毯机，帮助哈巴河县医院改善医疗条件，帮助牧寄宿学校修建太阳能取暖设施等。截止2012年6月，区委会为对口扶贫联系单位捐款，捐物，建立设施、烛光行动、明眸工程等折合人民币价值147万元。

二、对口扶贫形式多样、不断开拓新领域

2000—2012年“六一”节、教师节、中秋节之际，区委会领导带领机关干部分别前往乌鲁木齐市儿童福利院、中梁村小学等开展慰问活动，为中梁小学送去课桌椅、电脑、ESS书籍等。为此，乌市儿童福利院特向区委会颁发了《支持乌鲁木齐市儿童福利事业》证书。

2003年区委会向定点扶贫单位，墨玉县普恰克其乡巴西加依村捐款1000元，衣物30余件。同年三月，向南疆地震灾区捐款3300元。同年底，向昭苏地质灾害地区，捐款1000元。在抗击“非典”的斗争中，区委会向北京战斗在抗击“非典”第一线的医务人员捐款2000元。

民盟乌鲁木齐市委会、昌吉市委会针对2003年以来出现的自然灾害和“非典”疫情，也都积极开展了捐赠、捐助活动。石河子市委会在做好援助活动的同时，于2003年3月份与当地科协合作，组织盟内3位农业专家深入农八师所属3个团场调研，传授农业科技知识，开展科技支农活动。

2003年，在乌鲁木齐市沙依巴克区举行的第三个公民道德建设宣传月活动中，区委会在活动现场与揽秀园社区85岁高龄的低保户焦松岩老人签订了“一帮一”扶贫帮困目标责任状，动员机关干部捐款捐物，节假日带上油、米、面等生活必需品上门慰问（2004、2005年均上门慰问）。

2004年“三八”妇女节期间，区委会妇委会向全区盟员发出“捐助我区贫困学生继续教育”倡议书，号召盟员为那些因生活贫困而面临失学的孩子献出一份爱心，共收到捐款3110元。

2004年，民盟乌鲁木齐市委会派出4名专家和工作人员参加扶贫义诊团到乌市达坂城区，共同进行门诊治疗190人次，医疗咨询460人次，发放宣传资料1700张，单独买药捐款500元。

同年，民盟昌吉市委先后3次去昌吉市六工乡敬老院开展送书、送药、送科技活动，共送去价值1000元的医药、图书；并向昌吉市各乡镇免费提供棉花、小麦、食用菌等农作物种植、管理、防治病虫害方面的技术咨询，前后共有35人次参加；昌吉市委会专门成立了“扬帆”服务部，免费为下岗职工再就业想办法、找出路，共联系16名下岗职工走上工作岗位。

同年，民盟石河子市委会组织所属支部分赴沙湾、玛纳斯县开展医疗下乡活动，参加人员740人次，他们向各族各界群众送医、送药价值1000元。同时充分利用市委会高教界人才荟萃的优势，免费在大学生中举办英语、计算机讲座、语言竞赛等活动，上千人次参加，为大学生提高学习水平和各项专业技能创造了良好条件。

2004年和2005年，区委会在自身经费十分紧张的情况下，依然向墨玉县普恰克其乡贫困户捐助现金合计10000元，帮助购置织毯机，区委会领导于2004年10月专程前往该地区调研，为贫困户脱贫致富出主意、想办法。

2004年，区委会领导亲自挂帅，调研了解到哈巴河县当地卫生医疗设施简陋，群众看病、就医困难，积极向上级反映情况，在民盟中央的关心协调下，国家卫生部为哈巴河县两个乡级卫生院下拨专项经费，以逐步解决当地人民群众看病、就医难的问题。

2004年6月，民盟中央副主席李重庵、社会服务部副部长郭勇、参政议政部部长马洁在出席区委会参政议政会议期间，带领盟员企业家赴哈马河县考察、调研，为部分解决该县的困难奠定了基础。同年，北京某盟员企业家帮助哈巴河县萨尔布拉克乡牧寄宿学校提供太阳能取暖设施。当年9月，该校太阳能供暖学生宿舍已建成并投入使用。同年，区委会在民盟中央的帮助下，通过国家计生委，为哈巴河县医院赠送工作车一辆。

盟员靳秀芝是新疆阿勒泰地区哈巴河县副县长、政协常委、县医院院长、副主任医师，由于她在政府、政协、医院和扶贫等不同岗位及领域的出色工作，2005年被民盟中央授予“民盟全国民族团结先进个人”的光荣称号。同年，区委会为达坂城区促成北京天普太阳能企业到该地区投资100万元的合作项目。

三、参与新农村建设

2009年，区委会重点抓了“参与社会主义新农村建设”的选点和奇台西地镇大芸种植基地建设项目立项的前期准备工作。

根据民盟中央关于民盟参与社会主义新农村建设联系点设立的有关规定，社会服务部对奇台县部分乡、镇、村的农牧业生产、村民生活、村容村貌、群众文化、村两委建设等方面进行了详尽的调研，依据调研结果，结合奇台县的援助申请，经民盟新疆区委会主委会议研究，确定将奇台县西地镇（桥子村）作为区委会参与社会主义新农村建设联系点，对西地镇大芸种植基地建设项目进行科技扶持。根据《民盟新疆区委会召开关于协助奇台县西地镇大芸种植基地建设项目申请立项联席会议纪要》的精神，社会服务部起草了《西地镇大芸种植基地建设项目建议书》，经专家修改，通过了自治区科技兴新办的审定。

四、积极开展“帮教”工作

2008 年，区委会充分发挥教育资源优势，组织盟内专家赴新疆劳教管理局，与部分局领导和干警进行座谈。专家们的讲座言语质朴、深入浅出、动之以情、晓之以理，深深打动了每一位聆听讲座的干警。大家普遍反应，讲座感人至深、催人泪下，心灵受到极大的震撼。

新疆劳教管理局对讲座进行了全程录像，拟制作成视频课件，通过劳教系统的远程教育网络面向全疆劳教所播放。

专家们分别赴新疆昌吉劳教所，乌鲁木齐女子监狱、女子劳教所，乌拉泊劳教所，吐鲁番劳教所等地进行《国学》讲座，1000 余名劳教人员聆听了讲座，很多失足人员边听边流泪，他们在自己写的心得体会中普遍认识到：要养成孝敬、诚信等宝贵品德，寻找人生的意义。他们悔恨自己以前的失足行为，并决心一定要接受改造，重新做人。专家们还分别向新疆劳教管理局、乌鲁木齐女子监狱各赠送了 2000 本《弟子规》。2008 年初开始，民盟成员就在劳教系统进行“国学”讲座，产生了良好的效果。据悉，新疆劳教管理局拟将“国学”传统教育作为一项基本“帮教”手段在全疆劳教系统全面、长期、有效地开展下去。

2010 年 5 月，民盟新疆区委会在自治区劳教系开展了为期一周的“帮教”周活动。5 月 25 日，在乌鲁木齐市女子劳教所进行了题为《了解新疆历史文化，做好四个认同工作——关于福乐智慧的读书报告》的讲座。通过劳教系统的远程教育系统，全疆 12 个劳教所的干警和劳教人员可以同步收听、收看本

民盟新疆区委会专职副主委王正荣在昌吉劳教所调研

次讲座。讲座本身也是民盟开展自治区第28个民族团结月活动的有机组成部分。同时就建立民盟心理咨询点对该所进行考察，同日下午考察乌鲁木齐乌拉泊劳教所。5月26日，在自治区劳教局机关通过劳教系统的远程教育系统，向全疆12个劳教所的干警作题为《心理健康及调试方法》的讲座。5月27日，就建立民盟职业培训基地对昌吉劳教所进行实地调研。

五、在城市社区开展社会服务

2006年9月1日至11月30日，民盟新疆区委会发起了在全区各级盟组织开展“关注民生、体恤民情、以人为本、服务社会”为主题的活动。活动的主要内容是科技咨询、健康讲座、法律援助、扶贫慰问、爱心捐款、拥军拥属等贴近群众生活、反映社情民意的社会公益性活动。活动主要面向社区、街道。

民盟乌鲁木齐市委会走进军营，开展双拥共建活动。他们为官兵送去慰问品，还为官兵们带去了精彩的文艺节目。活动唱响了军民之间“同呼吸、共命运、心连心”的主旋律。

2006年11月7日，民盟新疆区委会直属区级机关总支与民盟昌吉市所属昌吉市支部联合开展了“民盟科普下乡活动”，活动同时也成为由昌吉市市委宣传部主办，昌吉市科协、三宫镇承办的“昌吉市2006年‘三下乡’示范活动”的组成部分。活动受到当地近千名农牧民群众的热烈欢迎，广大农牧民迫切期盼专业人士对他们在日常生产、生活中遇见的难题指点迷津，来提高自己的生产技能。盟员科技工作者给广大农牧民讲解了气象、农业方面的科学知识。

民盟石河子市委会继续组织医疗小组，开展送医送药下乡活动。他们深入到由维、哈、蒙、回等少数民族聚居的民族村进行巡回义诊，免费送药，同时进行医疗咨询，普及健康知识，提高了当地农牧民的生活质量和健康水平。

民盟师范大学支部利用本校科技教育基地开展了科普健康教育活动，他们结合全国科普活动日，与社区和六十六中取得联系，为社区老人讲解与人类健康有关的人体器官及发病机理,向老人宣传骨质疏松的病因及预防措施。向六十六中的学生讲解了植物、昆虫、鸟类、动物和岩石等方面的科普知识。特别要提出的是，2006年9月胡锦涛总书记曾去乌鲁木齐市六十六中看望慰问师生。

奎屯支部在开干齐乡开展了科技咨询活动。他们充分发挥盟员在教育、畜牧兽医、气象和规划设计方面的资源和专业优势，有针对性地开展科技服务活动，通过技术咨询和现场辅导，提高了农牧民科学种田、养殖的意识，为推动开干齐乡的农业发展、农牧民增收做了有益的工作。

大部分基层盟组织参加了本次主题活动，开展了形式多样，丰富多彩的社会服务活动，内容涉及法律援助、财政金融、民族团结、摄影艺术、双语教育、全民健身、扶贫帮困、人事制度改革、新农村建设等领域。他们结合所在社区，单位和行业特点，充分调动和发挥盟内、盟外两种人力资源，使活动开展得贴近群众、贴近生活。

六、烛光行动

多年来，区委会一直致力于教育扶贫工作，产生了良好的社会效益。从1996年开始，区委会就对乌鲁木齐县板房沟乡中梁小学进行教育帮扶，捐书、捐资、教师培训，经过十几年的努力，截至2012年6月，中梁小学由乌鲁木齐县小学部倒数几名，一跃成为第二名。

2008年9月3日至9月6日，上海市人大常委会副主任、同济大学副校长、

民盟中央副主席、民盟上海市委郑惠强主委，民盟新疆区委会陈旗主委和哈萨克小同学在一起

民盟上海市委主委郑惠强，中共上海市委统战部副部长周箴，上海建桥集团董事长周星增，民盟上海市委社会服务部副部长王子昂，自治区党委统战部副部长王宗社，昌吉州政府州长助理、民盟新疆区委会主委陈旗，民盟新疆区委会秘书长尤江斌及民盟昌吉市委，昌吉州、奇台县的领导赴奇台县吉布库镇达板河牧业二村，为由民盟上海市委、民盟新疆区委会援建，上海建桥集团出资援助的“奇台烛光希望小学”落成剪彩。至此，在中共上海市委统战部、自治区党委统战部、民盟上海市委、民盟新疆区委会领导的大力支持和帮助下，经过区委会社会服务部、奇台县教育局的共同努力，“奇台烛光希望小学”顺利建成，正式投入使用。“奇台烛光希望小学”的建成，使民盟新疆区委会的教育扶贫工作迈上了新的台阶，此举既促进了新疆农牧区少数民族教育事业的发展，同时也为自治区的民族团结作出了贡献。

奇台县人民政府特为“奇台烛光希望小学”立碑，碑文写道：“奇台县吉布库镇牧二校地处天山北坡洪水、泥石流频发地带，灾害隐患严重威胁师生安全。经民盟新疆维吾尔自治区委员会、民盟上海市委员会、奇台县教育局多方努力合作，又幸获上海建桥（集团）有限公

民盟新疆区委会『烛光行动』捐书、捐资仪式现场

司周星增董事长雪中送炭，捐资人民币贰拾伍万元，协助迁址新建‘奇台烛光希望小学’，于 2008 年 8 月竣工。为铭记民盟上海市委员会、民盟新疆维吾尔自治区委员会奉献爱心和周星增先生善举，特立此碑，以昭后人。”

2010 年 7 月，区委会请来广东省教育专家讲师团对乌昌地区的中小学教师进行培训，同年 11 月，区委会派出“烛光行动”相关人员赴广东培训。

七、“明眸工程”

2011 年 9 月 9 日，“爱心温州·善行天下·同心明眸工程走进新疆”活动在自治区人民医院启动。全国人大常委、民盟中央副主席李重庵出席启动仪式并讲话，区委会陈旗主委、为工程合作共建医院和定点帮扶医院揭牌。“明眸工程”是由民盟中央牵头协调，由温州医学院附属眼视光医院具体实施的免费治疗白内障、角膜病等复明治疗的一项扶贫工程，旨在帮助中西部贫困地区患者重见光明。新疆是白内障致盲高发区之一。目前全疆约有白内障患者 3 万人次，大部分分布在南北疆的贫困地区，多数患者因经济困难无法得到及时治疗。仪式结束后，大家通过电子显示屏观摹了“明眸工程走进新疆”的第一例白内障手术。李主席一行参观了该院眼科，并同患者进行了亲切交谈。

此次活动是在区委会、新疆温州商会的协助下，“明眸工程”走进新疆同自治区人民医院、克拉玛依市人民医院、阿克苏地区第一人民医院合作共同实施的项目，开展基层眼科医师培训，免费开展白内障、角膜移植等复明手术，进一步提高边疆地区眼病治疗水平。民盟温州市委和温州企业家、爱心人士向新疆“明眸工程”捐款 60 万元，其中蜘蛛王集团捐款 30 万元，新疆温州商会捐款 30 万元。

八、社会服务工作的定位

通过多年社会服务工作的实践，使我们深刻认识到，社会服务工作是民主党派履行参政议政重要职能的具体实践和重要延伸，是民主党派在国家政治和社会生活中发挥作用的重要方式和途径，是民主党派为国家经济建设和社会进步发挥作用的重要渠道，也是中国共产党领导的多党合作和政治协商基本政治制度优越性的生动体现。其特点是民主党派通过社会服务活动，直接面向社会、面向社区、面向群众，服务百姓生活、反映社情民意。所以，民主党派做好社会服务工作是树立和落实科学发展观的必然要求，是进一步巩固和完善共产党领导的多党合作和政治协商基本政治制度的必然要求，是构建社会主义和谐社会的必然要求。因而，做好社会服务工作要求我们要树立新的社会服务观。对于社会服务工作的重要性，思想认识上要有全局观念、大局意识，要从大处着眼、小处着手。要把这项工作放在全面推进小康社会建设，助推自治区实现跨越式发展和长治久安的大背景中去看待，这样就能使社会服务始终紧紧围绕党和国家当前的中心任务开展工作，真正实现参政党职能与时代主旋律在社会服务领域的高度统一。正如李重庵副主席在 2005 年 11 月民盟全国社会服务工作研讨会上的讲话中所指出的那样 :“如果不做社会服务工作，我们作为民主党派的形象就是不完整的。”

民盟中央社会服务工作近年来有关获奖情况

民盟中央社会服务部是中国民主同盟中央委员会的重要职能机构。下设办公室、扶贫处、教育处三个部门。具体工作内容包括新农村建设、智力扶贫、医疗扶贫、帮教工作、农村教育烛光行动、社区服务等。现任部长郭勇。

■ 2008 年 12 月，民盟中央社会服务部部长郭勇同志荣获国务院扶贫开发领导小组授予的“中央国家机关等单位定点扶贫先进个人”称号。

■ 2009 年 9 月，民盟中央社会服务部荣获国务院第五次民族团结进步模范集体称号。

■ 2011 年 11 月，民盟“农村教育烛光行动”荣获由中共中央统一战线工作部、人力资源和社会保障部以及各民主党派中央、全国工商联联合颁发的“各民主党派、工商联、无党派人士为全面建设小康社会作贡献社会服务优秀成果”奖。

■ 2011 年 11 月，“明眸工程”荣获由中共中央统一战线工作部、人力资源和社会保障部以及各民主党派中央、全国工商联联合颁发的“各民主党派、工商联、无党派人士为全面建设小康社会作贡献社会服务优秀成果”奖。

■2011年11月，“盟遂合作”荣获由中共中央统一战线工作部、人力资源和社会保障部以及各民主党派中央、全国工商联联合颁发的“各民主党派、工商联、无党派人士为全面建设小康社会作贡献社会服务优秀成果”奖。

■2012年1月，民盟中央烛光行动荣获中国扶贫开发协会颁发的“2011年度中国扶贫创新项目奖”。

■2012年1月，“同心·健康心动毕节行”荣获“健康中国”2011年系列奖项。

■2012年4月，“明眸工程”荣获民政部颁发的第七届中华慈善奖“最具影响力慈善项目”。

■2012年9月，民盟“农村教育烛光行动”荣获国务院全国“两基”工作先进表彰，负责“农村教育烛光行动”具体工作的民盟中央社会服务部教育处被评为“全国‘两基’工作先进单位”。

民盟各省级组织社会服务工作近年来有关获奖情况一览

截至2012年底，民盟共有成员23万余人，其中教育界占56.6%，文化艺术新闻出版界占5.8%，科技医卫界占17.7%。省级组织30个，市、县级组织410个。

民盟北京市委员会

■ 2011年11月，民盟北京市委员会荣获民盟中央授予的“民盟社会服务工作先进集体”称号。

■ 2011年11月，民盟中国农业大学委员会荣获民盟中央授予的“民盟社会服务工作先进集体”称号。

■ 2011年11月，北京康益德医院董事长兼院长董瑞荣获民盟中央授予的“民盟社会服务工作先进个人”称号。

■ 2011年11月，北京联合大学师范学院教授（退休）杨丽萍荣获民盟中央授予的“民盟社会服务工作先进个人”称号。

■ 2011年11月，新东方教育科技集团董事长兼首席执行官俞敏洪荣获民盟中央授予的“民盟社会服务工作先进特别奖”。

民盟天津市委员会

■ 2011年11月，民盟天津市委员会荣获民盟中央授予的“民盟社会服务工作先进集体”称号。

■2011年11月，民盟天津滨海新区委员会荣获民盟中央授予的“民盟社会服务工作先进集体”称号。

■2011年11月，民盟天津医科大学委员会荣获民盟中央授予的“民盟社会服务工作先进集体”称号。

民盟河北省委员会

■2004年，民盟河北省委员会荣获民盟中央“社会服务工作优等奖”；被河北省扶贫办评为“帮扶先进单位”。

■2006年，民盟河北省委员会荣获民盟中央“社会服务工作优等奖”；被河北省扶贫办评为“扶贫工作先进单位”。

■2006年，民盟石家庄市委等13个集体被民盟河北省委员会评为社会服务工作先进集体；李大伟等28人被评为社会服务工作先进个人。

■2011年11月，民盟河北省委员会荣获民盟中央授予的“民盟社会服务工作先进集体”称号。

■2011年11月，民盟承德市委员会荣获民盟中央授予的“民盟社会服务工作先进集体”称号。

■2011年11月，民盟邢台市委员会荣获民盟中央授予的“民盟社会服务工作先进集体”称号。

■2011年11月，民盟河北省委员会社会服务部部长孙建国荣获民盟中央授予的“民盟社会服务工作先进个人”称号。

■2011年11月，民盟唐山市委员会荣获民盟中央授予的“民盟社会服务工作先进特别奖”。

■2011年，民盟秦皇岛市委等6个集体被民盟河北省委员会评为社会服务工作先进集体；朱晓健等52人被评为社会服务工作先进个人；民盟秦皇岛市委申学东被中央文明办评为“中国好人”。

民盟山西省委员会

■2009年2月，民盟大同市教育专家报告团、民盟太原师范学院委员会荣获由中共山西省委授予的“凝聚力工程‘智力兴晋’服务活动先进集体”称号。李文杰等5人荣获“凝聚力工程‘智力兴晋’服务活动先进集个人”称号。

■2011年11月，民盟山西省委员会荣获民盟中央授予的“民盟社会服务工作先进集体”称号。

■ 2011 年 11 月，民盟太原市委员会常务副主委兼秘书长安进荣获民盟中央授予的“民盟社会服务工作先进个人”称号。

■ 2011 年 11 月，民盟大同市委员会主委许进娥荣获民盟中央授予的“民盟社会服务工作先进个人”称号。

■ 2011 年 11 月，完美（中国）有限公司山西分公司高级经理薄一宏荣获民盟中央授予的“民盟社会服务工作先进个人”称号。

■ 2012 年 2 月，民盟山西省委员会荣获中共山西省委统战部、山西省人力资源与社会保障厅、民革山西省委、民盟山西省委、民建山西省委、农工党山西省委、九三学社山西省委、山西省工商联联合颁发的“农村教育烛光行动社会服务优秀成果奖”。

民盟内蒙古自治区委员会

■ 2003 年，民盟内蒙古医学院总支、民盟内蒙古区委直属医卫支部、内蒙古青城大学被民盟内蒙古自治区委员会评为“抗击非典先进集体”；樊任珠等 39 人被民盟内蒙古自治区委员会评为“抗击非典先进个人”。

■ 2008 年，富春雨等 4 名盟员被民盟内蒙古自治区委员会评为“抗震救灾先进个人”。

■ 2011 年 11 月，民盟内蒙古自治区委员会荣获民盟中央授予的“民盟社会服务工作先进集体”称号。

■ 2011 年 11 月，民盟内蒙古北方生态研究基金会荣获民盟中央授予的“民盟社会服务工作先进集体”称号。

■ 2011 年 11 月，民盟赤峰市委员会荣获民盟中央授予的“民盟社会服务工作先进集体”称号。

民盟辽宁省委员会

■ 2003、2005、2007、2010 年，民盟辽宁省委社会服务部连续荣获辽宁省统战系统“四个一”活动先进单位称号。

■ 2010 年 5 月，民盟辽宁省委员会荣获辽宁省“省直统战系统定点扶贫先进单位标兵”称号。

■ 2011 年 11 月，民盟辽宁省委员会荣获民盟中央授予的“民盟社会服务工作先进集体”称号。

■2011年11月，中国航天科工集团长峰朝阳电源有限公司董事长王刚荣获民盟中央授予的“民盟社会服务工作先进个人”称号。

■2011年11月，大连市中心医院整形美容科主任王琳荣获民盟中央授予的“民盟社会服务工作先进个人”称号。

■2011年11月，东北育才中学副校长刘宇荣获民盟中央授予的“民盟社会服务工作先进个人”称号。

■2011年11月，本溪市南芬区人大副主任刘凤梅荣获民盟中央授予的“民盟社会服务工作先进个人”称号。

■2011年11月，民盟辽宁省委社会服务部荣获辽宁省民主党派同心工程“四个一”活动优秀组织奖。

民盟吉林省委员会

■2011年11月，民盟吉林省委员会荣获民盟中央授予的“民盟社会服务工作先进集体”称号。

■2011年11月,民盟吉林市委员会社会服务部荣获民盟中央授予的“民盟社会服务工作先进集体”称号。

■2011年11月，民盟吉林省直工委交通支部荣获民盟中央授予的“民盟社会服务工作先进集体”称号。

■2011年11月，民盟吉林省委员会社会服务部部长王建伟荣获民盟中央授予的“民盟社会服务工作先进个人”称号。

民盟黑龙江省委员会

■2008、2010年，民盟黑龙江省委员会荣获中共黑龙江省委、省政府授予的“中省直新农村建设帮建工作先进单位”称号。

■2011年11月，民盟黑龙江省委员会荣获民盟中央授予的“民盟社会服务工作先进集体”称号。

■2011年11月，民盟哈尔滨市委员会荣获民盟中央授予的“民盟社会服务工作先进集体”称号。

■2011年11月，民盟大庆市委员会荣获民盟中央授予的“民盟社会服务工作先进集体”称号。

■ 2011 年 11 月，金马建设开发集团股份有限公司董事长马玉祥荣获民盟中央授予的“民盟社会服务工作先进个人”称号。

民盟上海市委员会

■ 2010 年，上海民盟义务医疗咨询团队获荣获“为世博服务十佳志愿者团队”称号。

■ 2010 年，63 名盟员获民盟上海市委颁发的“参与世博服务世博先进个人”称号;10 个集体获民盟上海市委颁发的“参与世博服务世博先进集体”称号；4 名盟员获上海世博局颁发的“志愿者之星”、“上海优秀志愿者”等称号。

■ 2011 年 11 月，民盟上海市委员会荣获民盟中央授予的“民盟社会服务工作先进集体”称号。

■ 2011 年 11 月，民盟闸北区委员会荣获民盟中央授予的“民盟社会服务工作先进集体”称号。

■ 2011 年 11 月，民盟浦东新区医卫支部荣获民盟中央授予的“民盟社会服务工作先进集体”称号。

■ 2011 年 11 月，华夏汽车服务公司吴云仙（退休）荣获民盟中央授予的“民盟社会服务工作先进个人”称号。

■ 2011 年 11 月，杨浦区政协副主席徐方瞿（退休）荣获民盟中央授予的“民盟社会服务工作先进个人”称号。

■ 2011 年 11 月，上海建桥（集团）有限公司、上海建桥学院董事长周星增荣获民盟中央授予的“民盟社会服务工作先进特别奖”。

■ 2010 年、2012 年，孙冰先后荣获“服务世博、奉献世博优秀个人奖”及“2011—2012 年度上海杰出青年志愿者”称号。

民盟江苏省委员会

■ 2011 年 11 月，民盟江苏省委员会荣获民盟中央授予的“民盟社会服务工作先进集体”称号。

■ 2011 年 11 月，民盟南京市委员会荣获民盟中央授予的“民盟社会服务工作先进集体”称号。

■ 2011 年 11 月，民盟苏州市委员会荣获民盟中央授予的“民盟社会服务工作先进集体”称号。

■ 2011 年 11 月，民盟常州市委员会荣获民盟中央授予的“民盟社会服务工作先进集体”称号。

■ 2011 年 11 月，民盟南通市委员会荣获民盟中央授予的“民盟社会服务工作先进集体”称号。

■ 2011 年 11 月，民盟江苏省委社会服务处荣获民盟中央授予的“民盟社会服务工作先进特别奖”。

民盟浙江省委员会

■ 2006 年，民盟浙江省委员会荣获民盟中央“社会服务工作优等奖”。

■ 2008 年，民盟宁波市委等 33 个集体被民盟浙江省委员会评为社会服务工作先进集体；沈宏邦等 77 人被评为社会服务工作先进个人。

■ 2011 年 11 月，民盟浙江省委员会荣获民盟中央授予的“民盟社会服务工作先进集体”称号。

■ 2011 年 11 月，民盟舟山市委员会荣获民盟中央授予的“民盟社会服务工作先进集体”称号。

■ 2011 年 11 月，民盟台州市黄岩区支部荣获民盟中央授予的“民盟社会服务工作先进集体”称号。

■ 2011 年 11 月，赛丽控股投资有限公司董事长夏赛丽荣获民盟中央授予的“民盟社会服务工作先进个人”称号。

■ 2011 年 11 月，温州医学院眼视光医院执行院长王勤美荣获民盟中央授予的“民盟社会服务工作先进特别奖”。

■ 2011 年 11 月，慈溪育才教育集团董事长沈宏邦荣获民盟中央授予的“民盟社会服务工作先进特别奖”。

民盟安徽省委员会

■ 2010 年，32 名盟员被民盟安徽省委员会评为“民盟安徽省委社会服务工作先进个人”。

■ 2011 年 11 月，民盟安徽省委员会荣获民盟中央授予的“民盟社会服务工作先进集体”称号。

■ 2011 年 11 月，民盟芜湖市委员会荣获民盟中央授予的“民盟社会服务务工作先进集体”称号。

■2011年11月，民盟淮南市委员会秘书长、办公室主任魏侠荣获民盟中央授予的“民盟社会服务工作先进个人”称号。

■2011年11月，安徽省淮北市烈山区教育局副局长缪瑾荣获民盟中央授予的“民盟社会服务工作先进个人”称号。

■2011年11月，民盟阜阳市委员会荣获民盟中央授予的“民盟社会服务工作先进特别奖”。

民盟福建省委员会

■2008年,民盟福建省委员会荣获福建省统战部颁发的“海西春雨行动”先进集体奖。

■2011年11月，民盟福建省委员会荣获民盟中央授予的“民盟社会服务工作先进集体”称号。

■2011年11月，民盟福安市委员会荣获民盟中央授予的“民盟社会服务工作先进集体”称号。

■2011年11月，民盟武夷山市委员会荣获民盟中央授予的“民盟社会服务工作先进集体”称号。

■2011年11月，福建省宁德市蕉城区政协副主席、民盟蕉城区委员会主委陈远荣获民盟中央授予的“民盟社会服务工作先进个人”称号。

■2011年11月，民盟福州市委员会荣获民盟中央授予的“民盟社会服务工作先进特别奖”。

民盟江西省委员会

■2011年11月，民盟江西省委员会荣获民盟中央授予的“民盟社会服务工作先进集体”称号。

■2011年11月，民盟新余市委员会荣获民盟中央授予的“民盟社会服务工作先进集体”称号。

■2011年11月，民盟南昌市青云谱区支部荣获民盟中央授予的“民盟社会服务工作先进集体”称号。

■2011年11月，民盟南昌市西湖区总支荣获民盟中央授予的“民盟社会服务工作先进集体”称号。

■ 2011 年 11 月，民盟上饶市委员会荣获民盟中央授予的“民盟社会服务工作先进特别奖”。

■ 2003 年至 2012 年，盟员章金媛先后荣获“第 39 届弗洛伦斯·南丁格尔奖章”、“‘为全面建设小康社会作贡献’全国先进个人奖”、“中国红十字会‘志愿服务特别贡献奖’”等表彰。

民盟山东省委员会

■ 2011 年 11 月，民盟山东省委员会荣获民盟中央授予的“民盟社会服务工作先进集体”称号。

■ 2011 年 11 月，民盟泰安市委员会荣获民盟中央授予的“民盟社会服务工作先进集体”称号。

■ 2011 年 11 月，民盟山东省直四支部荣获民盟中央授予的“民盟社会服务工作先进集体”称号。

■ 2011 年 11 月，山东省梁山现代高级中学校长张忠华荣获民盟中央授予的“民盟社会服务工作先进个人”称号。

■ 2012 年 1 月，民盟山东省委“民盟社会帮教黄丝带行动”荣获山东省委统战部、人力资源社会保障厅、各民主党派省委、省工商联联合颁发的山东省各民主党派工商联无党派人士为经济文化强省建设作贡献“社会服务优秀成果”奖。

民盟河南省委员会

■ 2003 年，民盟郑州市委被民盟河南省委员会评为“抗击非典先进组织”；赵长玉等 4 人被民盟河南省委员会评为“抗击非典先进盟员”。

■ 2008 年，刘忠雷等 5 名盟员被民盟河南省委员会评为“抗震救灾先进个人”。

■ 2008 年，民盟焦作市委被评为河南省落实全省统一战线十件实事工作先进集体。

■ 2009 年，民盟洛阳市委被评为河南省落实全省统一战线十件实事工作先进集体；郝春英被评为河南省落实全省统一战线十件实事工作先进个人。

■ 2010 年，民盟郑州市委等 15 个集体被民盟河南省委员会评为社会服务工作先进集体；印建坤等 79 人被评为社会服务工作先进个人。

■2011年11月，民盟河南省委员会荣获民盟中央授予的“民盟社会服务工作先进集体”称号。

■2011年11月，河南省凯帝集团董事长郝保红荣获民盟中央授予的“民盟社会服务工作先进个人”称号。

■2011年11月，河南省财政厅省农发办副主任张淑杰荣获民盟中央授予的“民盟社会服务工作先进个人”称号。

■2011年11月，河南琛源电力工程设计有限公司总经理李继琛荣获民盟中央授予的“民盟社会服务工作先进个人”称号。

■2011年11月，金博大律师事务所主任陆咏歌荣获民盟中央授予的“民盟社会服务工作先进特别奖”。

民盟湖北省委员会

■2011年10月，民盟湖北恩施州委《恩施山区新农村建设帮扶模式的探索与实践》荣获全国各民主党派工商联无党派人士为全面建设小康社会作贡献“社会服务优秀成果”奖。

■2011年11月，民盟湖北省委员会荣获民盟中央授予的“民盟社会服务工作先进集体”称号。

■2011年11月，民盟十堰市委员会荣获民盟中央授予的“民盟社会服务工作先进集体”称号。

■2011年11月，民盟荆州市委员会荣获民盟中央授予的“民盟社会服务工作先进集体”称号。

■2011年11月，民盟华中师范大学第一附属中学支部荣获民盟中央授予的“民盟社会服务工作先进集体”称号。

民盟湖南省委员会

■2005年，湖南农业大学等3个集体被民盟湖南省委员会评为“送科技下乡优秀单位”；文利新等6人获“送科技下乡突出贡献专家”称号；张家洲等8人获“送科技下乡优秀组织者”称号。

■2011年11月，民盟湖南省委员会荣获民盟中央授予的“民盟社会服务工作先进集体”称号。

■2011年11月，民盟长沙市委员会荣获民盟中央授予的“民盟社会服务务工作先进集体”称号。

■ 2011 年 11 月，民盟株洲市委员会荣获民盟中央授予的“民盟社会服务工作先进集体”称号。

■ 2011 年 11 月，湖南农业大学教授文利新荣获民盟中央授予的“民盟社会服务工作先进个人”称号。

民盟广东省委员会

■ 2010 年 1 月，民盟广东省委员会被中共广东省委统战部评为 2009 年度广东统一战线开展“三促进一保持”系列行动先进单位。

■ 2011 年 11 月，民盟广东省委员会荣获民盟中央授予的“民盟社会服务工作先进集体”称号。

■ 2011 年 11 月，民盟广州市委员会荣获民盟中央授予的“民盟社会服务工作先进集体”称号。

■ 2011 年 11 月，民盟华南师范大学总支荣获民盟中央授予的“民盟社会服务工作先进集体”称号。

■ 2011 年 11 月，民盟广州市委员会常委、番禺区副区长张力仁荣获民盟中央授予的“民盟社会服务工作先进个人”称号。

■ 2011 年 11 月，广东第二师范学院教育系副主任王蕙荣获民盟中央授予的“民盟社会服务工作先进个人”称号。

■ 2011 年 11 月，民盟深圳市委员会荣获民盟中央授予的“民盟社会服务工作先进特别奖”。

民盟广西壮族自治区委员会

■ 2004 年，民盟广西区委员会荣获民盟中央“社会服务工作优等奖”。

■ 2011 年，民盟广西自治区委员会荣获民盟中央授予的“民盟社会服务工作先进集体”称号；荣获广西壮族自治区“2001 – 2010 年全区扶贫开发工作先进单位”称号。

■ 2011 年 11 月，民盟柳州市委员会荣获民盟中央授予的“民盟社会服务工作先进集体”称号。

■ 2011 年 11 月，民盟梧州市委员会荣获民盟中央授予的“民盟社会服务工作先进集体”称号。

■2011年，民盟南宁市委员会荣获民盟中央授予的“民盟社会服务工作先进特别奖”。

民盟海南省委员会

■2011年11月，民盟海南省委员会荣获民盟中央授予的“民盟社会服务工作先进集体”称号。

■2011年11月，儋州市科技局地震局局长李盛华荣获民盟中央授予的“民盟社会服务工作先进个人”称号。

■2011年11月，海口市第一职业中学校长厉春荣获民盟中央授予的“民盟社会服务工作先进个人”称号。

■2011年11月，民盟海南省委员会兼职副主委张克坚荣获民盟中央授予的“民盟社会服务工作先进特别奖”。

民盟重庆市委员会

■2005年，民盟重庆市委社会服务处联系的科技经济委员会，法制委员会荣获中共重庆市委统战部颁发“为社会主义‘三个文明’建设优秀贡献奖”。

■2011年11月，民盟重庆市委员会荣获民盟中央授予的“民盟社会服务工作先进集体”称号。

■2011年11月，民盟涪陵区委员会荣获民盟中央授予的“民盟社会服务工作先进集体”称号。

■2011年11月，民盟江津区委员会荣获民盟中央授予的“民盟社会服务工作先进集体”称号。

■2011年11月，西南大学教育学院教授李静荣获民盟中央授予的“民盟社会服务工作先进个人”称号。

民盟四川省委员会

■2010民盟四川省委员会荣获四川省2008年度省级定点扶贫工作二等奖；2012年民盟四川省委员会被四川省委、省政府评为“全省对口定点扶贫工作先进单位”。

■2011年10月，民盟四川省委《“盟遂合作”——民主党派服务地方经济社会发展成功典范》荣获全国各民主党派工商联无党派人士为全面建设小康社会作贡献“社会服务优秀成果”奖。

■ 2011 年 11 月，民盟四川省委员会荣获民盟中央授予的“民盟社会服务工作先进集体”称号。

■ 2011 年 11 月，民盟绵阳市委员会荣获民盟中央授予的“民盟社会服务工作先进集体”称号。

■ 2011 年 11 月，民盟雅安市委员会荣获民盟中央授予的“民盟社会服务工作先进集体”称号。

■ 2011 年 11 月，民盟遂宁市委员会荣获民盟中央授予的“民盟社会服务工作先进集体”称号。

■ 2011 年 11 月，四川省合江少岷职业技术学校校长王忠平荣获民盟中央授予的“民盟社会服务工作先进个人”称号。

■ 2011 年 11 月，民盟四川省委员会秘书长姚其清荣获民盟中央授予的“民盟社会服务工作先进特别奖”。

■ 2012 年，民盟四川省委社会服务处处长徐铁军被中共四川省委、省府评选为“四川省十年扶贫开发工作先进个人”。

民盟贵州省委员会

■ 2006 年，民盟贵州省委员会荣获民盟中央“社会服务工作优等奖”。

■ 2011 年 11 月，民盟贵州省委员会荣获民盟中央授予的“民盟社会服务工作先进集体”称号。

■ 2011 年 11 月，民盟毕节地区工作委员会荣获民盟中央授予的“民盟社会服务工作先进集体”称号。

■ 2011 年 11 月，民盟贵州省委员会社会服务处处长范祖燕荣获民盟中央授予的“民盟社会服务工作先进个人”称号。

■ 2011 年 11 月，贵阳医学院附属医院副院长、主任医师于扬荣获民盟中央授予的“民盟社会服务工作先进特别奖”。

■ 2011 年，民盟贵州省委社会服务处处长刘锰获全国各民主党派工商联无党派人士为全面建设小康社会作贡献先进个人表彰。

■ 2012 年，民盟毕节、六盘水市委获民盟贵州省委员会表彰的“优秀社会服务奖”。

民盟云南省委员会

■ 2006 年，民盟云南省委员会荣获民盟中央“社会服务工作优等奖”。

■ 2011 年 11 月，民盟云南省委员会荣获民盟中央授予的“民盟社会服务工作先进集体”称号。

■ 2011 年 11 月，民盟红河州委员会荣获民盟中央授予的“民盟社会服务工作先进集体”称号。

■ 2011 年 11 月，玉溪市红塔山学校教学副校长汤开科荣获民盟中央授予的“民盟社会服务工作先进个人”称号。

■ 2011 年 11 月，云南经典阳光律师事务所副主任刘家屹荣获民盟中央授予的“民盟社会服务工作先进个人”称号。

民盟陕西省委员会

■ 2011 年 11 月，民盟陕西省委员会荣获民盟中央授予的“民盟社会服务工作先进集体”称号。

■ 2011 年 11 月，民盟陕西省委农业工作委员会荣获民盟中央授予的“民盟社会服务工作先进集体”称号。

■ 2011 年 11 月，民盟榆林市委社会法制支部主委、榆林市丰源工贸有限责任公司董事长张凯华荣获民盟中央授予的“民盟社会服务工作先进个人”称号。

■ 2011 年 11 月，民盟西安立丰企业集团支部主委、西安立丰企业集团董事长颜明荣获民盟中央授予的“民盟社会服务工作先进个人”称号。

■ 2011 年，盟员苏霆荣获陕西省人民政府灾后重建先进个人表彰。

民盟甘肃省委员会

■ 2004、2006 年，民盟甘肃省委员会荣获民盟中央“社会服务工作优等奖”。

■ 2011 年 11 月，民盟甘肃省委员会荣获民盟中央授予的“民盟社会服务工作先进集体”称号。

■ 2011 年 11 月，民盟兰州市委员会荣获民盟中央授予的“民盟社会服务工作先进集体”称号。

■ 2011 年 11 月，民盟白银市委员会荣获民盟中央授予的“民盟社会服务务工作先进集体”称号。

■ 2011 年 11 月，甘肃省屈光眼科研究所所长罗骏业荣获民盟中央授予的“民盟社会服务工作先进个人”称号。

民盟青海区委员会

■ 2011 年 11 月，民盟青海省委员会荣获民盟中央授予的“民盟社会服务工作先进集体”称号。

■ 2011 年 11 月，民盟西宁市委员会荣获民盟中央授予的“民盟社会服务工作先进集体”称号。

■ 2011 年 11 月，青海纵横文化艺术发展有限公司董事长马金祁荣获民盟中央授予的“民盟社会服务工作先进个人”称号。

■ 2011 年 11 月，青海金大地现代农业发展有限公司董事长景耀武荣获民盟中央授予的“民盟社会服务工作先进特别奖”。

■ 2011 年，盟员张文郡荣获中国红十字会玉树“4·14”地震抗震救灾先进个人奖。

民盟宁夏回族自治区委员会

■ 2011 年 11 月，民盟宁夏自治区委员会荣获民盟中央授予的“民盟社会服务工作先进集体”称号。

■ 2011 年 11 月，民盟银川市委员会荣获民盟中央授予的“民盟社会服务工作先进集体”称号。

■ 2011 年 11 月，民盟石嘴山市委员会副主委兼秘书长张建丽荣获民盟中央授予的“民盟社会服务工作先进个人”称号。

民盟新疆维吾尔自治区委员会

■ 2011 年 11 月，民盟新疆自治区委员会荣获民盟中央授予的“民盟社会服务工作先进集体”称号。

■ 2011 年 11 月，民盟昌吉市委员会荣获民盟中央授予的“民盟社会服务工作先进集体”称号。

■ 2011 年 11 月，民盟新疆科学院支部主委、中国科学院新疆生态与地理研究所高级工程师李卫红荣获民盟中央授予的“民盟社会服务工作先进个人”称号。

■2003 年，于扬等全国各地盟组织及盟中央共 55 名同志荣获“民盟中央抗‘非典’先进盟员”称号。

■2008 年，民盟四川省委员会、民盟成都市委员会、民盟绵竹市总支部、民盟四川省直属工委法律经济支部、民盟重庆市南岸区委员会、民盟宝鸡市委员会、民盟陇南市筹备委员会等 7 个集体荣获“中国民主同盟抗震救灾先进集体”荣誉称号；王光谦等全国各地盟组织及盟中央共 75 名同志荣获“中国民主同盟抗震救灾先进个人”荣誉称号。

注：1. 以上奖项以各地社会服务工作方面所获省部级奖项为主，其他不属于社会服务范畴的奖项未收录。

2. 统计以各地报送获奖情况为基础，为不完全统计。

大事记

2003年

4月9日至13日，民盟中央副主席李重庵率队赴四川对民盟专委会工作和社会服务工作开展调研考察。

9月6日至13日，全国人大常委会副委员长、民盟中央主席丁石孙率团在山东考察农村教育。民盟中央副主席张毓茂、吴正德、李重庵，山东省政协副主席、民盟山东省委主委朱铭，民盟中央秘书长高拴平，国务院研究室社会发展司原司长黄黔，国家教育发展研究中心主任张力，北京师范大学教授沈绮云以及中央统战部的有关同志参加了考察。

9月16日至18日，“民盟社会服务工作座谈会”在四川省乐山市召开。会议主题是：回顾民盟“八大”以来全盟的社会服务工作，总结和交流经验，研究在新形势下如何更好地开展社会服务工作，为落实民盟“九大”提出的各项任务、为全面建设小康社会的宏伟目标贡献力量。民盟中央常务副主席张梅颖代表丁石孙主席作了重要指示，副主席李重庵作了会议总结，副主席吴正德出席会议。民盟中央社会服务部负责人，各省级盟组织专职副主委和社会服务处处长共70余人参加了会议。

中国民主同盟是主要由从事文化教育以及科学技术工作的高、中级知识分子组成的，具有政治联盟特点的，接受中国共产党领导、同中国共产党通力合作，进步性与广泛性相统一、致力于中国特色社会主义事业的参政党。民盟历任中央委员会主席为黄炎培、张澜、沈钧儒、杨明轩、史良、胡愈之（代主席）、楚图南、费孝通、丁石孙、蒋树声。现任主席张宝文。

10月13日，丁石孙主席在民盟中央机关与贵州毕节地委书记赵友良一行进行了座谈。民盟中央秘书长高拴平以及民盟中央社会服务部负责人出席座谈会。

2004年

1月17日，民盟中央副主席李重庵率机关有关同志赶往民盟中央扶贫点——河北省广宗县看望特困户并给他们送去了慰问金。

3月19日至24日，著名经济学家、全国政协常委、全国政协经济委员会副主任、民盟中央名誉副主席、北京大学光华管理学院院长、毕节实验区专家顾问组组长厉以宁，全国人大常委、全国人大法制委员会副主任、民盟中央副主席李重庵率中国企业投资协会有关负责同志，在中央统战部五局处长张丽，贵州省政协副主席、贵州省统战部部长伍席源等人的陪同下，到毕节地区进行了5天的支边扶贫考察活动。在贵阳期间，厉以宁为省委中心学习组作了专题讲座。中共贵州省委书记钱运录，省政协主席王思齐，副省长、省智力支边联系小组组长禄智明等领导接待或看望了厉以宁、李重庵一行。

4月11日至14日，民盟中央社会服务部郭勇副部长赴广西百色市参加国家民委主办的第四次百色智力支边联合扶贫工作调研座谈会并代表民盟中央在座谈会上作了题为《支边扶贫情注老区》的发言，全面总结了过去五年来民盟在广西百色地区开展扶贫工作所取得的成绩和经验。国家民委杨健强副主任和国家民委扶贫办的有关负责同志、中央智力支边扶贫协调小组各成员单位的主管部门领导参加了会议，中共广西壮族自治区委统战部、自治区各民主党派和工商联、自治区民委、扶贫办以及百色市政府、市政协的有关领导应邀出席会议。

4月12日，由北京市劳教局、北京世纪教育集团、北京未成年劳教所和民盟北京市委第九支部共同开展的“民盟世纪新生希望工程”在北京市少年劳教所举行了启动仪式。民盟中央副主席李重庵，北京世纪教育集团总裁、盟员马玉文分别为“民盟世纪新生希望工程”和“世纪爱心教育基地”揭牌。

5月10日上午，民盟中央在颐和园举行“民盟中央向贫困地区赠书仪式”。民盟中央主席丁石孙到会祝贺。民盟中央常务副主席张梅颖，副主席李重庵，中共中央统战部研究室主任庄聪生等出席仪式。

5月19日，北京大学光华管理学院为贵州省毕节地区专门开设的领导干部培训班“光华－泰达－毕节：领导培养项目”开学典礼在北大光华管理学院举行。全国人大副委员长、民盟中央主席丁石孙，民盟中央常务副主席张梅颖，民盟中央副主席李重庵，中央统战部副部长楼志豪，北京大学党委书记闵维方，民盟中央名誉副主席、北大光华管理学院院长厉以宁，天津开发区保税区工委副书记任焱，贵州省毕节地委书记赵友良等有关领导出席了开班典礼。

7月7日至8日，应民盟新疆区委会和中共哈巴河县委、哈巴河县人民政府的邀请，民盟中央李重庵副主席在新疆阿勒泰地区的哈巴河县详细考察了当地的教育和医疗卫生情况。民盟中央参政议政部部长马洁、社会服务部副部长郭勇、北京天普太阳能工业有限公司董事长李先航（盟员）随行，新疆自治区党委统战部马长发副部长、阿勒泰地区政协工委张德胜副主任和地委统战部武振芳副部长、民盟新疆区委副主委王正荣、陈旗陪同考察。

9月20日至25日，民盟中央副主席李重庵率领社会服务部负责同志先后在贵州省黔西南布衣族苗族自治州的兴义市和册亨县、广西壮族自治区的那坡县进行智力支边扶贫工作考察。民盟贵州省委主委李嘉琥同志、民盟广西区委主委梁超然同志分别在贵州和广西陪同李重庵副主席考察。

2005年

1月10日，民盟中央常务副主席张梅颖、李重庵副主席在盟中央机关热情接待了进京汇报工作的贵州毕节地区行署专员黄家培一行。双方就毕节试验区的进一步发展问题进行了座谈，民盟中央秘书长高拴平、社会服务部副部长盛奕庆参加了座谈。

1月26日和27日，民盟中央常务副主席张梅颖、副主席李重庵分别在盟中央机关热情接待了进京汇报工作的四川省遂宁市蓬溪县委副书记吴相洪和副县长冉光学一行。双方就四川蓬溪黑龙凼水库后续建设等问题进行了座谈，民盟中央社会服务部副部长盛奕庆参加了座谈。

4月12日至15日，全国人大副委员长、民盟中央主席丁石孙，全国政协副主席、民盟中央常务副主席张梅颖，全国人大常委、民盟中央副主席李重庵等一行赴甘肃定西进行了为期三天的访问考察。国家科技部、农业部、国务院扶贫办的有关同志和部分盟员企业家应邀参加考察。民盟中央秘书长高拴平、社会服务部副部长郭勇、宣传部副部长吴志实随同考察。甘肃省委书记、省人大常委会主任苏荣，省政协主席仲兆隆，省人大常委、统战部部长蒋文兰，省人大常委会副主任杜颖，省政协副主席、民盟甘肃省委主委周宜兴等看望并陪同考察。

4 月 22 日下午，民盟中央副主席李重庵在盟中央机关亲切会见了专程回访的甘肃省定西市政协主席秦素梅一行，双方围绕甘肃定西的扶贫工作等问题进行了座谈。民盟中央秘书长高拴平、社会服务部副部长郭勇参加了座谈。

6 月 8 日下午，民盟中央副主席李重庵在盟中央机关亲切会见了甘肃省定西市市长杨子兴一行，双方座谈了民盟中央对甘肃定西的帮扶工作。民盟中央秘书长高拴平、民盟中央社会服务部副部长盛奕庆参加了座谈。

8 月 18 日至 20 日，民盟中央李重庵副主席出席在内蒙古自治区呼和浩特市举行的 " 中国民主同盟北方生态园 " 揭牌仪式暨 "2005·北方生态论坛 "。全国人大代表、中国内蒙古沙尘暴治理促进会主席陈寿朋教授等 10 余位著名专家学者和民盟中央有关部门负责同志以及来自全国 24 个省、市、自治区的民盟组织的有关领导莅临会议。中共内蒙古自治区党委副书记陈光林和中共呼和浩特市委、市政府等有关方面的领导应邀出席揭牌仪式和论坛。

8 月 30 日下午，民盟中央副主席李重庵在盟中央机关亲切会见了甘肃省定西市政协主席秦素梅一行六人。双方围绕定西的帮扶工作进行了座谈。民盟中央社会服务部副部长郭勇、盛奕庆参加了座谈。

9 月 4 日下午，民盟中央副主席李重庵出席在北京红泥大酒店召开的河北广宗（北京浙商）投资环境说明会并讲话。在民盟中央社会服务部的组织协调下，共有北京浙江商会的 53 位在京浙江企业家参加了本次投资环境说明会。会上杨胤等 3 名企业家与广宗县人民政府签订了棉粕饲料深加工项目、酒店合作开发项目和金银花茶深加工项目等总价值达 1.2 亿元的投资意向合同。民盟中央社会服务部副部长郭勇、盛奕庆和民盟河北省委的有关负责同志以及中共广宗县主要领导参加了本次投资环境说明会。

11 月 10 日至 11 日，民盟中央副主席、中华职教社副理事长李重庵出席了在重庆举行的 " 中国国际职业教育论坛 "。会议期间，李重庵副主席还听取了关于民盟重庆市委对重庆市监狱系统开展帮教工作的情况汇报。

11 月 25 日至 28 日，民盟中央副主席李重庵出席在广西桂林召开的民盟社会服务工作研讨会并讲话。本次会议的主题是：总结交流民盟 " 九大 "

以来社会服务工作的经验和体会，深入研究民盟社会服务工作的现状，探讨在全面建设小康社会和构建和谐社会的新形势下，民盟社会服务工作的思路和方向。民盟中央和民盟各省级组织以及部分市级盟组织的社会服务部门负责同志出席了会议。民盟广西区委主委梁超然和中共桂林市委统战部部长黄丹同志应邀出席了开幕式。

2006年

1月6日，民盟中央秘书长高拴平出席在石家庄人民会堂举行的河北浙江工业园首次投资项目推介会。本次投资项目推介会由河北浙江工业园有限公司和广宗县人民政府联合主办，石家庄市浙南商会承办。民盟中央社会服务部、国务院扶贫办、河北省扶贫办、民盟河北省委和中共广宗县委、县政府、河北浙江工业园管委会的有关负责同志应邀出席了本次推介会。

1月11日下午，民盟中央秘书长高拴平与甘肃省定西市市长杨子兴、安定区区长郭维团一行七人亲切会见并座谈。参加座谈的还有民盟中央社会服务部副部长郭勇以及社会服务部的其他同志。

1月12日上午，民盟中央常务副主席张梅颖与中共河北省广宗县委书记毕振水等一行六人亲切会见并座谈，参加座谈的还有民盟中央社会服务部副部长郭勇、盛奕庆等社会服务部的有关同志。

2月12日，民盟中央副主席李重庵在甘肃省政协副主席周宜兴的陪同下到定西市考察调研。

3月3日下午，民盟中央副主席李重庵走访国家司法部，受到司法部范方平副部长的热情接待。双方围绕监狱和劳教系统帮教工作展开座谈，并达成了今后进一步加强合作的共识。民盟中央副秘书长、办公厅主任李勇和社会服务部副部长盛奕庆、参政议政部副部长刘骆生、民盟中央法制委员会委员吕铮等同志陪同李重庵副主席走访。

3月17日至18日，民盟中央在北京大兴团河会议中心召开了民盟部分省市帮教失足人员工作座谈会。全国人大常委、全国人大法律委员会副主任、民盟中央副主席李重庵出席会议并讲话。民盟中央社会服务部的负责同志以及来自北京、天津、重庆、河南、安徽、福建、湖北、南京和嘉峪关等地的民盟组织负责人参加会议。国家司法部劳教局、北京市劳教局、重庆市监狱和嘉峪关市公安局的有关负责人应邀出席座谈会。

3月31日至4月3日，民盟中央副主席李重庵应邀参加在河南新郑举行的丙戌年黄帝故里拜祖大典之后，考察了河南省扶沟县国家级绿色农业示范区，随后又对民盟河南省委对口帮带鹤壁职业技术学院实施情况进行专题调研。民盟中央社会服务部副部长郭勇，民盟河南省委副主委储亚平，毛德富同志陪同李重庵副主席考察。

4月11日中午，民盟中央副主席李重庵在机关会见并宴请河南鹤壁职业技术学院党委书记张民堂一行。民盟中央社会服务部副部长郭勇、盛奕庆参加会见。

4月7日至8日，民盟江苏省社会服务工作会议在江苏省南京市召开。民盟中央副主席李重庵，民盟中央社会服务部副部长郭勇，民盟江苏省委主委曹卫星，副主委于琨奇出席了会议。来自全省18个市（县）盟组织、29个省直基层组织及盟省委各部门负责人共70多人参加了会议。

4月18日至25日，民盟中央名誉副主席、毕节试验区专家顾问组组长、著名经济学家厉以宁率团赴贵州贵阳和毕节地区考察。考察期间，贵州省人民政府副省长、省智力支边联系小组组长禄智明等领导同志接见或看望了厉以宁教授一行。中央统战部五局副局长戚建美同志和民盟中央社会服务部副部长盛奕庆同志全程陪同厉以宁教授考察。

4月24日，为宣传甘肃省定西市社会主义新农村建设取得的可喜成绩，缅怀为定西发展作出重要贡献的费孝通同志，中共甘肃省委宣传部、民盟中央《群言》杂志社、《中国作家》杂志社、甘肃省文联、甘肃省文学院等单位联合在民盟中央机关会议室召开了“费孝通定西情——报告文学《我们的定西》研讨会”。民盟中央副主席李重庵同志出席研讨会并讲话。

5月13日至14日，首届中国贫困地区可持续发展战略论坛在天津滨海新区隆重举行。民盟中央常务副主席张梅颖，民盟中央名誉副主席厉以宁，民盟中央副主席李重庵出席了此次论坛。

5月13日下午，经过贵州省与天津滨海新区、北京大学光华管理学院的共同努力，第三届“光华－泰达－毕节：领导干部培养项目”开学典礼在天津滨海新区举行。全国政协副主席阿不来提·阿不都热西提，民盟中央名誉副主席、北京大学光华管理学院名誉院长厉以宁，民盟中央副主席李重庵出席开学典礼并讲话。

5月28日至29日，民盟中央主办的“民盟部分省市科学养殖座谈会”

在长沙召开。来自北京、上海、四川等14个省市的民盟社会服务工作负责人及民盟湖南省委、民盟湖南农业大学委员会、长沙绿叶生物科技有限公司的有关负责人和专家共40余人参加了开幕式。全国人大常委、全国人大法律委员会副主任委员、民盟中央副主席李重庵出席会议并讲话。全国人大常委、湖南省人大副主任、民盟湖南省委主委谢佑卿和中共湖南省委统战部副部长彭军良出席开幕式并致辞。座谈会由民盟中央社会服务部副部长郭勇主持。

6月21日至22日，民盟中央副主席李重庵赴贵州毕节就民盟在毕节试验区的智力支边工作开展调研。民盟贵州省委主委李嘉琥，副主委于扬、袁长江，民盟中央社会服务部副部长、毕节地区行署副专员郭勇参加了调研活动。在贵阳期间，中共贵州省委书记石宗源和省委常委、组织部长张少农亲切会见了李重庵和李嘉琥一行。

8月28日至30日，全国人大常委、民盟中央副主席李重庵一行在民盟上海市委副主委冯德康的陪同下，对民盟在上海的社区服务工作开展调研。李重庵先后考察走访了普陀区曹杨社区文化中心、南汇区汇南镇荡湾社区和卢湾区打浦桥社区文化活动中心，并就新形势下民盟更好地发挥在社区建设工作中的作用召开座谈会。

9月11日，由民盟上海市委和民盟甘肃省委联手援建的甘肃省定西市锦鸡希望学校日前落成，民盟中央副主席、上海市人大副主任、民盟上海市主委张圣坤，副主委冯德康，甘肃省政协副主席、民盟甘肃省委主委周宜兴，副主委周鹰，中共甘肃省委统战部副部长户丁一及当地党、政领导出席了剪彩揭牌仪式。民盟中央社会服务部副部长盛奕庆参加了这次活动。

9月14日，青岛拓谱信息工程学院举行服务学院成立仪式暨首批飞利浦班毕业典礼，全国人大常委、全国人大法律委员会副主任委员、民盟中央副主席、中华职业教育社副理事长李重庵，中共青岛市委常委、青岛开发区工委（区委）书记、管委主任姜杰，民盟中央社会服务部副部长盛奕庆出席了会议。

9月17日至18日，在盟遂合作20年之际，全国政协副主席、民盟中央常务副主席张梅颖，民盟中央副主席吴正德、李重庵考察了遂宁市职业教育和新农村建设的各项事业，出席盟遂合作20年庆典暨“建设社会主义新农村论坛”。

10月10日上午，民盟中央副主席李重庵在盟中央机关亲切会见了甘肃省定西市政协主席秦素梅一行。双方就民盟中央对定西的帮扶工作进行了座谈，民盟中央社会服务部有关同志参加了座谈。

10月25日至27日由民盟广东省委主办、民盟深圳市委承办、民盟中央参政议政部和社会服务部协办的第二届“民盟民营经济（深圳）论坛”在深圳举行。民盟中央副主席李重庵出席开幕式并讲话。

11月20日，由民盟天津市委和天津市监狱管理局联合主办的帮教创业培训班在天津市女子监狱举行开班仪式，民盟中央副主席李重庵出席仪式并讲话。

12月25日下午，全国政协副主席、民盟中央常务副主席张梅颖在民盟中央机关亲切接见了甘肃省定西市市长杨子兴、市政协主席秦素梅、常务副市长牛兴民一行。双方就民盟中央对定西的帮扶工作进行了座谈，民盟中央秘书长高拴平和社会服务部负责人参加了座谈。

2007年

1月10日上午，民盟中央和民盟广西区委在中越边境县广西那坡县坡荷乡举行向农民捐赠龙宝猪苗仪式，将50头小猪苗直接发放到20户农民的手中，这标志着民盟中央、民盟广西区委和坡荷乡共同实施的“小母猪滚雪球式扶贫工程”项目的正式启动。

1月15日，中共河北省广宗县县委书记毕振水、县长刘立生等一行拜会民盟中央，对民盟中央长期以来在该县开展扶贫工作表示感谢，通报了近年该县经济社会的发展情况。民盟中央副主席李重庵亲切会见了毕振水等一行，并就双方扶贫合作中共同关心的问题交换了意见。民盟中央社会服务部副部长盛奕庆参加了会见。

1月16日，全国政协副主席、民盟中央常务副主席张梅颖，民盟中央副主席李重庵在民盟中央机关亲切会见了来访的中共广西那坡县委书记罗荣剑和县长蒋正辉等一行，双方座谈了民盟中央在那坡县的智力支边扶贫工作。

2月5日，民盟中央主席蒋树声在民盟中央副主席王维城、李重庵等陪同下，赴北京房山区黑古台小学送温暖并看望北京工商大学盟员教师，送上新年的祝福。民盟中央秘书长高拴平、民盟北京市常务副主委朱尔澄等相关人员陪同参加。

2月5日，民盟中央主席蒋树声、民盟中央副主席李重庵在机关亲切会见了进京汇报工作的中共贵州省毕节地委书记刘晓凯和毕节地区行署专员秦如培等一行。民盟中央秘书长高拴平，毕节地区行署副专员、民盟中央社会服务部副部长郭勇，民盟中央社会部部副部长盛奕庆参加会见。

2月7日，全国政协副主席、民盟中央常务副主席张梅颖，民盟中央副主席索丽生在民盟中央机关亲切会见了来访的国家林业局副局长赵学敏一行，并就2006年双方的合作交流情况以及我国林业发展与生态环境保护等问题进行了深入交流。民盟中央秘书长高拴平、社会服务部副部长盛奕庆、参政议政部副部长刘骆生参加了座谈。

2月9日下午，全国政协副主席、民盟中央常务副主席张梅颖，民盟中央副主席索丽生一行到水利部进行走访。水利部部长汪恕诚热情接待了张梅颖、索丽生一行，双方就2006年的合作与交流情况以及我国水利资源开发、生态环境保护等问题进行了座谈，希望进一步加强合作。民盟中央社会服务部副部长郭勇、盛奕庆陪同走访。

3月2日下午，民盟中央副主席李重庵走访国家司法部，受到吴爱英部长和陈训秋副部长的热情接待。双方围绕监狱和劳教系统帮教工作展开座谈，并达成了今后进一步加强合作的共识。民盟中央社会服务部副部长盛奕庆，民盟中央法制委员会委员吕铮等同志陪同李重庵副主席走访。

4月11日至12日，民盟部分省市帮教工作座谈会在重庆召开。民盟中央副主席李重庵出席，民盟中央社会服务部以及来自北京、天津、重庆、黑龙江等10省（区、市）和承德、南京、镇江等9市民盟组织负责同志、社会服务工作负责同志参加会议。国家司法部劳教局、重庆市司法局、重庆市监狱局、重庆市监狱有关负责人应邀出席座谈会。

6月13日，西安华西专修大学“教育扶贫、信贷助学”五周年总结大会在民盟中央召开。全国人大常委、民盟中央副主席李重庵，国务院扶贫开发领导小组副组长刘坚，中国高等教育学会会长周远清，中国记协常务副主席兼党组书记翟惠生出席会议并讲话。

7月3日下午，民盟中央主席蒋树声、副主席吴正德、索丽生在民盟中央机关会见四川遂宁市委书记崔保华一行，双方就深化“盟遂合作”的有关问题进行座谈。民盟中央秘书长高拴平主持座谈会。

7月3日至5日，民盟社会服务暨新农村建设研讨会在贵州省贵阳市、毕节市召开，民盟中央副主席李重庵出席会议并作讲话。会议着重研究了民盟在新时期新阶段如何做好社会服务工作，特别是更好地参与社会主义新农村建设，并对今后社会服务工作的新领域、工作思路和方向进行了探讨。民盟中央社会服务部和民盟各省级组织的分管领导及社会服务部负责同志参加了本次会议。

7月27日上午，全国人大常委、民盟中央副主席李重庵随同全国人大“网络健康文化建设”课题调研组到宁波考察调研期间，抽空在民盟宁波市委副主委潘一红、董明的陪同下，考察了由盟员沈宏邦出资创办的慈溪市育才中学。

8月16日至19日，民盟中央副主席李重庵一行应邀对西藏大学进行了访问。访问期间，李重庵一行先后受到自治区党委书记张庆黎，自治区党委副书记、自治区常务副主席郝鹏的会见并座谈。自治区党委常委、自治区常务副主席吴英杰，自治区党委常委、秘书长公保扎西，自治区政协副主席巴桑顿珠等领导参加了会见和座谈。民盟中央社会服务部副部长郭勇，民盟中央宣传部副部长吴志实等随同访问。

9月20日上午，民盟中央主席蒋树声在机关亲切会见中共定西市委书记石晶一行4人，双方围绕定西的扶贫开发、新农村建设、发展循环经济等问题进行了座谈,民盟中央秘书长高拴平和社会服务部副部长郭勇参加座谈。

9月26日至29日，民盟中央主席蒋树声在中共甘肃省委常委、统战部长刘立军，民盟甘肃省委主委张世珍，民盟中央秘书长高拴平，民盟中央社会服务部副部长郭勇等同志陪同下考察了甘肃定西扶贫开发与新农村建设事业，为定西市安定区贺家岔学校落成典礼揭牌，并出席了“中国·定西2007年马铃薯产业发展暨经贸洽谈会”开幕式。

10月11日至12日，民盟中央在上海召开“民盟部分省市城市社区服务工作研讨会”，民盟中央副主席李重庵出席会议并讲话。民盟中央副主席、上海市人大副主任张圣坤、民盟上海市委主委郑惠强、中共上海市委统战部副部长周箴和民政部有关负责同志出席开幕式并致词。来自北京、上海、天津、重庆、江苏、浙江、江西、湖北、河南、四川等地盟组织的代表参加会议。研讨会由民盟中央社会服务部副部长郭勇主持。

10月19日，民盟中央在机关办公楼召开民盟“农村教育烛光行动”专家顾问组会议，李重庵副主席同专家顾问组就“烛光行动”的有关问题与专家进行座谈，并听取专家对下一阶段工作的意见和建议。全国政协委员、天津万盛高级中学校长柏均和，北京教育科学研究院副院长张铁道，北京教育学院校长、研修学院院长钟祖荣、北京八中超常教育办公室主任、高级教师赵大恒等专家顾问组成员参加了此次会议。会议由民盟中央社会服务部副部长郭勇主持。

11月23日下午，全国政协副主席、民盟中央常务副主席张梅颖在机关亲切会见了定西市政协主席秦素梅一行四人。双方就民盟中央对定西的帮扶工作进行了座谈，民盟中央社会服务部副部长郭勇参加座谈。

2008年

1月18日，民盟中央主席蒋树声、副主席李重庵在机关亲切会见了河北省广宗县县长刘立生、县人大主任史云景、县政协主席李云豪等一行，双方就扶贫开发、新农村建设等共同关心的问题交换了意见。民盟中央社会服务部副部长郭勇参加座谈。

1月29日上午，民盟中央主席蒋树声在机关会见了中共毕节地委委员、行署常务副专员曹国江一行，双方就扶贫开发、新农村建设以及民盟对毕节试验区的对口帮扶工作等交换了意见。民盟中央社会服务部副部长郭勇参加座谈。

2月19日，民盟中央副主席李重庵一行考察《网络科技时代》杂志社，会见了杂志社社长李维福等领导，双方就合作开展“烛光行动”等有关事项进行了座谈。民盟中央社会服务部副部长郭勇参加了此次考察。

2月21日，民盟中央副主席吴正德与民盟四川省委秘书长姚其清、民盟专家王一波等同志一道，在遂宁市政协主席邓新民、市委统战部长张云尧的陪同下，再次深入“盟遂合作”重点项目所在地——蓬溪县黑龙凼水库，实地视察了水库渠系配套工程进展情况。

3月17日，民盟“农村教育烛光行动”培训者研修班开班典礼在北京教育学院报告厅隆重举行，民盟中央李重庵副主席出席开班典礼并讲话。北京教育学院院长李方，民盟北京市委常务副主委朱尔澄，民盟中央社会服务部副部长郭勇参加开班典礼。开班典礼由民盟北京市委委员、民盟“农村教育烛光行动”专家顾问组成员、北京教育学院副院长钟祖荣主持。

3月20日下午，全国人大常委会副委员长、民盟中央主席蒋树声在机关亲切会见了新上任的中共定西市委书记杨子兴、代市长许尔锋、市政协主席秦素梅等一行，双方就扶贫开发、新农村建设以及民盟中央对定西的帮扶工作交换了意见。民盟中央秘书长高拴平，副秘书长、办公厅主任李勇，副秘书长、组织部部长陈幼平和社会服务部副部长郭勇参加座谈。

4 月 17 日至 4 月 20 日，民盟中央副主席李重庵、社会服务部副部长郭勇等一行赴河南调研指导盟务工作。4 月 18 日上午，李重庵副主席、郭勇副部长一行在民盟河南省委储亚平主委、毛德富副主委等领导的陪同下，出席了在鹤壁职业技术学院举办的“盟院合作与学院发展高层论坛”。4 月 19 日上午，李重庵副主席一行出席民盟杨庄小学的奠基仪式。

5 月 4 日至 6 日，在宁波民盟盟员沈宏邦先生创办的慈溪育才中学迎来了建校十周年华诞之际，全国人大常委会副委员长、民盟中央主席蒋树声题词祝贺，全国政协副主席、民盟中央第一副主席张梅颖写信祝贺。民盟中央副主席李重庵，民盟中央名誉副主席吴修平，民盟中央社会服务部副部长郭勇，民盟中央宣传部副部长张冠生等领导专程赴慈庆贺。

5 月 9 日至 11 日，全国人大常委会副委员长、民盟中央主席蒋树声赴四川省遂宁市考察。蒋树声主席此次赴川，重点是调研考察“盟遂合作”深化项目—将遂宁打造为西部职业教育基地的进展情况，并为“盟遂合作陈列室”揭幕。民盟中央秘书长高拴平随行，省人大常委会副主任张东升，全国政协常委、民盟中央副主席、省政协副主席、民盟四川省委主委吴正德，中共四川省委统战部副部长董玉梅，省人大副秘书长陶生元，民盟四川省委副主委田继万、秘书长姚其清陪同考察。

5 月 20 日至 23 日，全国人大常委会副委员长、民盟中央主席蒋树声，副主席李重庵，秘书长高拴平一行在贵州省人大常委会副主任、民盟贵州省委主委顾久，民盟贵州省委副主委冉霞等同志的陪同下，前往贵州省毕节地区考察调研毕节试验区扶贫开发与新农村建设工作，同当地干部群众共话发展。贵州省人大副秘书长蒋明理，民盟中央社会服务部、宣传部、群言出版社负责同志和中央统战部、农业部有关同志陪同蒋树声主席在贵州毕节地区考察工作。

7 月 18 日至 19 日，“中国职业教育 30 年回顾、思考与展望研讨会”在京举办。本次研讨会由“中国 1979—2008 年职业教育要事研究与编纂”课题组与人民政协报教育在线周刊联合主办，会议旨在回顾改革开放 30 年来中国职业教育的发展历程，对职教30年规模、结构、质量、效益等方面作深入思考并对职教未来的发展做出展望。全国人大常委、中华职业教育社副理事长、民盟中央副主席李重庵出席会议并讲话。

8月18日，民盟中央、新东方教育科技集团联合在北京召开新闻发布会，宣布民盟“烛光行动——新东方教师社会责任行”活动正式启动。来自新东方的二十余位优秀教师将分别到内蒙、河南、湖北、四川、青海五省（区），对当地的农村中小学英语教师开展培训。

7月，在蒋树声主席的亲自关心下，国家发改委在深入调研后同意把设立毕节试验区产业投资基金作为重点考虑对象，并将根据国务院领导批示和贵州省的申请，加强研究，加快推进，完善方案，争取早日批复。针对毕节试验区农村金融供给不足等问题，民盟中央专门致函贵州省银监局，希望支持在毕节设立村镇银行。8月上旬，贵州省银监局正式批准在毕节筹建村镇银行。

8月，在张梅颖第一副主席的亲自关心下，甘肃定临公路建设项目获得国家交通运输部资金支持，将于2009年正式开工建设。

9月2日至3日，由中国民主同盟北方生态园建设领导小组、民盟内蒙古区委共同主办的“2008民盟北方生态论坛”在内蒙古鄂尔多斯市举行，民盟中央副主席李重庵出席论坛并讲话。内蒙古自治区、鄂尔多斯市的有关领导及全国10个省、自治区、直辖市的民盟组织负责人，来自盟内外的40多位专家学者及新闻媒体的记者共100多人参加了本次论坛。

9月7日下午，“大山的脊梁——感动贵州的教师们”颁奖典礼在贵阳举行。全国政协副主席、民盟中央第一副主席张梅颖，全国人大常委、民盟中央副主席李重庵，贵州省政协主席黄瑶，中共贵州省委副书记王富玉，香港新世界集团董事长郑家纯，中共贵州省委常委、贵阳市委书记李军，贵州省人大副主任、民盟贵州省委主委顾久，全国政协教科文卫体委员会副主任江绍高，中共贵州省委常委、贵州省委统战部部长龙超云，贵州省副省长刘晓凯，贵州省政协副主席、省教育厅厅长孔令中等出席颁奖典礼。

9月19日上午，毕节市发展村镇银行在毕节市爱民广场举行开业庆典。全国人大常委会副委员长、民盟中央主席蒋树声致信祝贺，全国政协常委、民盟中央原副主席、毕节试验区专家顾问组组长、著名经济学家厉以宁，民盟中央社会服务部副部长郭勇，贵州省发改委、银监局，中共毕节地委、行署领导出席庆典仪式。

9月23日，毕节“开发扶贫、生态建设”试验区成立20周年座谈会在毕节隆重召开。中共中央统战部、各民主党派中央、全国工商联和深圳市的有关领导、毕节试验区专家顾问组的专家学者，以及长期关心支持毕节试验区发展的各界人士代表齐聚一堂，回首过去，共商毕节试验区发展大计，展望未来，同绘毕节试验区美好蓝图。民盟中央原副主席、著名经济学家、毕节试验区专家顾问组组长厉以宁，全国人大常委、民盟中央副主席李重庵出席会议并讲话。

10月23日上午，民盟中央副主席李重庵走访国家司法部，会见司法部副部长陈训秋，双方围绕民盟在监狱和劳教系统开展帮教工作进行座谈，并就今后进一步加强合作达成共识。民盟中央社会服务部副部长郭勇、民盟中央法制委员会委员吕铮陪同李重庵副主席走访。

11月3日至4日，民盟社会服务工作研讨会在武汉召开，民盟中央副主席李重庵出席会议并讲话。湖北省政府副省长、民盟湖北省委主委郭生练、中共湖北省委统战部副部长黄波出席开幕式并致词。民盟各省级组织专职副主委及社会服务部门负责同志参加了会议。会议由民盟中央社会服务部副部长郭勇主持。本次会议的主要内容是学习贯彻中共十七大和十七届三中全会精神，落实民盟十大的要求，深入总结近两年来各地民盟组织开展社会服务工作的经验，研究新形势新问题，探讨下一阶段开展社会服务工作的思路。

11月13日，全国人大常委会副委员长、民盟中央主席蒋树声在机关亲切会见了中共定西市委书记杨子兴、市政协主席秦素梅等一行，双方就扶贫开发、新农村建设以及民盟中央对定西的帮扶工作交换了意见。民盟中央秘书长高拴平，社会服务部副部长郭勇参加座谈。

12月5日，是第23个国际志愿人员日。当天上午，友成企业家扶贫基金会在北京钓鱼台国宾馆举行“友成扶贫志愿者行动计划”启动仪式。民盟中央副主席李重庵、国务院扶贫办主任范小建、财政部副部长丁学东，以及来自著名企业、学术界、民间公益机构和新华社、凤凰卫视、人民政协报等媒体的嘉宾一百多人应邀出席启动仪式。

2009年

1月4日下午和5日上午，民盟中央副主席李重庵在机关分别会见了中共毕节地委委员、毕节市委书记周荣和中共毕节地委副书记、行署专员张吉勇一行，双方就扶贫开发、新农村建设以及民盟对毕节的对口帮扶工作等交换了意见。民盟中央社会服务部副部长郭勇参加座谈。会谈开始前，全国人大副委员长、民盟中央主席蒋树声亲切接见张吉勇一行并合影留念。

1月6日上午，民盟中央副主席李重庵会见美国科技教育协会副主席乔龙庆，双方就今后进一步加强在教育领域的合作进行座谈。民盟中央"烛光行动"专家顾问组组长、天津万盛高级中学校长柏均和，"烛光行动"专家顾问组成员、北京教育科学研究院副院长张铁道，民盟中央文化委员会副主任委员、北京大学中文系教授陈晓明，北京市西城区教育研修学院中学部副主任刘燕等参加座谈。民盟中央社会服务部副部长郭勇主持座谈。

1月9日，民盟中央常务副主席张宝文同志在机关亲切会见了来访的中共广宗县委书记毕振水、县长刘立生等一行。民盟中央社会服务部郭勇副部长参加会见。

1月13日，民盟中央副主席李重庵赴民盟中央新农村建设定点帮扶村——河北省广宗县葫芦乡西焦庄村看望慰问困难群众，了解当地养殖种植情况，并实地考察了由民盟中央引资捐建的广宗县五里庄小学。民盟中央社会服务部副部长郭勇，民盟河北省委副主委鲁平，邢台市副市长常丽虹，民盟邢台市委主委田咏，广宗县党政领导陪同考察。

3月13日，民盟中央副主席李重庵在机关亲切会见中共定西市委书记杨子兴、市长许尔锋、市政协主席秦素梅一行，双方就扶贫开发、新农村建设及民盟中央对定西的帮扶工作进行座谈，社会服务部副部长郭勇参加了座谈。

3月25日，定西市领导干部经济管理高级研修班开学典礼在清华大学继续教育学院举行，民盟中央副主席李重庵出席开学典礼并讲话。清华大学校务委员会副主任、继续教育学院院长胡东成、中共定西市委书记杨子兴参加开学典礼并致辞。

3月31日上午，农业部原副部长、民盟中央常务副主席张宝文在清华大学继续教育学院为定西市领导干部经济管理高级研修班全体学员作了一场有关"三农"问题的主题报告。

4月14日，各民主党派中央、全国工商联参与毕节试验区建设座谈会在京召开。中共中央政治局常委、全国政协主席贾庆林出席并讲话。座谈会由全国政协副主席、中央统战部部长杜青林主持。受全国人大常委会副委员长、民盟中央主席蒋树声委托，张宝文常务副主席出席座谈会并代表民盟中央发言。全国人大常委、民盟中央副主席李重庵参加了会议。各民主党派中央、全国工商联、国务院有关部委，毕节试验区专家顾问组，贵州省及毕节地区有关负责同志参加座谈会。

5月18日至19日，全国人大常委会副委员长、民盟中央主席蒋树声，全国人大常委、民盟中央副主席李重庵一行在河北省人大常委会副主任侯志奎，河北省副省长、民盟河北省委主委龙庄伟等同志的陪同下，前往河北省广宗县考察调研扶贫开发与新农村建设工作，同当地干部群众共话发展。国务院扶贫办、住房和城乡建设部、水利部的相关负责人应邀参加考察，民盟中央社会服务部副部长郭勇，民盟中央宣传部副部长张冠生，民盟河北省委副主委鲁平等陪同考察。

6月4日至6日，全国人大常委、民盟中央副主席李重庵，民盟中央社会服务部副部长郭勇等一行，在民盟江苏省委副主委于琨奇，民盟无锡市委副主委吴建中，民盟江阴市委主委、江阴市副市长龚振东等陪同下，对民盟江阴市委实施“农村教育烛光行动”、江阴民盟盟员企业家首创全国“未成年人关爱教育基地”建设情况进行了考察。

6月11日下午，全国人大常委会副委员长、民盟中央主席蒋树声，全国人大常委、民盟中央副主席李重庵在机关亲切接见了民盟温州企业家联谊会赴河北广宗投资考察团成员，并合影留念。随后，李重庵副主席与民盟温州企业家进行了座谈。

6月21日，“首届新东方留学高峰论坛——留学岁月与中国机会”在北京中关村皇冠假日酒店宴会厅隆重举行。作为论坛支持单位的代表，民盟中央李重庵副主席应邀出席论坛，并以“中国崛起与留学生的贡献”为题发表主题演讲。国内知名专家学者、留学服务机构、学生和家长，以及近20家媒体机构的代表共计400余人参加了此论坛活动。

7月14日至17日，2009年海内外基础教育研讨会在广西南宁举办，民盟中央副主席李重庵应邀出席会议并作主题发言。民盟广西区委主委、广西师范学院院长刘慕仁，美国科技教育协会副主席乔龙庆，广西自治区教育厅副厅长白志繁，民盟中央教育委员会副主任、北京四中校长刘长铭等出席了研讨会开幕式。

8月11日至15日，全国人大常委会副委员长、民盟中央主席蒋树声，民盟中央副主席索丽生，水利部副部长胡四一率领由民盟中央和水利部科技委、水土保持司组成的联合调研组，在甘肃省定西市进行了坡耕地水土流失综合整治、渭河源区生态保护与治理调研，并考察扶贫开发工作。民盟中央社会服务部副部长郭勇、参政议政部副部长刘骆生等也参加了调研。

9月6日至8日，民盟中央副主席李重庵赴陕西省宝鸡市和延安市调研社会服务工作。陕西省人大常委会副主任、民盟陕西省委会主委张道宏，民盟中央秘书长高拴平，民盟陕西省委会副主委单克功，民盟宝鸡市委主委富君，民盟延安市委主委高长天等陪同考察、调研。

9月29日上午，国务院第五次全国民族团结进步表彰大会在北京举行。中共中央总书记、国家主席、中央军委主席胡锦涛出席大会并发表重要讲话。大会表彰了全国民族团结进步模范集体和模范个人。胡锦涛等党和国家领导人为受表彰的模范集体和模范个人代表颁奖。中共中央政治局委员、国务院副总理回良玉宣读了《国务院关于表彰全国民族团结进步模范集体和模范个人的决定》。民盟中央社会服务部荣获全国民族团结进步模范集体，并派人员参加表彰大会。

10月22日至24日，民盟中央副主席李重庵一行赴河北省唐山市调研民盟“农村教育烛光行动”工作。民盟河北省委专职副主委鲁平、民盟唐山市委主委刘长锁等陪同调研。

11月2日至6日，民盟中央副主席李重庵一行赴江苏省南京市和安徽省调研民盟“农村教育烛光行动”工作。李重庵副主席一行先后考察了南京市六合区教育培训中心校、南京中科金牛湖希望小学、安徽省池州市马衙中学和芜湖市南陵县工山中心初级中学，实地调研民盟组织在这四所学校所开展的“烛光行动”支教工作，并在学校召开专题座谈会，学习了解当地盟组织开展“烛光行动”的成功经验，对下一步如何推动行动长期有效扎实地开展进行了广泛深入的交流和研讨。民盟江苏省委专职副主委于琨奇，安徽省人大专职副秘书长、民盟安徽省委副主委周杰等陪同李重庵副主席一行在江苏和安徽的考察调研。

11月11日至14日，民盟社会服务工作研讨会在福州召开。全国人大常委会副委员长、民盟中央主席蒋树声出席并作重要讲话。会议的主要内容是，总结交流2008年以来民盟社会服务工作，特别是开展民盟“农村教育烛光行动”的经验、体会，深入研究民盟社会服务工作的现状和规律，共同探讨新形势下如何进一步做好民盟社会服务工作。

12月12日，民盟中央在京召开第二次“烛光行动”专家顾问组会议，李重庵副主席出席会议并讲话。本次会议主要是研究2010年民盟中央“烛光行动”工作计划，并具体研究专家顾问组2010年工作安排。会后，李重庵副主席还为朱尔澄、汤浊、张铁道等专家颁发了民盟中央“烛光行动”专家顾问组聘书。

12月16日至18日，全国人大常委会副委员长、民盟中央主席蒋树声及随行的副主席李重庵，秘书长高拴平等一行，在四川省人大常委会副主任王宇坤，民盟中央副主席、民盟四川省委主委吴正德等同志陪同下，前往四川省广元市，出席广元民盟烛光中学竣工典礼，并与当地盟员代表亲切座谈。

2010年

1月29日，民盟中央常务副主席张宝文同志在机关亲切会见了来访的中共河北省广宗县委副书记李振军、县人大常委会主任史云景、县政协主席李云豪、副县长杨士朝等一行。民盟中央社会服务部郭勇部长参加会见。

1月31日至2月1日，全国人大常委会副委员长、民盟中央主席蒋树声，全国人大常委、民盟中央副主席李重庵在民盟中央副主席、民盟广东省委主委温思美等同志陪同下，赴深圳出席“民盟烛光行动——光汇石油之夜”专场活动，并考察了光汇石油公司油库码头。民盟中央社会服务部部长郭勇、民盟广东省委副主委李竞先、民盟中央“烛光行动”专家顾问组成员、民盟湖南省委副主委汤浊，深圳市政协副主席陈观光，民盟深圳市委主委吴以环等陪同考察。

3月9日，正值全国两会召开之际，民盟中央和民盟北京市委组织盟员医卫专家冒雪赶赴延庆监狱开展义诊活动。全国人大常委、全国人大法律委员会副主任、民盟中央副主席李重庵出席义诊活动启动仪式并发表讲话。民盟中央社会服务部部长郭勇，北京市人大常委、民盟北京市委副主委李怀方等同志参加了此次义诊活动。

3月26日，重庆市合川区凉亭子小学隆重举行民盟烛光教学楼揭牌仪式。全国人大常委、全国人大法律委员会副主任、民盟中央副主席李重庵，全国政协委员、民盟中央秘书长高拴平，重庆市政协副主席、民盟重庆市委主委陈万志，中共重庆市合川区委书记王作安出席揭牌仪式。民盟中央秘书长高拴平，民盟重庆市委主委陈万志分别代表民盟中央和民盟重庆市委讲话。

4月16日，民盟“明眸工程”云南行暨“爱心温州 · 善行天下”活动启动仪式在昆明举行。全国人大常委、民盟中央副主席李重庵，云南省政协副主席、民盟云南省委主委倪慧芳出席并讲话。民盟中央社会服务部部长郭勇、民盟浙江省委副主委徐向东等应邀参加启动仪式，仪式由民盟云南省委副主委毕励主持。

5月6日至13日，为系统总结全盟“农村教育烛光行动”开展三年来取得的经验和成效，研究行动中存在的困难和问题，以便对各地开展的“烛光行动”进行分类指导，保证行动的实效、持久和特色，全国人大常委、民盟中央副主席李重庵率民盟中央教育委员会、民盟中央“烛光行动”专家顾问组一行赴甘肃、河南调研“烛光行动”工作。调研组一行实地考察了省、市盟组织开展“烛光行动”的定点帮扶学校和教师培训基地，听取甘、豫两省盟组织开展“烛光行动”的工作汇报，与“烛光行动”培训者，接受过“烛光行动”培训的定点帮扶学校校长、教师进行座谈交流，座谈讨论实践中的好思路、好做法，梳理工作体会，总结有益经验，分析存在的问题和困难，并征求对今后深入持续开展“烛光行动”工作的意见建议。这次调研是为今年在京召开的民盟“农村教育烛光行动”论坛作前期准备。民盟中央社会服务部部长郭勇，民盟中央教育委员会和民盟中央“烛光行动”专家顾问组成员柏均和、朱尔澄、刘以籁、于琨奇、汤浊、钟祖荣、王钢、王锢等一同参加调研。

5月20日，中国民主同盟农村教育烛光行动广东培训基地在广东新华教育学院举行隆重的揭牌仪式。全国人大常委会副委员长、民盟中央主席蒋树声，全国人大常委、民盟中央副主席李重庵，全国政协常委、民盟中央副主席、民盟广东省委主委温思美，中央统战部一局副局长孙凌雁，广东省委统战部副部长唐晓萍，广东省原政协副主席、民盟广东省委原主委韩大建等领导为基地揭牌。李重庵副主席在揭牌仪式上受蒋树声主席的委托，代表民盟中央对基地的落成表示热烈的祝贺。

6月9日，“携手同行 · 抗震救灾 · 民盟在行动”暨“爱心温州·善行天下·明眸工程青海行”启动仪式在西宁举行，全国人大常委会副委员长、民盟中央主席蒋树声，全国人大常委、民盟中央副主席李重庵出席，青海省政协副主席、民盟青海省委主委鲍义志主持启动仪式。中共青海省委常委、省委统战部部长多杰热旦，省人大常委会副主任马福海，副省长王令浚等应邀出席启动仪式。民盟中央社会服务部部长郭勇、民盟青海省委专职副主委程苏陪同李重庵副主席参加上述活动。

6月10日至12日，为贯彻落实中央领导同志重要批示和2009年“4·14”座谈会精神，根据中央统战部统一部署，民盟中央常务副主席张宝文带队赴贵州毕节地区，就农村沼气建设项目进行了专题调研，中央统战部秘书长、办公厅主任常荣军，贵州省统战部副部长何萍，农业部科技教育司石燕泉副司长及有关人员参加了调研。

6月18日至21日，为全面了解各地盟组织开展“农村教育烛光行动”三年来的现状和取得的实际成效，分享各地的典型经验，研讨行动中存在的困难和问题，并实地听取调研地方盟组织对今后持续深入开展“烛光行动”的意见和建议，以充实、完善《民盟中央“农村教育烛光行动”行动计划》，同时为2010年8月由盟中央举办的论坛做好有关前期准备工作，全国人大常委、民盟中央副主席李重庵率民盟中央教育委员会、民盟中央“烛光行动”专家顾问组一行赴广东调研“烛光行动”工作。

6月28日，统一战线参与支持毕节试验区建设联席会议第3次全体（扩大）会议在京召开。民盟中央常务副主席张宝文出席会议并代表“农村沼气建设项目组”发言。全国政协副主席、中央统战部部长杜青林出席会议并讲话。民盟中央副主席李重庵、秘书长高拴平、社会服务部部长郭勇出席会议。

6月29日，民盟中央、民盟北京市委组织盟员艺术家到北京市柳林监狱开展“传承文明、共创和谐”主题帮教活动。民盟中央副主席李重庵，民盟北京市委秘书长赵雅君，民盟中央法制委员会副主任、中华全国律师函授中心副主任吕铮等参加活动。民盟北京市委副主委刘玉芳讲话。范圣琦、丁广泉、刘维维、格根其木格、张秀云、刘珊、肉孜阿木提等盟内外著名艺术家为监狱干警和服刑人员们带去了一场精彩的文艺演出，表达了对干警的敬意和慰问，也传递了社会各界对服刑人员的鼓励和期望，呼唤服刑人员未泯的良知及早复苏。

7月2日，民盟中央副主席李重庵走访教育部，会见教育部副部长陈小娅。双方围绕民盟“农村教育烛光行动”和教育部“中小学教师国家级培训计划”进行座谈，并达成了今后进一步加强合作的共识。民盟中央常委、民盟中央教育委员会副主任、北京四中校长刘长铭、民盟中央社会服务部部长郭勇、民盟中央参政议政部副部长刘骆生等同志陪同李重庵副主席走访。

7月7日至9日，民盟中央副主席李重庵赴浙江省温州市、丽水市调研社会服务工作，并出席温州市纪念费孝通诞辰100周年座谈会。民盟浙江省委副主委徐向东，民盟温州市和丽水市负责人分别陪同李重庵副主席调研。

8月26日上午，中国民主同盟“教育扶贫基地”揭牌暨“烛光行动”骨干英语教师新东方进修班开班仪式在北京新东方教师培训中心隆重举行。全国政协副主席、民盟中央第一副主席张梅颖，民盟中央社会服务部部长郭勇，民盟北京市委专职副主委李怀方，新东方教育科技集团董事长兼首席执行官俞敏洪以及总裁办主任兼行政管理部总监李国富等领导嘉宾出席了揭牌和开班仪式。全国政协副主席、民盟中央第一副主席张梅颖和俞敏洪老师共同为“教育扶贫基地”进行了揭牌。揭牌仪式后，张梅颖副主席发表了热情洋溢的讲话。从山西和辽宁两省选派来的80名初高中英语教师以首批进修班学员的身份参加了此次活动。

8月30日，“民盟烛光教育论坛”暨2010年度社会服务工作研讨会在北京师范大学英东学术会堂隆重开幕，本届论坛的主题是：农村教师队伍建设：社会关注与推动。论坛由民盟中央主办，新东方教育科技集团、光汇石油（控股）有限公司、搜狐教育、北京师范大学教育培训中心协办。全国人大副委员长、民盟中央主席蒋树声，中央统战部副部长楼志豪，教育部副部长陈小娅，北京师范大学校长钟秉林，民进中央副主席朱永新，民盟中央副主席李重庵、索丽生，民盟北京市委主委、北京师范大学副校长葛剑平等领导出席论坛。开幕式由民盟中央常委、新东方教育科技集团董事长俞敏洪主持。此次论坛暨社会服务工作研讨会既是对“烛光行动”启动三年来的阶段性小结会，是对社会力量关注和推动农村教师队伍建设的理论与实践研讨会，也是推动民盟烛光行动再上新台阶的再动员会。

9月13日，“爱心温州·善行天下·明眸工程四川行”启动仪式和民盟烛光中学网络教室捐赠仪式在四川广元举行，民盟中央副主席李重庵出席并讲话。民盟四川省委副主委、四川省监察厅副厅长赵振铣，民盟四川省委副主委、民盟广元市委主委武斌，民盟四川省委秘书长姚其清，广元市委书记罗强，市人大常委会主任李茂森等参加上述活动。李重庵代表民盟中央向广元民盟烛光中学捐赠10万元人民币专门用于修建学校网络教室，并向烛光中学的校长和政教主任颁发“农村教育烛光行动”志愿者证书。仪式结束后，李重庵副主席一行参观了广元民盟烛光中学校园及学校网络教室。

10 月 29 日，李重庵副主席率领中国农业大学专家组赴毕节调研农业发展问题。此次调研是应毕节市委、市政府邀请，民盟中央、民盟北京市委联合中国农业大学党委进行的。调研活动得到了中国农业大学党委统战部的大力支持，专家组由盟员专家韩东海、许一飞、穆丽君、赵兴波、王红清、肖若富组成，并邀请中共党员赵梁军、农工党员李志民两位专家共同参与，调研目的在于发挥党派和学校的智力优势，帮助毕节市制定农业中长期发展规划。李重庵副主席调研期间还拨冗现场听取了上海盟员徐方瞿教授为毕节市中学数学教师所作的初中几何课程培训，考察了民盟毕节地工委机关和民盟贵州省委新农村建设联系点雷山县，并与当地盟员、教师亲切座谈。

11 月 14 日至 20 日，全国人大常委、民盟中央副主席李重庵赴江西、福建调研民盟社会服务工作。李重庵副主席一行先后赴江西吉安、赣州、南昌和福建福州、宁德等地，考察调研当地民盟组织开展“烛光行动”、社区服务、监狱帮教和新农村建设等工作。民盟江西省委专职副主委任江南、民盟福建省委专职副主委陈榕分别陪同李重庵副主席在江西和福建的调研。

2011 年

1 月 6 日上午，民盟中央主席蒋树声、副主席李重庵亲切会见了来访的中共毕节市委书记周荣、副市长王强一行。民盟中央社会服务部部长郭勇、副部长段海溪参加了会见。

1 月 12 日上午，民盟中央主席蒋树声、副主席李重庵亲切会见了来访的中共广宗县委书记刘立生，县人大常委会主任史云景，县政协主席李云豪，县委常委、政府副县长杨士朝一行。民盟中央社会服务部部长郭勇、副部长段海溪参加了会见。

3 月 29 日至 30 日，东部十省市民盟组织参与毕节试验区建设研讨会在贵州省毕节市召开。全国人大常委会副委员长、民盟中央主席蒋树声，贵州省委书记、省人大常委会主任栗战书，全国人大常委、民盟中央副主席李重庵出席会议并讲话。会议期间，来自沿海十省市的民盟组织代表协商建立了东部十省市民盟组织参与毕节实验区建设工作机制，共签署投资协议额 12.5 亿元，捐赠款物 600 多万元，并开展了系列帮扶活动。

2011年3月，为改善毕节地区投融资环境，推动实验区生态产业发展，民盟中央一直十分关注总投资额为150亿元的毕节试验区生态产业股权投资企业成立备案一事，民盟中央主席蒋树声先后致信温家宝总理和国家发改委张平主任，发改委就此事回函表示支持。

3月31日，由民盟中央牵头协调，美国美敦力公司出资，中华医学会组织专家联合贵阳医学院附属医院具体实施，为贵州毕节地区贫困心脏病患者免费安装心脏起搏器，提高当地心血管健康水平的医疗扶贫活动——“同心·健康心动毕节行”活动在贵阳正式启动。全国人大常委会副委员长、民盟中央主席蒋树声，全国人大常委、民盟中央副主席李重庵，贵州省人大常委会副主任、民盟贵州省委主委顾久出席活动启动仪式新闻发布会。

4月26日，在纪念中国民主同盟成立七十周年之际，盟内外的艺术家们欢聚一堂，共同庆祝民盟中央美术院、民盟中央艺术团在民盟中央机关隆重成立。全国人大常委会副委员长、民盟中央主席蒋树声，民盟中央常务副主席张宝文，副主席索丽生出席。成立仪式由民盟中央副主席李重庵主持。

4月28日，网络促进教育均衡发展高峰论坛暨远程教育烛光行动启动仪式在北京四中礼堂隆重举行。全国政协副主席、台盟中央主席林文漪，全国人大常委、民盟中央副主席李重庵，中国教育报刊社常务副社长李曜升等领导出席大会并讲话。民盟“农村教育烛光行动”与北京四中网校正式确立战略合作关系，双方签署了远程教育烛光行动合作协议。启动仪式上，北京四中网校向石嘴山市捐赠了价值45万元的远程教育课程。

5月21日至23日，为系统总结全盟“农村教育烛光行动”开展近四年来取得的成功经验和典型模式，研究行动中存在的困难和问题，以便对各地开展的“烛光行动”进行分类指导，保证行动的实效、持久和特色，全国人大常委、民盟中央副主席李重庵与民盟中央“烛光行动”专家顾问组一行赴广西调研“烛光行动”工作。全国政协常委、民盟广西区委主委刘慕仁陪同调研。

7月1日，在举国上下热烈庆祝中国共产党成立90周年之际，“爱心温州·善行天下·明眸工程走进延安”启动仪式在革命圣地延安举行。全国人大常委、民盟中央副主席李重庵出席启动仪式并讲话。中共陕西省委统战部副部长郑洁，中共延安市委常委、副市长冯继红，民盟陕西省委秘书长李平，温州市慈善总会、温州市经济合作办公室负责人以及来自延安大学附属医院的

200余名医护人员参加启动仪式。

7月20日至22日，河南省教育厅、（美国）科技教育协会主办，民盟中央教育委员会、（美国）各大学联合汉语中心、华盛顿大学等共同协办的第四十七届海内外基础教育研讨会在郑州师范学院举行。河南省人大常委会副主任蒋笃运，国家教育发展研究中心主任张力，美国科技教育协会副主席乔龙庆博士，河南省教育厅厅长王艳玲，郑州市副市长刘东，民盟中央“烛光行动”专家顾问组组长柏均和等出席开幕式。作为会议的协办单位，民盟中央邀请了民盟盟员、天津二十中学校长张永泉作为讲员，与来自海外的校长交流了校务管理的经验，还邀请了来自河南、安徽、山东、陕西、河北等五省的56名“烛光学校”校长和骨干教师参加研讨会。

8月3日上午，中国民主同盟第三次北方生态论坛暨民盟西部省（区、市）第十一次盟务工作会议在赤峰国际会展中心召开。全国人大常委、全国人大法律委员会副主任委员、民盟中央副主席李重庵，民盟中央社会服务部部长郭勇，内蒙古自治区党委统战部副部长侯世忠，内蒙古自治区政协副主席、民盟内蒙古区委主委董恒宇，赤峰市政协主席赵兴，赤峰市委常委、统战部长佟国清，市政协副主席郭丽虹出席会议。李重庵副主席在论坛开幕式上作了题为《保护绿色屏障，建设生态文明》的讲话。

8月21日上午，2011“烛光行动”骨干英语教师新东方进修班开班仪式在民盟“教育扶贫基地”——北京市昌平区新东方教师培训中心报告厅隆重举行。民盟中央副主席陈晓光，民盟中央常委、新东方教育科技集团董事长俞敏洪出席大会并讲话。民盟北京市委专职副主委刘玉芳，民盟中央社会服务部副部长段海溪，民盟贵州省委社会服务部部长范祖燕，民盟北京市委社会服务部部长赵苏霞，新东方教育科技集团副总裁冈栋俊出席仪式。90位乡村英语教师参加了仪式，其中80名来自贵州，10名来自北京郊区学校。

8月，“烛光行动——新东方教师社会责任行”活动在山东、海南等11个省市开展，超过3000名农村英语教师接受了先进的教育理念和教学方法的培训。

9月1日至3日，为落实中央统战部和民盟中央领导有关指示精神，民盟中央社会服务部郭勇部长一行，亲临彭水考察调研对口帮扶工作。民盟重庆市委秘书长刘文贤，彭水县委常委、统战部部长谢胜，常委周毅，副县长黄勇以及县相关职能部门负责人陪同考察。

9月9日上午，“爱心温州·善行天下·同心明眸工程走进新疆”活动在新疆自治区人民医院启动。全国人大常委、民盟中央副主席李重庵出席启动仪式并讲话，全国政协常委、民盟新疆区委会主委、自治区科技厅副厅长陈旗为工程合作共建医院和定点帮扶医院揭牌，自治区党委统战部副巡视员孙刚、民盟中央社会服务部副部长段海溪应邀参加启动仪式。

9月13日，全国人大常委、民盟中央副主席李重庵一行前往北京市密云县河南寨中学，参加烛光行动——《几何王》智能型教育软件捐赠仪式。北京市人大常委、民盟北京市委专职副主委李怀方，民盟上海市委副主委、上海建桥学院董事长周星增，第九届民盟中央委员、平面几何教学研究专家徐方瞿，北京市密云县副县长程文华，民盟中央社会服务部副部长段海溪，中央电教馆学校教育技术研究部主任陈庆贵等出席仪式。烛光行动——《几何王》智能型教育软件捐赠活动将在北京、上海、河南、贵州、宁夏、江西等全国6个省市陆续开展，共捐赠价值105万元的软件1800套。

9月16日，“2011中国·定西马铃薯大会”在甘肃省定西市马铃薯综合交易中心隆重开幕。全国人大常委会副委员长、民盟中央主席蒋树声出席开幕式，并宣布大会开幕。

9月22日至26日，为进一步总结全盟“农村教育烛光行动”开展近五年来取得的成绩，深入研究探讨经验方法和典型模式，解决行动中存在的困难和问题，从而有效促进烛光行动的实效性和持续发展，全国人大常委、民盟中央副主席李重庵与民盟中央“烛光行动”专家顾问组一行赴江西开展“烛光行动”专题调研。江西省政协副主席、民盟江西省委主委刘晓庄陪同调研。

10月11日至12日，全国人大常委会副委员长、民盟中央主席蒋树声一行赴河北省广宗县考察调研并出席纪念民盟中央帮扶广宗县20周年座谈会。全国人大常委、民盟中央副主席李重庵，国务院扶贫办副主任郑文凯，河北省人大常委会副主任谢计来，民盟河北省委主委、河北省副省长龙庄伟，水利部农水司副司长顾斌杰，农业部种植业司副司长周普国，国务院扶贫办外资项目管理中心副主任刘俊文，民盟中央社会服务部部长郭勇、副部长段海溪等同志陪同考察。

11月26日至29日，民盟社会服务工作研讨会在海口举行。全国人大常委、民盟中央副主席李重庵，海南省政协副主席、统战部部长王应际，海南省人大副主任、民盟海南省委主委康耀红出席会议并讲话。民盟中央社会服务部部长郭勇、副部长段海溪，民盟各省级组织专职副主委（秘书长）和社会服务部（处）负责同志以及司法部、新东方教育科技集团、北京四中网校有关负责同志参加了会议。

11 月 30 日上午，中共中央统战部在人民大会堂召开“各民主党派、工商联、无党派人士为全面建设小康社会作贡献表彰大会”，表彰自 2006 年以来，在参政议政、民主监督和社会服务等方面作出了突出贡献的集体、个人、建言献策成果和社会服务成果。全国政协主席贾庆林会前在人民大会堂会见了出席表彰大会的全体代表并做重要讲话。全国政协副主席、中共中央统战部部长杜青林在会上讲话。民盟中央主席蒋树声、第一副主席张梅颖、常务副主席张宝文、副主席李重庵、索丽生、陈晓光出席了大会。民盟有 4 项社会服务优秀成果在会上受到表彰，分别是：民盟中央《农村教育“烛光行动”》；民盟中央《温州各界赴西部“同心·明眸工程”》；民盟湖北恩施州委《恩施山区新农村建设帮扶模式的探索与实践》；民盟四川省委《“盟遂合作”——民主党派服务地方经济社会发展成功典范》。

2011 年，在民盟中央蒋树声主席亲自协调下，深圳光汇石油集团捐赠 600 万元用于援建安徽、江西、甘肃、云南等 12 个中西部省份的“光汇烛光学校”陆续完成。民盟中央副主席李重庵、索丽生分别出席安徽省宣城市和湖南省张家界市民盟光汇烛光小学的落成典礼。

2012 年

1 月 8 日至 9 日，民盟中央副主席李重庵、民盟中央社会服务部部长郭勇、副部长段海溪、民盟北京市委社会服务处处长赵苏霞一行 7 人赴河北省广宗县，实地调研广宗县五里庄村大棚蔬菜产业和农村学校建设，并走访慰问了困难群众。民盟河北省委副主委鲁平、社会服务处处长孙建国，广宗县委书记刘立生、县长李振军等陪同调研走访。李重庵副主席代表民盟中央向广宗捐献了 10 万元帮扶资金，贫困户春节慰问金 3 万元，由民盟盟员冯艺东先生捐资的奖教奖学基金一期 5 万元也同期送至广宗县教育局。民盟河北省委副主委鲁平代表民盟河北省委向广宗教育局赠送慰问金 5000 元，并捐献了一批粮油米面等物资。

1 月 11 日，由中国扶贫开发协会、《中国扶贫》杂志社主办的“2011 年度扶贫典型”颁奖晚会在北京中国职工之家隆重举行，原全国人大副委员长司马义·艾买提，中国扶贫开发协会会长胡富国，国务院扶贫办主任范小建，中国扶贫开发学会副会长、《中国扶贫》杂志社社长曹金龙出席了活动。民盟中央开展的“烛光行动”荣获“2011 年度中国扶贫创新项目奖”。

1 月 11 日，民盟中央、民盟北京市委组织民盟中央艺术团部分成员到北京延庆监狱慰问干警，民盟中央副主席、民盟中央艺术团团长李重庵向大家致以节日的问候和新春的祝福。民盟中央艺术团成员范圣琦、格根其木格、张秀云、刘珊、莫元季、肉孜·阿木提等盟内外著名艺术家与 200 多名干警、家属和驻监武警官兵联欢。民盟中央社会服务部段海溪副部长参加慰问。

1 月 16 日下午，民盟中央副主席李重庵亲切会见了来访的毕节市人大主任安金黎，副市长刘加文一行。民盟中央社会服务部部长郭勇、副部长段海溪参加了会见。

1 月，“健康中国 2011”系列奖在京隆重揭晓，由民盟中央发起的对贵州毕节地区医疗扶贫项目“同心·健康心动毕节行”，获得卫生部原副部长王陇德在内的评审委员会诸多权威专家的一致好评。

2 月 8 日，由民盟中央发起，民盟重庆市委承办、重庆市妇联协办的“宝盛爱心助学款”捐赠暨“清平佳莲烛光小学”援建仪式在重庆市彭水县清平小学隆重召开。民盟中央社会服务部部长郭勇、民盟重庆市委副主委韩建敏、重庆市市委统战部副部长王茂春、重庆市妇联主席兰运华、巡视员郭渝平、北京佳莲万达投资有限公司副总裁王虎先生及中共彭水县委县政府的有关领导及接受捐助的学生代表、清平小学师生 500 余人出席了此次活动。仪式上，陈宝才先生出资 80 万元资助 200 名彭水县贫困家庭女生完成大学学业；王雪莲女士出资 50 万元为清平小学建设学生宿舍楼及食堂配套设施。

3 月 29 日至 30 日，民盟中央社会服务部部长郭勇会同中国农业大学党委统战部部长赵竹村、民盟中国农大总支韩东海一行到广宗县调研考察。专家组一行先后深入到北塘疃乡新立村、东石井村设施蔬菜、设施葡萄种植基地，就设施农业发展情况及存在的问题与种植户进行了面对面交流。在随后举行的座谈会上，与会各方还就计划开展的机构设置、制度设计、保障机制等具体问题举行的沟通协商。

4 月 6 日，2012“明眸工程”工作交流会在温州医学院附属眼视光医院举行，全国人大常委、民盟中央副主席李重庵出席会议并讲话。青海省政协副主席、民盟青海省委主委鲍义志，来自浙江、贵州、云南、四川、陕西、新疆、甘肃、湖北、湖南、河北、安徽等地民盟组织负责人以及“明眸工程”各实施定点合作单位代表参加会议，交流和研究明眸工程的核心理念、运行模式和合作机制。中共温州市委常委、统战部长陈作荣到会祝贺。

4月10日，中共中央政治局常委、国务院副总理李克强在中南海会见了第七届中华慈善奖获奖者代表。全国人大常委会副委员长华建敏，民盟中央第一副主席、全国政协副主席张梅颖参加会见。由民盟中央牵头协调，在温州市慈善总会各爱心机构和爱心人士的支持下，由温州医学院附属眼视光医院具体实施，旨在帮助中西部贫困地区眼病患者重见光明，提高中西部贫困地区医疗机构眼视光诊疗水平的医疗扶贫活动——“爱心温州·善行天下·明眸工程”荣获第七届中华慈善奖“最具影响力慈善项目”。

4月26日上午，“同心·健康心动毕节行”二期活动在贵阳正式启动。贵州省人大副主任、民盟贵州省委主委顾久，贵州省科学院院长、民盟贵州省委副主委何力，民盟中央委员、中华医学会心电生理和起博分会主任张澍，贵州省卫生厅党组成员、省纪委主厅纪检组组长邵千里，民盟北京市委秘书长赵雅君，美敦力公司心脏节律疾病管理业务部高级总监王励，《健康时报》副主编赵安平，毕节市卫生局局长安宁出席活动启动新闻发布会。新闻发布会由民盟中央社会服务部部长郭勇主持，来自中华医学会、各主流媒体的嘉宾以及患者代表60余人出席了新闻发布会。

4月28日，民盟中央图书及《几何王》软件捐赠仪式在重庆市彭水县第一中学举行。民盟中央社会服务部部长郭勇，中共彭水县委常委、统战部长彭玉萍等出席捐赠仪式并讲话。在此次捐赠仪式上，民盟中央协调群言出版社和学苑出版社向彭水县一中捐赠了价值47万元的图书，协调戴尔公司向该校捐赠电脑30台，向彭水县一中及“烛光行动”联系学校捐赠价值17.5万元的《几何王》软件,并向彭水县图书馆捐赠了价值30万港币的港版图书。

6月2日上午，万州区基层医疗卫生机构数字化整体实验室建设项目启用仪式在重庆三峡中心医院进行。民盟重庆市委主委、副市长吴刚，民盟中央社会服务部部长郭勇，万州区委常委、统战部部长姜雪松，北京倍肯集团有关负责人等出席了仪式。吴刚在项目启用仪式的讲话中表示，在民盟中央的大力支持下，经过半年的建设，由北京倍肯集团于2011年10月援建的44家万州基层医疗机构实验室建成并正式投入使用。实验室项目正式启用后，将切实提升万州区基层医疗机构医疗服务的质量和能力，改善基层医疗卫生机构条件，提高医务人员的临床检验水平，减少基层患者的看病就医成本。

6月5日，全国人大常委、民盟中央副主席李重庵出席在河北省平山县小觉中学举行的民盟“烛光行动·北京四中网校合作学校揭牌暨捐赠仪式”。民盟河北省委副主委鲁平，民盟石家庄市委主委郭斌，北京四中常务副校长常菁，平山县有关领导、小觉中学的全体师生以及正在小觉中学开展修学实践活动的北京四中30名学生参加仪式。

6月18日，“爱心温州·善行天下·明眸工程”走进安徽启动仪式在安徽省蚌埠市第一人民医院举行。全国人大常委、民盟中央副主席李重庵出席仪式并讲话，安徽省委统战部副部长、省工商联党组书记陈翔，民盟安徽省委主委郑永飞，省卫生厅副厅长李劲风，温州市慈善总会、温州市经济合作办公室负责人以及来自蚌埠市第一人民医院的医护人员参加启动仪式。启动仪式上，李重庵副主席为“明眸工程”定点帮扶医院揭牌。当天，李重庵副主席还专程前往民盟蚌埠市委机关看望了工作人员和部分老盟员。

7月23至26日，由贵州省教育厅和（美国）科技教育协会联合主办，民盟中央教育委员会、（香港）田家炳基金、（美国）大学联合汉语中心、（台湾）信宜基金会等共同协办的第48届海内外基础教育研讨会在贵州师范学院举行。贵州省人大常委会副主任、原民盟贵州省委主委顾久，国家教育发展研究中心主任张力，美国科技教育协会副主席乔龙庆，田家炳基金会秘书萧开廷，贵州省教育厅副厅长李奇勇等出席会议。来自全国20多个省市的近800名中小学校长和骨干教师应邀参加会议。

7月26日，“健康呼吸万里行”慈善公益活动在民盟中央礼堂举行了隆重的启动仪式。此项活动由民盟中央发起，中国中西医结合学会、民盟北京市委等十个省级组织协办，北京康益德中西医结合肺科医院承办。活动得到民盟中央领导高度重视，全国人大常委会副委员长、民盟中央主席蒋树声为“健康呼吸万里行”活动题字，民盟中央常务副主席张宝文出席启动仪式并讲话。

7月27日，由民盟中央发起的“健康呼吸万里行”大型慈善公益活动首站仪式在河北省石家庄市启动。“健康呼吸万里行”慈善公益活动是由民盟中央发起，中国中西医结合学会、民盟北京市委等十个省级组织协办，北京康益德中西医结合肺科医院承办。民盟中央社会服务部部长郭勇、民盟河北省委副主委鲁平出席首站义诊启动仪式并讲话。

8 月 6 日，“民盟·ESS 乡村少年科学营”在山东省聊城市水城中学开营。全国人大常委、民盟中央副主席李重庵出席开营仪式并讲话。中共山东省委统战部副部长曲涛，中共聊城市委副书记王忠林，民盟中央社会服务部副部长段海溪，山东省人大常委、民盟省委副主委仪平策及乡村少年科学营指导教师和营员参加仪式。开营仪式结束后，李重庵副主席作了题为“世界真奇妙，科学在身边”的夏令营首课。

8 月 26 日，“爱心温州·明眸工程·走进宁夏”启动仪式在宁夏银川市隆重举行。民盟中央社会服务部部长郭勇出席仪式并讲话。宁夏自治区政协副主席、民盟宁夏区委会主委安纯人出席仪式并致辞。中共宁夏区党委统战部、自治区民政厅、卫生厅有关领导应邀出席仪式。

8 月，“烛光行动——新东方教师社会责任行”活动在河北、辽宁、内蒙古、河南、安徽、福建、重庆、贵州、甘肃等 9 个省市开展，2400 余名农村英语教师接受了先进的教育理念和教学方法的培训。

9 月 5 日至 7 日，全国人大常委、民盟中央副主席李重庵赴湖北恩施、武汉等地考察调研民盟社会服务工作，出席“爱心温州·善行天下·明眸工程走进恩施”启动仪式，并为民盟武汉市委“同心·农村教育烛光行动”基地揭牌。民盟湖北省委专职副主委、省政协副秘书长王耀辉，民盟武汉市委主委、民盟武汉市委主委胡树华等分别陪同李重庵副主席考察调研。

9 月 11 日，由民盟中央发起，中国中西医结合学会、民盟北京市委等十个省级组织协办，北京康益德中西医结合肺科医院承办的“健康呼吸万里行”大型慈善公益活动走进西部明珠——内蒙古乌海市。

9 月 19 日，民盟中央副主席李重庵、民盟中央秘书长高拴平前往中共中央统战部接受转交的奖牌，并与中共中央统战部一局局长吴晓礼、副局长陈延武等进行了座谈。李重庵副主席强调，此次获奖，是对全盟“农村教育烛光行动”的肯定，民盟将以此次获奖为新的动力，继续深入开展“农村教育烛光行动”，为推动义务教育均衡发展作出新的贡献。

9 月，民盟中央有关部门荣获国务院“全国‘两基’工作先进单位”表彰。

10 月 7 日，由民盟中央牵线搭桥，北京汇文中学和彭水一中合作协议签约仪式在重庆市彭水苗族土家族自治县举行。北京汇文中学与彭水一中签署合作协议书，开展校际交流活动，并与彭水一中建立了长期帮扶关系。此协议的签署是民盟“农村教育烛光行动”又一新的起点。

10月8日，北京康益德医院药品捐赠仪式在彭水县举行。民盟中央社会服务部部长郭勇，民盟重庆市委副主委兼秘书长刘文贤，中共彭水县委常委黄萌，副县长邹迟，民盟盟员、北京康益德医院院长董瑞以及中共彭水县委统战部、卫生局、县结核病防治所的相关领导了出席捐赠仪式。捐赠仪式上，董瑞院长代表康益德医院向彭水县有关部门现场捐赠了价值50万元的药品。

10月24日，由民盟中央发起，中国中西医结合学会、民盟北京市委等十个省级组织协办，北京康益德中西医结合肺科医院承办的“健康呼吸万里行”大型慈善公益活动走进山西晋城。

10月31日，民盟北京市委组织文艺界盟员到北京市监狱管理局清河分局开展慰问演出。民盟中央副主席李重庵应邀出席活动。盟员艺术家们为近三百名清河分局的干警职工带去了一场精彩的文艺演出，表达了对广大干警的敬意和慰问。

10月31日，民盟山东省委农村教育烛光行动培训基地揭牌仪式在济宁市梁山县现代高中举行。全国政协副主席、民盟中央第一副主席张梅颖，山东省人大常委会副主任、民盟山东省委主委温孚江，共同为民盟山东省委农村教育烛光行动培训基地揭牌，并为教师志愿者颁发了志愿者证书和徽章。

11月25日至26日，全国人大常委、民盟中央副主席李重庵先后赴长沙、怀化出席民盟湖南省委纪念陈新民先生诞辰100周年座谈会和“爱心温州·善行天下·明眸工程走进湖南”启动仪式。

12月24日上午，中共中央总书记习近平和中共中央政治局常委俞正声一起，走访了中国民主同盟中央委员会机关。总书记一行先后参观了民盟盟史展览，与民盟中央社会服务部工作人员进行了交流互动，同民盟中央领导机构成员进行了座谈，并发表重要讲话。